Differenzerleben als Balanceakt

Sabrina Schlachter

Differenzerleben als Balanceakt

Eine Grounded Theory zu
medienbezogenen
Bildungsprozessen in
Paarbeziehungen

 Springer VS

Sabrina Schlachter
Carl von Ossietzky Universität
Oldenburg
Oldenburg, Deutschland

Zugl. Dissertation an der Carl von Ossietzky Universität Oldenburg, 2024

ISBN 978-3-658-46013-6   ISBN 978-3-658-46014-3   (eBook)
https://doi.org/10.1007/978-3-658-46014-3

Die Deutsche Nationalbibliothek verzeichnet diese Publikation in der Deutschen Nationalbibliografie; detaillierte bibliografische Daten sind im Internet über https://portal.dnb.de abrufbar.

Planung/Lektorat: Daniel Rost
Springer VS ist ein Imprint der eingetragenen Gesellschaft Springer Fachmedien Wiesbaden GmbH und ist ein Teil von Springer Nature.
Die Anschrift der Gesellschaft ist: Abraham-Lincoln-Str. 46, 65189 Wiesbaden, Germany

Wenn Sie dieses Produkt entsorgen, geben Sie das Papier bitte zum Recycling.

Danksagung

Zuerst danke ich allen Paaren, die an meiner Studie teilgenommen haben, für ihre Zeit und Offenheit. Anschließend möchte ich den Betreuer*innen meiner Doktorarbeit für ihre engagierte Begleitung danken. Prof. Karsten Speck möchte ich insbesondere dafür danken, dass er mich die ganzen Jahre über begleitet hat und ich viel von ihm über Forschungsmethoden, textuelle Strukturierung und strategische Kommunikation lernen durfte. Prof. Christine Linke, welche erst später zu meinem Dissertationsvorhaben dazu kam, danke ich für den konstruktiven fachlichen Austausch und die Motivation, welche sie mir durch die regelmäßigen Treffen geschenkt hat.

Weiterhin möchte ich der Graduiertenschule für Gesellschafts- und Geisteswissenschaften (3GO) der Universität Oldenburg für das Programm „Nach dem Studium promovieren?! Berufsfeldorientierung ‚Wissenschaft und Forschung'" danken. Dieses hat mir als Erstakademikerin meiner Familie geholfen, eine informierte Entscheidung für die Promotion zu treffen und die Rahmenbedingungen für meine Promotionszeit bewusst zu gestalten. Außerdem möchte ich Dr. Anna-Maria Beck zum einen für das Coaching danken, durch das ich die promotionspezifischen Potenziale für eine Persönlichkeitsentwicklung voll ausschöpfen und genießen konnte. Zum anderen möchte ich ihr für die Gründung und Gestaltung der *Fokus & Flow Community* danken. Diese hat mir die Vernetzung mit vielen Doktorand*innen ermöglicht und mich im Home-Office durch die virtuelle Gemeinschaft motiviert. Folglich möchte ich auch den Mitgliedern der Community – insbesondere Annegret, Isabell, Frauke und Corinna – für die tolle Zeit danken und die wertschätzende Unterstützung während schwieriger Zeiten.

Darüber hinaus möchte ich Dr. Eva Mayer für das professionelle Korrektorat meiner Dissertation danken und die vielfältigen Impulse zum Schreibprozess. Zudem möchte ich den vielen Freund*innen und Kolleg*innen danken, welche über die Jahre Textteile von mir inhaltlich kommentiert oder Korrektur gelesen haben. Hier sind insbesondere Anni Schlachter, Tina Schlachter, Christine Nowak und Tjark Raabe zu nennen.

Ein besonderer Dank gilt überdies Ingo S. Hettler – meinem Doktorhalbbruder – mit dem ich gemeinsam in unseren Kodiergruppentreffen die Umsetzung der Grounded Theory Methodologie erlernt habe. Durch die gemeinsamen Diskussionen haben meine Ergebnisse mehr Tiefe bekommen und der Prozess hat mir viel Freude bereitet. Zusätzlich danke ich meiner (Schwieger-)Familie für ihre Unterstützung über die ganzen Jahre und das rege Interesse an meiner Forschung. Zuletzt danke ich Uli Schlachter – meinem geliebten Ehemann –, dass er immer an mich geglaubt hat, mich angefeuert hat und mir so gut wie irgend möglich den Rücken freigehalten hat, damit ich meine Dissertation abschließen und meinen Traumberuf beginnen kann. Danke! 131

Zusammenfassung

In der heutigen Informationsgesellschaft stehen Individuen in einer Paarbeziehung vor der Herausforderung, mit digitalen Transformationsprozessen umzugehen. Hierzu liegt eine Vielzahl von Studien vor, die Veränderungen durch Medien im Paaralltag untersuchen. Doch hinsichtlich medienbezogener Bildungsprozesse – bei denen eine Veränderung des Selbst- und Weltbezugs geschieht – werden Paarbeziehungen in der Forschung bislang vernachlässigt. In dieser Arbeit wird der Frage nachgegangen, inwiefern medienbezogene Bildungsprozesse in Paarbeziehungen stattfinden. Es wurden 16 Paarinterviews geführt, welche durch Medientagebücher vorbereitet wurden. In der Auswertung mittels Grounded Theory Methodologie wurde eine Theorie zu medienbezogenen Bildungsprozessen in Paarbeziehungen entwickelt. Das zentrale Phänomen sind hierbei Differenzerleben, welche einen Balanceakt in Paarbeziehungen darstellen, und auf die unter bestimmten Voraussetzungen medienbezogene Bildungsprozesse folgen können. Die möglichen Kombinationen von Voraussetzungen sind in fünf Typen von Paaren mit spezifischen Umgangsweisen bzgl. des Phänomens festgehalten. Darunter sind u. a. Paare, die medienbezogene Bildungsprozesse forcieren, diese durch ihre Paar-Dynamik ermöglichen oder sie der Beziehungsstabilität zuliebe verhindern. Die in der Arbeit entwickelte Theorie stellt eine Erweiterung der strukturalen (Medien-)Bildung nach Marotzki dar, weil zum einen Bildungsprozesse in Interaktionsgefügen betrachtet und zum anderen ergänzende Prozesse identifiziert werden.

Abstract

In today's information society, individuals in romantic relationships have to deal with digital transformation processes. There are a large number of studies that examine media-related change in couple relationships. However, media-related educational processes – meaning a change in the way one relates to the self and the world – regarding romantic relationships have been neglected in research to this point. This study examines the extent to which media-related educational processes take place in couple relationships. For this purpose, I interviewed 16 couples who kept a media diary. I used grounded theory methodology to develop a theory on media-related educational processes in couple relationships. The experience of difference as a balancing act in romantic relationships emerged as a central phenomenon. Under certain conditions, media-related educational processes can follow. The possible combinations of conditions resulted in five couple types with specific ways of dealing with the phenomenon. Among them are couples who force media-related educational processes, enable them through their couple dynamics or prevent them for the sake of relationship stability. The grounded theory of this thesis is an extension of Marotzki's structural (media) education because of the perspective on interaction structures and the identification of supplementary processes.

Inhaltsverzeichnis

Abbildungsverzeichnis

Tabellenverzeichnis

In der COVID-19-Pandemie zeigte sich auf anschauliche Weise, inwiefern Medien die Konstruktion der Weltsicht und den eigenen Bezug zu dieser beeinflussen können. Nach Jörissen und Marotzki (2009) wird die Veränderung eines solchen sogenannten Selbst- und Weltbezugs als *Medienbildung* definiert. In der vorliegenden Arbeit wird dafür der Ausdruck *medienbezogener Bildungsprozess* genutzt, aufgrund der Begriffsunschärfe von *Medienbildung* im öffentlichen Diskurs. Bettinger (2018) hat untersucht, wie sich solche medienbezogenen Bildungsprozesse vollziehen. Dabei fokussierte er Medienpraxen von Einzelpersonen, in denen sich die Veränderung des Selbst- und Weltbezugs ausdrückte. Doch wie stellen sich die Abläufe von medienbezogenen Bildungsprozessen in einem Interaktionsgefüge, wie z. B. einer Paarbeziehung dar?

Paarbeziehungen begründen in modernen Gesellschaften einen wichtigen Lebensbereich (Abela, 2020). Dabei hängen ihr Vorliegen sowie ihre Qualität mit der individuellen Lebenszufriedenheit zusammen (Abela, 2020; Siems, 2011 und Schneider, 2009, 677). Im Hinblick auf die heutige Informationsgesellschaft stehen die Individuen in einer Paarbeziehung vor der Herausforderung, mit digitalen Transformationsprozessen von Gesellschaft umzugehen. In diesem Kontext gibt es eine Vielzahl von Studien, die sich mit den allgemeinen Veränderungen durch Medien im Paaralltag beschäftigen oder sich mit spezifischen Auswirkungen einzelner Medien auseinandersetzen (z. B. Levy & Schneider, 2020; Leonhardt, Spencer, Butler & Theobald, 2019 und Bevan, 2017) sowie Ausführungen zur Kommunikation von Paaren mit Medien (z. B. Rodrigues, Lopes, Prada, Thompson & Garrido, 2017; Halpern & Katz, 2017 und Linke, 2010). Doch hinsichtlich medienbezogener Veränderungen des Selbst- und Weltbezugs werden Paarbeziehungen in der Forschung bislang vielfach vernachlässigt. Dunham und Dermer (2020) und Rogge, Cobb, Lawrence, Johnson und Bradbury (2013) haben allerdings, wenn auch eher indirekt, die beiden Themen *medienbezogene Bildungsprozesse* und

Paarbeziehungen zusammengebracht. Bei beiden Artikeln geht es u. a. darum, das Filmschauen von Paaren mit anschließenden angeleiteten Diskussionen nutzbar zu machen für beziehungsstärkende Interventionen. Der beabsichtige Erfolg dieser Interventionen impliziert medienbezogene Bildungsprozesse, bei denen nach medienbezogenen Paarinteraktionen Veränderungen des Selbst- und Weltbezugs hinsichtlich der Paarbeziehung feststellbar sein sollen. Dies können beispielsweise die Veränderung der wahrgenommenen Bedeutung der eigenen Kultur für die Paarbeziehung (Dunham & Dermer, 2020) oder die Veränderung des Stellenwerts von Beziehungspflege sein (Rogge et al., 2013). Dunham und Dermer (2020) bearbeiten diese Themen nur theoretisch, wohingegen Rogge et al. (2013) eine mediengestützte Beziehungsintervention mit zwei weiteren Beziehungsinterventionen in einer Längsschnittstudie verglichen haben. Rogge et al. (2013) kommen zu dem Ergebnis, dass die mediengestützte Beziehungsintervention im Kosten-Nutzen-Vergleich mit den anderen Interventionen mithalten kann. Nichtsdestotrotz merken sie an, dass sie nicht genau einschätzen können, wodurch die mediengestützte Intervention funktioniert. Es bleibt also bei beiden Artikeln offen, was zwischen dem Filmschauen samt Diskussion und den Veränderungen des Selbst- und Weltbezugs im Interaktionsgefüge der Paarbeziehung steht. Insofern fehlt das Verständnis dafür, ob in Paarbeziehungen tatsächlich medienbezogene Bildungsprozesse ablaufen und falls ja, wie es zu den medienbezogenen Bildungsprozessen im Zusammenhang mit der Paarinteraktion kommt.

Aufgrund der beschriebenen Relevanz von medienbezogenen Bildungsprozessen und der bisher kaum erfolgten Bezugnahme auf Paarbeziehungen als potenziellem Bildungsort, wird sich in der vorliegenden Arbeit mit dem Thema *medienbezogene Bildungsprozesse in Paarbeziehungen* beschäftigt. Das Ziel dabei ist 1.) herauszufinden, ob medienbezogene Bildungsprozesse in Paarbeziehungen stattfinden und falls ja, 2.) zu verstehen, wie es zu den Bildungsprozessen kommt und dazu eine Theorie zu medienbezogenen Bildungsprozessen in Paarbeziehungen zu entwickeln. Hierzu wird der folgenden Forschungsfrage nachgegangen:

Inwieweit nehmen Paare medienbezogene Bildungsprozesse im Zusammenhang mit den Interaktionen ihrer Beziehung wahr?

Methodisches Vorgehen

Zur Bearbeitung der Fragestellung wurde die *Grounded Theory Methodologie* nach Strauss und Corbin (1990) verwendet. Das Datenmaterial wurde durch Medientagebücher und mittels leitfadengestützten Paarinterviews erhoben. Die Medientagebücher dienten der Vorbereitung der Interviews. Hierzu führten beide Personen der Paarbeziehung mehrere Tage ein Medientagebuch, in dem erfasst wurde, welche Medien wozu genutzt wurden und ob die Medien gemeinsam genutzt wurden bzw. ob darüber miteinander kommuniziert wurde. Zudem konnten Besonderheiten im Kontext der Mediennutzung oder der Kommunikation mit der jeweils anderen Person der Beziehung notiert werden. Nach dem Ausfüllen der Medientagebücher fand ein leitfadengestütztes Interview mit dem jeweiligen Paar statt. Anschließend wurden die Interviews im Sinne der Grounded Theory Methodologie ausgewertet. Bei der Auswertung wurde nacheinander, jedoch in sich überschneidenden Phasen, *offen*, *axial* und *selektiv* kodiert, wie Strauss und Corbin es nennen (Strauss & Corbin, 1990, 58). Beim *offenen Kodieren* wurde das Material durch theoriegenerierende Fragen ‚aufgebrochen‘, sodass mit einem weiten Blick geschaut wurde, was die Paare in Bezug zu ihrer Mediennutzung und ihrem gemeinsamen Leben erzählt haben. Dabei wurden erste Kategorien gebildet und durch sogenannte *Kodes* benannt. Beim *axialen Kodieren* wurden Kategorien dem Datenmaterial entsprechend zueinander in Beziehung gesetzt. Das zentrale Phänomen – also das, worum es im Datenmaterial unter Berücksichtigung der Forschungsfrage geht – wurde beim *selektiven Kodieren* herausgearbeitet (Strauss & Corbin, 1990, 62 ff.). Als visualisierendes Hilfsmittel wurde das sogenannte *Kodierparadigma* genutzt, um die Beziehungen zwischen den Kategorien zu beschreiben (Strauss & Corbin, 1990, 99 ff.). Weiterhin wurden in sogenannten *Memos* Gedanken und Ideen zu den Kategorien und deren Verbindungen zueinander festgehalten (Strauss & Corbin, 1990, 197). Durch die *Memos* wurde letztendlich die gegenstandsbezogene Theorie – die *Grounded Theory* – formuliert, welche beschreibt, wie und unter welchen Bedingungen medienbezogene Bildungsprozesse in Paarbeziehungen stattfinden können. Dabei ist das zentrale Phänomen das *Differenzerleben als Balanceakt in Paarbeziehungen*, welches titelgebend für dieser Arbeit war.

Nutzen der vorliegenden Arbeit
Der Nutzen dieser entwickelten Theorie besteht in dem dadurch gewonnen Verständnis von medienbezogenen Bildungsprozessen in Paarbeziehungen. Dieses kann wiederum für zukünftige Forschungsvorhaben neue Perspektiven auf bereits behandelte Themen eröffnen, wie z. B. mediengestützte Paartherapie bzw. -beratung oder medienbezogene Bildungsprozessen und Mediensozialisation in der Familie. Erstens haben Dunham und Dermer (2020) in einem theoretischen Aufsatz beschrieben, dass medienbezogene Bildungsprozesse in der Paartherapie bzw. -beratung unterstützend genutzt werden können. Mit einem genaueren Verständnis, wie und unter welchen Bedingungen medienbezogene Bildungsprozesse in Paarbeziehungen stattfinden, könnte dieser Ansatz weiter ausgebaut werden. Zweitens haben Nelissen, Kuczynski, Coenen und Van den Bulck (2019) in einer Studie aufgezeigt, dass sich Eltern und Kinder im Bereich der Mediensozialisation gegenseitig beeinflussen. So

kann durch die Betrachtung der Abläufe medienbezogener Bildungsprozesse von (zukünftigen) Elternpaaren eine erweiterte Perspektive auf medienbezogene Veränderungsprozessen bei Kindern im familiären Kontext ermöglicht werden. Darüber hinaus kann die Bearbeitung des Themas perspektivisch die Grundlage für weiterführende Fragen hinsichtlich lebenslangen Lernens sowie den Möglichkeiten zur Identitätsentwicklung, zur Enkulturation und damit auch der politischen und gesellschaftlichen Teilhabe mit und durch Medien bilden (Pietraß, 2016 und Kahne, Lee & Feezell, 2012). Nachrangig kann es dabei ebenfalls um die Frage gehen, ob und wie medienbezogene Bildungsprozesse in Paarbeziehungen in der Erwachsenenbildung berücksichtigt und einbezogen werden können.

Aufbau der Arbeit
Zuerst werden in Kapitel 2 die zentralen begrifflichen und theoretischen Konzepte dieser Arbeit erläutert. Dazu gehört die in der vorliegenden Arbeit genutzte *strukturale Bildungstheorie* nach Marotzki (1990), welche in Abschnitt 2.1 vorgestellt wird. Nachdem ausformuliert wurde, was in dieser Arbeit unter *Bildung* verstanden wird, folgt in Abschnitt 2.2 die Klärung der Begriffe *Medien* und *Medienbildung* bzw. *medienbezogene Bildungsprozesse*. Ergänzend zu der begrifflichen Auseinandersetzung wird die Kombination von Marotzkis Bildungstheorie mit dem Konzept der Medienbildung, die sogenannte *strukturale Medienbildung*, skizziert. Sie stellt zum Thema medienbezogener Bildungsprozesse den theoretischen Bezugsrahmen dieser Arbeit dar. Anschließend wird in Abschnitt 2.3 der Begriff der Paarbeziehung definiert und das für diese Arbeit relevante theoretische Konzept der Paaridentität beleuchtet. Nachfolgend auf diese begriffliche und theoretische Auseinandersetzung mit den einzelnen zentralen Konzepten dieser Arbeit, werden im Kapitel 3 diese Konzepte zusammengeführt. Es wird erst der Forschungsstand zu *medienbezogenen Bildungsprozessen in Paarbeziehungen* und anschließend zu dem weiteren Bereich von *Medien im Alltag von Paaren* ausgeführt. Diese Beschäftigung mit den Diskursen, Theorien und empirischen Ergebnissen zu diesen Themenfeldern helfen das Forschungsdesiderat deutlich zu machen und die entwickelte Theorie am Ende der Arbeit in den aktuellen Diskurs einzuordnen. Auf Grundlage der vorherigen Kapitel wird im Kapitel 4 die Relevanz der Forschungsfrage ausführlich erläutert und die konkrete Formulierung der Fragestellung begründet.

Mit welcher wissenschaftstheoretischen Perspektive und mithilfe welches methodologischen und methodischen Bezugsrahmens die Forschungsfrage beantwortet wurde, wird in den Kapiteln 5 und 6 erläutert. Weiterhin werden daraus Implikationen für das konkrete Forschungsdesign dieser Arbeit formuliert. Wie diese Implikationen bei der Ausgestaltung des empirischen Teils umgesetzt wurden, wird in Kapitel 7 dargelegt. Hier findet sich die Beschreibung der Erhebungsmethode, des

Samples und dem konkreten Vorgehen bei der Datenauswertung. Eine detaillierte Vorstellung der Interviewpaare findet sich in Kapitel 8.

In Kapitel 9 wird die entwickelte Theorie rund um das zentrale Phänomen *Differenzerleben als Balanceakt in Paarbeziehungen* präsentiert. Diese Ergebnisse werden in Kapitel 10 hinsichtlich ihres Beitrags zum aktuellen Forschungsstand und ihrer Bedeutung für die Forschungsfrage diskutiert. Überdies findet eine forschungsmethodische Diskussion statt. Abschließend wird in Kapitel 11 die gewonnenen Erkenntnisse der vorliegenden Arbeit zusammengefasst und die Forschungsfrage beantwortet. Weiterhin wird der Beitrag zur Theorieentwicklung und der Nutzen der Forschungsergebnisse verdeutlicht und schließlich die Grenzen der Arbeit und offen gebliebene Fragen aufgeführt.

Theoretischer Bezugsrahmen 2

Für die theoretische und begriffliche Annäherung an den Untersuchungsgegenstand sind drei Teile nötig. Diese stellen gleichzeitig den theoretischen Bezugsrahmen für den empirischen Teil dieser Arbeit dar und sehen folgendermaßen aus:

Für die Auseinandersetzung mit *medienbezogenen Bildungsprozessen in Paarbeziehungen* muss der bildungstheoretische Bezug dieser Arbeit erläutert werden. Hierzu wird in Abschnitt 2.1 die *strukturale Bildungstheorie* nach Marotzki vorgestellt.

Nachdem die theoretische Grundlage von *Bildung* geklärt wurde, findet in Abschnitt 2.2 eine Auseinandersetzung mit dem Ausdruck *medienbezogene Bildungsprozesse* statt. Hierzu werden zuerst die dafür relevanten Begriffe *Medien* und *Medialität* erläutert. Im Anschluss daran wird das Begriffsverständnis von *medienbezogenen Bildungsprozessen* in dieser Arbeit formuliert. Weiterhin wird das auf der *strukturalen Bildungstheorie* aufbauende Konzept *strukturale Medienbildung* skizziert.

Der zweite zentrale Aspekt dieser Arbeit – Paarbeziehung – wird in Abschnitt 2.3 betrachtet. Hierzu werden theoretische Rahmungen und begriffliche Definitionen erörtert.

2.1 Bildungstheorie nach Marotzki

Winfried Marotzki entwarf 1990 in seiner Habilitationsschrift die sogenannte *strukturale Bildungstheorie* (Marotzki, 1990). Diese Bildungstheorie wurde als theoretischer Bezug für diese Arbeit ausgewählt, weil sie erstens den Einfluss der Medien von Grund auf mitdenkt und entsprechend einen in diesem Kontext passenden Medienbildungsbegriff bereithält. So hat Marotzki seine Theorie aufgrund der gesellschaftlichen Veränderungen im Kontext der Digitalisierung entwickelt, diese

© Der/die Autor(en) 2025
S. Schlachter, *Differenzerleben als Balanceakt*,
https://doi.org/10.1007/978-3-658-46014-3_2

20 Jahre später im Kontext der Mediatisierung weiterentwickelt und schließlich auf das Konzept der Medienbildung übertragen. Zweitens hat Marotzki mit seiner Habilitation einen wichtigen Meilenstein gesetzt, um Bildungstheorie und Bildungsforschung miteinander zu verzahnen. In vielen auf ihn bezugnehmenden Arbeiten wurde dieser Ansatz bereits umgesetzt (z. B. Fuchs, 2014; Nohl, 2006 und Reinhartz, 2001). Das heißt, diese Theorie lässt sich mit der empirischen Rekonstruktion von Bildungsprozessen vereinen, was für die vorliegende Arbeit von Vorteil ist. Drittens liegt der *strukturalen Bildungstheorie* ebenfalls – wie dieser Arbeit – eine auf dem *Symbolischen Interaktionismus* beruhende Weltsicht zugrunde.

In diesem Kapitel wird zuerst die Ausgangslage dargestellt, welche Marotzki dazu motivierte eine neue Bildungstheorie zu entwickeln (2.1.1). Im Anschluss daran wird erläutert, was er im Sinne seiner Theorie unter den Begriffen *Bildung* und *Lernen* versteht (2.1.2) und es wird die Theorie weiter aufgeführt (2.1.3). Daraufhin werden die Aspekte erklärt, mit deren Hilfe Marotzki Bildungsprozesse rekonstruieren möchte, wodurch die Verbindung zwischen Bildungstheorie und Bildungsforschung hergestellt wird (2.1.4). Nachfolgend wird die Kritik an Marotzkis Theorie diskutiert (2.1.5). Abschließend wird in einem Zwischenfazit zusammengefasst, inwiefern die *strukturale Bildungstheorie* für diese Arbeit nutzbar ist (2.1.6).

2.1.1 Ausgangspunkt von Marotzkis Theorieentwicklung

Ausgangspunkt für die Entwicklung der Bildungstheorie war die Annahme, dass „eine Transformation gesellschaftlicher Strukturen und Ordnungsprinzipien von einer Industrie- zu einer Informationsgesellschaft stattfindet" (Marotzki, 1990, 20). Auf die damit einhergehenden Umstrukturierungen muss das Subjekt seines Erachtens „kritisch in Form von Lern- und Bildungsprozessen reagieren" (Marotzki, 1990, 20). Für Marotzki ergeben sich daraus zwei zentrale Aspekte, welche er sich Ulrich Beck entliehen hat, mit denen die Subjekte im Kontext der gesellschaftlichen Transformation konfrontiert werden. Diese sind erstens die zunehmende *Individualisierung* und zweitens die *Kontingenzsteigerung*. Dies führt dazu, „daß der einzelne immer mehr zum Planungsbüro seiner eigenen Biographie wird" (Marotzki, 1990, 23). Denn die Subjekte haben immer mehr Entscheidungsfreiräume, die eigene Biographie zu gestalten und können sich zunehmend weniger an tradierten Mustern orientieren. „Das bedeutet vor allem, daß vorgegebene Weltbilder, konventionelle Normen- und Orientierungssysteme ihre Integrations- und Legitimationsfunktion für immer mehr Mitglieder der Gesellschaft [verlieren]" (Marotzki, 1990, 29). Auf der einen Seite kann dies zur Überforderung und Verunsicherung der Subjekte führen. Auf der anderen Seite können diese Spielräume jedoch als Chance zur Transformation und zur Weiterentwicklung des Subjekts genutzt werden sowie zu vielfältigen neuen Entwürfen der Lebensführung führen (Marotzki, 1990, 23 ff. & 180). Bildungsprozesse sind nach Marotzki also notwendig, um auf die gesellschaftlichen Umstrukturierungen konstruktiv zu reagieren. Finden keine Bildungsprozesse statt, obwohl sich die Umweltbedingungen verändern, besteht seines Erachtens „die Gefahr der Verhärtung von Subjektivität [und e]ine dialektische Desintegration aus den Bezügen der Wirklichkeit könnte die bedrohliche Folge sein" (Marotzki, 1990, 180).

Seine Annahme der gesellschaftlichen Transformation begründet er, indem er die gesellschaftlichen Entwicklungen der 1980er-Jahre nachzeichnet (Marotzki, 1990, 19 ff.) und verschiedene Umstrukturierungen hervorhebt, die sich aufgrund der Transformation in eine Informationsgesellschaft vollziehen. Diese Annahme wird jedoch u. a. von Fuchs (2014, 94) und Nohl (2006, 13) kritisch hinterfragt und eine empirische Untermauerung gefordert. Durch die gesellschaftlichen Entwicklungen, die mit dem Konzept der *Mediatisierung* beschrieben werden, wird nach Couldry und Hepp (2017) jedoch deutlich, dass nach wie vor gesellschaftliche Transformationen stattfinden, die Anlässe für Bildungsprozesse darstellen. Vor diesem Hintergrund haben laut Bettinger (2018, 193) sowohl die *These der Individualisierung* als auch die *Kontingenzsteigerung* an Relevanz gewonnen.

Darüber hinaus war es Marotzki ein Anliegen, die Bildungstheorie zu entwickeln, um diese gleich mit einer Methodik zu verbinden, durch die Bildungsprozesse empirisch rekonstruierbar werden. Dies geschieht unter dem Stichwort der *bildungstheoretisch orientierten Biographieforschung*. Hierfür wird zunächst erklärt, was Marotzki unter *Lern- und Bildungsprozessen* versteht.

2.1.2 Marotzkis Bildungsverständnis

Zum Verständnis von Marotzkis Bildungsbegriff ist seine Unterscheidung zwischen *Lernen* und *Bildung* zu erläutern. In seiner Habilitationsschrift von 1990, in der er die *strukturale Bildungstheorie* entwickelt, unterschied er noch bezugnehmend auf das Lernebenenmodell von Gregory Bateson (1981) zwischen *Lernen 0* bis *Lernen IV* (Marotzki, 1990). In einem späteren Werk von Jörissen und Marotzki (2009) wurden die Definitionen leicht abgewandelt und es wurde eine neue Nummerierung eingeführt, welche auch in dieser Arbeit verwendet wird. Bei dieser wird zwischen *Lernen I* und *Lernen II* sowie *Bildung I* und *Bildung II* differenziert.

Lernprozesse

Bei *Lernen I* folgt auf einen Reiz immer eine bestimmte Reaktion, welche nicht „der Berichtigung durch Versuch und Irrtum unterworfen [ist]" (Marotzki, 1990, 35). Dies beschreibt zum einen reflexartiges Verhalten und zum anderen die Kenntnis von Bedeutungen unterschiedlicher Symbole und ggf. die entsprechend angemessene Reaktion, welche im Fall von *Lernen I* alternativlos ist (Jörissen & Marotzki, 2009, 22 und Marotzki, 1990, 35 ff.). Bei dieser Lernstufe verfügt „das Subjekt [nicht] über die eigenen Lernvoraussetzungen" (Marotzki, 1990, 339). Das heißt, bei *Lernen I* wird die Bedeutung eines Reizes samt entsprechender Reaktion gelernt.

Lernen II bezeichnet den Fall, in dem auf einen Reiz unterschiedliche Reaktionen folgen können und zwar abhängig vom Kontext, weil der Reiz je nach Kontext eine andere Bedeutung haben kann. „Die besondere Leistung beim ‚Lernen II' besteht also darin, [...] zu erkennen und einzuordnen [...], welche Rahmungen für bestimmte Situationen angemessen sind und welche nicht" (Jörissen & Marotzki, 2009, 23). Dabei bezeichnen *Rahmungen* die Auswahlmengen an Reaktionen, welche sich ein Subjekt beim *Lernen II* aneignet. Im späteren Verlauf der Habilitationsschrift werden diese auch als *Kontexturen* bezeichnet (Marotzki, 1990, 213 ff.). Insofern meint *Lernen II* das Verstehen, dass ein Reiz je nach Kontext eine andere Bedeutung haben kann und zu lernen, welche Reaktion in welchem Kontext passend ist. Hier findet also eine Erweiterung der Selbst- und/oder Weltsicht statt.

Bildungsprozesse

Bildung I bezeichnet die durch Selbstreflexion gewonnene Erkenntnis, dass auch andere Selbst- und Weltsichten als die eigenen existieren. Aufgrund dieser Erkenntnis ist es möglich, eine andere Selbst- bzw. Weltsicht einzunehmen und dadurch den Kontext anders zu deuten. Daraufhin kann eine andere Kontextur gewählt und schließlich eine entsprechende Reaktion gezeigt werden (Jörissen & Marotzki, 2009, 23 ff. und Marotzki, 1990, 41 ff.). Das heißt, es geht um eine Veränderung der Selbst- und Weltsichten wodurch sich der eigene Bezug zu diesen und letztlich die gezeigten Reaktionen ändern. Der Unterschied zu *Lernen II* besteht nach Marotzki also in der Flexibilisierung der Kontexturen, sodass diese nicht mehr feststehen. Dennoch sind *Bildungsprozesse I* nicht leicht zu initiieren, weil Selbst- und Weltsichten falsifikationsresistent und selbstbestätigend sind, sodass Menschen nur von ihnen Abstand nehmen, wenn sie sich auf drastische Weise als nicht passend erweisen (Jörissen & Marotzki, 2009, 23 ff. und Marotzki, 1990, 41 ff.).

Das Konzept *Bildung II* ist komplexer als *Bildung I*. So bezeichnet *Bildung II* die durch Selbstbeobachtung gewonnene Erkenntnis, dass die jeweilige Person ihre Welt erst durch ihre Selbst- und Weltsicht konstruiert und selbst in der Lage ist, den Modus der Erfahrungsverarbeitung zu ändern. So führt *Bildung II* zur

Kontextualisierung, Flexibilisierung und Pluralisierung der Selbst- und Weltsichten sowie zur Differenzierung und Steigerung des Selbstbezugs. Also steht dem Subjekt nicht mehr nur eine Menge an Reaktionsmöglichkeiten zur Verfügung, sondern mehrere, zwischen denen es flexibel und frei wählen kann. Es hat gelernt, dass es das Selbst bzw. die Welt auf unterschiedliche Weisen betrachten und organisieren kann sowie in der Lage ist, bewusst eine Weise zu wählen. Diese Form von Bildungsprozessen ist jedoch nur begrenzt möglich, da eine stetige und dauerhafte (selbst-)kritische Betrachtung der Selbst- und Weltsicht unter Berücksichtigung aller weiteren denkbaren Perspektiven kognitiv nicht leistbar ist (Marotzki & Jörissen, 2010, 19 ff.; Jörissen & Marotzki, 2009, 23 ff. und Marotzki, 1990, 41 ff.).

Der Schritt von *Lern-* zu *Bildungsprozessen* geschieht für Marotzki also dort, wo nicht nur eine Erweiterung, sondern eine Veränderung der Selbst- und Weltsichten erlebt wird, sodass sich der eigene Bezug zu diesen ebenfalls verändert. Diese Veränderungen vollziehen sich, wie Marotzki es nennt, in einem *qualitativen Sprung* von einer Kontextur zur anderen und nicht in einem kontinuierlichen Prozess (Marotzki, 1990, 173 & 344 f.). Weiterhin sind sie nur retrospektiv feststellbar (Marotzki, 1990, 128 & 216).

Modi der Weltaufordnung

Ein zentraler Begriff in Marotzkis Bildungsverständnis ist *Weltaufordnung*.

> „Gemein ist damit das, was im weitesten Sinne als Selbst- und Weltbild bezeichnet wird: Menschen haben kulturelle Schemata entwickelt, die es erlauben, Erfahrungen zu sortieren und zu bewerten, die ihnen aber zugleich die Mittel an die Hand geben, zu sagen, wer sie sind und wie sie die Welt sehen." (Jörissen & Marotzki, 2009, 24)

Vereinfacht formuliert kann *Weltaufordnung* als *Erfahrungsverarbeitung* verstanden werden (Marotzki, 1990, 44). In Bezug auf die Modi der Weltaufordnung, welche die Subjekte bei Bildungsprozessen bewusst ändern können, bestehen bei Marotzki zwei verschiedene Arten die Welt aufzuordnen, welche eine dialektische Einheit bilden (Marotzki, 1990, 183 ff.). Diese beeinflussen die Bedeutungsproduktion, sodass bei gleicher Informationseingabe den Informationen unterschiedliche Bedeutungen beigemessen werden können (Marotzki, 1990, 208).

Die erste Art der Weltaufordnung ist durch *ubiquitäre Deduktionsdispositionen* geleitet. Sie sind negationsarm, sodass die vorhandene Wahlfreiheit nicht genutzt wird und alle Möglichkeiten, wie Erfahrungen bzgl. des Selbst und der Welt verarbeitet werden könnten, offengehalten werden. Die eigene Selbst- und Weltsicht kann sozusagen mehrere Zustände gleichzeitig annehmen. Dadurch sorgt sie für eine Stabilisierung in sozialen Räumen, insbesondere von Kollektiven und

Gruppen (Marotzki, 1990, 183 ff., 194 & 224 f.). Die Gefahr besteht dabei darin, dass „das Subjekt seinen Lebensentwurf [...] einfriert und sich der produktiven Vermittlung entzieht" (Marotzki, 1990, 183).

Bei der zweiten Art der Weltaufordnung, welche durch *singuläre Deduktionsdispositionen* geleitet ist, findet eine produktive Verarbeitung der Vielfalt der Selbst- und Weltsichten statt. Dies geschieht, indem bestimmte Sichtweisen fokussiert und andere negiert werden. Für Marotzki ist für Bildungsprozesse das „Ausbilden der Negationspotentiale [von besonderer Wichtigkeit]" (Marotzki, 1990, 342). Dadurch ist ein hohes Maß an Subjektivität und Individualität möglich und es werden Transformationen ermöglicht sowie durch diesen Kontext bedingt. Im Gegenzug besteht jedoch die Gefahr eines Bruchs mit sozial validierten Orientierungsrahmen (Marotzki, 1990, 183 ff. & 224 f.). Folgendes stark vereinfachte Beispiel illustriert den Unterschied zwischen den zwei Deduktionspositionen:

Kims Art der Weltaufordnung ist durch ubiquitäre Deduktionsdispositionen *geleitet. In Kims Peergroup in der Schule werden die Lehrkräfte als Respektspersonen angesehen. In der Peergroup beim Sport hingegen werden Lehrkräfte als Tyrannen angesehen, die ihre Macht ausnutzen. Kim redet in beiden Gruppen mit und stimmt keinem der Bilder von Lehrkräften zu oder lehnt es ab. Fraglich bleibt, wie Kim sich gegenüber den Lehrkräften verhalten soll.*

Jona ist durch singuläre Deduktionsdispositionen *geleitet und hat sich entschieden, Lehrkräfte als Respektspersonen und nicht als Tyrannen zu sehen. In der Peergroup beim Sport, in der Kim auch ist, eckt Jona mit dieser Ansicht an.*

Im Kontext der Weltaufordnung ist der Begriff der „tentativen Wirklichkeitsauslegung (man könnte auch von tentativer Wirklichkeitsinterpretation oder -verarbeitung sprechen) [relevant]" (Marotzki, 1990, 145), weil dieser ein wichtiges Moment für Bildungsprozesse beschreibt, welches mit „der Eröffnung von Unbestimmtheitsräumen einher[geht]" (Marotzki & Jörissen, 2010) und verschiedene Erfahrungsverarbeitungsmuster ermöglicht. Marotzki hat die *tentative Wirklichkeitsauslegung* in Bezugnahme auf Rainer Kokemohr herausgearbeitet. Bestehen Möglichkeiten für eine tentative bzw. versuchsweise Wirklichkeitsauslegung, dann wird die eigene Biographie eher als Handlungsgeschichte ausgelegt und die Weltaufordnung wird aktiv und negationsreich vollzogen. Zu einer passiven, negationsarmen Weltaufordnung sowie einer Auslegung der Biographie als Leidensgeschichte kommt es eher, wenn tentative Wirklichkeitsauslegungen nicht möglich sind (Marotzki, 1990, 147 f.).

Zusammenfassung von Marotzkis Bildungsverständnis

Aus diesem Anschnitt lassen sich nun folgende Aspekte zusammenfassen, die für *Bildungsprozesse* nach Marotzki gelten (Marotzki & Jörissen, 2010, 19 und Marotzki, 1990, 41 ff., 187 ff., 216, 224 ff. & 338).

- Sie sind angestoßen durch Selbstreflexion.
- Es findet eine Veränderung des Selbst- und Weltbezugs statt.
- Die Kontextur bzw. die Rahmung wird einer Transformation unterzogen.
- Die Erfahrungsverarbeitungsmodalitäten, also die Modi der Weltaufordnung, verändern sich.
- Sie sind nicht antizipierbar, sondern erst im Nachhinein feststellbar.
- Voraussetzung ist, dass beide Arten der Weltaufordnung bzw. beide Deduktionsdispositionen vollzogen werden, sodass Bestimmtheit hergestellt und Unbestimmtheit ermöglicht werden kann (Marotzki, 1990, 160).

2.1.3 Einordnung als *strukturale* Bildungstheorie

Nachdem erklärt wurde, was Marotzki unter *Bildung* versteht, folgt die Beantwortung der Frage, warum seine Bildungstheorie gerade eine *strukturale* Bildungstheorie ist. Hierzu müssen zuerst drei Prinzipien vorgestellt werden, die für Marotzki im Kontext von Bildung entscheidend sind und auf die im Weiteren Bezug genommen wird (Marotzki, 1990, 227):

1. das Prinzip des Nicht-Teleologischen,
2. das Prinzip des Nicht-Hierarchischen,
3. das Prinzip der Bildsamkeit.

Das erste Prinzip besagt, dass die zentralen Bestimmungsmomente von Bildung „Offenheit, Indeterminiertheit, Emergenz und Kontingenz [sind und so besteht] kein vorher irgendwie festgelegtes Ziel" (Marotzki, 1990, 226). Beim zweiten Prinzip geht es weniger um das *Nicht-Hierarchische* als um ein „dialektische[s] Verhältnis [...] von Hierarchie und Heterarchie" (Marotzki, 1990, 226). Dabei ist *Heterarchie* knapp formuliert das Gegenteil von *Hierarchie*: alle Elemente eines Systems sind gleichberechtigt. Durch dieses dialektische Verhältnis sind sowohl Entwicklungen als auch „kooperative und gleichberechtigte Interaktion [...] denkbar" (Marotzki, 1990, 226). Dem dritten Prinzip nach wirken die Subjekte an ihren Bildungsprozessen mit. Dabei sind „interaktive Vermitteltheit, produktive und kreative Freiheit,

Geschichtlichkeit wie auch das Angewiesensein auf Sprachlichkeit unverzichtbare Elemente [von Bildungsprozessen]" (Marotzki, 1990, 228).

Abwendung von *formalen* und *materialen* Bildungstheorien
Marotzki wendet sich mit dem Begriff der *strukturalen Bildungstheorie* deutlich von *formalen* und *materialen Bildungstheorien* ab. Dabei bezieht er sich auf Dietrich Benners Verständnis von *formaler* und *materialer Bildungstheorie*. An dieser Stelle wählt er Benner als Bezug, da laut Marotzki ihrer beider Verständnis und die Bewertung der Relevanz für Bildungstheorien von den gerade aufgeführten Prinzipien übereinstimmt (Marotzki, 1990, 227). Nach Benner stehen bei der *formalen Bildungstheorie* die Ausbildung von Fähigkeiten im Fokus und Inhalte dienen nur der Ausbildung dieser Fähigkeiten. Bei der *materialen Bildungstheorie* stehen die Inhalte im Fokus und werden auf Grundlage gesellschaftlicher Anforderungen bestimmt (Marotzki, 1990, 230 ff.). Da bei Marotzki Bildungsprozesse nicht inhaltlich bzw. nicht über inhaltliche Ziele bestimmt werden (Marotzki, 1990, 42 & 232), sondern anhand von Strukturen, in denen Fähigkeiten und Inhalte relevant sind, kann seine Bildungstheorie weder der *formalen* noch *materialen Bildungstheorie* zugeordnet werden. Außerdem kritisiert er an *formalen Bildungstheorien*, dass diese nicht dem *Prinzip der Bildsamkeit* entsprächen, da Bildsamkeit über die Ausbildung und Entwicklung von Fähigkeiten hinausgehe (Marotzki, 1990, 231). Bei *materialen Bildungstheorien* kritisiert er das Hierarchieverhältnis von gesellschaftlichen Bereichen zur pädagogischen Praxis, indem der Praxis von den anderen Bereichen Ziele vorgegeben werden (Marotzki, 1990, 231). Dieses widerspricht dem *Prinzip des Nicht-Hierachischen*. „Für eine Theorie der Bildung seien [jedoch] das Prinzip der Bildsamkeit [...] und das [...] Prinzip eines nicht-hierarchischen Verhältnisses der gesamtgesellschaftlichen Einzelpraxen zueinander zentral" (Marotzki, 1990, 230).

Strukturtheorie nach Gotthard Günther
Nach der Abwendung von *formalen* und *materialen Bildungstheorien* entscheidet sich Marotzki, seine Bildungstheorie als *struktural* zu bezeichnen und nimmt damit Bezug auf Gotthard Günthers Strukturtheorie, welche für Marotzki die zu Beginn dieses Abschnitts aufgeführten drei Prinzipen erfüllt. Marotzki braucht die *Strukturtheorie* von Günther, um den Übergang zwischen den verschiedenen Modi der Erfahrungsverarbeitung und damit Reflexionsprozesse verstehen zu können (Marotzki, 1990, 188 ff.).

In Günthers Arbeiten, welche Marotzki in seiner Habilitation zusammenfasst, geht es um die Modellierung von selbstreferentiellen Prozessen – zu denen auch die Reflexionsprozesse innerhalb von Bildungsprozessen gehören – und der

Entwicklung einer Reflexionslogik, welche in der Lage ist, Subjektivität zu thematisieren. Nach Günther fehle das Subjekt in der klassischen zweiwertigen aristotelischen Logik, welche nur die Werte *wahr* und *falsch* kennt. Zudem könne das in der klassischen Logik als symmetrisch beschriebene Verhältnis von Positivität und Negation vielmehr als asymmetrisch beschrieben werden, weil es zwar eine Negation der Negation gebe, aber keine Positivität der Positivität. Zusätzlich kann die Negation der Negation nicht mit Positivität gleichgesetzt werden. So liegt seiner Strukturtheorie eine mehrwertige Logik zugrunde (Günther 1978 zitiert nach Marotzki, 1990, 192 ff.). Dies bringt für Marotzki zwei Vorteile mit sich:

1. Der dritte Wert der mehrwertigen Logik ist ein sogenannter *Indifferenz-* oder *Rejektionswert*, welcher die Zeitdimension bzw. eine Möglichkeitsoption eröffnet, indem die Wertfolge nicht determiniert ist, sondern durch eine Negation der Negation zwei verschiedene Wertreihen logisch folgen können. Da Marotzki und Günther Jean-Paul Sartres Auffassung folgen, dass Subjektivität nicht ohne Zeitdimension bzw. Möglichkeitsstruktur denkbar ist und „Subjektivität [...] überhaupt nur über das Vermögen, negieren zu können, zu verstehen [ist]" (Marotzki, 1990, 193), ermöglicht dieser dritte Wert die Thematisierung von Subjektivität. Intersubjektivität ist durch den vierten bis *n*-ten Wert denkbar. Das heißt, Marotzki wird es durch die Theorie möglich, die Struktur von Reflexionsprozessen modellieren zu können, in denen Räume von Unbestimmtheit bestehen und Subjektivität eine Rolle spielt. Dadurch kann er die Logik der Übergänge zwischen den Modi der Weltaufordnung besser nachvollziehen.

2. Durch die mehrwertige Logik wird die Wirklichkeit als polykontextual angesehen. Polykontextualität bedeutet, dass vielfältige, sich teilweise gegenseitig ausschließende, Kontexturen vorliegen, welche jedoch in sich der klassischen binären Logik folgen. Der Wechsel eines Strukturprinzips vollzieht sich in der Transformation von einer Kontextur in eine andere, sodass etwas Neues entsteht. Dadurch werden der Strukturreichtum und die -komplexität erhöht. Eine solche Strukturtransformation ist von Unbestimmtheit und damit auch von Tentativität gekennzeichnet und lässt sich hermeneutisch auslegen. Dies ist für Marotzki entscheidend, um auf Grundlage seiner Bildungstheorie Bildungsprozesse empirisch rekonstruieren zu können (Marotzki, 1990, 190 ff.).

Zusammenfassung zum strukturalen Teil der Bildungstheorie
In Bezug auf die drei zu Beginn dieses Abschnittes genannten Prinzipien wird deutlich, dass erstens das *Prinzip des Nicht-Teleologischen* darin aufgegriffen wird, dass „Günther Entwicklung und damit (auch ontogenetische) Geschichte als konsequent offen (also: nicht-teleologisch) denkt" (Marotzki, 1990, 222), zweitens das

Prinzip des Nicht-Hierachischen besonders bedeutsam ist, denn bei Günther entstehen „erst durch die Verbindung von Hierarchie und Heterarchie [Strukturen]"
(Marotzki, 1990, 223). Drittens ist das *Prinzip der Bildsamkeit* dadurch erfüllt, dass
durch die mehrwertige Logik Freiheit entstehe und Geschichtlichkeit einbezogen
werden kann.

Insgesamt wird deutlich, dass „Bildungsprozesse [für Marotzki] [...] nur struktur-
theoretisch bestimmbar [sind]" (Marotzki, 1990, 42). Der Grund dafür ist Günthers
Erweiterung der aristotelischen zweiwertigen Logik, sodass die Struktur von Reflexionsprozessen – welche Teil von Bildungsprozessen sind – samt Subjektivität,
Negation und Strukturtransformationen nachvollziehbar und empirisch rekonstruierbar werden. Wie diese genau empirisch rekonstruiert werden können, wird im
nächsten Abschnitt ausgeführt.

2.1.4 Empirische Rekonstruktion von Bildungsprozessen

Für die Rekonstruktion von Bildungsprozessen zieht Marotzki Aspekte der Biographieforschung heran. Vorweg sei daher anzumerken, dass er mit dem Begriff
Biographie „eine aktive Leistung des Subjektes [meint], durch die [die] Vergangenheit angesichts von Gegenwart und Zukunft reorganisiert wird" (Marotzki, 1990,
77).

Erhebungsmethode
Marotzki beschreibt, dass in der Sprache und auch in der erzählten Biographie die
„Einheit von Welt- und Selbstbezug [auftritt]" (Marotzki, 1990, 162). Die Welt ist
der Inhalt des Gesprochenen und beim Sprechakt kann sich das Subjekt selbst hören
und damit wahrnehmen. So wird es sich selbst und anderen zugänglich (Marotzki,
1990, 162). Hier bezieht er sich auf „die These der Unhintergehbarkeit der Sprache"
(Marotzki, 1990, 90), nach welcher durch die Sprache Wirklichkeit geschaffen und
stabilisiert werde. Indem Subjekte auf diese Weise ihre Erfahrungen kommunikativ mitteilen, findet eine Verarbeitung statt bzw. wird präsentiert. Dabei werden die
Erfahrungen in einen für die Subjekte sinnhaften Zusammenhang gesetzt und so wird
„der Erinnerung eine (neue) Gestalt [gegeben]" (Marotzki, 1990, 100). Diese Form
der Bedeutungszuschreibung bezeichnet Marotzki als *Biographisierung* (Marotzki,
1990, 101). Dieser Vorgang ist der Grund dafür, dass Marotzki Biographien und
damit insbesondere narrative Interviews mit Passagen von Stehgreiferzählungen, in
Anlehnung an Fritz Schütze bzw. die *Kasseler Schule*, als hilfreich für die Rekonstruktion von Bildungsprozessen einschätzt und somit als Erhebungsmethode wählt
(Marotzki, 1990, 100 f. & 163 f.).

Analyserahmen

Zur Entwicklung eines geeigneten Analyserahmens hebt Marotzki eine von Schützes vier *Prozeßstrukturen des Lebenslaufs* besonders hervor, nämlich die sogenannten *Wandlungsprozesse* (Schütze, 2016a, 33 und Marotzki, 1990, 127 ff.). Für Marotzki liegen dann *Wandlungsprozesse* vor, „wenn Transformationsprozesse des Selbst- und Weltbezuges nachzuweisen sind" (Marotzki, 1990, 127). Außerdem sind diese besonders bedeutsam für die Rekonstruktion von Bildungsprozessen „weil sie das für Subjektivität zentrale Moment der Emergenz am deutlichsten aufweisen" (Marotzki, 1990, 116).

Bezüglich der Auswertung von narrativen Interviews stellt sich jedoch die Frage, wie „zwischen behaupteter und tatsächlich vollzogener Wandlung [unterschieden werden kann]" (Marotzki, 1990, 164). Schützes Ansatz einer „Verzahnung von semantischer und formal-textueller Analyse" (Marotzki, 1990, 164) löst für Marotzki dieses Problem. So wird nicht nur betrachtet *was* eine Person erzählt, sondern auch *wie* sie die Veränderung des Selbst- und Weltbezugs sprachlich gestaltet. Auf semantischer Ebene können Widersprüche zwischen unterschiedlichen Aussagen der erzählenden Person aufgedeckt werden. Bei der Formalanalyse ist es möglich, latente Sinnstrukturen dadurch abzuleiten, dass sogenannte *Erzählzwänge* dafür sorgen, dass die Person mehr oder etwas anders ausdrückt oder es anders strukturiert, als eigentlich beabsichtigt. So soll bestimmt werden können, wo ein Bildungsprozess vorliegt. Hierbei müssen die herausgearbeiteten Veränderungen nicht mit den explizit Genannten übereinstimmen (Schütze, 2016a, 90 und Marotzki, 1990, 164 ff.). Entscheidend ist, dass die Person nicht nur die „Inhalte der vorigen Entwicklungsstufe negiert [...], sondern [...] auch das der alten Stufe zugrundeliegende Strukturprinzip negiert wurde" (Marotzki, 1990, 219).

Beispielanalyse

In seiner Habilitationsschrift analysiert Marotzki auf diese Weise ein narratives Interview. Im nachfolgenden Abschnitt folgt eine kritische Betrachtung dieser Beispielanalyse. Das betrachtete narrative Interview ist eines der fünfzig Interviews, die 1985 im Projekt *Biographien in komplexen Institutionen: Studentenbiographien* geführt wurden. Es wurde von einem Hochschullehrer geführt, bei dem die interviewte ehemalige Studentin ca. 4–5 Jahre zuvor Seminare besucht und das erste Staatsexamen abgelegt hat. Für die erneute Analyse im Zuge seiner Habilitation hat Marotzki das Interview noch einmal selbst transkribiert (Marotzki, 1990, 238 ff.).

Für die Analyse nimmt Marotzki zuerst eine Segmentierung des Textes vor, indem er jedes Segment paraphrasiert, die Textstruktur erläutert, die Segmetabgrenzung verdeutlicht und intrasegmentale Strukturen herausarbeitet (Marotzki, 1990, 252 ff.). Im Anschluss daran arbeitet er drei Kontexturen heraus, „innerhalb deren

sich die Welt- und Selbstauslegung der Informantin in ihren jeweiligen Lebensab-
schnitten organisiert hat" (Marotzki, 1990, 312), sodass die Orte der Wandlungen
zwischen diesen Kontexturen deutlich werden. Schließlich kommt er zu dem Ergebnis, dass die Biographie der interviewten Person typisch für die Moderne ist und
sowohl der *These der Individualisierung* als auch der der *Kontingenzsteigerung*
entspricht (Marotzki, 1990, 354). Weiterhin beschreibt er, dass er seine Analyse
nicht durch die Betrachtung weiterer Biographien zum Zwecke eines minimalen
oder maximalen Vergleichs und damit zur Generalisierung der Ergebnisse erweitern werde, weil dies nicht zu seiner Fragestellung gehöre. Zum anderen möchte
er die Bedeutungszuschreibung subjektspezifisch klären (Marotzki, 1990, 208) und
analysieren wie *„in diesem Fall* die Strukturen sedimentiert und selbst strukturierend
gewirkt haben" (Marotzki, 1990, 63). Daher plädiert er für die Einzelfallanalyse:

> „Eine biographietheoretisch inspirierte Bildungstheorie [...] betreibt eine [...] exten-
> sive Einzelfallauslegung. [...] Die Überzeugung und Stärke einer solchen Position ver-
> dankt sich der Einsicht, daß ein verallgemeinerungsfähiges Wissen, das sogenannte
> wissenschaftlich abgesicherte Wissen, gerade nichts mehr über den Einzelfall aussagt."
> (Marotzki, 1990, 63 f.)

Zusammenfassung zur empirischen Rekonstruktion von Bildungsprozessen
Für die empirische Rekonstruktion von Bildungsprozessen lässt sich festhalten,
dass Marotzki sich Aspekten der Biographieforschung – insbesondere von Schütze
– bedient und so für die Erhebung narrative Interviews mit darin enthaltenen Stehgreiferzählungen vorsieht. Des Weiteren plädiert er für eine Einzelfallanalyse bei
der das Interview semantisch und formal-textuell analysiert werde mit besonderem Augenmerk auf *Wandlungsprozesse* bzw. Übergänge zwischen *Kontexturen*
(Marotzki, 1990, 63 f.).

2.1.5 Kritik an der strukturalen Bildungstheorie

In den Abschnitten zuvor wurde Marotzkis *strukturale Bildungstheorie* erläutert
und damit auch sein Versuch einer Verbindung von Bildungstheorie und Bildungsforschung sowie die Entwicklung einer *bildungstheoretisch orientierten Biographieforschung.* Seit der Veröffentlichung seiner Habilitation haben sich viele weitere Personen mit der Verknüpfung von Bildungstheorie und Bildungsforschung
bzw. Biographieforschung auseinandergesetzt. Dabei wurde diese weitgehend positiv aufgenommen (z. B. Ehrenspeck-Kolasa, 2018). Nichtsdestotrotz gibt es Kritik
an Marotzkis Bildungstheorie. Da Marotzki „die erste umfassende Version einer

bildungstheoretisch orientierten Biographieforschung vorgelegt hat[,] sind Unge-
reimtheiten und Problemstellen wohl nahezu unvermeidbar" (Fuchs, 2014, 112 f.).
Nachfolgend werden zentrale Arbeiten aus dem Diskurs um die Verbindung von Bildungstheorie und Bildungsforschung bzw. Biographieforschung vorgestellt, welche
Marotzkis Theorie aufgegriffen haben. Es wird deren Kritik aufgeführt und dazu
Stellung genommen, wie in dieser Arbeit mit den angesprochenen Aspekten umgegangen wird.

Koller

Koller (1999) entwickelte ebenfalls in seiner Habilitationsschrift einen Bildungsbegriff, dessen Tragfähigkeit er empirisch überprüfte. So ging er der folgenden
Fragestellung nach: „Inwieweit [eignet sich der entwickelte Bildungsbegriff] dazu
[...], tatsächliche Lern- und Entwicklungsprozesse aus einer bildungstheoretischen
Perspektive zu beschreiben und zu beurteilen?" (Koller, 1999, 162). Für seine Untersuchung wurden 60 narrative Interviews geführt, zum einen mit Studierenden im
Projekt *Studentenbiographien* und zum anderen mit verschiedenen Personen verschiedener Alters- und Berufsgruppen zum Thema *Bildungsgeschichten*. Zu diesen
erstellte er jeweils eine kurze Fallbeschreibung und wählte zwei Interviews für
eine detaillierte Interpretation aus. Hierzu führte er in Anlehnung an Schütze zwei
Einzelfallanalysen durch, welche er im Nachhinein miteinander verglich, um Ähnlichkeiten und Unterschiede herauszuarbeiten.

In weiten Teilen schließt er sich Marotzkis Ansatz der bildungstheoretisch orientierten Biographieforschung an, bei der „Bildungsprozesse in ihren lebensge-
schichtlichen Zusammenhängen [analysiert werden]" (Koller, 1999, 164) und der
Bildungsbegriff auch als Analysefokus dient (Koller, 1999, 163 f.). Nichtsdestotrotz
grenzt er sich von Marotzkis Arbeit in Bezug auf das Verhältnis von Sprache und
Subjektivität ab. „Sprache erscheint [bei Marotzki] als Ausdruck oder Indikator von
subjektiven Vorgängen, nicht aber als deren Medium oder Ermöglichungsgrund"
(Koller, 1999, 153).

Das zentrale Ergebnis von Kollers Untersuchung ist, „daß Bildungsprozesse [...]
sich in der nachträglichen Um- und Neudeutung zurückliegender Lebensabschnitt
vollziehen können" (Koller, 1999, 277). Dazu werden insbesondere die rhetorischen
Figuren *Ironie* und *Metonymie* verwendet. Unter *Metonymie* ist das Ersetzen eines
Ausdrucks durch einen stellvertretenden, sinnverwandten Ausdruck zu verstehen.
Des Weiteren erwies sich Kollers Bildungsbegriff seines Erachtens als tragfähig.

Dieses Ergebnis ist insofern für die vorliegende Arbeit relevant, als dass der
Prozess des Erzählens an sich laut Koller bereits bildungsbedeutsam ist und daher
Passagen des narrativen Erzählens ein geeignetes Erhebungsinstrument darstellen.
Hierbei können *Ironie* und *Metonymie* als mögliche Indikatoren in der Analyse

genutzt werden. Kollers Kritik an Marotzkis Subjektbegriff wird in dieser Arbeit
jedoch nicht geteilt, da Marotzki (1990, 162) deutlich macht, dass Sprache das
Medium ist, durch das sich Subjekte erst ihrer selbst zugänglich werden und eine
Erfahrungsverarbeitung im Erzählakt stattfindet.

Nohl
Nohl (2006) arbeitet in seiner Habilitation Phasen von Bildungsprozessen heraus
mit besonderem Blick auf die Potenziale von spontanen Handlungspraktiken. Diese
meinen „all jene Handlungsvollzüge [...], die sich jenseits von Zwang, Gewohn-
heit oder (biographischer) Reflexion ungeplant entfalten" (Nohl, 2006, 261). Dazu
wurden narrative Interviews mit vier Personen im Jugendalter (ca. 20 Jahre) sowie
je drei Personen im Erwachsenenalter (ca. 35 Jahre; Existenzgründer*innen) und
im Seniorenalter (ca. 65 Jahre) geführt und mit der dokumentarischen Methode
ausgewertet.

Nohl kritisiert kaum etwas an Marotzkis Theorie. Er bemängelt nur den Aspekt,
dass der prä-reflexiven bzw. vorbewussten Ebene zu wenig Bedeutung in zukommen.
Zwar beziehe Marotzki sich auf Sigmund Freud und die Ebene des Unterbewussten,
dies genügt Nohl jedoch nicht (Nohl, 2006, 14).

Die Arbeit von Nohl zeigt für die vorliegende Arbeit, dass spontane Handlungen
und die vorbewusste Ebene ebenfalls für Bildungsprozesse bedeutsam sind. Außerdem zeigen sich auch hier biografische Schilderungen als bildungsbedeutsam und
damit als Weg Bildungsprozesse durch narrative Interviews zu erheben.

Fuchs
Fuchs (2014) verfolgt in seiner Dissertation die Frage nach der Vermittlung zwischen Bildungstheorie und Bildungsforschung durch die *bildungstheoretisch orien-
tierte Biographieforschung*. Diese Frage bearbeitet er zunächst theoretisch, indem
er unterschiedliche Ansätze diesbezüglich diskutiert, so auch Marotzkis *strukturale
Bildungstheorie*. Seine Kritik an dieser Theorie lässt sich folgendermaßen zusammenfassen: Erstens hebt er hervor, dass bei Marotzki ausschließlich Selbstverhält-
nisse[1] adressiert werden, da *Welt* „Synonym für Umwelt, Wirklichkeit oder auch
Objektivität [benutzt würde]" (Fuchs, 2014, 111) und sich damit nicht eignet, um
tatsächliche Weltverhältnisse zu beschreiben. Daher plädiert Fuchs für die Betrachtung von *Selbst-, Fremd-, und Weltverhältnissen*. Hierbei geht es bzgl. der *Selbst-
verhältnisse* um, die Artikulation von Selbstwahrnehmungen, eigenen Stärken und
Schwächen. *Fremdverhältnisse* meinen „Beziehungsnetze, Familienkonstellationen

---

[1] Fuchs nutzt synonym zu *Selbst- und Weltbezügen* den Ausdruck der *Selbst- und Weltverhältnisse*.

und Generationenverhältnisse [sowie] Positionierungen gegenüber [...] Eltern, Lehrern, Vorbildern oder Freunden" (Fuchs, 2014, 376) und *Weltverhältnisse* umfassen „Institutionen und Lebensformen [...], Werte und Konventionen[,] gesellschaftliche[...] Zustände[...] und Entwicklungen" (Fuchs, 2014, 376). Die Betrachtung dieser drei Ebenen ist nicht neu. Beispielsweise beschreiben Spanhel (2010, 50) und Moser (2003, 32) diese im Bezug zu Bildungsprozessen und Medien. Zweitens kritisiert er die Fokussierung auf Wandlungsprozesse, da diese zum einen auch ohne Bildungsprozesse vorliegen können und zum anderen können sich Bildungsprozesse wiederum ohne biographisch ausmachbare Wandlungsprozesse vollziehen. Im Anschluss an die theoretische Diskussion analysiert Fuchs drei narrative Interviews mit Jugendlichen. Dabei habe die Empirie „insofern einen exemplarischen Status, als sie qua O-Ton die theoretischen Überlegungen inhaltlich füllt und konkretisiert" (Fuchs, 2014, 28).

Das Ergebnis seiner Arbeit ist zum einen, dass die Unterscheidung von Selbst-, Fremd- und Weltverhältnissen sinnvoll ist für die Betrachtung von Bildungsprozessen und zum anderen, dass Bildungstheorie und -forschung in einem unauflösbaren Spannungsverhältnis zueinanderstehen. Beide haben unterschiedliche Ausrichtungen und z. T. gegensätzliche Vorgehensweisen, nichtsdestotrotz sind sie vielfach aufeinander angewiesen.

Aufgrund der beschriebenen Kritik von Fuchs wird in der vorliegenden Arbeit das Konzept der *Fremdverhältnisse* ergänzt und *Weltverhältnisse* so verstanden, dass sie nicht nur die Umwelt des Subjekts meinen, sondern z. B. Institutionen und Werte sowie Zustände und Entwicklungen in der Gesellschaft umfassen. In der vorliegenden Arbeit wird Fuchs' Kritik an Marotzkis zu starker Fokussierung auf Wandlungsprozesse bei der Analyse zugestimmt. Da das geplante methodische Vorgehen sich ohnehin nicht auf die Analyse von Wandlungsprozessen beschränken würde, müssen in Bezug zu diesem Kritikpunkt keine Anpassungen vorgenommen werden.

Nohl, von Rosenberg & Thomsen
Das Ziel der Arbeit von Nohl, von Rosenberg und Thomsen (2015) war es, eine Lern- und Bildungstheorie zu formulieren, bei der nicht eins der beiden Konzepte eine untergeordnete Rolle spielt. Sie haben 15 narrative Interviews geführt und mit der dokumentarischen Methode ausgewertet. Ihr Fokus lag dabei auf Ereignissen, in denen die Befragten in Kontakt mit anderen Kulturen oder sozialen Bewegungen gekommen sind.

An der Ausrichtung der Arbeit wird bereits die Kritik an Marotzkis *struktualer Bildungstheorie* deutlich. Nohl et al. kritisieren zum einen, dass Marotzki zwar *Bildung* und *Lernen* definiert und voneinander abgrenzt, sich im weiteren Verlauf aber nur auf *Bildung* bezieht. Zum anderen führen sie das Konzept des *Umlernens* ein, bei dem vorherige Lernergebnisse in Frage gestellt und verändert werden, welches ihnen bei Marotzki fehlt.

Als zentrale Ergebnisse stellen Nohl et al. fünf *Lernhabits* und sieben *Lernorientierungen* vor, die sich in der Art und Weise und dem Grad auf Neues zuzugehen unterscheiden (Nohl et al., 2015, 173). „*Lernhabits* sind […] zwischen Mensch und Welt angesiedelt. Es handelt sich hier um situationsüberdauernde Modi der Herangehensweise an potentielle Lerngegenstande und -anlasse" (Nohl et al., 2015, 257). *Lernorientierungen* sind „an den Akteur und seinen Habitus gebunden und reproduzier[en] sich in unterschiedlichsten Situationen" (Nohl et al., 2015, 257).

Für die vorliegende Arbeit deutet sich durch die Ausführungen von Nohl et al. (2015) bereits ein Forschungsdefizit zu Bildungsprozessen in Interaktionsgefügen an. Die Autor*innen betrachten in ihrer Arbeit die Biografien von Einzelpersonen und damit deren produktiver Auseinandersetzung mit ihrer Umwelt, wie sich Bildungsprozesse in Interaktionsgefügen vollziehen, bleibt jedoch offen.

Bettinger

Bettinger geht in seiner Dissertation der Frage nach, wie „sich Bildungsprozesse als habituelle Veränderungen mit Fokus auf sozio-mediale Zusammenhänge [gestalten]" (Bettinger, 2018, 3). Es wurden zwölf narrative Interviews geführt, wovon die ersten beiden dazu dienten das methodische Vorgehen auszuprobieren. Ergänzend wurden die von den interviewten Personen erstellen Blogs und Webseiten als mediale Artefakte gespeichert. Schließlich wurden fünf Interviews unter Einbezug der medialen Artefakte vollständig mittels der dokumentarischen Methode ausgewertet.

Bettinger übt nicht direkt Kritik an Marotzkis Theorie, sondern an der Weiterentwicklung der Theorie der *strukturalen Medienbildung*. Die Kritik bezieht sich darauf, dass Marotzki und sein Kollege Jörissen in diesem Zusammenhang das Bildungspotenzial verschiedener Medien untersuchen, aber nicht fokussieren, wie medienbezogene Bildungsprozesse ablaufen. Bettinger tut in seiner Dissertation aber genau das und verbindet die Bildungstheorie von Marotzki mit dem *praxeologischen Habituskonzept* sowie mit der *Akteur-Netzwerk-Theorie*, weil diese sich dazu eignen die Interaktionen von Einzelpersonen und der Gesellschaft sowie mit medialen Artefakten in den Blick zu nehmen.

Als Ergebnis seiner Untersuchung stellt Bettinger zwei Varianten von Bildungsprozessen mit unterschiedlichen Verläufen heraus, welche er als *Habituswandlung* und *Habitustransformation* bezeichnet. Beim ersteren wandeln sich nur einige Dimensionen des Habitus. Dabei werden zuerst neue Praktiken erprobt, welche in der nächsten Phase reflektiert und etabliert werden. Schließlich werden die dazugehörigen Orientierungen gefestigt und die Praktiken ausgeweitet (Bettinger, 2018, 270). Bei der zweiten, der *Habitustransformation* wird der Habitus grundlegend transformiert, welches über mehrere Habitusdimensionen bzw. Orientierungsrahmen hinweg geschieht (Bettinger, 2018, 305). Dies beginnt mit einem biographischen Wendepunkt bzw. einer Krise, aus der Orientierungs- und Perspektivlosigkeit resultieren. Hierauf entsteht eine neue Orientierung. Zu dieser Orientierung gehörige Praxen werden erprobt. Anschließend erfolgt ein Wissenserwerb. Die Habitustransformation ist abgeschlossen, wenn die neue Orientierung gefestigt ist (Bettinger, 2018, 340).

Für die vorliegende Arbeit wird in Bettingers Ausführungen ein Forschungsdefizit bzgl. der Untersuchung der Abläufe von medienbezogenen Bildungsprozessen deutlich. Bettinger fokussierte bei der Bearbeitung des Forschungsdefizits Medienpraxen von Einzelpersonen, in denen sich die Veränderung des Selbst- und Weltbezugs ausdrückten. Offen bleibt jedoch, wie es zu medienbezogenen Bildungsprozessen in Interaktionsgefügen kommen kann.

Schlachter
Die Autorin möchte darauf aufmerksam machen, dass Marotzkis Positionierung für die Einzelfallanalyse in Bezug zu seinem Ergebnis, dass die Biographie der interviewten Person typisch für die Moderne ist und sowohl der *These der Individualisierung* als auch der der *Kontingentierungssystem* entspricht (Marotzki, 1990, 354), in zweifacher Weise kritisch zu betrachten ist. Erstens bricht Marotzki hier mit seiner eigenen Argumentation, da er sich explizit für die Einzelfallanalyse ausspricht, weil „ein verallgemeinerungsfähiges Wissen, das sogenannte wissenschaftlich abgesicherte Wissen, gerade nichts mehr über den Einzelfall aussagt" (Marotzki, 1990, 63 f.) und dennoch verallgemeinert er letztlich seine Erkenntnisse, indem er die individuelle Biographie der interviewten Person als „typische Biographie der Moderne" (Marotzki, 1990, 354) konstatiert. Zweitens ist zu fragen, inwiefern die von Marotzki theoretisch begründete *These der Individualisierung* in modernen Gesellschaften mit der anschließenden empirischen gefundenen Passung des Einzelfalls zur These und der daraus resultierenden Einordnung als „typische Biographie der Moderne" (Marotzki, 1990, 354) die *These der Individualisierung* nicht indirekt als bestätigt darstellt. Dies würde wissenschaftlichen Prinzipien wie Poppers *Falsifikationismus* widersprechen und auch Schütze betont dazu, dass aus Einzelfallanalysen gewonnene Erkenntnisse nur als Hypothesen formuliert werden können und dass „der explizite kontrastive empirische Vergleich unterschiedlicher Fallentfaltungen mit einem gemeinsamen thematischen Fokus die übliche Vorgehensweise in der qualitativen Sozialforschung [ist]" (Schütze, 2016a, 31). Das in

dem Schlusswort von Marotzkis Habilitation formulierte Fazit ist diesbezüglich zu stark formuliert und nicht als Hypothese erkennbar.

Zusammenfassung der Kritik an der Bildungstheorie von Marotzki
Die gerade vorgestellten Arbeiten haben erstens noch einmal bestätigt, dass narrative Interviews – oder zumindest Interviews mit narrativen Passagen – sinnvoll sind, um empirisches Material zu gewinnen in dem Bildungsprozesse geschildert werden. Zweitens wurde deutlich, dass Wandlungsprozesse bzw. Umbrüche Stellen sind, die analysiert werden sollten, jedoch nicht zwangsläufig auf Bildungsprozesse hindeuten (siehe auch Reinhartz, 2001, 70). So können drittens zusätzlich ironische und metonymische Äußerungen in den Blick genommen werden. Darüber hinaus wurde viertens aufgrund der Ausführungen von Fuchs (2014) das Verständnis von Selbst- und Weltbezug angepasst und der Fremdbezug ergänzt. Insofern wird nicht mehr von *Selbst- und Weltbezug* gesprochen, sondern von *Selbst-, Fremd-, und Weltbezügen*. Hierdurch soll deutlich werden, dass jeder Bezug auch für sich alleine stehen kann. Fünftens zeigen gerade die Arbeit von Bettinger (2018), Nohl et al. (2015) und Nohl (2006), dass, auch wenn narrative Interviews geführt werden, die Analyse dieser nicht zwangsläufig nach Schütze (2016c) auf semantischer und formaler Ebene geschehen muss, sondern je nach Fragestellung andere Methoden zulässig sind. Sechstens haben alle vorgestellten empirischen Arbeiten mehr als einen Fall untersucht und sind nicht – wie Marotzki – beim Einzelfall geblieben. Dies, zusammen mit der von der Autorin aufgeführten Kritik an Marotzkis Positionierung für die Einzelfallanalyse, macht deutlich, dass für die Rekonstruktion von Bildungsprozessen „der explizite kontrastive empirische Vergleich unterschiedlicher Fallentfaltungen mit einem gemeinsamen thematischen Fokus" (Schütze, 2016b, 31) vorzuziehen sind.

Abschließend ist ein sich andeutendes Forschungsdefizit zu benennen: In den vorgestellten Arbeiten werden Bildungsprozesse aus der Perspektive einzelner Personen thematisiert. Diese Arbeit fokussiert hingegen Bildungsprozesse innerhalb der Paarbeziehung und damit in einem aus zwei Personen bestehenden Interaktionsgefüge. Somit kann diese Perspektive voraussichtlich neue Aufschlüsse über (medienbezogene) Bildungsprozesse ermöglichen.

2.1.6   Zwischenfazit

Für die vorliegende Arbeit sind mehrere Aspekte der zuvor erläuterten Bildungstheorie von Marotzki relevant. Erstens hat die Theorie einen erweiterten Einblick darauf gegeben, was nach Marotzki unter Bildungsprozessen zu verstehen ist und wie sich Bildungsprozesse vollziehen. Demnach gilt für *Bildungsprozesse* nach Marotzki folgendes (Marotzki & Jörissen, 2010, 19 und Marotzki, 1990, 41 ff., 187 ff., 216; 224 ff. & 338):

- Sie sind angestoßen durch Selbstreflexion.
- Es findet eine Veränderung des Selbst- und Weltbezugs statt.
- Die Kontextur bzw. die Rahmung wird einer Transformation unterzogen.
- Die Erfahrungsverarbeitungsmodalitäten verändern sich.
- Sie sind nicht antizipierbar, sondern erst im Nachhinein feststellbar.
- Voraussetzung ist, dass beide Arten der Weltaufordnung bzw. beide Deduktionsdispositionen vollzogen werden, sodass Bestimmtheit hergestellt und Unbestimmtheit ermöglicht werden kann (Marotzki, 1990, 160).

Zweitens wurde deutlich, dass narrative Interviews für die Erhebung von (medienbezogenen) Bildungsprozessen sinnvoll sind. So erscheint es sinnvoll für die Beantwortung der Fragestellung zu sein, wenn die Paare ihre Beziehungsbiographie erzählen sowie die eigene Biographie mit Fokus auf Medien. Drittens sollten bei der Analyse Umbrüche genauer betrachtet werden. Aufgrund der Ausarbeitung von Koller (1999) sind ergänzend ironische und metonymische Äußerungen bei der Analyse zu berücksichtigen. Viertens wurde die Definition von Bildungsprozessen nach Fuchs (2014) erweitert und ausdifferenziert, sodass u. a. Artikulationen der Selbstwahrnehmung, Positionierungen gegenüber anderen Personen und Aspekte der Gesellschaft bei der Betrachtung von Selbst-, Fremd- und Weltbezügen berücksichtigt werden. Fünftens wurde in diesem Kapitel deutlich, dass diese Arbeit einen Beitrag leisten kann (medienbezogene) Bildungsprozesse in einem Interaktionsgefüge besser zu verstehen.

2.2   Medienbezogene Bildungsprozesse – Begriffe und theoretische Grundlagen

Nachdem sich im vorherigen Abschnitt ausführlich mit *Bildung* beschäftigt wurde, werden zunächst *Medien* und das zugehörige Phänomen der *Medialität* genauer definiert (2.2.1), um im Anschluss daran zu erläutern, was in dieser Arbeit unter *medienbezogenen Bildungsprozessen* verstanden wird und wie dies mit dem Begriff *Medienbildung* zusammenhängt (2.2.2). Darauf folgt die Ausführung des Konzepts der *strukturalen Medienbildung* nach Marotzki und Jörissen, welche die Abschnitte 2.1 und 2.2.2 vereint (2.2.3). Anschließend wird der zentrale Begriff dieser Arbeit von anderen medienpädagogischen Begriffen abgegrenzt (2.2.4). Zum Schluss dieses Kapitels wird in einem Zwischenfazit eine Übersicht über die zentralen Begriffsverständnisse dieser Arbeit gegeben und die Relevanz der erläuterten Aspekte aus diesem Abschnitt für die vorliegende Arbeit ausgeführt (2.2.5).

2.2.1 Medien und Medialität

Im Folgenden werden die Begriffe *Medien* und *Medialität* erläutert, um eine Grundlage für das Verständnis von medienbezogenen Bildungsprozessen zu schaffen. Überdies ist *Medialität* ein Konzept, das bei der Betrachtung von Medien und medienbezogenen Bildungsprozessen relevant ist, aber Erläuterung bedarf.

Medien
Nach Aufenanger (2006) gibt es ein weiteres und ein engeres Verständnis von Medien. *Medien* bezeichnen im weitesten Sinne „alle Vermittlungsformen von Welt"(Aufenanger, 2006, 298). In einem engen Sinn werden unter *Medien* „alle technisch produzierten [...] oder mit Hilfe von Technik ermöglichten Formen der Kommunikation [verstanden]" (Aufenanger, 2006, 298). Diese Kommunikation wird nach Krotz „manchmal rezeptiv, manchmal wechselseitig, manchmal nur mitteilend genutzt"(Krotz, 2003, 28). Zwischen diesen Kommunikationsrichtungen bestehen fließende Übergänge und Überlappungen, sodass die Richtung einer Mediennutzungspraxis oftmals nicht klar zu bestimmen ist. Außerdem unterscheidet Krotz zwischen drei Kommunikationsformen im Kontext von Medien:

- „Kommunikation mit inszenierten medialen Inhalten, also Medienrezeption von Webseiten, Fernsehen oder Büchern
- Kommunikation mit Menschen mittels Medien – etwa per SMS, Brief oder Telefon.
- Kommunikation mit ‚intelligenten' Computerprogrammen bzw. innerhalb von kommunikativen Rahmen, wie sie durch intelligente Software gegeben sind – also ‚Gespräche' mit Softwarerobotern oder intelligenten Anrufbeantwortern [...] oder kommunikativen Aktivitäten etwa innerhalb von Computerspielen." (Krotz, 2003, 30)

Nach Krotz kann also mittels Medien mit Menschen, mit Medieninhalten oder mit intelligenten Programmen kommuniziert werden. Auch hierzu sei erwähnt, dass dies eine analytische Strukturierung ist, welche im Hinblick auf Medienpraxen nicht immer eindeutig zugeordnet werden kann. Dies gilt insbesondere dann, wenn mehrere Medien parallel, in Kombination miteinander oder im Bezug aufeinander genutzt werden. In Krotz Aufführung wird zudem ersichtlich, dass die Trennung zwischen Gerät bzw. Technologie, Medium und Medieninhalt nicht ganz klar ist. So ist eine Website nach Krotz ein Medieninhalt, der über ein Medium z. B. über einen Computer oder ein Smartphone aufgerufen wird. Ein Computer oder ein Smartphone an sich ermöglichen jedoch keine Kommunikation, dafür braucht es erst Programme und Apps. Im Sinne des Medienverständnisses nach Aufenanger – als „technisch produzierte [...] oder mit Hilfe von Technik ermöglichten Formen der Kommunikation" (Aufenanger, 2006, 298) – sind Computer und Smartphones nur technische Geräte, die die Nutzung von Medien und damit auch Kommunikation ermöglichen. Da es allerdings Geräte bzw. Technologien gibt, die stark mit der dadurch ermöglichten Kommunikationsform verbunden sind, lassen sich Geräte bzw. Technologien teilweise nur schwer von den dadurch ermöglichten Medien abgrenzen. In ähnlicher Weise führt die Verwobenheit von Medium und Medieninhalt dazu, dass diese nicht voneinander differenziert werden können. Wie z. B. das Fernsehen, bei dem sowohl Gerät und Medium als auch der Medieninhalt stark miteinander verbunden sind.

In dieser Arbeit werden *Medien* also folgendermaßen verstanden: Medien sind Informations- und Kommunikationsmedien durch die mit Menschen, Medieninhalten oder intelligenten Programmen „manchmal rezeptiv, manchmal wechselseitig, manchmal nur mitteilend"(Krotz, 2003, 28) kommuniziert wird. In Bezug zu dieser Kommunikation können drei Ebenen idealtypisch unterschieden werden: 1.) die Gerätebene bzw. Technologieebene, 2.) die Mediumsebene und 3.) die Ebene des Medieninhalts. Beide vereinfachenden Strukturierungslogiken stellen Hilfsmittel dar, um *Medien* fassbar zu machen.

Medialität

Seel (1998, 245) macht darauf aufmerksam, dass Medien(-inhalte) jedoch nie für sich alleine stehen, sondern immer eine über das Medium an sich hinausgehende Bedeutung haben. Diese Bedeutungsebene von Medien(-inhalten) wird im Bereich der Medienforschung als *Medialität* bezeichnet. Diese Bedeutungsebene der Medien(-inhalte) kann zum einen aus der Individuumsperspektive betrachtet werden. Dabei steht die Bedeutung der jeweiligen Medieninhalte nicht fest, sondern wird von den jeweiligen Individuen hergestellt – eingebettet in individuelle Erfahrungen und kulturelle Kontexte. Zum anderen kann die Bedeutungsebene aus kultureller und gesellschaftlicher Perspektive betrachtet werden. Hierbei messen Gruppen von Personen oder ganze Kulturen und Gesellschaften Medien(-inhalten) Bedeutungen bei. Andersherum wird auch durch die Bedingungen der jeweiligen Kulturen oder Gesellschaften bestimmt, wie Medien genutzt und welche Medieninhalte produziert werden können (Tulodziecki, Herzig & Grafe, 2019, 160; Spanhel, 2010, 50; Sesink, 2008, 407 und Krotz, 2007, 233 f.).

In der Medienrezeptionsforschung wird der Möglichkeit, ästhetische Erfahrungen in der Auseinandersetzung mit Medien(-inhalten) zu machen, eine besondere

Bedeutung beigemessen. Laut Pietraß „schaffen Medien [damit] zusätzliche Formen des Umgangs mit Wirklichkeit, die [...] ergänzende Kommunikations- und Interaktionsräume zu nicht-medial vermittelten Formen des Umgangs mit Welt darstellen" (Pietraß, 2010, 502). In dieser „ästhetisch-distanzierenden Betrachtungsweise der medialen Welt" (Pietraß, 2010, 502) liegt das besondere Potenzial für reflexive Bildungsprozesse. Diese individuelle Bedeutungszuschreibung wird auch als *Medienrezeption* bezeichnet (Gehraus, 2008, 342), welche „als kommunikative Interaktion zwischen Medienproduzenten und Medienkonsumenten verstanden [wird]" (Pietraß, Schmidt & Tippelt, 2005, 2005, 412).

Auch Jörissen (2014a, 503 f.) erläutert, dass erst durch die *Medialität* – also dem Symbolcharakter von Medien(-inhalten) und deren Bedeutungsebene – die Veränderung der Selbst- und Weltbezüge angestoßen werden kann, denn ohne diesen Aspekt wären Medien(-inhalte) wortwörtlich bedeutungslos.

Zusammenfassung des Medienverständnisses
Zusammengefasst kann unter dem Begriff *Medialität* der Symbolcharakter von Medien(-inhalten) und die Herstellung von Bedeutungen sowie die Verwobenheit in Kultur und Gesellschaft berücksichtigt und analysiert werden. Überdies wird deutlich, dass die Betrachtung von Medien(-inhalten) erst durch den Einbezug von deren Medialität für die Rekonstruktion von Bildungsprozessen aussichtsreich wird. Aus diesem Grund werden die im Abschnitt zuvor aufgeführten Ebenen (Gerät, Medium, Medieninhalt) durch die Ebene der Medialität ergänzt. Zur Veranschaulichung dieses Verständnisses wird in Tabelle 2.1 in vereinfachter, idealtypischer Form für jede Kommunikationsform nach Krotz ein Beispiel gegeben und nach den vier Ebenen (Geräte, Medium, Medieninhalt, Medialität) aufgeschlüsselt.

Tabelle 2.1 Idealtypische Strukturierung von Geräten, Medien(-inhalten) & Medialität

	Kommunikation mit		
	Menschen	Inhalten	intelligenten Programmen
Gerät bzw. Technologie	Smartphone	Fernseher	SmartHome Geräte
Medium	Messenger Apps	Fernsehen	*Google Home*
Medieninhalt	Chat mit Familie	Biographie von *Joona*	Programm zur Steuerung der Kaffeemaschine
Medialität	Zeichen von Zuneigung & Nähe	Inspiration für das eigene Leben	Strukturierung des Alltags

Auf Ebene der Kommunikation mit Menschen wird in dem Beispiel in Tabelle 2.1 mit dem Gerät Smartphone und dem Medium der Messenger App mit der eigenen Familie gechattet. Diese Chatnachrichten stellen den Medieninhalt dar. Der Person, die diese Kommunikation führt, zeigt der Chat mit der eigenen Familie die Zuneigung der Familienmitglieder für die Person und es wird trotz räumlicher Distanz ein Gefühl von Nähe hergestellt – dies ist die Medialität dieses Beispiels. Zur Ebene der Kommunikation mit Inhalten wird über das Gerät Fernseher das Medium Fernsehen konsumiert. Der konkrete Medieninhalt ist die Biographie von *Joona*. Die Medialität besteht für die den Film konsumierende Person in der Inspiration für das eigene Leben. So erinnert sich diese Person insbesondere in schwierigen Lebenslagen an diesen biographischen Film, um daraus Hoffnung und Kraft zu ziehen, diese Schwierigkeiten überwinden zu können. Auf Ebene der Kommunikation mit intelligenten Programmen wird das Medium *Google Home* über verschiedene SmartHome Geräte angesprochen und kann verschiedene Dinge im Haus darüber steuern. Auf die Aussage ‚Guten Morgen, Google!‘ hin wird das Licht angeschaltet und die Kaffeemaschine in der Küche gestartet. Die Medialität in diesem Beispiel bezieht sich hier nicht nur auf den Medieninhalt, sondern auf die Kommunikation mit den intelligenten Programmen insgesamt. So stellt diese Morgenroutine mit dem intelligenten Programm eine Strukturierung des Alltags dar.

Diese Aufführung hilft bei der Datenerhebung den Interviewpaaren zu kommunizieren, welche Geräte, Medien und Medieninhalte von Interesse für die Fragestellung sind und welche Geräte oder Technologien nicht zum erweiterten Verständnis von Medien gehören, wie z. B. ein Rasenmäher. Weiterhin hilft die Begriffsklärung den Aspekt der Medialität insbesondere für die Auswertung im Auge zu behalten.

2.2.2 Medienbildung bzw. medienbezogene Bildungsprozesse

Nachdem die Begriffe *Medien* und *Medialität* betrachtet wurden, wird nun erläutert, was unter dem im Fachdiskurs üblichen Begriff der *Medienbildung* verstanden wird, für den ich jedoch den Ausdruck *medienbezogene Bildungsprozesse* nutze. Hierzu werden zuerst die verschiedenen Medienbildungsverständnisse in Abhängigkeit von dem jeweiligen Bildungsverständnis vorgestellt. Anschließend wird erläutert, weshalb in der vorliegenden Arbeit der Ausdruck *medienbezogene Bildungsprozesse* statt *Medienbildung* genutzt wird. Im Anschluss daran wird das dem Bildungsverständnis dieser Arbeit entsprechende Medienbildungsverständnis weiter ausgeführt und ein zugehöriger Ansatz – die *strukturale Medienbildung* – erläutert. Daraufhin wird Kritik an diesem Ansatz diskutiert und letztendlich wird das Begriffsverständnis dieser Arbeit kurz zusammengefasst und der Fokus der Forschung festgehalten.

Medienbildung in Abhängigkeit vom Bildungsverständnis

Der Begriff *Medienbildung* wird seit den 1990er-Jahren zunehmend verwendet (Bettinger, 2018, 73). Nach wie vor ist jedoch „der Diskurs um die Medienbildung [...] weit von einer übereinstimmenden Begriffsbildung entfernt" (Brüggemann, 2013, 29). Je nach Bildungsverständnis ergeben sich andere Perspektiven auf den Begriff *Medienbildung*.

- Wird *Bildung* eher als Wissens- und Kompetenzerwerb im Kontext des institutionalisierten Bildungssystems betrachtet, stellt *Medienbildung* eine Art *Medienkompetenzförderung* dar (Jörissen, 2011, 214).
- Bei der Betrachtung von *Bildung* als Ziel oder Ergebnis von Bildungsprozessen, wird *Medienbildung* eher als *Medienkompetenz* verstanden (Bettinger, 2018, 70 ff. und Jörissen, 2011, 213 ff.).
- Wird *Bildung* als Veränderung der Selbst- und Weltbezüge begriffen, dann lässt sich „unter Medienbildung [...] die *in* und *durch* Medien induzierte strukturale Veränderung von Mustern des Welt- und Selbstbezugs [verstehen]" (Marotzki & Jörissen, 2008, 109).

In Abschnitt 2.1.2 wurde ausgeführt, dass in dieser Arbeit unter Bildung die Veränderung der Selbst-, Fremd- und Weltbezüge verstanden wird. Entsprechend wird bzgl. des Medienbildungsverständnisses der zuletzt aufgeführten Perspektive gefolgt.

Medienbildung als Veränderung der Selbst- und Weltbezüge

Der zuletzt zitierte „Ansatz von Jörissen und Marotzki stellt wohl den umfassendsten und am meisten rezipierten Ansatz aus dem Feld der Medienbildungstheorie dar" (Bettinger, 2018, 86). Zwar vertreten auch z. B. Pietraß (2018) und Spanhel (2011) ein Medienbildungsverständnis, welches Medienbildung als Veränderung der Selbst- und Weltbezüge versteht, allerdings kritisiert Bettinger (2018, 74) bei beiden, dass ihre Medienbildungsverständnisse nicht bildungstheoretisch begründet seien. Pietraß (2018) betrachtet *Medienbildung* aus der Perspektive der Rezeptionsforschung, „deren Fokus auf dem Umgang mit Medien, deren Verarbeitung und Nutzung von Inhalten liegt" (Brüggemann, 2013, 30). Spanhel (2011) wiederum nimmt eine praxisorientiertere Perspektive auf *Medienbildung* ein. So verweist *Medienbildung* für ihn auf eine „pädagogische Aufgabe im Hinblick auf die vermehrt auftretenden Entwicklungs- und Bildungsprobleme in der modernen Medienkultur" (Spanhel, 2011, 102).

Gemeinsam haben die Verständnisse von Pietraß, Spanhel, Marotzki und Jörissen, dass sie erstens *Medienbildung* als die Veränderung der Selbst- und Weltbezüge begreifen (Pietraß, 2018, 610; Spanhel, 2002, 6 und Marotzki & Jörissen, 2008,

109). Zweitens fokussieren sich alle vier auf *Medialität* (Pietraß, 2018; Spanhel, 2011, 110 und Jörissen, 2014a, 503 f.). Drittens gehört zum gemeinsamen Verständnis der Prozesscharakter von *Medienbildung* (Pietraß, 2018, 609 f.; Spanhel, 2002, 6 und Marotzki und Jörissen, 2008). Wobei Spanhel (2002, 6) und Marotzki & Jörissen (2008) deutlich machen, dass es sich um einen lebenslangen Prozess handelt. Viertens stimmen Pietraß (2018), Spanhel (2011, 111) und Marotzki und Jörissen (2008) darin überein, dass bei der Auseinandersetzung mit Medien nicht die Qualität der Auseinandersetzung oder der Medien(-inhalte) bewertet oder Ziele festgelegt werden. Letzteres macht deutlich, dass ein solcher Medienbildungsbegriff nur wenig anschlussfähig ist an schulisches, auf Kompetenzen fokussiertes Lernen (Brüggemann, 2013, 31), weshalb im Kontext von Schule *Medienbildung* eher als *Medienkompetenzförderung* begriffen wird (Tulodziecki, Herzig & Grafe, 2021 und Tulodziecki et al., 2019).

Medienbezogene Bildungsprozesse statt Medienbildung
Der letzte Punkt des vorherigen Abschnitts – dem anderen Begriffsverständnis von Medienbildung im schulischen Kontext – ist ein zentraler Grund, wieso in der vorliegenden Arbeit der Ausdruck *medienbezogene Bildungsprozesse* genutzt wird. Dazu kommt nämlich, dass *Medienbildung* und *Medienkompetenz* gerade in Projektberichten synonym genutzt werden (z. B. Eickelmann, Aufenanger & Herzig, 2014; Ludewig, Knaus & Döring, Ludewig et al., 2013 und BMBF, 2010). So entsteht der Eindruck, es gäbe viel empirische Forschung zu *Medienbildung*, wobei es dabei eben nicht um Veränderungen der Selbst-, Fremd-, und Weltbezüge geht. Von diesem Begriffsverständnis wird sich in der vorliegenden Arbeit daher zum einen inhaltlich abgegrenzt, indem *Medienbildung* in Anlehnung an die *strukturale Medienbildung* von Marotzki und Jörissen verstanden wird. Dieser Ansatz wird nachfolgend weiter ausgeführt. Zum anderen findet eine begriffliche Abgrenzung durch die Wahl des Ausdrucks *medienbezogene Bildungsprozesse* statt. Bei diesem Ausdruck treten die Bildungsprozesse stärker in den Vordergrund.

Zusammenfassung des Begriffsverständnisses und der Begriffswahl
Insgesamt wurde deutlich, dass auf Grundlage der *strukturalen Bildungstheorie* von Marotzki *medienbezogene Bildungsprozesse* „die *in* und *durch* Medien induzierte strukturale Veränderung von Mustern des Welt- und Selbstbezugs [meinen]" (Marotzki & Jörissen, 2008, 109) und dass hierfür keine Zielbestimmung oder -bewertung vorgenommen werden kann. Weiterhin wurde erklärt, dass zur Abgrenzung des uneindeutigen Begriffsverständnisses zu *Medienbildung medienbezogene Bildungsprozesse* als Ausdruck in dieser Arbeit genutzt wird.

2.2.3   Das Konzept der strukturalen Medienbildung

Winfried Marotzki hat seine Bildungstheorie in Zusammenarbeit mit Benjamin
Jörissen erweitert und so die *strukturale Medienbildung* formuliert. Das heißt, die im
Abschnitt 2.1.2 beschriebenen Abläufe von Bildungsprozessen lassen sich vollständig auf Medienbildungsprozesse übertragen. Also sind für Medienbildungsprozesse
die Erfahrungsverarbeitungen der Subjekte sowie die Deduktionsdispositionen relevant. Der Unterschied zu *allgemeinen* Bildungsprozessen besteht darin, dass sich
Medienbildungsprozesse, Marotzkis und Jörissens Definition folgend, *in* und *durch*
Medien vollziehen. Dabei fokussieren Marotzki und Jörissen (2010, 28 ff.) weniger die Medien(-inhalte) selbst, als die ihnen inbegriffene Medialität. Ergänzend ist
anzumerken, dass Veränderungen nicht einfach durch Medien induziert bzw. initi-
iert werden und damit determiniert sind, sondern dass hier ein komplexer wechselseitiger Prozess vorliegt. In diesem Prozess verhalten sich Subjekte oder ganze
Gesellschaften zu den Medien und im Zuge dieses Verhaltens kann es zu Veränderungen der Subjekte oder Gesellschaften kommen, jedoch auch zu Veränderungen
der Medien selbst (Hepp, 2012, 24).

Analyse des Bildungspotenzial von Medien(-inhalten)
Im Hinblick auf Medien – insbesondere in Bezug auf Filme – zeigt sich, dass diese
eine „distanzierende Funktion [haben]. Wir wissen, dass ein Bild eben nicht die
Wirklichkeit ist" (Jörissen & Marotzki, 2009, 50). So können durch sie neue Perspektiven auf Charaktereigenschaften, Handlungsweisen, soziale Gefüge und die
Welt gewonnen werden (Kuriansky, Vallarelli, DelBuono & Ortman, 2010; Dermer
& Hutchings, 2000 und Newton, 1995). Diese können zusammen mit Reflexionsprozessen dazu in Bildungsprozessen münden. Für Reflexionsprozesse zu diesen
Aspekten ist jedoch entscheidend, dass die eigene Betroffenheit bzw. das Involvement nicht zu stark ist und somit das richtige Maß zwischen Nähe und Distanz
zum Medieninhalt besteht (Jörissen & Marotzki, 2009 und Dermer & Hutchings,
2000). Entsprechend lenkt für Marotzki und Jörissen „[d]as Konzept einer *struktu-*
ralen Medienbildung […] die Aufmerksamkeit auf die Formelemente der Medien
und fragt danach, wie durch sie Reflexion ermöglicht werden kann" (Jörissen &
Marotzki, 2009, 41). Marotzki und Jörissen leiten somit aus ihrer strukturalen
Medienbildungstheorie die Aufgabe ab, das Bildungspotenzial von Medieninhalten inklusive deren Medialität zu analysieren und einzuschätzen (Jörissen, 2014b,
87 f.). Für diese Analyse benennen Marotzki und Jörissen (2010) vier Orientierungspotenziale von Medien in Anlehnung an Kant: 1.) Der Wissensbezug, 2.) der Hand-
lungsbezug, 3.) der Grenzbezug und 4.) der Biographiebezug. Mithilfe von Fragen
zu diesen Themenbezügen können laut Marotzki und Jörissen die Orientierungs-

und damit Bildungspotenziale von Medieninhalten inklusive deren Medialität analysiert werden. Dabei können mehrere Potenziale gleichzeitig vorliegen (Marotzki & Jörissen, 2010, 28 f.).

Zum Bildungspotenzial von Medien(-inhalten) in Interaktionsgefügen gibt die Arbeit von Keppler (1995) einige Aufschlüsse. Zum einen beschreibt sie im Zusammenhang mit familiären Gesprächen über Medieninhalte, dass dabei Inhalte rezipiert, beschrieben, interpretiert und diskutiert werden. Entweder ist der Medieninhalt dabei allen Beteiligten bekannt oder es wird von allen Beteiligten ein neues Stück zur Rekonstruktion beigetragen. In der Kommunikation wird so die medial ausgedrückte gemeinsame Wirklichkeit den Beteiligten zugänglich gemacht (Keppler, 1995, 251). Das heißt, es wird sich kommunikativ mit Weltbezügen hinsichtlich der Medien auseinandergesetzt. Zudem erweitere der Einbezug von Medien in die Familienkommunikation das Themenspektrum (Keppler, 1995, 234), wodurch tendenziell mehr Möglichkeiten für Lern- und Bildungsprozesse vorliegen könnten. Nichtsdestotrotz erläutert Keppler, dass bei der medieninduzierten Kommunikation in Familien aufgrund der Formen, wie über sie gesprochen wird und des Abstands zur eigenen Lebenswelt, Medien „wenig Anlaß für eine allzu divergente oder kontroverse Behandlung bieten" (Keppler, 1995, 264). Angesprochene Medieninhalte seien ihren Ergebnissen nach „fast niemals brisant in dem Sinn, daß es hierüber ans ‚Eingemachte' des Familiären Weltbildes oder der familiären Machtverteilung gehen könnte" (Keppler, 1995, 264). Hierbei ist jedoch zu berücksichtigen, dass Keppler sich auf Massenmedien der 1990er-Jahre bezieht und dies mittlerweile durch die Interaktivität von Medien anders zu bewerten ist. Hierzu kann die vorliegende Arbeit Aufschlüsse bieten.

Kritik am Konzept der strukturalen Medienbildung
Die Fokussierung auf die Bildungspotenziale von Medieninhalten und deren Medialität führt dazu, dass die Autoren *Medienbildung* letztendlich von den Medien aus denken, wenngleich sie *Medienbildung* vom Subjekt aus definiert haben. So betrachten Marotzki und Jörissen beispielsweise *Wikipedia* unter der Perspektive des *Wissensbezugs* (Jörissen & Marotzki, 2009, 185 ff.) oder biographische Filme unter der Perspektive des *Biographiebezugs* (Marotzki & Jörissen, 2010, 29 f.). Ergänzend haben Fromme und Könitz (2014) und Könitz (2016) die Bildungspotenziale von Computerspielen analysiert. Bei Ang (1996) wird jedoch deutlich, dass das Involvement in Medieninhalte nur schwer an den Formelementen zu beurteilen ist, weil die *innere Realität* entscheidender ist als die *äußere Realität* eines Mediums. So kann eine Western-Serie wie *Dallas* äußerlich von der eigenen Realität weit entfernt sein, aber die gezeigten Emotionen können der eigenen inneren Realität entsprechen. Pietraß erklärt passend, dass im Sinne der Medienrezeption „nicht vom konsumierten

oder präferierten medialen Angebot direkt auf mögliche Lerngewinne geschlossen werden [kann], sondern diese [...] letztlich individuell zu bestimmen [sind]" (Pietraß et al., 2005, 415). Bettinger fasst treffend zusammen:

> „Die eigentlichen Verläufe der medial bedingten Transformationen von Selbst- und Weltverhältnisse stehen damit nicht im Mittelpunkt des Ansatzes, vielmehr geht es dagegen um die Identifikation von Möglichkeiten, wie sich diese Prozesse im Zusammenspiel mit bestimmten medialen Formaten abspielen könnten. Die Autoren überlassen es damit anderen Arbeiten, diesen Aspekt auszuleuchten." (Bettinger, 2018, 87)

Insofern ist es ohne den Einbezug von Medienkonsument*innen schwer zu bestimmen inwiefern das richtige Maß zwischen Nähe und Distanz zum Medieninhalt für Bildungsprozesse besteht. So lässt sich zum einen festhalten, dass es Arbeiten – wie diese – braucht, die sich mit medienbezogenen Veränderungsprozessen der Selbst-, Fremd- und Weltbezüge auseinanderzusetzen. Zum anderen bleibt offen, ob Marotzkis und Jörissens *Orientierungspotenziale von Medien* für die Analyse dieser Arbeit hilfreich sein können.

Zusammenfassung zur strukturalen Medienbildung
Medienbildung wird in dieser Arbeit in Anlehnung an die *strukturale Medienbildung* von Marotzki und Jörissen verstanden, wenn auch dafür der Ausdruck *medienbezogene Bildungsprozesse* genutzt wird. Demnach sind wichtige Aspekte von medienbezogenen Bildungsprozessen folgende (Jörissen, 2011; Marotzki & Jörissen, 2010; Jörissen & Marotzki, 2009 und Marotzki & Jörissen, 2008):

- Durch medienbezogene Bildungsprozesse geschieht eine Veränderung der Selbst- und Weltbezüge sowie des Fremdbezugs (siehe 2.1 und Fuchs, 2014).
- Diese Veränderungen geschehen in und durch Medien bzw. durch die (reflexiven) Auseinandersetzung mit dem medial Artikulierten.
- Dabei werden Erfahrungen verarbeitet und ihnen entweder eine Bedeutung zugewiesen (singuläre Deduktionsdisposition) oder die Bandbreite der möglichen Interpretationen offenen gehalten (ubiquitäre Deduktionsdisposition).
- Bei dieser Auseinandersetzung wird nicht die Qualität der Auseinandersetzung oder der Medien(-inhalte) bewertet oder ein Ziel festgelegt.

Allerdings werden in dieser Arbeit nicht die Bildungspotenziale von Medieninhalten und deren Medialität analysiert, sondern es wird von den Subjekten ausgegangen und rekonstruiert, welche medienbezogenen Bildungsprozesse wahrgenommen werden.

2.2.4 Begriffsabgrenzung zu medienbezogenen Bildungsprozessen

In der Medienpädagogik gibt es neben der Medienbildung vier weitere zentrale Begriffe: 1.) Mediendidaktik, 2.) Medienerziehung, 3.) Medienkompetenz und 4.) Mediensozialisation (Tulodziecki, 2011, 11). In diesem Abschnitt wird *Medienbildung* in Verbindung mit diesen Begriffen gesetzt um zu verdeutlichen, was in dieser Arbeit nicht unter Medienbildung bzw. unter medienbezogenen Bildungsprozessen verstanden wird.

Zuerst wird relativ knapp die Abgrenzung von *Medienbildung* zu *Mediendidaktik* und *Medienerziehung* vorgenommen werden, weil diese Begriffe sich trennscharf voneinander abgrenzen lassen. Darauf folgt eine ausführliche Betrachtung zum Verhältnis von *Medienbildung* zu *Medienkompetenz.* Dies ist notwendig, weil dieses Begriffspaar seit Anfang 2000 in der medienpädagogischen Fachcommunity diskutiert wird und nach wie vor keine Einigkeit zum Verhältnis vorliegt (Iske, 2015). Zuletzt wird der Zusammenhang zwischen *Medienbildung* und *Mediensozialisation* betrachtet. Diese Begriffe sind sich in einigen Aspekten relativ ähnlich. Daher ist eine Abgrenzung der Begriffe voreinander sinnvoll, um die Begriffe nicht miteinander zu vermischen.

Mediendidaktik und Medienerziehung

Mediendidaktik beschäftigt sich mit dem gezielten, reflektierten, pädagogisch-didaktisch sinnvollen Einsatz von Medien in formalen und non-formellen Lernsettings (Seufert & Scheffler, 2017, 97; Süss, Lampert & Wijnen, 2013, 194; Baacke, 2007, 4 und Aufenanger, 2006, 398). Bei der Medienerziehung handelt es sich um planvolle und normativ korrigierende Eingriffe bei den Medienpraxen, welche zumeist in hierarchischen Verhältnissen stattfinden, wie z. B. im Eltern-Kind-Verhältnis (Iske, 2012; Wolf, Rummler & Duwe, 2011, 142 und Spanhel, 2006, 180).

Mediendidaktik und *Medienerziehung* sind also beides planvolle und normative Begriffe im Gegensatz zur *Medienbildung.* Allerdings unterscheiden sie sich darin, dass Medien in der *Mediendidaktik* Mittel zum Lernen sind und bei der *Medienerziehung* eher Gegenstand von Lernprozessen. Die Abgrenzung zu *medienbezogenen Bildungsprozessen* besteht insbesondere darin, dass diese kein formuliertes Ziel haben im Gegensatz zur *Mediendidaktik* und zu *Medienerziehung.*

Medienkompetenz

Zuerst wird nun erläutert, woher der Begriff *Medienkompetenz* kommt und was darunter verstanden wird, um anschließend das Verhältnis, in dem die Begriffe *Medienbildung* und *Medienkompetenz* zueinander stehen, erläutern zu können.

Den Kompetenzbegriff brachte Dieter Baacke in den 1970ern mit seiner Habilitation in den medienpädagogischen Diskurs ein (Baacke, 1973). Dabei bezog er sich zum einen auf den Linguisten Chomsky und dessen Begriff von *Sprachkompetenz*. Für Chomsky (1969) stellt die Grammatik das Ideal der Kenntnisse einer Sprache dar und die Sprachkompetenz beschreibt die tatsächlichen Sprachkenntnisse eines Menschen. Zum anderen bezog sich Baacke auf Habermas (1971), welcher Chomskys Modell erweitert hatte. Unter dem Begriff der *kommunikativen Kompetenz* ging es bei Habermas nicht mehr nur um linguistische Sprecheinheiten, sondern um das Erreichen von gegenseitigem Verständnis in Sprechsituation bzw. Diskursen. Die *kommunikative Kompetenz* meint in diesem Zusammenhang, dass die Sprechenden über die Mittel zur Erreichung eines gegenseitigen Verständnisses verfügen und erkennen können, wenn ein solches vorliegt. In seiner Habilitation verknüpfte Baacke (1973) die *kommunikative Kompetenz* nach Habermas mit der Kommunikation über Massenmedien. Hierbei ging es ihm weniger um die Fähigkeit gegenseitiges Verständnis hervorzubringen, sondern um „die Fähigkeit des Menschen, die er in beliebigen und verschiedenen Situationen hat, potentiell situations- und medienadäquat Kommunikationen auszugeben und zu empfangen" (Baacke, 1973, 100) mit dem pädagogischen Ziel „dem Menschen zu verhelfen, seine Kommunikationskompetenz für die Entscheidung zu vernünftigen Konfliktlösungen mit dem Ziel einer Aufhebung ungerechtfertigter und unfreimachender Herrschaft einzusetzen" (Baacke, 1973, 287). Dies schließt sowohl verbale als auch nonverbale Kommunikation mit ein (Baacke, 1973, 162). Später führte Baacke auf Grundlage seiner Habilitation den Begriff der *Medienkompetenz* ein. Dieser bezieht sich nun nicht mehr nur auf Kommunikation, sondern allgemein auf die Nutzung von Medien(-inhalten) und statt eines von außen gegeben Ziels (Aufhebung ungerechtfertigter und unfreimachender Herrschaft) stehen die Ziele und Bedürfnisse der Individuen im Vordergrund. So definiert er Medienkompetenz als „die Fähigkeit, Medien und die dadurch vermittelten Inhalte den eigenen Zielen und Bedürfnissen entsprechend effektiv nutzen zu können" (Baacke, 1999a). Weiterhin unterteilte er die Medienkompetenz in vier Dimensionen: a) Medienkritik, b) Medienkunde (Wissen über Medien), c) Mediennutzung und d) Mediengestaltung (Baacke, 1999b).

Seitdem Baacke den Begriff der Kompetenz in den medienpädagogischen Diskurs eingeführt hat, haben sich eine Vielzahl verschiedener Verständnisse und Definitionen entwickelt. Außerdem nahm die Kritik an dem Begriff zu. Diese beruht unter anderem darauf, dass sich der Begriff *Medienkompetenz* „nicht im engen Sinn aus der pädagogischen Begriffstradition her[leitet]" (Hugger, 2008, 96). Weiterhin wird die zweckrationale Verwendung in ökonomischen und politischen Kontexten sowie im Kontext von formalen Bildungsprozessen kritisiert, weil sie u. a. Baackes Idee der Medienkompetenz verkürzt (z. B. Pietraß, 2011, 121; Schorb, 2009, 50 und Hugger, 2008, 97).

Die zunehmende Kritik am Medienkompetenzbegriff sorgte für einen Bedeutungsgewinn der *Medienbildung* (Brüggemann, 2013, 29), welches eine Diskussion über das Verhältnis der beiden Begriffe zueinander auslöste. Aufgrund der verschiedenen Verständnisse und Definitionen von *Medienkompetenz* und *Medienbildung* als auch von *Bildung* und *Medien* an sich, können die Begriffe auf verschiedene Weise in Beziehung gesetzt werden. Es gibt folgende zentrale Positionen im Diskurs:

- Medienbildung als Teil von Medienkompetenz (Baacke, 2007, 100),
- Medienkompetenz als Weg zur Medienbildung (Süss et al., 2013, 124 f.; Spanhel, 2010 und Schorb, 2009),
- Medienkompetenz als Ziel von Medienbildungsprozessen (Tulodziecki, 2010) und
- Medienkompetenz und Medienbildung stehen nebeneinander und gehören zu zwei verschiedenen Theoriediskussionen und Praxisfeldern (Moser, Grell & Niesyto, 2011 und Fromme & Jörissen, 2010).

Des Weiteren werden die beiden Begriffe im politischen Kontext und in Berichten von öffentlich geförderten Projekten oft synonym verwendet (Iske, 2015). Das heißt jedoch auch, dass bei der Erstellung des Forschungsstandes Veröffentlichungen zu *Medienkompetenz* nicht direkt ausgeschlossen werden können und wiederum bei Berichten zu *Medienbildung* überprüft werden muss, ob tatsächlich *Medienbildung* im Verständnis dieser Arbeit gemeint ist.

In dieser Arbeit wird *Medienkompetenz*, wie von Baacke definiert, verstanden – also als „die Fähigkeit, Medien und die dadurch vermittelten Inhalte den eigenen Zielen und Bedürfnissen entsprechend effektiv nutzen zu können" (Baacke, 1999a) – und in formalen Lernkontexten verortet. Da *Medienbildung* bzw. *medienbezogene Bildungsprozesse* im Verständnis dieser Arbeit in informellen Lernkontexten festzumachen ist, stehen die beiden Begriffe nebeneinander, wie von Fromme und Jörissen (2010) beschrieben.

Mediensozialisation

Nachfolgend wird nun erläutert, was unter *Mediensozialisation* zu verstehen ist und in welchem Verhältnis diese zu *Medienbildung* steht. Dafür wird jedoch zuerst eine allgemeine Definition von *Sozialisation* betrachtet:

„Im Kern bezeichnet Sozialisation also die Persönlichkeitsentwicklung als eine ständige Interaktion zwischen individueller Entwicklung und den umgebenden sozialen
Strukturen, wobei diese Interaktionserfahrungen aktiv und produktiv verarbeitet und
sowohl mit den inneren körperlichen und psychischen als auch mit den äußeren sozialen
und physischen Gegebenheiten permanent austariert werden." (Hurrelmann & Bauer,
2018, 15)

Bei *Sozialisation* geht es also um Persönlichkeitsentwicklung im Spannungsverhältnis innerer und äußerer Gegebenheit. Diese Definition gilt auch für *Mediensozialisation*, da *Medien* nach Hurrelmann und Bauer (2018, 181) eine der *tertiären
Sozialisationsinstanzen* sind.

Mediensozialisation ist wie *Medienbildung* auch nicht-intentional und ungerichtet, sodass sich dadurch sowohl Chancen als auch Risiken für die Individuen
ergeben können (Süss et al., 2013, 57). „[E]ine den eigenen Bedürfnissen entsprechende Nutzung [ist] das entscheidende Kriterium dafür, ob Medien einen positiven
Einfluss auf die Persönlichkeitsentwicklung [...] ausüben oder nicht" (Hurrelmann
& Bauer, 2018, 185). Beispielsweise können Medien einerseits dazu führen, dass
die Individuen die bewusste Gestaltung ihrer Zeit sowie die Abgrenzung von den
Medien lernen. Andererseits kann die Möglichkeit der permanenten Verfügbarkeit
von Medien bewirken, dass die eigene Zeitgestaltung durch die Medien fremdbe-
stimmt wird. Weiterhin stellen Medien beispielsweise eine Ressource zur Bewältigung von Entwicklungsaufgaben und der Ausbildung einer Ich-Identität dar, indem
Lebens- und Identitätsentwürfe ausprobiert werden können. Gleichzeitig können
jedoch die Selbst- und Weltsicht durch Figuren oder Personen aus den Medien ver-
zerrt werden und „die Identitätsgrenzen ins Wanken [geraten]" (Süss et al., 2013, 57).
Außerdem findet eine Konfrontation mit Konsum- und Konformitätsdruck durch die
Medien statt, mit der sich auseinandergesetzt werden muss. Laut Aufenanger nutzen
jedoch gerade Kinder „Medieninhalte aktiv für das Aneignen und Verstehen von
Welt sowie für die Bewältigung von Entwicklungsaufgaben" (Aufenanger, 2008,
89). Ein weiteres Merkmal von *Mediensozialisation* ist, dass es sich dabei um einen
lebenslangen Prozess handelt (Süss et al., 2013, 33 und Aufenanger, 2008, 90). So
spielt *Mediensozialisation* „im Kontext der beruflichen Sozialisation, der Alltagsgestaltung von Erwachsenen oder im höheren Alter, zum Beispiel beim Übergang
in die Pensionierung [eine Rolle]" (Süss et al., 2013, 33).

Zusammengefasst ist *Mediensozialisation* also ein lebenslanger Prozess, bei dem
es um die psychosoziale Entwicklung der Individuen geht. *Mediensozialisation*
selbst ist ungerichtet, sodass sich die Potenziale der Individuen einerseits entfalten oder andererseits eingeschränkt werden können (Hurrelmann & Bauer, 2018,
185; Sutter, 2014; Süss et al., 2013 und Aufenanger, 2008, 89). Es fällt auf, dass
die Begriffe *Mediensozialisation* und *Medienbildung* sich ähnlich sind, da es bei

beiden um lebenslange Prozesse und um die Selbst- und Weltsichten geht. Allerdings haben sie einen unterschiedlichen Fokus: Während *Medienbildung* den Blick auf „die immanenten Bildungspotenziale der Medien selbst, d. h. auf mediale Räume und auf mediale Artikulationen [richtet]" (Fromme & Könitz, 2014, 236), werden bei der Betrachtung von *Mediensozialisation* die Medienkulturen und Nutzungspraxen fokussiert (Fromme & Könitz, 2014, 236 und Ruge, 2014, 203). Es bestand die Möglichkeit, dass *Mediensozialisation* für die vorliegende Arbeit relevant werden könnte, falls sich bei der Analyse herausgestellt hätte, dass wahrgenommenen Prozesse der Paare nicht unter den Begriff der *medienbezogenen Bildungsprozesse* fallen. So hätten sie dahingehend betrachtet werden können, ob sie dem Konzept der *Mediensozialisation* entsprechen.

2.2.5 Zwischenfazit

Die zentralen Definitionen für diese Arbeit sind summa summarum folgende:

Medien
Unter *Medien* werden Informations- und Kommunikationsmedien verstanden, durch die mit Menschen, Medieninhalten oder intelligenten Programmen kommuniziert wird – „manchmal rezeptiv, manchmal wechselseitig, manchmal nur mitteilend"(Krotz, 2003, 28). In Bezug zu dieser Kommunikation können dann drei Ebenen idealtypisch unterschieden werden: 1.) die Geräteebene bzw. Technologieebene, 2.) die Mediumsebene und 3.) die Ebene des Medieninhalts. Beide vereinfachenden Strukturierungslogiken stellen Hilfsmittel dar, um *Medien* trotz ihrer Verwobenheit miteinander und mit Kultur und Gesellschaft einerseits und den Möglichkeiten der parallelen oder interaktiven Nutzung andererseits fassbar zu machen. Ergänzt wird dies durch das Konzept der *Medialität*, welche den Symbolcharakter von Medien(-inhalten) und die Herstellung von Bedeutungen berücksichtigt (Jörissen, 2014a, 503 f.).

Medialität
Mit dem Begriff *Medialität* wird der Symbolcharakter von Medien und die Herstellung von Bedeutungen sowie die Verwobenheit von Medien in Kultur und Gesellschaft adressiert (Jörissen, 2014a und Pietraß, 2011).

Medienbezogene Bildungsprozesse
Medienbezogene Bildungsprozesse werden in Anlehnung an die *strukturale Medienbildung* von Marotzki und Jörissen verstanden. Demnach sind wichtige Aspekte von

medienbezogenen Bildungsprozessen folgende (Jörissen, 2011; Marotzki & Jörissen, 2010; Jörissen & Marotzki, 2009 und Marotzki & Jörissen, 2008):

• Eine Veränderung der Selbst-, Fremd- und Weltbezüge geschieht durch *medienbezogene Bildungsprozesse.*
• Diese Veränderungen geschehen in und durch Medien bzw. der (reflexiven) Auseinandersetzung mit dem medial Ausgedrückten.
• Dabei werden Erfahrungen verarbeitet und ihnen entweder eine Bedeutung zugewiesen (singuläre Deduktionsdisposition) oder die Bandbreite der möglichen Interpretationen offen gehalten (ubiquitäre Deduktionsdisposition).
• Medienbildung ist ein lebenslanger Prozess.
• Bei dieser Auseinandersetzung wird nicht die Qualität der Auseinandersetzung oder der Medien(-inhalte) bewertet oder ein Ziel festgelegt.

Relevante Aspekte für diese Arbeit
Für die vorliegende Arbeit sind mehrere Aspekte der zuvor vollzogenen Auseinandersetzung mit den Begriffen rund um *Medienbildung* bzw. *medienbezogene Bildungsprozesse* relevant. Erstens wurde durch die Definition von *Medienbildung* deutlich, dass mit dem Begriff *Medienbildung* in wissenschaftlichen Veröffentlichungen auch *Medienkompetenzförderung* gemeint sein kann – insbesondere im schulischen Kontext. Dies muss bei der Erstellung des Forschungsstandes berücksichtigt werden. Zudem wird dadurch der für diese Arbeit veränderte Begriff erklärt. Zweitens wurde deutlich, dass Marotzki und Jörissen auf Grundlage ihres Konzepts der *strukturalen Medienbildung* eher die Bildungspotenziale der Medien analysieren, sodass Bettinger (2018, 87) die Aufgabe sich mit den tatsächlichen Medienbildungsprozessen von Subjekten auseinanderzusetzen bei anderen Arbeiten sieht, welches auf ein Forschungsdesiderat hindeutet. Drittens ist noch zu erwähnen, dass die Auseinandersetzung mit den verschiedenen Begriffen der Medienpädagogik aufgezeigt hat, dass in der Analyse überprüft werden muss, ob die beschriebenen Prozesse tatsächlich *medienbezogenen Bildungsprozessen* entsprechen oder ggf. doch dem der *Mediensozialisation* oder einem anderen Phänomen.

2.3   Paarbeziehung – Begriffe und theoretische Grundlagen

In diesem Abschnitt wird nun die Begriffsklärung zu *Paarbeziehung* vorgenommen, dem zweiten zentralen Aspekt dieser Arbeit (2.3.1). Diese Definition hat vorrangig einen theoretischen Gehalt, weil sie verdeutlicht, auf welche Gruppe von Personen sich die theoretischen und empirischen Ergebnisse bisheriger Paarforschung beziehen. Bei der Empirie dieser Arbeit werden die Paare nicht daraufhin überprüft, ob sie allen Merkmalen der Definition entsprechen, sondern hier zählt, dass sie sich selbst als Paar definieren. In Folge auf die Begriffsdefinition wird das theoretische Konzept der *Paaridentität* näher erläutert und die Anschlussfähigkeit an die gewählte Bildungstheorie verdeutlicht (2.3.2). Weiterhin werden Besonderheiten von gleich- und gemischtgeschlechtlichen Beziehungen erklärt, da diese für die Interpretation der Daten relevant sind (2.3.3). Danach werden die Begriffe *Ehe* und *Familie* zu *Paarbeziehung* in Zusammenhang gesetzt (2.3.4). Am Ende des Abschnitts werden die relevanten Aspekte für diese Arbeit kurz in einem Zwischenfazit zusammengefasst (2.3.5).

Im deutschsprachigen Raum ist Karl Lenz' „Soziologie der Zweierbeziehung" ein zentrales Grundlagenwerk zum Thema Paarbeziehungen, sodass sich seine Definition von Zweierbeziehung bzw. Paarbeziehung in zahlreichen Publikationen wiederfindet, wie z. B. bei Tietge (2019, 86), Wimbauer und Motakef (2019, 1104), Burkart (2018, 29), Monz (2018, 35), Spura (2014, 29), Ruiner (2010, 25) und Linke (2010, 40). Insofern wird in diesem Kapitel oftmals auf Lenz und dessen Lehrbuch Bezug genommen, weil es auch für diese Arbeit als wertvoll eingestuft wurde.

2.3.1 Persönliche Beziehungen und Paarbeziehungen

Paarbeziehungen sind laut Lenz den *persönlichen Beziehungen* zuzuordnen. Zur besseren Einordnung der Definition von *Paarbeziehung* werden zunächst die Merkmale von *persönlichen Beziehungen* nach Lenz erläutert, welche auch für Paarbeziehungen gelten. Im Anschluss wird die von Lenz verwendete Definition vorgestellt und durch weitere Merkmale ergänzt. Anschließend wird das Begriffsverständnis von *Paarbeziehung* in dieser Arbeit dargelegt.

Merkmale von persönlichen Beziehungen
Persönliche Beziehungen bestehen immer aus zwei Personen. Zu ihnen zählen sowohl Paarbeziehungen als auch z. B. Eltern-Kind-Beziehungen und Geschwisterbeziehungen. Nach Lenz (2009, 42 ff.) haben *Persönliche Beziehungen* folgende fünf Merkmale:

1. Personelle Unersetzbarkeit:
Das Merkmal bedeutet, dass die Beziehung endet, wenn eine Person aus dieser austritt. Wird mit einer anderen Person eine neue Beziehung eingegangen, ist dies eine neue Beziehung und nicht die alte mit einer Ersatzperson.

2. Fortdauer-Idealisierung:
Der Ausdruck *Fortdauer-Idealisierung* meint, dass Personen in persönlichen Beziehungen annehmen, dass die Beziehung auf absehbare Zeit fortbesteht.

3. Vorhandensein von persönlichem Wissen:
Das *persönliche Wissen* in einer persönlichen Beziehung bezieht sich sowohl auf das gegenseitige Wissen übereinander, als auch auf das gemeinsame Wissen über den bisherigen Verlauf der Beziehung.

4. Emotionale Bindung der Personen:
In persönlichen Beziehungen besteht im Vergleich zu anderen Beziehungen eine nahe emotionale Bindung. Zum Repertoire von Emotionen zählen hierbei sowohl positive als auch negative Emotionen.

5. Ausgeprägte Interdependenz:
Interdependenz meint hier ein gegenseitiges aufeinander angewiesen und eingestellt Sein sowie die wechselseitige Beeinflussung von Selbst- und Weltsicht. Aufgrund der hohen emotionalen Bindung und des vertrauten Verhältnisses, welches über eine (relative) Dauer besteht, ist die Interdependenz in persönlichen Beziehungen besonders ausgeprägt. So betrifft eine Veränderung der einen Person sowohl die andere Person als auch ihre Beziehung zueinander.

Definition von Paarbeziehung

Nachdem diese grundsätzlichen Merkmale von persönlichen Beziehungen ausgeführt wurden, wird der Begriff *Paarbeziehung* näher betrachtet. Wie bereits erwähnt, stammt eine weitverbreitete Definition von *Paarbeziehung* bzw. hier *Zweierbeziehung* von Lenz. Anders als in dieser Arbeit nutzt Lenz den Begriff der *Zweierbeziehungen*, wodurch der dyadische Charakter stärker betont wird. Die Gründe für die Verwendung von *Paarbeziehung* statt *Zweierbeziehung* in dieser Arbeit sind: a) die größere alltagssprachliche Bekanntheit des Begriffs *Paarbeziehung* und seine daraus resultierende Verständlichkeit, b) der Verweis des Begriffs *Paarbeziehung* auf das bedeutsame Konzept *Paaridentität* (Linke, 2010, 40), welches insbesondere vor dem Hintergrund der Auseinandersetzung mit Bildungsprozessen relevant ist, und c) das Vorhandensein von klar zugehörigen Bezeichnungen für die Personen der Beziehung. Somit kann von der Paarbeziehung, dem Paar und den Personen der Paarbeziehung gesprochen werden.

Die Definition von Lenz, welche hier nun auch für den Begriff *Paarbeziehung* angewendet wird, lautet folgendermaßen:

Unter dem Begriff der *Paarbeziehung* ist „ein Strukturtypus persönlicher Beziehung
zwischen Personen unterschiedlichen oder gleichen Geschlechts [zu verstehen], der
sich durch einen hohen Grad an Verbindlichkeit (Exklusivität) auszeichnet, ein gesteigertes Maß an Zuwendung aufweist und die Praxis sexueller Interaktion – oder zumindest deren Möglichkeit – einschließt." (Lenz, 2009, 48)

Nach Lenz zeichnen sich Paare also durch Exklusivität aus. Dabei kann sich Exklusivität oder die hohe Verbindlichkeit beispielsweise auf sexuelle Interaktionen oder
emotionale Nähe beziehen und kann von jedem Paar selbst definiert werden. So gibt
es z. B. sogenannte ‚offene Beziehungen', bei denen eine oder beide Personen der
Paarbeziehung auch mit anderen Personen sexuell verkehren. Andere Elemente der
Beziehung machen dann den exklusiven Charakter aus. Lenz' Merkmal von Paarbeziehungen des *gesteigerten Maßes an Zuwendung* ist uneindeutig. Hier ist die
Frage: Im Vergleich zu welchen anderen Beziehungen ist das Maß an Zuwendung
gesteigert? Aufgrund dieser von Lenz (2009, 49) selbst eingeräumten Uneindeutigkeit wird dieses Merkmal für die Definition von Paarbeziehung in dieser Arbeit
ausgeschlossen. Das letzte Merkmal nach Lenz ist die Möglichkeit zur sexuellen
Interaktion. In einer älteren Definition ging es um sexuelle Praktiken und nicht
nur um deren Möglichkeit. Dies hat Lenz allerdings angepasst, nachdem er darauf
hingewiesen wurde, dass es Paarbeziehungen gibt, in denen noch nicht oder nicht
mehr sexuelle Interaktionen stattfinden (Lenz, 2009, 48). Darüber hinaus existieren
Paarbeziehungen, in denen eine oder beide Personen asexuell orientiert sind, sodass
auch dort keine sexuellen Interaktionen stattfinden.

Ergänzung durch Schneider
Schneider (2009, 677 f.) ergänzt die Definition von Lenz um die Merkmale *wechselseitige Solidarität, relative Dauerhaftigkeit* und *Ko-Residenz der Personen*. Der
Aspekt der *wechselseitigen Solidarität* klingt bei Lenz (2009, 42 ff.) in gewis-
ser Weise durch das Merkmal der *ausgeprägten Interdependenz* von persönlichen
Beziehungen an. Schneiders Verständnis geht jedoch über die ausgeprägte Inter-
dependenz von Lenz (2009, 42 ff.) hinaus, da er mit *wechselseitiger Solidarität*
ein gegenseitiges emotionales, finanzielles und praktisches Unterstützen meint.
Schneiders Merkmal der *relativen Dauerhaftigkeit* findet sich allerdings bei den
Merkmalen von persönlichen Beziehungen von Lenz (2009) in Form der *Fortdauer-
Idealisierung* wieder. Da dies aber nur ersichtlich wird, wenn Lenz' Definition von
Paarbeziehung in den Kontext der *Merkmale von persönlichen Beziehungen* gesetzt
wird, werden die Merkmale *wechselseitige Solidarität* und *relative Dauerhaftigkeit*
explizit in das Begriffsverständnis dieser Arbeit ergänzt. Das letzte Merkmal von

Schneider – die Ko-Residenz – verliert aktuell immer mehr an Bedeutung – gerade in Bezug auf sogenannte *Distanzbeziehungen* bzw. *Fernbeziehungen*.

Ergänzung durch Maier
Des Weiteren fügt Maier (2008, 31) in ihrer Definition die *Existenz einer Paariden-tität* als zentrales Definitionsmerkmal hinzu. *Paaridentität* meint kurz formuliert, dass die Personen der Paarbeziehung zusätzlich zu ihren individuellen Identitäten eine gemeinsame Identität entwickeln, welche sie von anderen Paaren unterscheidet. Dabei werden – ebenso wie bei der Identität einer Person – Selbst-, Fremd-und Weltsichten kontinuierlich ausgehandelt. Dadurch ist dieses theoretische Konzept besonders relevant für diese Arbeit, weil sich demnach in Paarbeziehungen nicht nur individuelle Veränderungen von Selbst-, Fremd- und Weltsichten vollziehen können, sondern eben auch auf der Ebene der Paaridentität. Aus diesem Grund wird die Paaridentität zum einen in der Definition ergänzt und zum anderen im nachfolgenden Abschnitt näher erläutert.

Ergänzung durch Schlachter
Lenz' Formulierung lässt offen, wie viele Personen zu einer Beziehung gehören, auch wenn sein verwendeter Begriff der *Zweierbeziehung* die Beteiligung von zwei Personen impliziert. Allerdings gibt es neben diesem monogamen Beziehungskonzept auch polyamore Beziehungskonzepte, bei denen beispielsweise neben einer Hauptbeziehung in Einvernehmlichkeit mit allen Beteiligten ein oder mehrere Nebenbeziehungen bestehen oder sich ein Paar fest aus mehr als zwei Personen zusammensetzt (Burkart, 2018, 256 ff.). Da statt des Begriffs der *Zweierbeziehung* der Begriff der *Paarbeziehung* in dieser Arbeit genutzt wird, schließt die Definition hier auch polyamore Beziehungen mit ein. Um dies allerdings deutlich zu machen, wird Lenz' Definition insofern verändert, dass explizit beschrieben wird, dass ein Paar aus *mindestens zwei* Personen besteht.

In dem empirischen Teil dieser Arbeit wird sich jedoch auf Paare beschränkt, die aus zwei Personen bestehen oder ggf. auf die beiden Personen einer sogenannten Hauptbeziehung. Der Grund dafür besteht darin, dass sich die Dynamik zum einen zwischen zwei Personen wesentlich von der Dynamik zwischen drei oder mehr Personen unterscheidet. Zum anderen sind die Dynamiken von polyamoren Beziehungen noch nicht ausreichend untersucht (Burkart, 2018, 256 ff.), sodass unklar ist, ob das Konzept der *Paaridentität* auch auf Konstellationen von polyamoren Paaren mit mehr als zwei Personen zutrifft. Da die Paaridentität aber ein zentraler Aspekt in der Betrachtung von medienbezogenen Bildungsprozessen von Paaren darstellt, werden daher Paare mit mehr als zwei Personen bei der Datenerhebung nicht miteinbezogen.

Synthese der Definitionen

In der vorliegenden Arbeit werden Paarbeziehungen also größtenteils nach der Definition von Lenz (2009) verstanden, allerdings abzüglich des *gesteigerten Maßes an Zuwendung* und explizit ergänzt durch die Merkmale der *wechselseitigen Solidarität* und *relativen Dauerhaftigkeit* von Schneider (2009, 677 f.) sowie der Existenz einer Paaridentität nach Maier (2008, 31). Die Definition von Paarbeziehung in dieser Arbeit lautet also folgendermaßen:

> Eine Paarbeziehung besteht aus mindestens zwei Personen (unterschiedlichen oder gleichen Geschlechts) und zeichnet sich aus durch:
> 1. Exklusivität (Lenz, 2009, 48),
> 2. die Möglichkeit oder Praxis sexueller Interaktion (Lenz, 2009, 48),
> 3. wechselseitige Solidarität (Schneider, 2009, 677 f.) bzw. ausgeprägte Interdependenz (Lenz, 2009, 43),
> 4. relative Dauerhaftigkeit (Schneider, 2009, 677 f.) und
> 5. die Ausbildung einer Paaridentität (Maier, 2008, 31).

An dieser Stelle ist darauf hinzuweisen, dass sich die Definition von *Paarbeziehung* dieser Arbeit auf das aktuelle, westliche Verständnis von Paarbeziehungen bezieht. Burkart (1997) weist beispielsweise darauf hin, dass Paarbeziehungen im Laufe der Geschichte unterschiedlich definiert wurden. So kamen nach Burkart (1997, 13 ff.) *Liebespaare* historisch betrachtet erst ca. seit dem 18. Jahrhundert vor. Zudem waren Ehe – als Vertrag zwischen Familien – und Liebe getrennt voneinander und wurden erst ca. im 18. Jahrhundert verbunden, sodass *Liebesehen* denkbar waren. Döring (2003, 236) hebt ergänzend hervor, dass das Verständnis von Paarbeziehungen durch gesellschaftliche und kulturelle Rahmenbedingungen gekennzeichnet ist.

Nachfolgend ist zu beachten, dass sich die theoretischen Hintergründe ausschließlich auf Paare aus zwei Personen beziehen.

2.3.2 Das Konzept der Paaridentität

In diesem Abschnitt wird das bereits erwähnte Konzept der Paaridentität erläutert. Nach einer kurzen Einführung wird die Relevanz dieses Konzepts für diese Arbeit erklärt.

Ein Paar besteht in diesem Kontext aus zwei Personen, welche jeweils individuell Identitätsarbeit leisten. Dazu gehören a) die Darstellung und Aushandlung von Selbst- und Fremdsichten, b) die Aufrechterhaltung von Kontinuität und Kohärenz sowie c) die Herstellung von Individualität (Lenz, 2009, 206 ff.). In vielen wissenschaftlichen Arbeiten wird betont, dass eine Paarbeziehung mehr als die Summe der Eigenschaften der beiden Personen ist und damit über die Individualebene hinausgeht – dies wird als *Paaridentität* bezeichnet (Monz, 2018, 35 f.; Linke, 2010, 43 ff.; Lenz, 2009, 243; Maier, 2008; Banse, 2003, 15; Neyer, 2003, 167 und Simmel, 1985, 250 f.). Sprachlich drückt sich diese emergente Qualität dadurch aus, dass mit einer hohen Selbstverständlichkeit von den Personen der Paarbeziehung als ‚Wir‘ gesprochen wird, „als ob es sich nicht um zwei Personen handeln würde, sondern um eine in sich geschlossene Einheit" (Lenz, 2009, 243). Eine solche Paaridentität entsteht unbewusst und wird fortwährend kommunikativ ausgehandelt (Monz, 2018, 35 f.; Spura, 2014, 29 und Linke, 2010, 40). In ihre Konstruktion bringen beide Personen ihre individuellen Persönlichkeitsmerkmale, Biographien und individualbiographischen Wissensbestände mit ein (Spura, 2014, 57 und Neyer, 2003, 167 ff.).

Bei Paaren besteht also die Besonderheit – im Vergleich zu anderen persönlichen Beziehungen – dass sich eine Paaridentität ausbildet. Diese Besonderheit wird vielfach bei der Beforschung von Paaren berücksichtigt, sodass sich in der Familien- bzw. Paarforschung mit der Paaridentität auseinandergesetzt wurde, z. B. bei Monz (2018, 35 f.), Linke (2010, 43 ff.), Lenz (2009, 243), Maier (2008), Neyer (2003, 167) und Simmel (1985, 250 f.).

Es wurde bereits mehrfach erwähnt, dass das Konzept der Paaridentität zentral ist für diese Arbeit. Dies ist darin begründet, dass dieses Konzept durch die Betrachtung der individuellen und paarbezogenen Selbst- und Weltsichten anschlussfähig ist an die (Medien-)Bildungstheorie nach Marotzki und diesbezüglich eine erweiterte Perspektive bietet. So lassen sich auf der einen Seite die individuellen Selbst-, Fremd- und Weltsichten der zwei Personen betrachten und auf der anderen Seite die Paar-Selbstsicht und die als Paar gemeinschaftlich konstruierten Fremd- und Weltsichten. Das heißt, aufgrund des Fokus auf Paare bei der Betrachtung von medienbezogenen Bildungsprozessen verdreifachen sich die zu betrachteten Ebenen auf denen Bildungsprozesse stattfinden können.

Ausdrucksformen der Paaridentität

Nach Lenz (2009) existieren mehrere Formen, um der Paaridentität Ausdruck zu verleihen sowie um Paaridentitätsarbeit zu leisten. Diese sind a) eine gemeinsame Wirklichkeitskonstruktion, b) die Beziehungsgeschichte, c) der Beziehungskalender, d) Beziehungssymbole insbesondere Beziehungsrituale und -routinen, e) Paarsprache und f) das Beziehungsthema. Wobei der Aspekt der *Beziehungsrituale und -routinen* in Bezug auf die Arbeiten von Linke (2010) und Maier (2008) ergänzt wurden. Aufgrund des zentralen Stellenwerts der Paaridentität für diese Arbeit werden die gerade schon aufgezählten Ausdrucksformen von Paaridentität nachfolgend ausführlich erläutert. (Lenz, 2009) nimmt bei seinen Ausführungen zu den

Ausdrucksformen Bezug auf den Artikel *Die Ehe und die Konstruktion der Wirklichkeit* von (Berger & Kellner, 1965, 222 ff.). Daher wurde in dieser Arbeit diese Quelle ebenfalls herangezogen, um die Ausdrucksformen von Paaridentität zu erläutern. Darüber hinaus wurden aus den Arbeiten von Linke (2010) und Maier (2008) Beispiele für eine Veranschaulichung der Ausdrucksformen entliehen, wobei Linke (2010) insbesondere Beispiele mit Medienbezug nennt.

a) Gemeinsame Wirklichkeitskonstruktion
In Paarbeziehungen findet eine gemeinsame Wirklichkeitskonstruktion statt. Diese Wirklichkeitskonstruktion bezieht sich nicht nur auf gegenwärtige Vorgänge, sondern auch auf Vergangenheit und Zukunft. So wird die Vergangenheit beider Personen gemeinsam neu interpretiert und die gemeinsame Zukunft antizipiert (Lenz, 2009, 187 und Berger & Kellner, 1965, 222 ff.). Die Wirklichkeitskonstruktion ist laut Lenz (2009, 187 ff.) aufgrund mehrerer Aspekte begrenzt, wie z. B. der Notwendigkeit zum Fremdverstehen und der Tatsache, dass Person 1 nicht alle Erfahrungen und Erlebnisse von Person 2 kennt, weil a) diese vor der Beziehung oder nicht im Beisein von Person 1 geschehen sind, b) Vorgängen des inneren Erlebens ggf. nicht kommuniziert werden (können), c) Informationen nicht mitgeteilt werden, da sie als trivial oder verletzend angesehen werden oder nicht zu dem Bild passen, das Person 1 Person 2 vermitteln möchte und d) Berichte über Erfahrungen und Erlebnisse verkürzt sind oder (un)absichtlich Fehlinformationen enthalten. Daher kann es nur einen vorläufigen Konsens geben und eine Übereinstimmung ist immer mit Unsicherheit behaftet. Nichtsdestotrotz reicht dieser vorläufige Konsens für das praktische Miteinander aus. Die Chance näherungsweise zum Konsens zu kommen, wird durch häufige und intensive Kommunikation der beiden Personen erhöht, da so das persönliche Wissen über die jeweils andere Person zunimmt (Lenz, 2009, 193 f. und Berger & Kellner, 1965). Gleichzeitig besteht jedoch auch die Gefahr, dass durch die intensive Kommunikation „unüberbrückbar erscheinende Gegensätze erkennbar werden" (Lenz, 2009, 194).
Die gemeinsame Wirklichkeitskonstruktion umfasst auch ein geteiltes Weltbild. Dabei geht es um geteilte Vorstellungen und Ansichten vielfältiger Aspekte des Lebens, wie z. B. über andere Personen, über Politik und über Werte. Für Paare ist es entscheidend im Zusammenhang der eigenen aber auch von fremden Verhaltensweisen „ein gewisses Maß an Gemeinsamkeit herzustellen, was [z. B.] ‚richtig' und ‚falsch' [ist]" (Lenz, 2009, 250).
b) Beziehungsgeschichte
Die Beziehungsgeschichte ist zentral für die Paaridentität, da sich das Paar so von anderen Paarbeziehungen abgrenzt und somit die Individualität der

eigenen Paarbeziehung betont (Lenz, 2009, 244 f.). Des Weiteren schafft die „gemeinsam getragene Beziehungsgeschichte [...] mehr, als Worte es je können, Vertrauen und Zuversicht in eine gemeinsam gestaltbare Zukunft" (Lenz, 2009, 244). Durch wiederholtes Erzählen, ein gemeinsames Erinnern oder die Andeutung von Anekdoten wird die gemeinsam konstruierte Wirklichkeit gefestigt. Allerdings ist diese Geschichte nicht statisch, es können Überarbeitungen oder Akzentverschiebungen stattfinden, wenn durch die Entwicklung des Paares neue Prioritäten gesetzt werden (Lenz, 2009, 244 f.).

Teile der Beziehungsgeschichte können sogenannte *Beziehungsmythen* sein, in denen „bestimmte Gegebenheiten der Beziehung verzerrend oder verschleiernd wiedergeben [werden] und [die] dadurch einen aktiven Beitrag leisten, Spannungen in der Zweierbeziehung abzubauen" (Lenz, 2009, 245).

c) Beziehungskalender

„[B]esondere Ereignisse im Beziehungsverlauf" (Lenz, 2009, 245) bilden den Beziehungskalender. Das können der Tag des Kennenlernens oder des Zusammenziehens sowie der Hochzeitstag oder die Geburtstage der eigenen Kinder sein. An diesen besonderen Tagen kann es um das bloße Sich-Daran-Erinnern gehen, vielleicht gibt es Rituale um diese Tage zu begehen oder sie werden mit anderen zusammen gefeiert. Die Funktion dieser Tage besteht darin „den Fortbestand der Zweierbeziehung anzuzeigen und die Paar-Einheit zu bekräftigen" (Lenz, 2009, 246).

d) Beziehungssymbole insbesondere Beziehungsrituale und -routinen

Beziehungssymbole können sowohl physische Objekte, kulturelle Artefakte oder Verhaltensweisen sein, wie z. B. der Ehering, das Bild des anderen im eigenen Portemonnaie, ‚unser Lied' oder das Küssen in der Öffentlichkeit. Diese dienen dazu die Zusammengehörigkeit bzw. den Beziehungsstatus sich und anderen anzuzeigen (Linke, 2010, 50; Lenz, 2009, 246 und Maier, 2008, 34 f.).

Zu den Beziehungssymbolen zählen auch Beziehungsrituale und -routinen, welche durch das Paar geschaffen werden. Begrüßungsrituale können z. B. die Art und Weise der gegenseitigen Wertschätzung oder – in Bezug zu digitalen Medien – Abschiedsformeln in Textnachrichten sein. Beziehungsroutinen sind wiederkehrende Handlungsabläufe des Paares, die für einen reibungslosen Ablauf von Interaktionen sorgen z. B. das gemeinsame abendliche Tischdecken und Essen zubereiten. Einige Beziehungsrituale und -routinen sind so in den Alltag integriert, dass sie zu Selbstverständlichkeiten werden. Beziehungsrituale und -routinen sind der Entwicklung der Beziehung unterlegen und verändern sich daher im Laufe der Zeit (Linke, 2010, 53 ff.; Lenz, 2009, 210 & 245 f. und Maier, 2008, 33 ff.).

e) Paarsprache

Die Paarsprache betrifft vor allem die lexikalische Ebene, dennoch können auch „morphologische und syntaktische Besonderheiten vorkommen" (Lenz, 2009, 246). Das heißt, es ist üblich in Beziehungen, dass „manche Wörter oder ganze Wortkombinationen mit einer gegenüber der Normalsprache veränderten Bedeutung ausgestattet [werden]" (Lenz, 2009, 246). Ein besonders bekanntes Beispiel sind die Kosenamen, die sich die Personen einer Beziehung gegenseitig geben (Linke, 2010, 50 und Lenz, 2009, 246). Weitere Anwendungsbereiche in denen Paarsprache eine besondere Bedeutung hat, sind Sexualität und das Ausdrücken von Gefühlen (Lenz, 2009, 247 ff.).

f) Beziehungsthema

Meistens gibt es ein zentrales Thema in einer Beziehung, welches sich jedoch im Laufe der Zeit verändern kann. Ein solches Beziehungsthema beeinflusst oftmals unbewusst die Interaktionen des Paares, sodass das Paar viel Kraft in dieses Thema investiert. Dies kann positiv sein oder aber einen Konfliktherd darstellen. Beispiele für solche Beziehungsthemen sind Liebe, Karriere oder der gemeinsame Kinderwunsch (Lenz, 2009, 249).

2.3.3 Besonderheiten gleich- und gemischtgeschlechtlicher Paare

Im Rahmen dieser Arbeit sollen sowohl gleich- als auch gemischtgeschlechtliche Paare interviewt werden. Hierbei bestehen einige Besonderheiten von funktionalen gleich- und gemischtgeschlechtlichen Paarbeziehungen, die ggf. bei der Auswertung berücksichtigt werden müssen. Diese werden nachfolgend beschrieben. Allerdings werden nur Aspekte fokussiert, die im Rahmen der Bearbeitung der Forschungsfrage relevant sein könnten. Es erfolgt keine umfassende Darstellung der Besonderheiten von gleich- und gemischtgeschlechtlichen Paarbeziehungen. Außerdem wird nur deutschsprachige Literatur einbezogen, weil die rechtlichen, kulturellen und gesellschaftlichen Rahmenbedingungen für gleichgeschlechtliche Paare je nach Land sehr unterschiedlich sein können.

Es wird hier von *gleich- und gemischtgeschlechtlichen Paaren* gesprochen und nicht von *homo- oder heterosexuellen Paaren*, weil der letztere Ausdruck leicht den Trugschluss zulässt, es könne die sexuelle Orientierung einer Person an dem gelesenen Geschlecht der Person abgelesen werden, mit der sie aktuell in einer Beziehung ist. So können sich bisexuelle Personen in einer gleich- oder gemischtgeschlechtlichen Beziehung befinden, ohne dass sie deshalb homo- oder heterosexuell sind. Insofern wird durch die Formulierung *gleich- und gemischtgeschlechtlicher Paare*

jeweils nur beschrieben, wie die Zusammensetzung des Paars ist. Das heißt, gleichgeschlechtliche Paare setzen sich aus nur non-binären, nur weiblichen oder nur
männlichen Personen zusammen, während bei gemischtgeschlechtlichen Paaren
Personen verschiedener Geschlechtsidentitäten ein Paar bilden, wie z. B. eine non-
binäre und eine weibliche Person. Weiterhin ergeben sich die Besonderheiten dieser
Beziehungen „nicht aus der sexuellen Orientierung, sondern aus gesellschaftlichen
Strukturen" (Maier, 2009, 270).

Bei gemischtgeschlechtlichen Paaren bestehen normativ verankerte Ereignisse,
die die Beziehungsentwicklung strukturieren. Zwar hat sich die Reihenfolge dieser Ereignisse für gemischtgeschlechtliche Paare aufgelöst, dennoch sind z. B.
das Zusammenziehen, Heiraten und Familie gründen nach wie vor Anhaltspunkte,
die die Verstetigung der Paarbeziehung ausdrücken (Maier, 2010, 176). Gleichgeschlechtliche Paare können diese Ereignisse (mittlerweile) auch durchlaufen,
doch aufgrund der heteronormativen Ausrichtung der Gesellschaft, sind die gleichen Ereignisse für gleichgeschlechtliche Paare nicht so normativ verankert wie
für gemischtgeschlechtliche Paare (Tietge, 2019, 87). Dies führt laut Maier (2009,
270 ff.) dazu, dass gleichgeschlechtliche Paare sich verstärkt über subjektive Bedeutungszuschreibungen austauschen und Entscheidungen diesbezüglich aushandeln
müssen. Dazu gehört z. B. die Entscheidung wie ein ggf. vorhandener Kinderwunsch
realisiert werden kann. Haben die gleichgeschlechtlichen Paare den Kinderwunsch
realisiert, so wird nach einer Studie von Rupp und Bergold (2009, 296) miteinander
abgewogen in welchen Lebensbereichen wie viel und welche Informationen zur
Lebenssituation preisgegeben werden, weil die Sorge vor Diskriminierung besteht.
Es ist anzunehmen, dass auch kinderlose, gleichgeschlechtliche Paare solche oder
ähnliche Abwägungen ebenfalls vornehmen. Außerdem macht Maier deutlich, dass
in gleichgeschlechtlichen Beziehungen Sexualität deutlich differenzierter thematisiert wird als in gemischtgeschlechtlichen Beziehungen (Maier, 2009, 270 ff. und
Maier, 2008, 237 ff.). In Bezug zu gemischtgeschlechtlichen Paaren erklärt Lenz
(2009, 188 f.) mit Blick auf die gemeinsame Wirklichkeitskonstruktion, dass diese
es im Gegensatz zu gleichgeschlechtlichen Paaren dahingehend schwieriger haben,
dass die Personen der Paarbeziehung durch verschiedengeschlechtliche Sozialisation über verschiedene Erfahrungsvorräte verfügen. Insofern ist das gegenseitige
Verständnis erschwert. Zudem besteht nach Linke (2010, 39) und Maier (2008,
253 ff.) eine Herausforderung darin, ggf. zu erkennen, ob Unterschiede zwischen
den beiden Personen auf Geschlechtsdifferenzen zurückzuführen sind. Hinsichtlich des Themas *Paaridentität* hat Maier (2010) in einer Studie feststellen können,
dass sich gleich- und gemischtgeschlechtliche Paare bei der Konstruktion der Paaridentität nicht grundlegend voneinander unterscheiden. Der einzige Unterschied
besteht darin, dass ein Typ von idealtypischer Konstruktion der Paaridentität sich bei

gleichgeschlechtlichen Paaren nicht fand. Dieser basiert auf einer „auf biografische Selbstverständlichkeiten rekurrierende Begründung der eigenen Paarbeziehung[, welche] aufgrund der gesellschaftlichen Situation für homosexuelle Paare offenbar (noch) nicht möglich [erscheint]" (Maier, 2010, 176).

Insgesamt wird deutlich, dass sich gleichgeschlechtliche Paare weniger auf gesellschaftliche Orientierungsrahmen beziehen können und daher mehr Kommunikation und Aushandlungsprozesse gefordert sind. Zudem sind sie aufgrund ihrer nicht-heteronormativen Beziehungsgestaltung Diskriminierung ausgesetzt und müssen damit in irgendeiner Form umgehen. Im Hinblick auf medienbezogene Bildungsprozesse in Form von Veränderungen des Selbst-, Fremd- und Weltbezugs im Zusammenhang mit Paarinteraktionen, ist relevant, a) dass die gemeinsame Wirklichkeitskonstruktion bei gemischtgeschlechtlichen Paaren in manchen Bereichen eine Herausforderungen darstellen kann aufgrund der verschiedenen Geschlechtsidentitäten und -sozialisierungen und b) dass sich die Konstruktionen der Paaridentität nicht grundlegend voneinander unterscheiden.

2.3.4 Begriffsabgrenzung zu Paarbeziehung

Nachfolgend werden Begriffe in Verbindung zu *Paarbeziehung* gesetzt bzw. von diesem Ausdruck abgegrenzt, die häufig im Zusammenhang von Paarbeziehungen thematisiert werden und zum Teil Überschneidungen aufweisen. Ziel dieser Auseinandersetzung ist es den zu bearbeitenden Themenbereich klar einzugrenzen. Zuerst werden *Distanzbeziehungen* näher erläutert, weil diese Beziehungsform relativ weit verbreitet ist – mit steigender Tendenz. So geht Burkart (2018, 168) davon aus, dass ca. 15 Prozent aller Paare in Deutschland in Distanzbeziehungen leben. Daher wird gesondert auf diese Beziehungsform eingegangen und dann erläutert, wieso Paare in Distanzbeziehungen nicht in dieser Arbeit mitberücksichtigt werden. Anschließend wird erklärt, was unter *Ehe* zu verstehen ist. Der Begriff *Ehe* stand bis in die 1960er-Jahre im Fokus der Paarforschung (siehe z. B. Berger & Kellner, 1965 und Simmel, 1958). Daher ist es notwendig zu erläutern, wieso es in dieser Arbeit um Paarbeziehungen und nicht um Ehen geht. Darauffolgend werden verschiedene Definitionen von *Familie* betrachtet. Die Abgrenzung von *Familie* zu *Paarbeziehung* ist deshalb relevant, weil Familien häufig in der Medienbildungsforschung betrachtet werden, es sich hierbei aber meist um eine Fokussierung der Medienbildung von Kindern handelt (z. B. Hermida, 2014).

Distanzbeziehung
Die Begriffe *Distanzbeziehung* (Schneider, 2009) und *getrenntes Zusammenleben* bzw. *Living-Apart-Together* (Peuckert, 2012) beschreiben Paare, die aus

unterschiedlichen Gründen keinen gemeinsamen Haushalt führen. Es kann zwischen „overnighters, short-distance relationship [und] long-distance relationship [unterschieden werden]" (Feldhaus & Schlegel, 2015, 133). Overnighters sind Paare, die in der gleichen Stadt oder dem gleichen Dorf aber in getrennten Haushalten leben und gelegentlich bei der jeweils anderen Person übernachten. Außerdem kann bzgl. der Entfernung der Wohnorte in *short-distance* und *long-distance relationships* differenziert werden.

In der vorliegenden Arbeit werden Distanzbeziehungen bewusst ausgeklammert. Dies ist zum einen darin begründet, dass Distanzbeziehungen einen eigenen Forschungsbereich innerhalb der Paarforschung darstellen. Vielfach wird sich dabei damit beschäftigt, wie solche Paare die Beziehung trotz der Distanz aufrechterhalten (Schneider, 2009, 687). Eine angemessene Berücksichtigung dieses Forschungsbereichs im Theorieteil würde den Rahmen dieser Arbeit überschreiten. Zum anderen müsste im Empirieteil beim Einbezug von Distanzbeziehungen das Sample deutlich vergrößert werden, um die verschiedenen möglichen Ausgestaltungen von Distanzbeziehungen hinreichend einzubeziehen.

Nichtsdestotrotz könnte die Betrachtung der Interaktionsprozesse in solchen Beziehungen, im Hinblick auf medienbezogene Bildungsprozesse, ein auf diese Arbeit folgendes Forschungsvorhaben sein.

Ehe
In Deutschland sind Ehen durch das Bürgerliche Gesetzbuch (BGB) geregelt. Diese institutionalisierte Exklusivität ist ein besonderes Merkmal von Ehe. Seit dem 01. Oktober 2017 gilt nach dem *BGB § 1353 Eheliche Lebensgemeinschaft Absatz 1* folgendes bzgl. Ehen in Deutschland:

> „Die Ehe wird von zwei Personen verschiedenen oder gleichen Geschlechts auf Lebenszeit geschlossen. Die Ehegatten sind einander zur ehelichen Lebensgemeinschaft verpflichtet; sie tragen füreinander Verantwortung."

Das heißt, zu einer Ehe gehören zwei Personen und sie zeichnet sich durch folgende Merkmale aus, die auch auf Paarbeziehungen zutreffen: a) relative Dauerhaftigkeit, b) wechselseitige Solidarität, d) gesteigertes Maß an Zuwendung und d) Exklusivität. Das was Ehen von allgemeinen Paarbeziehungen abhebt ist die Institutionalisierung. Durch die Institutionalisierung ist der Begriff *Ehe* ein engerer als der der *Paarbeziehung*. Während unverheiratete Paare unter dem Begriff *Paarbeziehung* subsumiert werden können, werden diese bei dem Begriff *Ehe* ausgeschlossen (Linke, 2010, 40). Früher war es so, dass Paare in der Regel geheiratet haben. Heutzutage leben Paare jedoch oftmals zusammen, ohne zu heiraten (Melchior et al., 2018, 19 ff.). Aufgrund dieser Veränderungen würde eine Fokussierung auf

Ehepaare eine Vielzahl an Paaren ausschließen, sodass daher der weitere Begriff der *Paarbeziehung* in dieser Arbeit genutzt wird.

Familie

Zu dem Begriff *Familie* gibt es ganz unterschiedliche Definitionen. Nachfolgend sind zwei Definitionen für *Familie* aufgeführt:

> „Berücksichtigt man sowohl die Mikro- als auch die Makroebene und fragt nach den Kriterien, die Familien in allen Kulturen von anderen sozialen Systemen unterscheiden, dann sind Familien unabhängig von ihrer jeweiligen spezifischen historischen, regionalen bzw. kulturellen Ausprägung [...] durch folgende Grundmuster gekennzeichnet:
>
> • durch die Übernahme bestimmter gesellschaftlicher Funktionen, zumindest der biologischen und psychischen Reproduktion und Sozialisation;
> • durch die Generationsdifferenzierung (Kinder, Eltern bzw. Mutter und/ oder Vater, Großeltern, evtl. Urgroßeltern);
> • durch ein zwischen ihren Mitgliedern bestehendes, spezifisches auf Verantwortung gründendes Kooperations- und Solidaritätsverhältnis, aus dem heraus die Rollendefinitionen festgelegt werden."(Nave-Herz, 2008, 708)

> „Eine Familie ist eine private Lebensform, die durch das dauerhafte Zusammenleben von mindestens einem Elternteil und einem Kind in enger persönlicher Verbundenheit, solidarischer Beziehung und verlässlicher Betreuung charakterisiert ist. Die wichtigsten Funktionen der Familie liegen in der Herstellung einer dauerhaften Beziehung von Menschen verschiedener Generationen, die füreinander einstehen, der Erziehung und Sozialisation der Kinder und der gegenseitigen Berücksichtigung der Bedürfnisse aller ihrer Mitglieder." (Hurrelmann & Bauer, 2018, 151)

Die zwei Definitionen haben gemeinsam, dass Familien aus mindestens zwei Generationen bestehen. Hierbei sind Generationen nicht aus der Makroperspektive als spezifische Alterskohorten zu verstehen, sondern im Sinne einer Mirkoperspektive als Generationsbeziehungen, die an bestimmten Personen und Gruppen konstatiert werden, wie z. B. Kindern, Eltern, Großeltern etc. (Büchner, 1995, 238). Zusätzlich weisen Nave (2008, 708) und Hurrelmann und Bauer (2018, 151) auf das besondere Verhältnis zwischen den Personen einer Familie hin, welches sich z. B. durch Solidarität und Verantwortung auszeichnet. Darüber hinaus sehen sie Sozialisation als eine Funktion von Familien.

Im Gegensatz zu Nave-Herz, Hurrelmann und Bauer zählen Niederbacher und Zimmermann (2011, 85) kinderlose Paare auch als eine Form von Familie. Um allerdings den Unterschied zur kinderfokussierten Medienbildungsforschung in Familien deutlich zu machen, wird in dieser Arbeit *Familie* im Sinne von Nave (2008, 708) und Hurrelmann und Bauer (2018, 151) verstanden. So ist der Aspekt der

Generationsdifferenzierung der zentrale Unterschied zwischen *Familie* und *Paarbeziehung*, da ein Paar aus zwei Personen besteht, die üblicherweise nicht in einem Eltern-Kind-Verhältnis zueinanderstehen und somit nur eine Generation darstellen. In diesem Begriffsverständnis können Paarbeziehungen dann Bestandteil von einer Familie sein, müssen es aber nicht.

2.3.5 Zwischenfazit

Nachdem die Begriffe im Kontext von Paarbeziehungen ausführlich erläutert und theoretische Aspekte zu dem Themenbereich dargelegt wurden, wird das Begriffsverständnis dieser Arbeit noch einmal kurz zusammengefasst. Zum Abschluss des Abschnitts wird aufgeführt, welche Aspekte für diese Arbeit von besonderer Relevanz sind.

Begriffsverständnis
Abschließend lässt sich zusammenfassen, dass nach dem Verständnis der vorliegenden Arbeit eine Paarbeziehung folgendermaßen definiert wird:

> Eine Paarbeziehung besteht aus mindestens zwei Personen (unterschiedlichen oder gleichen Geschlechts) und zeichnet sich aus durch: 1.) Exklusivität Lenz, 2009, 48 2.) die Möglichkeit oder Praxis sexueller Interaktion Lenz, 2009, 48 3.) wechselseitige Solidarität (Schneider, 2009, 677 f.) bzw. ausgeprägte Interdependenz (Lenz, 2009, 43 4.) relative Dauerhaftigkeit (Schneider, 2009, 677 f.) und 5.) die Ausbildung einer Paaridentität (Maier, 2008, 31). Zur Ausbildung einer solchen Paaridentität gehören die Konstruktion einer gemeinsamen Wirklichkeit und weitere Ausdrucksformen, um dem Paar selbst und Außenstehenden den Paar-Status anzuzeigen sowie diesen zu bekräftigen.

In dem empirischen Teil dieser Arbeit werden jedoch nur Paare einbezogen, die aus zwei Personen bestehen und die zusammenleben, sodass eine klare Zielgruppe definiert ist, innerhalb derer möglichst vielfältige Variationen abgedeckt werden können.

Relevante Aspekte für diese Arbeit
Aus der Auseinandersetzung mit den theoretischen Hintergründen zu Paarbeziehungen und den Begriffsabgrenzungen sind mehrere Aspekte für die vorliegende Arbeit relevant. Erstens wurde deutlich, dass im Sinne der von Lenz (2009) beschriebenen *ausgeprägten Interdependenz* von Beziehungen der Bildungsprozess einer Person wahrscheinlich auch die andere Person betrifft und die Beziehung beeinflusst. Inwieweit das bei medienbezogenen Bildungsprozessen zutrifft, kann in dem

empirischen Teil dieser Arbeit betrachtet werden. Zweitens wurde durch die Beschäftigung mit der Paaridentität deutlich, dass theoretisch auf neun Ebenen medienbezogene Bildungsprozesse im Zusammenhang der Paarinteraktion möglich sind: Auf Ebene der jeweils individuellen Selbst-, Fremd- und Weltsichten beider Personen, der Paar-Selbstsicht und der als Paar gemeinschaftlich konstruierten Fremd- und Weltsichten. Inwiefern die Paare auf diesen verschiedenen Ebenen medienbezogene Bildungsprozesse im Zusammenhang mit ihrer Interaktion wahrgenommen haben, wird im empirischen Teil dieser Arbeit aufgezeigt. Drittens hat die Auseinandersetzung mit dem Begriff *Paarbeziehung* und den dazugehörigen theoretischen Konzepten gezeigt, dass Paarbeziehungen immer in ein Beziehungsgefüge eingebettet sind (Lenz, 2009, 42 ff.), welches eine gesonderte Betrachtung des Paares erschwert. Dies muss beim empirischen Teil dieser Arbeit berücksichtigt werden. Gleiches gilt für die Interviews mit den Paaren, bei denen sowohl die Ebene der individuellen Personen als auch die der gemeinsamen Paaridentität eine Rolle spielen. Dieser Aspekt muss bei der Auswertung und Interpretation der Interviews ebenfalls bedacht werden. Konkret bedeutet das, dass entsprechende Interviewstellen soweit möglich daraufhin betrachtet werden müssen, ob dort für die eigene Person oder für das Paar gesprochen wird. Bei Stellen, die nicht eindeutig zuzuordnen sind, muss diese Einschränkung vorgenommen und bei der Interpretation berücksichtigt werden. Viertens müssen ggf. die unterschiedlichen gesellschaftlichen Strukturen, in denen gleich- und gemischtgeschlechtliche Paarbeziehungen unterliegen bei der Interpretation berücksichtigt werden.

Forschungsstand

3

Beim Forschungsstand gilt es aufzuzeigen, welche Diskurse, Theorien und vorhandenen Studien zu einem Thema vorliegen. Auf Grundlage dessen können Forschungsdesiderate im Themenfeld identifiziert werden. Darüber hinaus helfen die Diskurse und Theorien Forschungsarbeiten und ihre Ergebnisse in das Forschungsfeld einzuordnen. Für die Gestaltung des Forschungsdesigns können zudem empirische Studien Orientierung bieten.

Nachfolgend wird zuerst in Abschnitt 3.1 das Vorgehen zur Erstellung des Forschungsstandes in Anlehnung an die systematische Literaturanalyse beschrieben. In Abschnitt 3.2 folgt die Beschreibung der Recherche zum Themenbereich *medienbezogener Bildungsprozessen in Paarbeziehungen*, um theoretische und empirische Literatur zu diesem Themenbereich dieser Arbeit zu identifizieren. Im Anschluss daran wird in Abschnitt 3.3 die Recherche zu dem Thema *alltägliche Mediennutzung von Paaren* beschrieben. Diese wurde durchgeführt, um vertiefte Einblicke in den Teil des Forschungsgegenstandes dieser Arbeit zu erhalten, zu dem zahlreiche empirische Befunde vorliegen. Zusammen betrachtet bieten diese beiden Recherchen einen erweiterten Blick auf das Thema dieser Arbeit. Abschließend werden die Erkenntnisse in Abschnitt 3.4 zusammengefasst.

3.1   Vorgehensweise einer systematischen Literaturanalyse

Für die Erstellung des Forschungsstandes wurde sich an das Vorgehen für eine systematische Literaturanalyse nach Gough, Oliver und Thomas (2013) angelehnt. Ziel der Literaturanalyse ist es, zu zwei Forschungsbereichen einen Überblick über die vorliegende Forschung zu erhalten. Hierfür wurden die Schritte einer systematischen

© Der/die Autor(en) 2025
S. Schlachter, *Differenzerleben als Balanceakt*,
https://doi.org/10.1007/978-3-658-46014-3_3

Literaturanalyse nach Gough et al. (2013) zur Recherche und zum Bestimmen der relevanten Literatur genutzt, um die Auswahl der vorgestellten Literatur nachvollziehbar zu gestalten. Insofern wurden bei Schritt 1 die jeweils relevanten deutschen und englischen Suchbegriffe für die Themenbereiche aufgeführt. Anschließend wurden in Schritt 2 Ausschlusskriterien formuliert, mithilfe derer entschieden wurde, ob eine Quelle im Review einen Schritt weiterkommt oder aussortiert wird. Bei Schritt 3 wurde mit diesen Begriffen in verschiedenen Datenbanken nach Literatur gesucht. Hierzu wurden die folgenden vier Datenbanken genutzt: Google Scholar, Scopus, ERIC und FIS-Bildung. Bei Google Scholar und Scopus lassen sich sowohl englische als auch deutsche Quellen finden. Bei ERIC finden sich ausschließlich englische und bei FIS-Bildung hauptsächlich deutsche Quellen. Die gefundene Literatur wurde anschließend durchgesehen und nicht relevante Literatur aussortiert. Hierbei wurde sich in Schritt 4 nur an dem Titel orientiert, in Schritt 5 wurde das Abstract hinzugezogen und in Schritt 6 wurde die Literatur vollständig gelesen. Von Schritt zu Schritt reduzierte sich dabei die Menge der Literatur. In Schritt 7 wurde die relevante Literatur zusammengefasst und deren Mehrwert für die vorliegende Arbeit erläutert.

Die gerade beschriebene Vorgehensweise wurde einmal für den Themenbereich *medienbezogene Bildungsprozesse in Paarbeziehungen* durchgeführt. Es kann vorweggenommen werden, dass sich hierbei nur eine Quelle als relevant herausstellte. Ergänzend wurde eine weitere Recherche durchgeführt zum Thema *alltägliche Mediennutzung von Paaren*.

3.2   Medienbezogene Bildungsprozesse in Paarbeziehungen – Recherche I

Nachfolgend wird das konkrete Vorgehen der ersten Recherche zum Themenbereich *medienbezogene Bildungsprozesse in Paarbeziehungen* erläutert. In Abbildung 3.1 ist der komplette Ablauf mit den einzelnen Schritten visuell aufbereitet. Zum Schluss folgt eine Zusammenfassung der relevanten Literatur zu dem Themenbereich.

3.2.1   Ablauf von Recherche I

Es wird nun der Ablauf der zuvor benannten sieben Schritte der systematische Literaturanalyse für Recherche I beschrieben.

Schritt 1 – Suchbegriffe definieren

Bei der Recherche I sind die zentralen Oberbegriffe *Medienbildung* und *Paarbeziehung*. In Tabelle 3.1 sind hierzu jeweils die deutschen und englischen Suchbegriffe aufgeführt.

Tabelle 3.1 Oberbegriffe mit dazugehörigen Suchbegriffen für Recherche I

Oberbegriff	Suchbegriffe
Medienbildung	Medienbildung, Medienkompetenz, Mediensozialisation, media education, media literacy, media socialization, mediatization
Paarbeziehung	Paarbeziehung, Paar, Zweierbeziehung, Beziehung, Romantische Beziehung, Partnerschaft, Ehe, couple, romantic relationship, intimate relationship, close relationship, personal relationship, relationship, marriage, married

Im Hinblick auf die Begriffe ist zu erwähnen, dass die Uneindeutigkeit des Begriffs *Medienbildung* eine große Herausforderung für die systematische Literaturanalyse darstellte. So ist anzunehmen, dass sich viele Quellen finden lassen, die *Medienbildung* vielmehr als *Medienkompetenzförderung* deuten. Dies lässt sich jedoch nicht in den Suchbegriffen berücksichtigen und muss daher insbesondere beim Abstract-Screening differenziert werden. Weiterhin wurden aufgrund der Annahme, es liege nur wenig Literatur zum Thema der vorliegenden Arbeit vor, weit gefasste Suchbegriffe gewählt, um die Chance zu erhöhen passende Literatur zu finden.

Schritt 2 – Ausschlusskriterien definieren

Für Recherche I wurden die folgenden neun Ausschlusskriterien definiert:

1. **Nicht deutsche oder englische Texte:** Es werden nur deutsche und englische Quellen betrachtet, da die Autorin nur diese beiden Sprachen beherrscht.
2. **Nicht wissenschaftliche Texte:** Es werden nur wissenschaftliche Texte hinzugezogen, sodass z. B. Ratgebungsliteratur ausgeschlossen wird.
3. **Schulischer Kontext:** Ausgeschlossen werden alle Quellen, die Kindergärten, Schulen oder Universitäten behandeln und bei denen es nicht um Paarbeziehungen zwischen Personen über 18 Jahren geht.
4. **Im Text geht es nicht um Paare/Beziehungen:** Fehlt es in einer Quelle an der Thematisierung von Paaren oder Beziehungen, sind die Erkenntnisse für die Recherche nicht relevant.

5. Im Text geht es nicht um Medien: Findet keine Thematisierung von Medien oder einem bestimmten Medium statt, sind die Erkenntnisse für die Recherche nicht relevant.

6. Im Text geht es nicht um Bildung oder Sozialisation: Geht es bei einer Quelle weder um Bildung noch um Sozialisation, sind die Erkenntnisse für die Recherche nicht relevant.

7. Der Text behandelt den Einfluss von Bildung auf Beziehungen: Die Arbeit fokussiert Bildungsprozesse, die durch Paarinteraktionen angestoßen werden. Insofern ist es für die Recherche nicht von Interesse, wie sich allgemeine Bildungsprozesse auf Paarbeziehungen auswirken.

8. Im Text wird das Paar oder die Paarinteraktion nicht fokussiert: Thematisiert eine Quelle zwar Paare, ohne dass sie im Fokus stehen, sondern z. B. die Kinder innerhalb einer Familie, dann ist die Quelle nicht relevant für die Recherche.

9. Im Text besteht ein anderes (Medien-)Bildungsverständnis: Bestehen in der Quelle andere (Medien-)Bildungsverständnisse als in dieser Arbeit, ist diese nicht relevant für die Recherche, weil so ein anderer Gegenstand / Prozess betrachtet wird.

Schritt 3 – Recherche

Die Recherche zum Themenbereich *medienbezogene Bildungsprozesse in Paarbeziehungen* fand im Dezember 2020 statt. Im Oktober 2022 wurde eine Nachrecherche gemacht, um neue Veröffentlichungen ebenfalls einzubeziehen. Hierbei wurden die Oberbegriffe *Medienbildung* und *Paarbeziehung* genutzt. Bei der Suche in den Datenbanken wurden verschieden Kombinationen der Suchbegriffe von beiden Oberbegriffen eingegeben. Es wurden keine Suchoperatoren genutzt, weil bei einigen der genutzten Datenbanken nicht so viele Bergriffe, wie benötigt, miteinander durch Operatoren kombiniert werden konnten. Daher wurde einheitlich bei allen Datenbanken nach jeder Begriffskombination einzeln gesucht. Zudem wurden jeweils die ersten 1.000 Suchergebnisse einbezogen, wodurch die Menge der Suchergebnisse etwas eingeschränkt wurde bei gleichzeitiger Offenheit für möglichst vielfältige Ergebnisse, um die Chance auf relevante Literatur zu erhöhen. Diese Einschränkung fand jedoch nur bei Google Scholar Anwendung, da die anderen Datenbanken weniger Ergebnisse lieferten.

In Abbildung 3.1 ist der Ablauf der Hauptrecherche abgebildet. Dort ist zu sehen, wie viele Quellen bei der Hauptrecherche bei welcher Datenbank gefunden wurden und dass nach Entfernen der Duplikate 15.883 Quellen übrig blieben. Abbildung 3.2 ist das Pendant für die Nachrecherche. Dort wurden nach Löschung der Duplikate 1.255 Quellen gefunden.

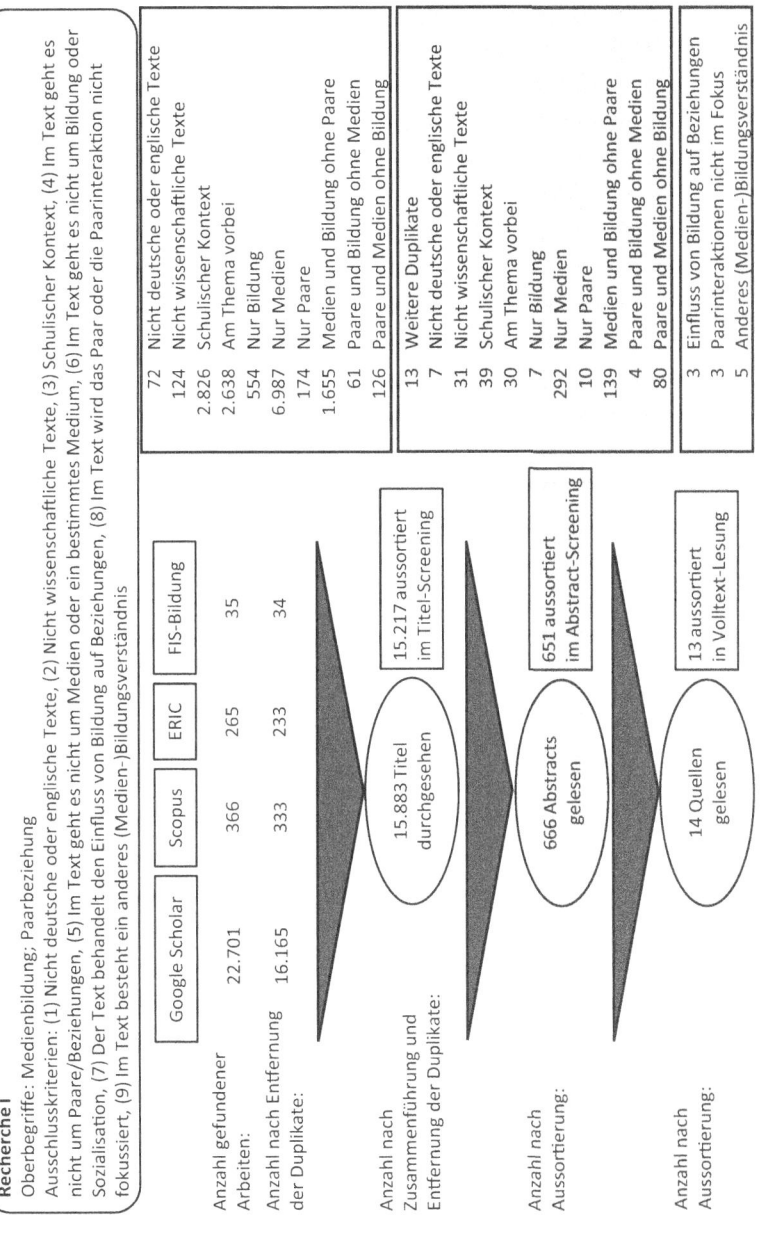

Abbildung 3.1 Recherche I zu *Medienbezogene Bildungsprozesse in Paarbeziehungen*

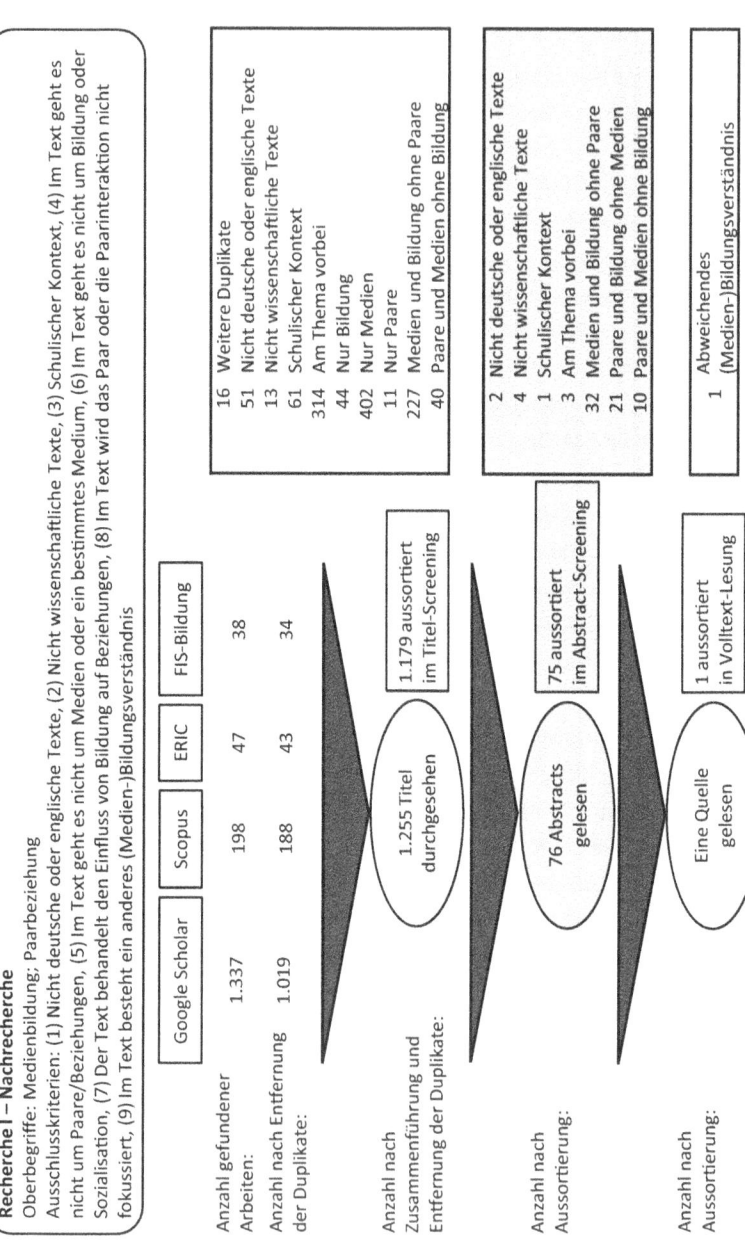

Abbildung 3.2 Nachrecherche I zu *Medienbezogene Bildungsprozesse in Paarbeziehungen*

Schritt 4 bis 6 – Titel- und Abstract-Screeening & Volltext-Lesung
Im nächsten Schritt wurden die Titel der Quellen durchgesehen. Bei den meisten Quellen wurde das Thema in der Überschrift deutlich, sodass diese aussortiert wurden oder sich für den nächsten Reviewschritt qualifizierten. Allerdings gab es Überschriften, deren Formulierung keine klare Eingrenzung des Themas zuließ, sodass bei diesen eine Entscheidung auf Grundlage des Abstracts getroffen werden musste. Beim Titel-Screening wurden 15.217 Quellen aussortiert. Darunter war eine Vielzahl an Quellen, die Medienbildung in der Schule aus verschiedenen Blickwinkeln betrachten. Besonders häufig geht es dabei z. B. um Medienbildung als Prävention für Essstörungen oder im Kontext von Geschlechtsidentitäten (z. B. Wade, Wilksch, Paxton, Byrne & Austin, 2017 und Chung, 2007). Schließlich sind 666 Quellen übriggeblieben. Hiervon wurden anschließend die Abstracts gelesen und 651 Quellen aussortiert. Letztendlich sind bei der Hauptrecherche 14 Quellen übriggeblieben, bei denen der komplette Text gelesen wurde. Hiervon wurden 13 Quellen aussortiert. Bei der Nachrecherche wurden im Titel-Screening 1.179 Quellen aussortiert, sodass nach diesem Schritt noch 76 übrig waren. Im Abstract-Screening wurden dann alle bis auf eine Quelle aussortiert. Diese wurde bei der Volltext-Lesung aussortiert.

Schritt 7 – Zusammenfassung
Letztendlich wurde eine relevante Quelle für diese Arbeit gefunden, die im folgenden Abschnitt vorgestellt wird.

3.2.2 Medienbezogene Bildungsprozesse bei Paarinterventionen

Der theoretische Aufsatz „Cinematherapy with African American Couples" von Dunham und Dermer (2020) verweist auf medienbezogene Bildungsprozesse in Paarbeziehungen. Die Autorinnen erläutern die Relevanz einer zielgruppenspezifischen *Cinematherapy* für afroamerikanische Paare. Hierzu geben sie zuerst eine kleine Einführung in das Thema *Cinematherapy*. So ist *Cinematherapy* nur eine Form von vielen, um Kunst in Therapie zu integrieren und bietet den Hilfesuchenden die Möglichkeit, Gefühle zu identifizieren, sich in andere einzufühlen und Probleme zu diskutieren. Das Sprechen über Figuren aus einem Film sorgt dabei für eine Distanzierung, wodurch Probleme weniger emotional diskutiert werden können. Weiterhin nutzen die Autorinnen das Konzept der *Media Literacy Education*, um zu verdeutlichen, dass durch Medien ein kritisches Nachdenken über verschiedene Themen angestoßen werden kann. Anschließend machen die Autorinnen anhand von verschiedenen Quellen deutlich, dass Interventionen effektiver sind, wenn diese den kulturellen Hintergrund der betroffenen Personen miteinbeziehen. Darauffolgend beschreiben sie, welche Aspekte Paare bestehend aus *People of Color* von solchen aus weißen Personen unterscheiden. Hierzu gehören laut Autorinnen z. B. „understanding their racial identity, making Black history a part of their relationship, connecting to their culture, accepting their relationship is racialized" (Dunham & Dermer, 2020, 1474). In dem Artikel folgt eine Auflistung von Filmen, die sich für die *Cinematherapy* mit afroamerikanischen Paaren eigenen und eine Erläuterung, wie Filme in die Paartherapie eingebunden werden sollten. Außerdem wird darauf eingegangen welche Kompetenzen die therapierende Person mitbringen muss, insbesondere wenn sie selbst nicht den kulturellen Hintergrund des Paares teilt. Sie kommen zu dem Schluss, dass gerade für Paare bestehend aus *People of Color* eine zielgruppenspezifische *Cinematherapy* sinnvoll ist.

Bei Dunham und Dermer zeigt sich, dass medienbezogene Bildungsprozesse im therapeutischen Kontext angeregt werden können, um an der Paarbeziehung zu arbeiten. Der Unterschied zum reinen Konsumieren eines Films entsteht bei diesem Beispiel zum einen durch die Auswahl des Films, sodass dieser Themen behandelt, die auf die eigene Beziehung übertragen werden können. Zum anderen wird der Bildungsprozess durch Fragen und eine professionell angeleitete Diskussion angeregt. Weitergedacht bedeutet das, dass medienbezogene Bildungsprozesse im privaten Paar-Kontext auch möglich sind, wenn eine gemeinsame Diskussion über den gesehenen Film stattfindet und ein Film gesehen wurde, der diskutierbare Inhalte bietet. Diese durch den Film und die zugehörige Paarinteraktion angestoßenen medienbezogenen Bildungsprozesse können dann wiederum Einfluss auf die Beziehung des Paares haben. Für diese Arbeit wird aus dem Artikel die Erkenntnis gewonnen in den Interviews insbesondere nach gemeinsamen Diskussionen über Filme zu fragen und inwiefern sich hier Veränderungen in der Paarbeziehung ergeben haben.

Zusätzlich zu dem Artikel von Dunham und Dermer wurde durch einen Querverweis der Artikel von Rogge et al. (2013) gefunden. Dieser ergänzt die theoretischen Überlegungen von Dunham und Dermer, auch wenn bei Rogge et al. medienbezogene Bildungsprozesse vielmehr ein Nebenergebnis darstellen. Nachfolgend wird die empirische Studie von Rogge et al. (2013) mit dem Titel „Is Skills Training Necessary for the Primary Prevention of Marital Distress and Dissolution? A 3-Year Experimental Study of Three Interventions" vorgestellt. In dieser werden drei Interventionsprogramme für Paare in einer Längsschnittstudie mit Kontrollgruppe miteinander verglichen. Teilgenommen haben insgesamt 174 Paare aus den USA. 44 Paare davon stellen die Kontrollgruppe dar. 45 Paare nahmen an einer Intervention Namens „The Prevention and Relationship Enhancement Program" teil und 52 an einem Programm Namens „Compassionate and Accepting Relationships Through Empathy". Diese beiden Programme waren inhaltlich und zeitlich umfangreiche

Trainings von Kompetenzen, welche in Beziehungen wichtig sind. Ergänzend nahmen 33 Paare an dem „Relationship Awareness"-Programm teil. Hierbei gab es eine einführende Präsentation. Anschließend wurde den Paaren ein Film gezeigt in dessen Anschluss sie mithilfe einer Anleitung ca. eine Stunde miteinander über diesen Film diskutieren sollten. Bei der Diskussion war ein Coach anwesend und gab ggf. Hilfestellungen. Nach diesem Einstieg bekamen die Paare eine Liste mit Filmen und den Auftrag, jede Woche einen zu schauen und anschließend wie gezeigt darüber zu sprechen. Im Laufe von drei Jahren wurden die Paare zu fünf Messzeitpunkten bzgl. ihrer Beziehungszufriedenheit, ihrem Konfliktverhalten, der körperlichen Zuneigung und der emotionalen Bestätigung befragt. Das für diese Arbeit relevante Ergebnis ist, dass sich die drei Interventionsprogramme im Hinblick auf die allgemeine Beziehungszufriedenheit und die Trennungsrate nicht unterscheiden. Insofern betonen die Autor*innen das Potenzial von kostengünstigeren mediengestützten Interventionen. Allerdings merken sie an, dass sie nicht einschätzen können, wodurch die mediengestützte Intervention ihre Effekte hatte und dass diese möglicherweise allein dadurch zustande kamen, dass die Paare sich aktiv mit ihrer Beziehung beschäftigt haben.

Für die vorliegende Arbeit impliziert der beabsichtige Erfolg der mediengestützten Intervention Bildungsprozesse, bei denen nach medienbezogenen Paarinteraktionen Veränderungen von Selbst- und Weltbezügen hinsichtlich der Paarbeziehung feststellbar sein sollen, wie z. B. dem Stellenwert von Beziehungspflege. Hier ist insbesondere die Arbeit von Rogge et al. (2013) von Interesse, weil die Paare zwar anfangs lernen, wie sie miteinander über die Filme diskutieren sollen, aber von da an nur zu zweit interagieren. Die kritische Diskussion der Ergebnisse durch Rogge et al. (2013) verdeutlicht, dass kein Verständnis davon besteht, wieso Veränderungen von Selbst- und Weltbezügen hinsichtlich der Paarbeziehung auf diese medienbezogenen Paarinteraktionen folgen können. Bei Dunham und Dermer (2020) hingegen läuft die mediengestützte Paarintervention auf ein Gespräch der Paare mit ihren Therapeut*innen hinaus – wie es bei Konzepten der *Cinematherapy* oder auch *Bibliotherapy* oftmals üblich ist (McNicol, 2018 und Dermer & Hutchings, 2000). Hier geht der die Paarbeziehung verändernde Einfluss vielmehr durch die Kombination von Medien mit einer Therapie einher als mit der Paarinteraktion – wie in dieser Arbeit fokussiert. Zudem bestehen die angestrebten Veränderungsprozesse immer in Bezug zur Paarbeziehung, wohingegen in dieser Arbeit Veränderungen des Selbst-, Fremd-, und Weltbezugs im Allgemeinen betrachtet werden. Nichtsdestotrotz lassen sich aus Arbeiten zu *Cinematherapy* einige Ergebnisse gewinnen: Filme bieten an sich durch die verschiedenen Charaktere und deren Handlungsweisen neue Perspektiven auf den eigenen Charakter und die Handlungsweisen und können somit als Reflexionsfolie dienen (Kuriansky et al., 2010). Des Weiteren ermöglichen es

Filme die Welt aus einer anderen Perspektive zu betrachten und somit einen Blick für das soziale System zu gewinnen, in dem Interaktionen stattfinden (Dermer & Hutchings, 2000). Eğeci & Gençöz (2017) verweisen jedoch darauf, dass das Schauen der Filme alleine keine Veränderung anstoße. Die anschließende Diskussion der Filme sei dafür entscheidend. Über Filme hinaus können in einer Paartherapie auch Bücher sowie Comics oder Musik zum Einsatz kommen (Dermer & Hutchings, 2000 und Newton, 1995).

Zusammenfassung zu medienbezogenen Bildungsprozessen bei Paarinterventionen
Zusammengefasst weist die Arbeit von Rogge et al. (2013) darauf hin, dass medienbezogene Bildungsprozesse in Folge von einem in der Paarbeziehung gemeinsamen Filmschauen samt anschließender Diskussion stattfinden und die Beziehung positiv beeinflussen können. Wie es zu den medienbezogenen Bildungsprozessen kommt und welche Bedeutung die Paarinteraktion zum einen und die Mediennutzung zum anderen dafür hat bleibt unklar. Insofern wird hier eine Forschungslücke deutlich, welche in der vorliegenden Arbeit bearbeitet werden soll. Ergänzend wird durch die Arbeit von Dunham und Dermer (2020) und hinsichtlich der Konzepte der *Cinematherapy* und *Bibliotherapy* ersichtlich, dass hier erzählende Medieninhalte eingesetzt werden. Offen bleibt also, inwiefern Bildungsprozesse im Zusammenhang mit Paarinteraktionen in Folge auf andere Medieninhalte oder auf Mediennutzungspraxen wahrgenommen werden können, wie z. B. Nachrichten und Dokumentationen oder die eigene Darstellung bei Social Media und Diskussionen in Online-Foren. Folglich besteht ein Desiderat hinsichtlich Forschung zu bildender Mediennutzung von Paaren mit einem weiteren Medienbegriff. Zu dessen Bearbeitung soll die vorliegende Arbeit ebenfalls einen Beitrag leisten.

3.3   Alltägliche Mediennutzung von Paaren – Recherche II

Nachfolgend wird der Ablauf von Recherche II zu dem Themenbereich *alltägliche Mediennutzung von Paaren* dargelegt. Ziel der Recherche ist es Hintergrundinformationen zur alltäglichen Mediennutzung von Paaren zu erhalten, um die Beschaffenheit des Samples bewerten und die Ergebnisse dieser Arbeit einordnen zu können. Die Visualisierung der Schritte findet sich in Abbildung 3.3. Anschließend folgt eine Zusammenfassung der Forschungsarbeiten.

3.3.1   Ablauf von Recherche II

Nun werden für Recherche II die sieben Schritte der Literaturanalyse beschrieben.

Schritt 1 – Suchbegriffe definieren
Für Recherche I sind *Medien* und *Paarbeziehung* die zentralen Oberbegriffe. Die jeweiligen deutschen und englischen Suchbegriffe hierzu sind in Tabelle 3.2 aufgelistet.

Tabelle 3.2 Oberbegriffe mit dazugehörigen Suchbegriffen für Recherche II

Oberbegriff	Suchbegriffe
Medien	Medien media
Paarbeziehung	Paarbeziehung, Zweierbeziehung, Ehe romantic relationship, intimate relationship, marriage

Im Vergleich zu Recherche I wurden die Suchbegriffe reduziert, weil anzunehmen ist, dass sich auch mit engen Suchbegriffen ausreichend Literatur finden lässt. Zudem wurden die Begriffe *Schule* und *Familie* bzw. *school* und *family* durch Suchoperatoren von den Ergebnissen ausgenommen.

Schritt 2 – Ausschlusskriterien definieren
Im Folgenden werden die elf Ausschlusskriterien von Recherche II erläutert:

1. **Nicht deutsche oder englische Texte:** Es werden nur deutsche und englische Quellen betrachtet, da die Autorin nur diese beiden Sprachen beherrscht.
2. **Nicht wissenschaftliche Texte:** Es werden nur wissenschaftliche Texte hinzugezogen, sodass z. B. Ratgebungsliteratur ausgeschlossen wird.
3. **Keine Studienarbeiten:** Master- und Diplomarbeiten etc. werden ausgeschlossen.
4. **Im Text geht es nicht um Paare/Beziehungen:** Fehlt es in einer Quelle an der Thematisierung von Paaren oder Beziehungen, sind die Erkenntnisse für die Recherche nicht relevant.
5. **Im Text geht es nicht um Medien:** Findet keine Thematisierung von Medien oder einem bestimmten Medium statt, sind die Erkenntnisse für die Recherche nicht relevant.
6. **Im Text geht es um die Darstellung von Paaren in Medien:** Die Thematisierung ist andersherum, als für diese Arbeit zielführend.

7. **Im Text werden die Anbahnungs-, Kennlern- oder Trennungsphase thematisiert:** Diese Phasen stellen nicht den Alltag von Paarbeziehungen dar. Hierzu gehören vielmehr die Bestands- und Krisenphasen (Lenz, 2009, 65 f.).

8. **Im Text werden Distanzbeziehungen thematisiert:** In der Paarforschung nehmen diese einen eigenen Bereich ein, daher werden sie hier ausgeschlossen.

9. **Im Text geht es um Gewalt in Paarbeziehungen:** Gewalt ist kein alltägliches Phänomen in Paarbeziehungen. Hier sei trotzdem zu erwähnen, dass dies ein wichtiges Thema ist, welches Aufmerksamkeit und Aufklärung bedarf. Schröttel schreibt: „Jede vierte bis fünfte Frau hat mindestens einmal körperliche und/oder sexuelle Gewalthandlungen durch einen aktuellen und/oder früheren Beziehungspartner erlebt" (Schröttle, 2019, 835). Bei Männern sei die Datenlage nicht so gut, jedoch lassen erste Ergebnisse auf einen ähnlichen Anteil schließen (Schröttle, 2019, 836).

10. **Im Text geht es nicht um alltägliche Mediennutzung:** Der Fokus liegt auf der alltäglichen Mediennutzung von Paaren, sodass Quellen zu z. B. Paarberatung und -therapie oder auch der HIV-Prävention mithilfe von Medien nicht dazu gehören.

11. **Im Text geht es um Kinder und Jugendliche:** Es werden nur Quellen eingeschlossen, bei denen die Personen über 18 Jahre alt sind und somit die Phase der Pubertät abgeschlossen haben oder sich gegen Ende dieser Phase befinden. Somit können diese für die vorliegende Arbeit genutzt werden, ohne Einschränkungen wegen der abweichenden Entwicklungsphase der Personen.

12. **Nicht empirischen Arbeiten:** Anders als bei der ersten Recherche, wo sowohl empirische als auch theoretische Arbeiten einbezogen wurden, gibt es zu dem Themenbereich dieser Recherche eine Vielzahl an Quellen. Daher konnte eine Fokussierung auf empirische Ergebnisse vorgenommen werden. Empirische Arbeiten sind hier von besonderem Interesse, weil sich bei der Gestaltung des Forschungsdesigns ggf. daran orientiert werden kann.

Schritt 3 – Recherche

Im Dezember 2022 fand die Recherche zum Themenbereich *alltägliche Mediennutzung von Paaren* statt. Hierfür wurde der Suchzeitraum von 2010 bis einschließlich 2022 gewählt. Dieser Zeitraum wurde mit Blick auf die technischen Entwicklungen der letzten Jahre bestimmt. Insbesondere durch Smartphones und mobiles Internet wurden neue Nutzungsmöglichkeiten eröffnet, sodass Mediennutzungspraxen von Paaren im Vergleich zu den 2000er-Jahren anders aussehen (Röser, Müller, Niemand & Roth, 2019). Bei der Recherche II wurden die Oberbegriffe *Medien* und *Paarbeziehung* verwendet. Bei der Suche in den Datenbanken wurden die verschiedenen Kombinationen der Suchbegriffe von beiden Oberbegriffen eingegeben. Zum

Erhalt eines groben Überblicks über diesen Teilbereich des Forschungsthemas der vorliegenden Arbeit reicht eine eingeschränkte, verkleinerte Suche aus. Aus diesem Grund wurden jeweils nur die ersten 200 Suchergebnisse in die Ergebnistabelle aufgenommen. Diese Einschränkung fand bei Google Scholar und Scopus Anwendung, da die anderen Datenbanken deutlich weniger als 200 Ergebnisse lieferten. In Abbildung 3.3 ist zu sehen, wie viele Quellen bei welcher Datenbank gefunden wurden und dass nach der Entfernung der Duplikate 1.751 Quellen übrig waren.

Schritt 4 bis 6 – Titel- und Abstract-Screening & Volltext-Lesung
Bei *Recherche II* wurde beim Titel-Screening ähnlich vorgegangen, wie bei *Recherche I*. Bei dem Titel-Screening wurden 1.545 Quellen aussortiert, sodass schließlich 206 Quellen übrig blieben. Davon wurden im Abstract-Screening 88 Quellen aussortiert und es blieben 118 Quellen übrig. In der Volltest-Lesung wurden davon wiederum 53 Quellen ausgeschlossen. Insofern haben sich 65 Quellen für die Zusammenfassung qualifiziert.

Schritt 7 – Zusammenfassung
Von den 65 Quellen waren 42 quantitative, 23 qualitative und 5 Mixed-Methods-Studien. Mehrheitlich kamen die Befragten aus den USA (35 Quellen). Weiterhin gab es mehrere Studien, deren Befragte aus Deutschland (7 Quellen), Nordzypern (4 Quellen), Großbritannien (3 Quellen) und China (3 Quellen) kamen. Bei 4 Quellen wurden Personen verschiedener sexueller Orientierungen befragt, bei 15 Quellen heterosexuelle Personen und bei den restlichen Quellen wurde keine Angabe dazu gemacht. Inhaltlich betrachtet haben sich die meisten Studien mit individueller Mediennutzung beschäftigt (41 Quellen). Weiterhin haben sich 19 Quellen mit der gemeinsamen Mediennutzung beschäftigt und bei 4 Quellen wurde eine Mischung aus beidem betrachtet. Außerdem war Social Media das häufigste Thema (29 Quellen), gefolgt von Kommunikationstechnologien (14 Quellen), nicht näher spezifizierten Mediennutzungen (13 Quellen) und Pornografie (5 Quellen). Fernsehen und Computerspiele zeichneten sich als weniger relevante Themen ab. Insgesamt haben sich fünf Bereiche in Bezug zu Paarbeziehungen herauskristallisiert, welche nachfolgend beschrieben werden: 1.) Beschreibungen von Medienpraxen, 2.) der Einfluss von Mediennutzungen auf Paarbeziehungen, 3.) Konflikte im Kontext von Medien, 4.) Eifersucht und Social Media und 5.) Pornografie.

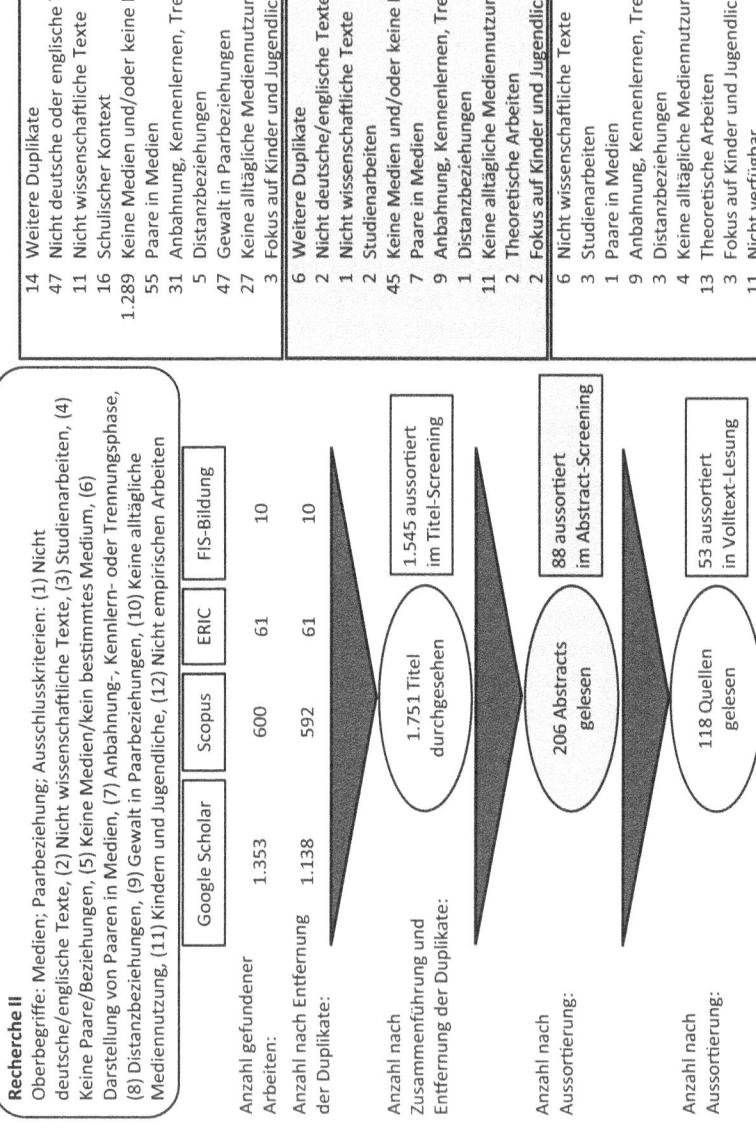

Abbildung 3.3 Recherche II zur *alltäglichen Mediennutzung von Paaren*

3.3.2   Beschreibung von Medienpraxen in Paarbeziehungen

In diesem Abschnitt werden die Studienergebnisse zusammengefasst, welche die Medienpraxen von Paaren beschreiben. Zuerst liegt dabei der Fokus auf der Mediennutzung an sich und anschließend auf der Medienkommunikation.

Mediennutzung in Paarbeziehungen
Röser et al. (2019) haben die Integration des Internets in den Haushalt von Paaren bzw. Familien in einer qualitativen Längsschnittstudie untersucht. An dieser Studie nahmen zwischen 2008 und 2013 insgesamt 25 gemischtgeschlechtliche Paare mit einem Anfangsalter von 25 bis 64 Jahren aus Deutschland teil. Insofern bietet diese Studie vielfältige Einblicke in die internetbezogene Mediennutzung von Paaren. Erstens zeigen die Ergebnisse, dass es drei Arrangements für die Nutzung des Internets gibt. Gerade im Hinblick auf mobile Zugangsmöglichkeiten zum Internet sind flexible Interneträume die üblichste Praxis in Kombination mit räumlich separierenden und integrierenden Praxen (ausführlich dazu siehe Röser & Peil, 2014). Zweitens wurden hinsichtlich des Stellenwerts des Internets drei Haushaltstypen identifiziert. Beim ersten Haushaltstyp ist das Internet weniger wichtig als klassische Medien wie Fernsehen oder Zeitungen. Eine gleichwertige Stellung hat das Internet beim zweiten Haushaltstyp, zu dem die meisten Paare des Samples gehörten. Beim dritten Typ, der eher bei jüngeren Paaren zu finden ist, sind teilweise Funktionen klassischer Medien durch die Internetnutzung ersetzt worden, wie z. B. das Fernsehen durch Streaming-Dienste. Drittens wurde die bleibende Bedeutung des gemeinsamen Fernsehabends bei den meisten Paaren ersichtlich. Das gemeinsame Fernsehen sorge den Ergebnissen nach für eine Synchronisierung des Medienhandelns, verbinde Gemeinschaft und Entspannung miteinander, böte Gelegenheit für beiläufige Gespräche und Beziehungspflege. Allerdings wurde bei Reizer und Hetsroni (2014) ersichtlich, dass der Konsum von Fernsehsendungen mit Bezug zu Paarbeziehungen, wie z. B. Reality-TV-Shows, Sitcoms und Familiendramen, mit mehr Beziehungskonflikten zusammenhängt. Die vermutete Begründung für diesen Zusammenhang besteht in dem Vergleichen der realen Beziehung mit den im Fernsehen dargestellten Beziehungen. Weiterhin erklären Röser et al. (2019), dass sich der gemeinsame Fernsehabend verändert habe. Hier würden zeitgleich zum gemeinsamen Fernsehen individuellen Freizeitmediennutzungen nachgegangen – diese Praxis wird als *Second Screen* bezeichnet. Viertens zeigte sich, dass bei den meisten Paaren der Mann federführend bei der Internetnutzung war. Im Verlauf der Studie wurde jedoch der Unterschied zwischen den Nutzungsweisen der Männer und Frauen geringer. Ergänzend waren auch Paare mit einer Internetnutzung auf Augenhöhe und einer Federführung der Frau im Sample vorhanden.

Darüber hinaus ist ein Fazit der Studie, dass sich die technologischen Bedingungen so verändert haben, dass das Internet nicht mehr als gesondertes Medium betrachtet werden kann. Zur Kontrastierung der Ergebnisse haben Röser et al. 2016 ein neues Sample von 16 Paaren im Alter von 23 bis 72 herangezogen. Die Ergebnisse der Kontraststudie bezogen sich auf sogenannte Online-Avantgardist*innen. Hier wurde deutlich, dass diese die Internetnutzung räumlich und zeitlich flexibel gestalten, experimentierfreudig sind und die Internetnutzung nicht geschlechtsspezifisch ist. Weiterhin zeigt sich im Gegensatz zu den Paaren der Längsschnittstudie, dass die Online-Avantgardist*innen bewusst und mit mehr Aufwand die Medieninhalte auswählen. Dabei sehen sie Mainstream-Medien und lineare Fernsehprogramme kritisch (Röser et al., 2019, 231 ff.).

Einen anderen Fokus auf die Mediennutzung von Paaren bietet Kirchner (2019), die die Auswirkungen der Nicht-Nutzung einer Person auf die Medienpraxen des Paares in den Blick genommen hat. Sie führte 24 Leitfadeninterviews mit Personen, die keine Accounts (mehr) bei sozialen Netzwerken haben. Die Ergebnisse zeigen, dass die nutzende Person die nicht (mehr) nutzende Person mit Informationen versorgt. Das Umfeld macht sich dieses Arrangement zunutze, indem Nachrichten an beide adressiert aber nur an die nutzende Person geschickt werden. Außerdem findet eine negative Bewertung der Nutzung durch die nicht (mehr) nutzende Person in der Beziehung statt, wenn eine Nutzung während der gemeinsamen Paarzeit stattfindet.

Die gerade aufgeführten Studien zeigen, dass Medien stark mit dem Paaralltag verwoben sind und selbst dann eine Rolle spielen, wenn eine Person diese nicht nutzt.

Medienkommunikation in Paarbeziehungen
Im Hinblick auf die Medienkommunikation in Paarbeziehungen zeigt sich, dass Telefonate und Textnachrichten per SMS oder Messenger-App die häufigsten mobilen Kommunikationsformen in Paarbeziehungen sind – Social Media-Plattformen werden hierfür weniger genutzt (Toma & Choi, 2016; Su, 2016 und Coyne, Stockdale, Busby, Iverson & Grant, 2011). Ergänzend findet ein gegenseitiges Zusenden von Bildern statt (Venema & Lobinger, 2020 und Su, 2016). Die Wahl des Kommunikationsmediums hängt nach Ledbetter (2014) mit dem subjektiven Stellenwert von Online-Kommunikation zusammen.

Mit den konkreten Praxen hinsichtlich der Medienkommunikation von Paaren hat sich Linke (2010) in ihrer Dissertation beschäftigt. Die Datengrundlage bilden Paar- und Einzelinterviews sowie Medientagebücher von zehn gemischtgeschlechtlichen Paaren aus Deutschland im Alter von 20 bis 59 Jahren. Ergebnisse aus dieser Studie wurden außerdem in Linke (2011) und Linke und Schlote (2014) veröffentlicht. Nachfolgend werden drei zentrale Ergebnisse zusammengefasst. Erstens hat

Linke bei der Auswertung den Fokus auf das *kommunikative Repertoire* der Paare
gelegt. Dies meint die Kombination verschiedener Handlungsweisen, um den verschiedenen möglichen Situationen des Alltags kommunikativ zu begegnen unter
Berücksichtigung emotionaler und praktischer Bedürfnisse. Es „beinhaltet damit
direkte Kommunikation, Formen mediatisierter Kommunikation, interaktive Kommunikation sowie die Erstellung und Rezeption von Kommunikaten als auch kom-
binierte Formen" (Linke, 2010, 128). Dieses *kommunikative Repertoire* wird ihren
Ergebnissen nach kontinuierlich von den Paaren ausgehandelt und verändert sich
ständig durch die Dynamik, welche die Entwicklung der Paarbeziehung, der genutzten Medien und der ausgehandelten Regeln mit sich bringt. Insofern entfaltet sich
in dem mediatisierten *kommunikativen Repertoire* der von Medien durchzogene
und teils durch sie zeitlich und räumlich strukturierte Paaralltag. In einem späteren
Artikel macht Linke (2012) ergänzend deutlich, dass Differenz ein Bestandteil des
kommunikativen Repertoires ist. Als mögliche Differenzen zwischen Beziehungspartner*innen in diesem Themenbereich beschreibt sie zum einen die technischen
Kompetenzen bzgl. der Mediennutzung, die Medienkompetenzen und weiterführende relevante Kompetenzen, wie z. B. das Englisch-Sprechen, und zum anderen
die Mediennutzungspraxen, die Einstellungen zu Medien oder Bewertungen von
Medien. Zudem können Unterschiede bzgl. der technischen Ausstattung oder des
Netzwerkzugangs bestehen. Zu diesen Differenzen macht sie deutlich, dass diese
mit struktureller Ungleichheit zusammenhängen und zu struktureller Benachteili-
gung und der Verhinderung von Teilhabe führen können. Abschließend erklärt sie,
dass „Differenzen innerhalb der Beziehung sowie Differenzen der Beziehungspartner zur Umwelt Bestandteil eines Prozess [sic!] von Kohärenz auf der Ebene der
Beziehung [sind]" (Linke, 2012, 256). Zweitens verdeutlichen die Ergebnisse, „dass
die Kommunikation von Paaren nicht nur mittels, mit und über Medien vollzogen
wird, sondern dass bei der Kommunikation eine Integration von einzelnen Formen
der (Medien-)Kommunikation im Beziehungsalltag erfolgt" (Linke, 2010, 188).
Ergänzend zeigt die Studie von Storey und McDonald (2014), dass Medien einen
Möglichkeitsraum bilden, in dem romantische Praktiken und Liebe verstanden und
ausgedrückt werden können. Beispielsweise dienen Filme als Reflexionsfolie, um
die eigene Beziehung und Erwartungen mit dem medial Dargestellten abzugleichen.
Weiterhin machen sie deutlich, dass gerade Musik zur Reaktivierung von Erinnerungen an romantische Situationen in der Paarbeziehung verwendet wird und die
Verläufe der Textnachrichten eine Art Logbuch der Beziehung darstellen können.
Drittens verweisen die Ergebnisse von Linke (2010) auf die Rolle der Medien bei
der kommunikativen Konstruktion der Paaridentität, weil Medien vielfach allge-
genwärtig sind, Teil des kommunikativen Repertoires darstellen, die Kommunikationsmöglichkeiten erweitern, zur Flexibilisierung führen und das Teilen des Alltags

miteinander fördern. Außerdem wurde in den Daten ersichtlich, dass die *mentale Repräsentation* der Paarbeziehung durch die Möglichkeit der Kontaktaufnahme bei physischer Abwesenheit intensiviert wird und so das Gefühl der Verbundenheit und die Beziehung an sich ohne tatsächliche Kommunikation gestärkt würde. Weiterhin kann eine Bekräftigung der Paarbeziehung durch eine ritualisierte, medienvermittelte Kommunikation erfolgen, welche eine durch die Paare zugewiesene Bedeutung und emotionale Komponente enthält. Dies wird auch bei Su (2016) deutlich. Ihre Ergebnisse zeigen, dass bei Fotos und Textnachrichten die Inhalte oftmals weniger bedeutsam sind, als die Kontaktaufnahme an sich, welche eine beziehungsbestätigende Funktion zu haben scheint. Ergänzend wird bei Venema und Lobinger (2020) ersichtlich, dass das Teilen von Bildern genutzt wird, um die andere Person am eigenen Leben teilhaben zu lassen, sie über Geschehnisse zu informieren, Nähe und Verbundenheit herzustellen und die Beziehung zu bestätigen. Hierbei können Bilder entweder medial oder in Präsenz geteilt werden. Zudem können die Bilder selbst der kommunikative Inhalt sein oder Gegenstand der Kommunikation.

Zusammengefasst zeigen die Studien, dass Medien nicht nur mit dem Paaralltag verwoben sind, sondern Anteil an der Herstellung und dem Leben der Paarbeziehung haben.

Zusammenfassung von Medienpraxen in Paarbeziehungen
Insgesamt wird ersichtlich, dass Medien stark mit dem Paaralltag und dem Paar-Sein verwoben sind. Entsprechend gewinnt die vorliegende Arbeit an Bedeutung, weil sie hilft weitere medienbezogene Paarinteraktionen zu verstehen. Außerdem macht es den Anschein, dass die Wahrscheinlichkeit relativ hoch ist bei einem Bildungsprozess im Zusammenhang mit einer Paarinteraktion einen Medienbezug zu finden. Zudem bieten die Ergebnisse einen guten Überblick darüber wie Paare mit Medien kommunizieren, mit Internet-fähigen Geräten umgehen und welche Arrangements vorliegen können. Diese können bei der Bewertung des Samples dieser Arbeit helfen und zur Einordnung der späteren Ergebnisse dienen. Ferner wird deutlich, dass in der vorliegenden Arbeit insbesondere gemeinsame Mediennutzungen in den Medientagebüchern und deren Entstehungen in den Paarinterviews erhoben werden sollten. Zudem sollten Gespräche über individuelle Mediennutzungen in den Interviewleitfaden aufgenommen werden, um mögliche Veränderungen des geteilten Weltbezugs hierzu erfassen und verstehen zu können.

3.3.3   Einfluss von Medien auf Paarbeziehungen

In diesem Abschnitt werden die Studien zusammengefasst, welche den Einfluss von Medienutzungsformen auf Paarbeziehungen untersucht haben. Zuerst wird der Einfluss einer gemeinsamer und anschließend einer individuellen Mediennutzung betrachtet. Daraufhin wird in den Blick genommen, wie Social Media Paarbeziehungen beeinflusst, weil hier sowohl gemeinsame als auch individuelle Mediennutzungen miteinander verbunden sind. Danach wird der Einfluss verschiedener Medienkommunikationsformen fokussiert.

Einfluss von gemeinsamer Mediennutzung auf Paarbeziehungen
Zum Einfluss einer gemeinsamen Mediennutzung wurde bei Gomillion, Gabriel, Kawakami und Young (2017) ersichtlich, dass Paare eine höhere Beziehungsqualität empfinden, wenn sie eine ausgeprägte gemeinsame Mediennutzung haben. Diese war besonders stark bei Paaren mit einem kleinen gemeinsamen Bekanntenkreis. Weiterhin deuten ihre Ergebnisse darauf hin, dass die Wahrnehmung begrenzter gemeinsamer Bekanntenkreise in der Paarbeziehung zur gemeinsamen Mediennutzung motivieren kann, um eine gemeinsame soziale Welt aufrechtzuerhalten und die Beziehungsqualität wiederherzustellen. McDaniel, Galovan und Drouin (2020) konnten jedoch wider Erwarten keinen Zusammenhang zwischen einer gemeinsamen Mediennutzung und der Zufriedenheit mit der Freizeitgestaltung sowie der gemeinsam verbrachten Zeit finden. Die Autor*innen nehmen an, dass eine gemeinsame Mediennutzung so üblich ist, dass ihr keine besondere Bedeutung beigemessen wird. Diese Ergebnisse könnten darauf hindeuten, dass die gemeinsame Mediennutzung zwar als selbstverständlich wahrgenommen wird und so keinen Einfluss auf die Zufriedenheit bzgl. der Freizeitgestaltung und der gemeinsam verbrachten Zeit zu finden ist, sie aber dennoch bedeutsam für die Paarbeziehung und die -identität ist, sodass ein Einfluss auf die Beziehungsqualität festgestellt werden konnte. In jedem Fall wird jedoch erneut deutlich, wie selbstverständlich und gleichzeitig bedeutungsvoll eine gemeinsame Mediennutzung in Paarbeziehungen ist.

Einfluss von gemeinsamer Mediennutzung auf Paarbeziehungen
In Anbetracht der individuellen Mediennutzung zeigt sich, dass deren Häufigkeit mit einer geringeren Beziehungszufriedenheit zusammenhängt, wie z. B. bei Reizer und Hetsroni (2014) bzgl. des Konsums von Fernsehsendungen mit Beziehungsinhalten. Die Ergebnisse von McDaniel et al. (2020) zeigen zusätzlich differenzierter, dass die individuelle Nutzung beider Personen mit einer geringeren Zufriedenheit bzgl. der Freizeit und der gemeinsam verbrachten Zeit verbunden ist – welche Teile der Beziehungszufriedenheit ausmachen. Ein Grund der mehrfach in den Studien als

Erklärung für diesen Zusammenhang aufgeführt wird ist, dass die Personen durch Medien abgelenkt sind und der anderen Person zu wenig Aufmerksamkeit schenken. Diese Interpretation unterstützen die Ergebnisse von Wang, Qiu, Yan und Liu (2021), Arikewuyo, Özad, Dambo, Abdulbaqi und Arikewuyo (2020), Uusiautti und Määttä (2017) und Morgan et al. (2017). Hierzu führen die Befragten – vornehmlich Frauen – bei Morgan et al. (2017) aus, dass es um ein Abgelenkt Sein der anderen Person von der Beziehung, der gemeinsamen Zeit oder Aufgaben geht, die erledigt werden müssen. Weiterhin wurde ein Ärgern über die Nutzung an unpassenden Orten oder in ungünstigen Situationen aufgeführt. In Bezug zu Video-Spielen wurde außerdem bei Coyne et al. (2012) hinsichtlich gemischtgeschlechtlicher Paare deutlich, dass je mehr Zeit Männer mit Video-Spielen verbringen, desto mehr Beziehungskonflikte über die Dauer des Spielens und die Inhalte der Spiele finden statt. Bei Frauen hingegen wurde kein solcher Zusammenhang gemessen. Dies begründen die Autor*innen damit, dass Frauen im Durchschnitt weniger oft und lange Video-Spiele spielen. Entsprechend konnten McDaniel et al. (2020) einen Zusammenhang zwischen einer häufigen individuellen Mediennutzung im Allgemeinen und vermehrten Beziehungskonflikten feststellen.

Darüber hinaus fanden Spencer, Burr und Hubler (2019) heraus, dass die sexuelle Zufriedenheit von Frauen in gemischtgeschlechtlichen Beziehungen negativ mit der eigenen Mediennutzung zur Schlafenszeit und auch mit der des Mannes zusammenhängt.

Insgesamt ist die individuelle Mediennutzung anscheinend eher hinderlich für eine glückliche Beziehung und ruft Konflikte hervor. Mit medienbezogenen Konflikten wir sich in Abschnitt 3.3.4 beschäftigt.

Einfluss von Social Media auf Paarbeziehungen
Nachfolgend wird beschrieben, inwieweit Social Media einen Einfluss auf Paarbeziehungen hat. Social Media wird hier als eigenes Themenfeld aufgeführt, weil sich die Auswirkungen u. a. durch die Verschränkung der individuellen und gemeinsamen Nutzung ergeben. Zuerst werden nun Studien zu den Zusammenhängen zwischen der Social Media-Nutzung und der Beziehungszufriedenheit sowie Beziehungskonflikten vorgestellt. Erst im Anschluss werden Vor- und Nachteile von Social Media für Paarbeziehungen erläutert.

Bei Gull, Iqbal, Al Qahtani, Alassaf und Kamaleldin (2019) zeigt sich, dass die Häufigkeit der Social Media-Nutzung mit einer geringeren Beziehungszufriedenheit zusammenhängt. Dieser Zusammenhang ist bei verheirateten Paaren besonders stark. Als Gründe hierfür identifizierten die Autor*innen mangelndes Vertrauen, Einsamkeit und unangemessene Posts. Bei Quiroz und Mickelson (2021) bestand der Zusammenhang zur geringeren Beziehungszufriedenheit jedoch nur bei

Männern und Frauen mit einer passiven Social Media-Nutzung. Bei Frauen mit aktiverer Social Media Nutzung konnte dieser Zusammenhang nicht gefunden werden[1]. Dies erklären die Autorinnen damit, dass bei Frauen mit einer passiven Nutzung das Vergleichen der eigenen Beziehung mit öffentlich dargestellten Beziehungen stärker ist als bei aktiven Nutzerinnen und sich dies negativ auf die Beziehungszufriedenheit auswirke. Hinsichtlich der Männer vermuten die Autorinnen, dass entweder eine starke Social Media-Nutzung bei unzufriedenen Männern der Kontaktaufnahme mit potenziellen alternativen Partnerinnen diene oder, dass der verstärkte Kontakt mit potenziellen alternativen Partnerinnen bei Social Media die Beziehung negativ beeinflusse. Darüber hinaus wurde bei Elphinston und Noller (2011) deutlich, dass die Abhängigkeit von Facebook mit einer geringeren Beziehungszufriedenheit zusammenhängt. Ergänzend wurde festgestellt, dass sich eine geringe Beziehungszufriedenheit und eine Abhängigkeit von Instagram gegenseitig bedingen (Bouffard, Giglio & Zheng, 2022 und Yacoub, Spoede, Cutting & Hawley, 2018).

Weiterhin ist der Zusammenhang zwischen einer häufigen Social Media-Nutzung und vermehrten Beziehungskonflikten ein gut beforschtes Thema, wie z. B. von Bouffard et al. (2022) und Coyne, McDaniel und Stockdale (2016) in Anbetracht der Instagram-Nutzung. Zudem zeigt Rahman (2015), dass Konflikte bzgl. der Facebook-Nutzung wiederum mit einer geringeren Beziehungszufriedenheit, weniger Engagement für die Beziehung und einer geringeren Beziehungsdauer korrelieren. Insofern liegt die Vermutung nahe, dass Beziehungszufriedenheit und -konflikte miteinander verbunden sind. Ridgway und Clayton (2016) haben sich die Verknüpfung von Beziehungszufriedenheit und -konflikten genauer angeschaut und einen Pfad von der Zufriedenheit mit dem eigenen Körperbild über das Posten von Selfies auf Instagram zu Instagram-bezogenen Paarkonflikten samt einer geringen Beziehungszufriedenheit identifiziert. Die Autor*innen nehmen an, dass das Risiko von Instagram-bezogenen Konflikten entstehen und die Beziehungszufriedenheit abnehmen können, wenn Personen versuchen, ihre Zufriedenheit mit ihrem Körperbild durch Instagram-Selfie-Posts zu fördern. Hierzu passen die Ergebnisse von V. T. Stewart und Clayton (2022), die einen signifikanten Zusammenhang zwischen dem Posten bearbeiteter Fotos und Instagram-bezogenen Beziehungskonflikten gefunden haben. Als mögliche Erklärung für diesen Zusammenhang nennen sie die Vermutung, dass bearbeitete Fotos als Dating-Signal an andere Personen gedeutet werden können und damit als Bedrohung für die Beziehung gesehen werden. Jedoch machen die Autoren deutlich, dass es weiterer Forschung für die Erklärung dieses Zusammenhangs bedarf.

---

[1] Die Ergebnisse beziehen sich auf gemischtgeschlechtliche Paare.

In der Studie von Uusiautti und Määttä (2017) wurden mehrere Vor- und Nachteile identifiziert, welche sich auf die Social Media-Nutzung beziehen. Viele der
folgenden Aspekte treffen auch auf andere Mediennutzungspraxen zu. Es kristalli-
sierten sich fünf Vorteile von Social Media für die Paarbeziehung heraus: 1.) Die
Einfachheit miteinander in Kontakt zu bleiben (siehe auch Arikewuyo et al., 2020
und Morgan et al., 2017). 2.) Die Möglichkeit, die andere Person der Beziehung besser kennenzulernen. 3.) Die Möglichkeit, gemeinsame Hobbies oder Aktivitäten zu
entdecken (siehe auch Morgan et al., 2017). 4.) Die beziehungsstärkende Wirkung
von öffentlichen Liebesbekundungen (siehe auch Arikewuyo et al., 2020). Seidman,
Langlais und Havens (2019) stellten zum einen ergänzend fest, dass die Beziehungszufriedenheit mit der öffentlichen Darstellung auf Facebook positiv zusammenhängt, wenn das Verhältnis von offline und online ausgedrückter Zuneigung
stimmig ist, also die online ausgedrückte Zuneigung nicht deutlich überwiegt. Eine
exzessive öffentliche Darstellung der Beziehung wurde nur von Befragten mit geringerer Beziehungszufriedenheit als vorteilhaft für die Beziehung angesehen. Zum
anderen zeigten sie, dass öffentliche Darstellungen und private Kommunikation auf
Facebook positiv mit der Wahrnehmung verbunden waren, dass Facebook die Beziehung verbessert. Dies gilt jedoch nur für die Personen, welche ein geringes Maß
an Eifersucht empfanden. Folglich ist ein positiver Einfluss der Facebook-Nutzung
auf die Paarbeziehung möglich, wenn diese authentisch und die Beziehung stabil
ist. 5.) Die öffentliche Bestätigung der Beziehung durch den Beziehungsstatus oder
gemeinsame Fotos (siehe auch Fox, Osborn & Warber, 2014; Fox, Warber & Makstaller, 2013; Fox & Warber, 2013 und Zhao, Schwanda Sosik & Cosley, 2012).
Auch bei Mod (2010) wurde die Bedeutsamkeit des Facebook-Beziehungsstatus
betont. Die Interviewten begründeten die Bedeutsamkeit durch eine Art ‚besitzan-
zeigender Funktion' des Status, dass die andere Person der Paarbeziehung nicht
mehr zu haben sei. Des Weiteren wurde deutlich, dass öffentliche Liebesbekundungen von den Interviewten genutzt wurden, um auf dem Profil der anderen Person
präsent zu sein. Die empfangende Person solcher Liebesbekundungen verspüre oftmals einen Druck, öffentlich zu antworten. Entsprechend beschreiben Zhao et al.
(2012), dass tendenziell die Erwartung einer ähnlichen öffentlichen Darstellung
bestehe. So werde z. B. das Einstellen des Beziehungsstatus bei Facebook von der
jeweils anderen Person als Druck erlebt, gleichzuziehen. Hier deutet sich bereits
ein Spannungsfeld zwischen Privatheit und Öffentlichkeit an, welches in mehreren
Studien in Bezug auf Facebook und Paarbeziehungen entdeckt wurde (Sherrell &
Lambie, 2016; Fox et al., 2014; Fox et al., 2013; Fox & Warber, 2013 und Zhao
et al., 2012). Dieses Spannungsfeld findet sich auch bei Punkt 3 und 4 in den folgenden von Uusiautti & Määttä (2017) identifizierten Nachteilen von Social Media
in Paarbeziehungen wieder: 1.) Das Auftreten von Missverständnissen durch die

schriftliche Kommunikation. 2.) Ablenkung während gemeinsam verbrachter Zeit. 3.) Öffentliche Demütigungen, z. B. bei einem öffentlichen Streit. 4.) Das Risiko einer Diskrepanz zwischen der öffentlich dargestellten und der realen Beziehung. 5.) Die Möglichkeit zur Untreue (siehe auch Arikewuyo et al., 2020).

Insgesamt zeigt sich, dass Social Media einen positiven Einfluss auf die Paarbeziehung haben kann, wenn die öffentliche Beziehungsdarstellung authentisch und die Beziehung stabil ist (z. B. Seidman et al., 2019). Ein negativer Einfluss zeigt sich erstens – wie bei der individuellen Mediennutzung – in Bezug auf ein Abgelenkt sein von der Paarbeziehung (z. B. Uusiautti & Määttä, 2017). Zweitens scheint das Vergleichen auf Social Media eine hinderliche Praxis für zufriedene Paarbeziehungen zu sein. Drittens beeinflusst Social Media die Paarbeziehung negativ, wenn das Risiko von Untreue im Raum steht (z. B. Arikewuyo et al., 2020). Hierzu wird in Abschnitt 3.3.5 noch einmal ausführlich auf das Thema *Eifersucht und Social Media* eingegangen.

Einfluss von Medienkommunikation auf Paarbeziehungen
Zum Senden von Textnachrichten wurde bei Schade, Sandberg, Bean, Busby und Coyne (2013) deutlich, dass eine höhere Häufigkeit des Verschickens von Textnachrichten durch Männer negativ mit der Beziehungszufriedenheit und -stabilität beider Personen in der Paarbeziehung korreliert. Die Autor*innen vermuten, dass dies mit der Tendenz von Männern verbunden ist, kritische Themen bzgl. der Paarbeziehung eher per Textnachrichten anzusprechen. Weiterhin zeigen die Ergebnisse einen positiven Zusammenhang zwischen der Häufigkeit des Verschickens von Textnachrichten durch Frauen und ihrer eigenen Beziehungszufriedenheit. Bei der Gesamtbetrachtung der Ergebnisse von Schade et al. (2013) ist es nicht verwunderlich, dass Li (2021) eine höhere Beziehungsqualität bei Frauen feststellt, wenn in der Paarbeziehung mittels Anrufen kommuniziert wird, statt per SMS oder Messenger-App. Allerdings spiegelt sich die jeweilige Beziehungszufriedenheit auch in der Art und Weise der Nutzung der Kommunikationstechnologien wider. Coyne et al. (2011) beschreiben, dass Personen, die in ihrer Beziehung unzufrieden sind, digitale Medien nutzen, um potenziell konfrontative Themen anzusprechen oder auch um die andere Person zu verletzen. Dahingegen nutzen Personen, die in ihrer Beziehung zufrieden sind, digitale Medien, um ihre Zuneigung für die andere Person auszudrücken. Zur Paarkommunikation per Textnachrichten zeigt ein durch Halpern und Katz (2017) in einer Längsschnittstudie entwickeltes Modell, dass durch das Schreiben von Textnachrichten Konflikte zwischen den Personen der Paarbeziehung entstehen. Aufgrund der Konflikte und des Schreibens von Textnachrichten entsteht ein Mangel an Vertrautheit. Letztendlich führen die Konflikte und der Mangel an Vertrautheit dazu, dass die Beziehungsqualität abnimmt. Die Ergebnisse von Li (2021) und

Toma und Choi (2016) legen jedoch nahe, dass hierbei die Kommunikationsqualität zu berücksichtigen ist. So wird in der Studie von Li (2021) ersichtlich, dass ein positiver Zusammenhang zwischen Beziehungstiefe und Telefonaten besteht, welcher durch eine gute Kommunikationsqualität verstärkt wird. Chats per Messenger-Apps korrelieren ebenfalls positiv mit der Beziehungstiefe, aber auch mit Beziehungskonflikten. Bei SMS hingegen liegt ein negativer Zusammenhang zur Beziehungstiefe vor, welcher jedoch mit steigender Kommunikationsqualität schwächer wird. Zudem wird bei Toma und Choi (2016) deutlich, dass die Qualität – aber nicht die Quantität – der Kommunikation per Textnachricht und Telefonat mit einer höheren Partner*in-Idealisierung zusammenhängt, welche wiederum positiv mit der Beziehungszufriedenheit korreliert. Bei Text- und Bildnachrichten mit sexuellen Inhalten wird zusätzlich bei McDaniel und Drouin (2015) deutlich, dass diese für bestimmte Personengruppen in einer Beziehung förderlich sein können. So stehe zum einen das Chatten über sexuelle Inhalte bei Personen mit vermeidendem Bindungsverhalten in einem positiven Zusammenhang mit der Beziehungszufriedenheit. Zum anderen hänge das Versenden von (fast) Nacktbildern von Personen mit Bindungsangst oder Unsicherheit bzgl. der Beziehung mit einer höheren Beziehungszufriedenheit zusammen. Außerdem konnte McGee (2014) keinen Zusammenhang zwischen der Häufigkeit des Verschickens von Textnachrichten und der sexuellen Zufriedenheit von Paaren feststellen. Im Hinblick auf den Einfluss von Medienkommunikation auf Paarbeziehungen machen Höflich und Linke (2017) deutlich, dass sowohl positive als auch negative Effekte durch die Medienkommunikation möglich sind und die Richtung maßgeblich mit dem Erfolg von Aushandlungsprozessen zur Art und Weise der Medienkommunikation zusammenhängen. Höflich (2016, 221) bezeichnet dies als *Dualität der Effekte*. Darüber hinaus wurde bei Su (2016) und Kenaw (2012) ersichtlich, dass die dauernde Erreichbarkeit ein Spannungsfeld in Paarbeziehungen darstellt und Aushandlungen notwendig macht, in denen Intimität und Individualität besprochen werden. Ergänzend kommt es durch die Möglichkeiten der mobilen Kommunikation zu einer Entgrenzung der Lebensbereiche und der Sphären von Privatheit und Beruf (Linke, 2010).

In Anbetracht dessen, dass Paare verschiedene Kommunikationswege miteinander kombinieren (Linke, 2010), scheint die Kommunikationsqualität im Allgemeinen relevanter für den Erfolg der Kommunikation zu sein, als die gewählte Kommunikationsform. Nichtsdestotrotz sind Aushandlungen bzgl. dem Spannungsfeld zwischen Intimität und Individualität sowie der Entgrenzung der Lebensbereiche notwendig.

Zusammenfassung zum Einfluss von Medien auf Paarbeziehungen
Zum Einfluss der Mediennutzung auf Paarbeziehungen wird deutlich, sowohl der Einfluss der Medien auf Paarbeziehungen sowohl positiv als auch negativ sein. Die zusammengefassten Studien zeigen hierzu, dass Aushandlungen zentral sind, um die Richtung des Einflusses zu bestimmen. Ergänzend wurden zwei Spannungsfelder im Kontext der Mediennutzungen in Paarbeziehungen deutlich und zwar zwischen Intimität und Individualität sowie zwischen Privatheit und Öffentlichkeit. Nach Linke gilt es dabei, „in einem komplexen Gefüge von öffentlicher, beruflicher und privater Kommunikation Praktiken des sozialen Medienhandelns in engen Beziehungen zu etablieren, und somit längerfristig das Erleben von Isolation zu vermeiden und Intimität zu schaffen" (Linke, 2019). Das heißt, es sind Aushandlungsprozesse in den Paarbeziehungen hierzu notwendig. Entsprechend sollten diese Themen in den Interviewleitfaden einfließen, weil gerade bei Aushandlungen zu erwarten ist, dass Selbst- und Weltbezüge in diese einfließen.

3.3.4 Konflikte im Kontext von Medien in Paarbeziehungen

Zum Umgang mit Konflikten im Kontext von Medien gibt es zwei Betrachtungsweisen: Erstens mit Fokus auf medienvermittelte Aushandlungen von Konflikten und zweitens mit Fokus auf die Aushandlung von medienbezogenen Konflikten. Hierzu werden nachfolgend die gefundenen Studienergebnisse vorgestellt.

Medienvermittelte Aushandlungen von Konflikten
Zur medienvermittelten Aushandlung von Konflikten stellt Kashian (2019) einen negativen Zusammenhang zwischen emotionaler Überforderung beim Streit und einer effektiven Konfliktkommunikation bei Paaren fest, die hauptsächlich face-to-face kommunizieren. Bei Paaren, die mehrheitlich medienvermittelt kommunizieren, zeigte sich dieser Zusammenhang nicht. Die Autorin vermutet, dass eine medienvermittelte Kommunikation den negativen Effekt von emotionaler Überforderung auf die effektive Konfliktkommunikation abschwächt. Bei Wardecker, Chopik, Boyer und Edelstein (2016) wird zudem deutlich, dass Personen mit vermeidendem Bildungsstil eher Kommunikationsmedien bevorzugen, welche eine gewisse Distanz und Mitteilbarkeit in die Kommunikation bringen, wie z. B. Mails oder Textnachrichten. Den Befragten nach ist diese Medienwahl darin begründet, dass sie unmittelbarere Kommunikationsformen, wie Telefonate oder Gespräche in Präsenz als weniger geeignet zur Konfliktlösung und zur Herstellung von Intimität empfinden. Insofern können Medien anscheinend für bestimmte Personen ein Hilfsmittel bei der Konfliktkommunikation sein. Ergänzend wurde bei Kashian

(2021) ersichtlich, dass Paare, die zur Konfliktkommunikation bevorzugt synchrone Medien nutzen und sich auf einen Kommunikationskanal beschränken, von einer größeren Beziehungszufriedenheit, einer häufigeren Konfliktlösung und einer selteneren emotionalen Überforderung beim Streit berichten. Das heißt, dass Paare sich die Vorteile einer medienvermittelten Kommunikation bei einem Konflikt zu Nutze machen können, wenn sie auf eine synchrone Kommunikation achten und einen Kommunikationskanal beibehalten. Dies ist anscheinend besonders relevant für Personen mit vermeidendem Bildungsstil oder Personen, die in einem Konflikt schnell eine emotionale Überforderung erleben. Für die vorliegende Arbeit sind diese Ergebnisse wenig bedeutsam, da in einem Konflikt vermutlich nicht die Kapazität vorliegt den eigenen Selbst-, Fremd- oder Weltbezug zu reflektieren. Wenn dies geschieht, dann eher nach einer Konfliktlösung.

Aushandlung von medienbezogenen Konflikten
Zur Aushandlung von medienbezogenen Konflikten haben Pickens und Whiting (2020) ein Modell entwickelt. Den Ausgangspunkt für die Kommunikation stellen als unangemessen betrachtete, medienbezogene Verhaltensweisen dar. In den dazu folgenden Diskussionen wird typischerweise mit Rechtfertigungen, Herunterspielen oder dem Vorbringen von Beweisen reagiert. Zu diesem Schritt des Modells ergänzt die Studie von Spencer, Lambertsen, Hubler und Burr (2017) zum einen, dass als Abwehrreaktion der kritisierten Person außerdem mit Ausflüchten, Verantwortungsverschiebung oder Gegenangriffen zu rechnen ist. Zum anderen besteht die Möglichkeit, dass es zu keiner Diskussion kommt, weil eine Person die Lösung des Problems anstrebt und eine Auseinandersetzung dazu einfordert, während sich die andere aus der Interaktion zurückzieht. Pickens und Whiting (2020) beschreiben als mögliche Folgen auf die Diskussion Streit, Überwachung, Trennung oder aber eine erfolgreiche Kommunikation. Darüber hinaus zeigt sich, dass die Befragten Vertrauen, Offenheit, Ehrlichkeit, Respekt und die Netiquette als Rahmen für die Mediennutzung wahrnehmen. Dies wird durch die Studie von Uusiautti und Määttä (2017) bestärkt, worin die Befragten erklärten, keine klaren Regelungen zur Handhabung der Beziehung auf Social Media getroffen zu haben, sondern allgemeine Verhaltensregeln voraussetzen, die auf einem respektvollen Umgang miteinander beruhen. Auch bei Helsper und Whitty (2010) wird ersichtlich, dass Paare hinsichtlich abhängig machender und unterhaltender Internetnutzung keine gemeinsamen Orientierungsrahmen entwickelt haben. Allerdings gibt es nach Pickens und Whiting (2020) Paare, welche implizite oder explizite Regeln zur Mediennutzung ausgehandelt haben. Hierzu wird bei Helsper und Whitty (2010) deutlich, dass akzeptierte Verhaltensweisen im Internet in Bezug auf Treue gemeinsam entwickelt und bewusst oder unbewusst innerhalb der Beziehung ausgehandelt werden.

Die Autor*innen leiten daraus ab, dass Paare ihre Erwartungshaltungen bzgl. der Mediennutzung kommunizieren sollen, um Streitigkeiten vorzubeugen. Für die vorliegende Arbeit sind insbesondere die Aushandlungen zu impliziten oder expliziten Regeln zur Mediennutzung von Interesse. Entsprechend soll in den Interviews danach gefragt werden, welche Verhaltensregeln für den Umgang mit digitalen Medien bestehen und wie sich diese in der Paarbeziehung entwickelt und verändert haben. Antworten hierauf können Hinweise zur Konstruktion der Paaridentität geben und damit auch zu möglichen Veränderungen des Paar-Selbstbildes und des geteilten Weltbezugs.

Zusammenfassung zu Konflikten im Kontext von Medien in Paarbeziehungen
Alles in allem wird ersichtlich, dass medienvermittelte Kommunikation zur Aushandlung von Konflikten genutzt werden kann und dass bei der Aushandlung von medienbezogenen Konflikten allgemeine Verhaltensregeln und ggf. implizite oder explizite Regeln zur Mediennutzung als Bezugsrahmen herangezogen werden. Letztere sind für die vorliegende Arbeit von Interesse, sodass Fragen hierzu in den Interviewleitfaden integriert werden. Ferner zeigt sich, dass im Kontext der Mediennutzung in Paarbeziehungen spezielle Aspekte wie Vertrauen und Konfliktpotenziale bedeutsam sind. Dies verdeutlicht noch einmal, dass bei den Interviews mit den Paaren mit Sensibilität vorgegangen werden muss. Außerdem sollte ein Rahmen geschaffen werden, in dem den Paaren klar ist, dass keine Bewertung ihrer Beziehung vorgenommen wird.

3.3.5 Eifersucht und Social Media

Eifersucht und Social Media stellen ein gesondertes Thema im Kontext von Mediennutzung in Paarbeziehungen dar. Es liegen Studien vor, welche den Zusammenhang zwischen Gefühlen der Eifersucht und Social Media-Nutzung beschreiben (Arikewuyo, Lasisi, Abdulbaqi, Omoloso & Arikewuyo, 2022; Arikewuyo et al., 2020; Frampton & Fox, 2018; Hudson et al., 2015 und Mod, 2010). Allerdings deuten die Studien von Arikewuyo, Eluwole und Özad (2021) und Marshall, Bejanyan, Di Castro und Lee (2013) darauf hin, dass die Social Media-Nutzung nicht zur Entstehung von Eifersucht führt, sondern vorhandene Unsicherheiten katalysiert. Nachfolgend wird dies ausführlicher erläutert.

Die Ergebnisse von Hudson et al. (2015) weisen darauf hin, dass Frauen in gemischtgeschlechtlichen Beziehungen in Bezug zur Facebook-Nutzung eifersüchtiger sind als Männer. Bisher bekannte Gründe für durch Social Media ausgelöste Eifersucht sind folgende: 1.) Digitale Überbleibsel von Ex-Partner*innen der anderen Person in Form von Bildern, Posts, etc. (Frampton & Fox, 2018 und Mod, 2010). 2.) Das Vergleichen mit den Ex-Partner*innen der anderen Person anhand der öffentlich verfügbaren Informationen (Frampton & Fox, 2018). 3.) Die digital dokumentierte Beziehungshistorie der anderen Person der Beziehung (Frampton & Fox, 2018). 4.) Das Vergleichen der eigenen Beziehung mit anderen Beziehungen (Arikewuyo et al., 2020). 5.) Die erhöhten Kontaktmöglichkeiten zu Personen des anderen Geschlechts[2] (Arikewuyo et al., 2020). Hierzu ergänzen Zandbergen und Brown (2015), dass das Kommunizieren mit anderen Personen auf Social Media sich negativ auf das Selbstbewusstsein der jeweils anderen Person der Paarbeziehung auswirke. Zusätzlich zeigt sich bei de Lenne, Wittevronghel, Vandenbosch und Eggermont (2019), dass je häufiger Personen alternativen Partner*innen bei Social Media begegnen, desto mehr folgen sie diesen, welches sich wiederum negativ auf ihr Engagement und die Verbindlichkeit der eigenen Paarbeziehung auswirkt. Laut der Studie von Arikewuyo et al. (2022) korreliert die Social Media-Nutzung jedoch nicht mit verschiedenen Formen von Untreue. Bouffard et al. (2022) weisen jedoch darauf hin, dass eine erhöhte Instagram-Nutzung die Beziehungszufriedenheit verringert, was in der Folge Beziehungskonflikte und Formen von Untreue erhöht. Bei McDaniel, Drouin und Cravens (2017) zeigt sich ebenfalls ein Zusammenhang zwischen der Häufigkeit der Social Media-Nutzung und Verhalten von Untreue. 6.) Das Überwachen der Social Media-Aktivitäten der anderen Person der Paarbeziehung (Dainton & Stokes, 2015; Hudson et al., 2015 und Muise, Christofides & Desmarais, 2014). Hierzu ist jedoch anzumerken, dass andersherum aus Gründen der Eifersucht die Aktivitäten der anderen Person überwacht werden (Frampton & Fox, 2018).

Hinsichtlich der aufgeführten Gründe für Eifersucht ist es verständlich, dass eine in der Studie von Frampton und Fox (2018) identifizierte Strategie zum Umgang mit Eifersucht bzgl. Social Media das aktive Vermeiden von Informationen zu Ex-Partner*innen der anderen Person darstellt. Allerdings wurde auch eine genau gegenteilige Strategie beschrieben und zwar das ausführliche Suchen von Informationen über die Ex-Partner*innen der anderen Person. Beweggrund hierfür ist insbesondere der Erhalt neuer, möglichst negativer Informationen über die Ex-Partner*innen der anderen Person, um sich im Vergleich besser zu fühlen. Diese Verhaltensweise können jedoch wiederum zu Gefühlen von Eifersucht führen (Frampton & Fox, 2018). Darüber hinaus stellen Nongpong und Charoensukmongkol (2016) fest, dass die Gefühle von Eifersucht, Einsamkeit und mangelnder Zuwendung bei Personen höher sind, wenn sie seltener Social Media nutzen als die andere Person der Beziehung.

---

[2] Die Ergebnisse beziehen sich nicht auf homosexuelle Personen.

Aus diesen Studien kann nicht der Schluss gezogen werden, dass Social Media-Nutzung zu mehr Eifersucht führt, weil nur Zusammenhänge betrachtet wurden und nicht berücksichtigt wurde inwiefern die Personen allgemein zur Eifersucht neigen und dies nun mittels Social Media anders ausleben können. So wird bei Marshall et al. (2013) deutlich, dass Personen mit unsicherem Bindungsstil und allgemein ängstliche Personen zu Eifersucht und entsprechend auch zu Eifersucht und Überwachung im Kontext von Facebook neigen. Weiterhin zeigen ihre Ergebnisse, dass Ängstlichkeit im Allgemeinen mit geringem Vertrauen, Eifersucht in Bezug zu Facebook und Überwachung der anderen Person auf Facebook zusammenhängt. Ergänzend zeigt sich bei Arikewuyo et al. (2021), dass mangelndes Vertrauen in der Paarbeziehung mit dem Herumschnüffeln im Handy der anderen Person verbunden ist. So ist es nicht verwunderlich, dass keine Verbindung von einer Facebook-Nutzung zu Unterhaltungszwecken und Gefühlen von Eifersucht in der Studie von Dainton und Stokes (2015) gefunden wurde.

Zusammenfassung zu Eifersucht und Social Media
Insgesamt wurde deutlich, dass Social Media Personen mit Informationen konfrontiert, die ohne die Plattformen nicht so unmittelbar zugänglich wären und die Gefühle von Eifersucht auslösen können. Allerdings ist Social Media vielmehr ein Katalysator von Unsicherheiten, als dass es in gefestigten Beziehungen Zweifel erzeugt. Für die vorliegende Arbeit ist dieser Themenbereich voraussichtlich nicht relevant, weil hier weniger offene, aktive Paarinteraktionen vorliegen. Stattdessen beeinflussen sich die Personen der Paarbeziehungen, ohne dass zwangsläufig die Beteiligten davon wissen.

3.3.6 Pornografie als Spezialfall von Mediennutzung in Paarbeziehungen

In dem folgenden Abschnitt ist zu beachten, dass sich die gefundenen Studien zum Thema Pornografie und Paarbeziehungen nur auf gemischtgeschlechtliche Paare beziehen. Zuerst werden Studien allgemein zur Medienpraxis des Pornokonsums aufgeführt. Anschließend werden Studienergebnisse beschrieben, die den Einfluss von Pornokonsum auf Paarbeziehungen thematisieren.

Pornografie in Paarbeziehungen
Bei Brun del Re, Hilpert, Spahni und Bodenmann (2021) und Grov, Gillespie, Royce und Lever (2011) wird deutlich, dass Männer häufiger sexuellen Online-Aktivitäten nachgehen als Frauen, wie z. B. Pornografie oder Cybersex. Als Gründe für ihren

Konsum werden bei Brun del Re et al. (2021) zum einen Entspannung, Stressbe-
wältigung oder Langeweile aufgeführt und zum anderen die Ergänzung der beziehungsinternen Sexualität. Frauen hingegen konsumieren Pornos eher gemeinsam
mit ihrem Partner als alleine. Des Weiteren weisen die Ergebnisse darauf hin, dass
Frauen oftmals von dem Konsum ihrer Partner wissen. Andersherum ist dies seltener der Fall. Dies könnte damit zusammenhängen, dass ein geschlechtsspezifischer
Unterschied in der Bewertung des individuellen Pornokonsums der anderen Person
besteht. In den Studien von Brun del Re et al. (2021) und Grov et al. (2011) zeigt
sich, dass die befragten Männer dem individuellen Pornokonsum ihrer Partnerin
eher positiv gegenüber eingestellt waren. Sie waren der Ansicht, dass dieser die
Beziehung frisch halte und für Erregung sorge. Die befragten Frauen verbanden
den Pornokonsum ihrer Partner jedoch mit negativen Gedanken und Emotionen,
wie z. B. Eifersucht oder Betrug.

Insgesamt ist ein deutlicher geschlechtsspezifischer Unterschied in Bezug auf
Pornografie zu erkennen. Hierbei ist jedoch zu berücksichtigen, dass dieser u. a.
gesellschaftlich und sozialisatorisch begründet ist (Linke, 2011).

Einfluss von Pornografie in Paarbeziehungen
Im Hinblick auf den Pornokonsums in Paarbeziehungen ist den recherchierten Studien nach sowohl ein positiver als auch ein negativer Einfluss auf die Paarbeziehung
möglich.

Die Ergebnisse von Szymanski und Stewart-Richardson (2014) weisen darauf
hin, dass die Häufigkeit des Pornokonsums mit einer schlechteren Beziehungsqualität und einer geringeren sexuellen Zufriedenheit korrelieren. Gleiches zeigt
sich bei D. N. Stewart und Szymanski (2012), die jedoch Frauen zum Pornokonsum ihrer Männer befragten. In ihren Daten konnte der Zusammenhang zwischen
Pornokonsum und Beziehungsqualität über das Selbstvertrauens der Frau erklärt
werden. Hierzu passen die Ergebnisse von Grov et al. (2011), welche jedoch in
Bezug zu Cybersex stehen. Auf der einen Seite gaben die weiblichen Befragten
an, eine kritische Haltung auf ihren Körper und Druck hinsichtlich ihrer sexuellen Performanz seitens der anderen Person wahrzunehmen. Andererseits gaben die
männlichen Befragten an, den Körper der anderen Person kritischer zu betrachten
und sie Cybersex mehr errege als der reale Sex. Dennoch konnten bei der Mehrheit
der Befragten keine negativen Effekte der sexuellen Online-Aktivitäten identifiziert
werden.

Im Gegensatz zu den vorherigen Studien findet sich bei Arikewuyo, Özad und
Lasisi (2019) ein positiver Zusammenhang zwischen Pornokonsum und Beziehungsqualität. Es wird deutlich, dass der eigene Pornokonsum mit einer höheren
sexuellen Impulsivität und einem höheren sexuellen Selbstbewusstsein verbunden

ist und die sexuelle Impulsivität sowie das sexuelle Selbstbewusstsein wiederum positiv mit der Beziehungsqualität zusammenhängen. Die Autor*innen interpretieren ihre Ergebnisse so, dass die Personen durch ihren Pornokonsum lernen, sich selbst und die jeweils andere Person zu befriedigen sowie neue sexuelle Variationen entdecken, wodurch die Beziehungsqualität steigt. Ähnliches findet sich bei den männlichen Befragten von Grov et al. (2011). Die erlebten positive Effekte sind dort das Ausprobieren von Neuem und die offenere Kommunikation über Sex. Weiterhin wurden ein spannenderes und häufigeres Sexleben als positiver Effekt von Personen aufgeführt, die zusammen sexuellen Online-Aktivitäten nachgingen.

Mit Blick auf den Einfluss von Pornografie auf Paarbeziehungen bleibt offen, wovon die Richtung des Einflusses des individuellen Pornokonsums abhängt.

Zusammenfassung zu Pornografie in Paarbeziehungen
Zu Pornografie in Paarbeziehungen lässt sich zusammenfassen, dass Männer demgegenüber positiver eingestellt sind und häufiger Pornos konsumieren, wohingegen Frauen den Pornokonsum ihrer Partner eher kritisch sehen und tendenziell gemeinsam statt alleine konsumieren. Zur gemeinsamen Nutzung von Pornografie zeigen sich positive Effekte auf Paarbeziehungen. Bei der individuellen Nutzung bleibt unklar, wann sie negative oder positive Effekte auf die Paarbeziehungen hat. Allerdings deutet sich hier ebenfalls ein Spannungsfeld zwischen Intimität und Individualität an, welches Aushandlungen notwendig macht. Insgesamt ist dieser Themenbereich für diese Arbeit wenig relevant, weil die interviewten Paare sich vermutlich nicht zu diesem intimen Thema äußern werden.

3.4 Zwischenfazit

Erstens zeigt sich durch die Arbeiten von Dunham und Dermer (2020) und Rogge et al. (2013), ergänzt durch Arbeiten zu *Cinematherapy* und *Bibliotherapy* im Allgemeinen, eine Forschungslücke hinsichtlich der Fragen, wie es zu medienbezogenen Bildungsprozessen kommt und welche Bedeutung die Paarinteraktion zum einen und die Mediennutzung zum anderen dafür haben. Zweitens wird durch die aufgeführten Studien zur alltäglichen Mediennutzung von Paaren die Bedeutsamkeit der vorliegenden Arbeit betont. Zum einen zeigt sich, dass zwar *Paare* und *Medien* in der Forschung thematisiert werden, jedoch meistens im Hinblick auf die Kommunikationsstrukturen der Paare oder den Einfluss der Medien auf die Beziehung(-szufriedenheit) mit besonderem Fokus auf Problemfelder. Eine Betrachtung im Hinblick auf Bildungsprozesse findet jedoch nicht statt, sodass sich hier ein Forschungsdesiderat herauskristallisiert. Zum anderen befanden sich unter den vorgestellten

Studien nur wenige, die relativ offen die Mediennutzung von Paaren erhoben haben. Entsprechend liefert die vorliegende, qualitative Arbeit – über medienbezogene Bildungsprozesse hinaus – einen Beitrag weitere medienbezogene Paarinteraktionen zu verstehen. Drittens konnten mehrere Aspekte für die Datenerhebung aus den vorgestellten Studien gewonnen werden, weil dort die Berührung und ggf. Veränderungen des Selbst-, Fremd- oder Weltbezugs wahrscheinlich sind. Diese Aspekte sind Diskussionen über Filme, Gespräche über individuelle Mediennutzungen und Aushandlungsprozesse zu impliziten oder expliziten Vereinbarungen zur Mediennutzung. Darüber hinaus wird deutlich, dass in der vorliegenden Arbeit insbesondere gemeinsame Mediennutzungen in den Medientagebüchern und deren Entstehungen in den Paarinterviews erhoben werden sollten. Zudem bieten die Studien einen guten Überblick zur Mediennutzung von Paaren, sodass sie bei der Bewertung des Samples dieser Arbeit helfen können. Viertens zeigt sich, dass für die vorliegende Arbeit die Themen Eifersucht und Social Media, medienbezogene Konflikte und Pornografie weniger relevant sind. Hinsichtlich Eifersucht und Konflikten ist davon auszugehen, dass zu diesen problembezogenen Themen in Paarbeziehungen wenig Kapazität für die Reflexion des Selbst-, Fremd- oder Weltbezugs vorliegt, sodass medienbezogene Bildungsprozesse eher unwahrscheinlich sind. Weiterhin ist zu erwarten, dass der Pornokonsum der Paare in den Interviews tendenziell nicht thematisiert wird (Wimbauer & Motakef, 2017). Nichtsdestotrotz wird durch diese Themen im Medienkontext deutlich, dass bei den Interviews mit den Paaren mit Sensibilität vorgegangen und eine wertfreie Atmosphäre geschaffen werden sollte. Fünftens dienen die Studien am Ende dieser Arbeit zur Einordnung der Ergebnisse in das Forschungsfeld.

Herleitung der Forschungsfrage 4

Nachdem sich in den vorherigen Abschnitten mit den relevanten Begriffen und Theorien für diese Arbeit sowie mit bisherigen Forschungsergebnissen und Diskursen beschäftigt wurde, wird nachfolgend die Relevanz der Forschungsfrage dargelegt. Zuerst wird die Forschungslücke herausgearbeitet und anschließend die Formulierung der Frage erläutert.

Forschungslücke

Die Forschungslücke, welche die Relevanz der Fragestellung dieser Arbeit begründet, setzt sich aus drei Teilen zusammen. Erstens fokussieren die in Abschnitt 2.1 vorgestellten zentralen empirische Arbeiten allgemeine Bildungsprozesse von Einzelpersonen (Bettinger, 2018; Nohl et al., 2015; Nohl, 2006; Koller, 1999 und Marotzki, 1990). Es bleibt an dieser Stelle offen, wie es zu medienbezogenen Bildungsprozessen in einem Interaktionsgefüge wie einer Paarbeziehung kommen kann. In der Paarforschung wiederum werden nur Lernprozesse im Hinblick auf die Verstetigung von Verhaltensmustern in der Beziehung betrachtet, aber keine Bildungsprozesse in Marotzkis Sinne (Lösel & Bender, 2003, 57 ff.). Zweitens wurde in Abschnitt 2.2 deutlich, dass der Diskurs um Medienbildung vorrangig auf theoretischer Basis geführt wird (siehe z. B. Pietraß, 2011; Schorb, 2009; Spanhel, 2010 und Tulodziecki, 2010) und Bildungspotenziale einzelner Medien analysiert werden (Könitz, 2016; Fromme & Könitz, 2014 und Marotzki & Jörissen, 2010, 29 f.). Bettinger (2018) kritisierte dies und untersuchte Medienpraxen von Einzelpersonen empirisch, in denen sich die Veränderung des Selbst- und Weltbezugs ausdrückten. Offen bleibt dabei jedoch, wie schon bei Punkt eins, wie es zu medienbezogenen Bildungsprozessen in Interaktionsgefügen kommen kann. Drittens zeigt sich in Kapitel 3 eine deutliche Forschungslücke bzgl. medienbezogener Bildungsprozessen im Zusammenhang mit Paarinteraktionen. So konnten trotz einer ausführlichen systemischen Literaturanalyse letztendlich nur zwei Quellen gefunden werden,

© Der/die Autor(en) 2025
S. Schlachter, *Differenzerleben als Balanceakt*,
https://doi.org/10.1007/978-3-658-46014-3_4

welche sich näherungsweise mit dem Thema der Forschungsfrage dieser Arbeit befasst haben. Diese zwei Arbeiten von Dunham und Dermer (2020) und Rogge et al. (2013) weisen darauf hin, dass medienbezogene Paarinteraktionen im Zuge von Paartherapie und -beratung nutzbar gemacht werden können, um Veränderungen des Selbst- und Weltbezugs hinsichtlich der Paarbeziehungen anzustoßen. Es bleibt allerdings offen, was zwischen medienbezogenen Paarinteraktionen und den Veränderungen des Selbst- und Weltbezugs im Interaktionsgefüge der Paarbeziehung steht, wenn keine Therapeut*innen mit einbezogen werden. Insofern fehlt das Verständnis dafür, ob dort tatsächlich medienbezogene Bildungsprozesse ablaufen und falls ja, wie diese angestoßen werden. Zusätzlich wurde deutlich, dass sich der Diskurs um die mediengestützten Therapieformen *Cinematherapy* und *Bibliotherapy* insbesondere auf Filme und Bücher fokussiert (Dunham & Dermer, 2020; McNicol, 2018; Eğeci & Gençöz 2017; Kuriansky et al., 2010; Dermer & Hutchings, 2000 und Newton, 1995). Es bleibt offen, inwiefern in Folge auf andere Medieninhalte oder Mediennutzungspraxen an sich Bildungsprozesse im Zusammenhang mit Paarinteraktionen wahrgenommen werden können.

Zusammengefasst besteht die Forschungslücke darin, dass medienbezogene Bildungsprozesse bisher nicht in einem Interaktionsgefüge beforscht wurden und es bisher kaum Forschung zum allgemeinen Ablauf von der Mediennutzung bis hin zu medienbezogenen Bildungsprozessen gibt.

Formulierung der Forschungsfrage
Nachdem die Forschungslücke verdeutlicht wurde, welche mithilfe der folgenden Forschungsfrage bearbeitete werden soll, werden nun die Überlegungen zur Formulierung der Fragestellung dargelegt.

> *Inwieweit nehmen Paare medienbezogene Bildungsprozesse im Zusammenhang mit den Interaktionen ihrer Beziehung wahr?*

Für die Formulierung der Fragestellung wird das Fragewort *inwiefern* genutzt. Dieses Fragewort schließt zum einen die Frage danach ein, ob Paare überhaupt medienbezogene Bildungsprozesse im Zusammenhang mit ihren Paarinteraktionen erleben. Sollte dies nicht der Fall sein, könnte ausgeführt werden, welche Formen von Veränderungen stattdessen in medienbezogenen Interaktionsprozessen von Paaren erlebt werden. Wie im Abschnitt 2.2.4 beschrieben, könnte das Konzept der *Mediensozialisation* dann zutreffen. Das heißt, das Fragewort bietet eine gewisse Ergebnisoffenheit. Zum anderen kann beim Auffinden von medienbezogenen Bildungsprozessen im Zusammenhang mit Paarinteraktionen eine Theorie dazu formuliert werden. Weiterhin wird in der Forschungsfrage nach den wahrgenommenen

Bildungsprozessen der Paare, im Sinne von erlebten Bildungsprozessen, gefragt. Die Frage, ob medienbezogene Bildungsprozesse in Paarbeziehungen stattfinden, lässt sich nämlich nur schwer beantworten, weil die innersubjektiven Prozesse von Bildung nicht von außen beobachtbar sind. So kann nur danach gefragt werden, welche Bildungsprozesse die einzelnen Personen der Paarbeziehung bei sich selbst wahrgenommen haben. Das heißt, es wird die Subjektperspektive auf die Paarinteraktionen und Bildungsprozesse betrachtet. Es geht also um eine Rekonstruktion der wahrgenommenen medienbezogenen Bildungsprozesse im Zusammenhang mit Paarinteraktionen. Insgesamt wurde die Forschungsfrage durch die Formulierung ergebnisoffen gehalten, verdeutlicht die Herangehensweise Bildungsprozesse zu erforschen und beinhaltet die rekonstruktive Forschungsperspektive.

Wissenschaftstheoretischer Bezugsrahmen – Symbolischer Interaktionismus

In der vorliegenden Arbeit wird die wissenschaftstheoretische Perspektive des *Symbolischen Interaktionismus* eingenommen. Ein solcher wissenschaftstheoretischer Bezugsrahmen bestimmt nach Flick (2016, 81 f.), welche Perspektive auf den Forschungsgegenstand eingenommen werden kann, welche Ziele mit der Forschung verfolgt werden können und welche Daten als relevant angesehen werden. Daher wurden die Theorien, die Methoden und die wissenschaftstheoretische Perspektive zum Thema und zur Fragestellung dieser Arbeit passend ausgewählt und untereinander abgestimmt.

In Abschnitt 5.1 werden zuerst die theoretischen Grundannahmen des *Symbolischen Interaktionismus* erläutert. Nachdem somit bekannt ist, was unter dem *Symbolischen Interaktionismus* zu verstehen ist, wird in Abschnitt 5.2 begründet, wieso in dieser Arbeit der *Symbolische Interaktionismus* als wissenschaftstheoretische Perspektive gewählt wurde. Hierbei wird darauf eingegangen, welche anderen Perspektiven möglich gewesen wären und welche Gründe für den *Symbolischen Interaktionismus* sprechen. Daran anschließend wird in Abschnitt 5.3 erklärt, welche Implikationen für das Gegenstandsverständnis dieser Arbeit daraus resultieren und was die Perspektive des *Symbolischen Interaktionismus* für den methodischen Fokus bedeutet. Zum Abschluss werden die für diese Arbeit relevanten Aspekte in einem Zwischenfazit in Abschnitt 5.4 zusammengefasst.

5.1 Theoretische Grundannahmen

Der *Symbolische Interaktionismus* lässt sich auf die Arbeiten von Charles H. Cooley, William I. Thomas, John Dewey, William James und insbesondere von George Herbert Mead zurückführen, wobei Meads Schüler Herbert Blumer den Begriff

S. Schlachter, *Differenzerleben als Balanceakt*,
https://doi.org/10.1007/978-3-658-46014-3_5

als solchen entwickelte (Gudehus & Wessels, 2018, 93; Charon, 2004, 28 ff. und Blumer, 1969, 1).

William Thomas formulierte zusammen mit Dorothy Thomas das sogenannte *Thomas-Theorem*. Dies lautet folgendermaßen:

> „If men define situations as real, they are real in their consequences." (Thomas & Thomas, 1928, 572)

Die Definition bzw. Interpretation einer Situation bestimmt also für die betreffende Person die eigene Realität. Dies stellt ein Grundverständnis im *Symbolischen Interaktionismus* dar. Im folgenden Zitat beschreibt Mead weitere Grundzüge von dem, was später als *Symbolischer Interaktionismus* bekannt sein wird:

> „1. der gesellschaftliche Prozeß ermöglicht durch die Kommunikation, die er zwischen den betroffenen Individuen herstellt, das Auftreten vieler neuer Objekte in der Natur, die in Beziehung zu ihm existieren [...]; 2. die Geste eines Organismus und die anpassende Reaktion eines anderen Organismus bringen innerhalb der jeweiligen gesellschaftlichen Handlung die Beziehung hervor, die zwischen der Geste als dem Beginn dieser Handlung und der Vollendung oder der Resultate dieser Handlung besteht, auf die sich die Geste bezieht. Das sind die beiden grundlegenden und einander ergänzenden logischen Aspekte des gesellschaftlichen Prozesses." (Mead, 1968, 118 f.)

Aus diesem Zitat wird ersichtlich, dass nach Mead der Symbolcharakter von Objekten und Handlungen durch Kommunikation entsteht. Durch Interaktionen, in denen symbolhafte Handlungen vollzogen werden, wird dieser Symbolcharakter dann reproduziert.

Deutlicher beschreibt Blumer (1969) die Annahmen des *Symbolischen Interaktionismus* in den drei folgenden Prämissen. Diese stellen eine grundlegende Zusammenfassung des *Symbolischen Interaktionismus* dar, welche für spätere Arbeiten richtungsweisend war:

1. Menschen verhalten sich zu ‚Dingen‘ auf der Basis der Bedeutungen, die diese ‚Dinge‘ für sie haben. Solche ‚Dinge‘ umfassen alles, was der Mensch in seiner Welt wahrnehmen kann.
2. Die Bedeutung solcher ‚Dinge‘ ist abgeleitet von oder entsteht durch die Interaktion von einer Person mit ihren Mitmenschen.
3. Die Person, die mit diesen ‚Dingen‘ in Berührung kommt, geht mit diesen Bedeutungen um und verändert sie in einen interpretativen Prozess (Blumer, 1969, 2).

Kurz zusammengefasst geht es bei dem *Symbolischen Interaktionismus* also darum, dass Menschen (z. B. Kulturen, Gruppen von Personen oder Paare) ‚Dingen' und Handlungen in Interaktionen Bedeutungen geben und sie so einen Symbolcharakter erhalten. Dieser wirkt sich wiederum auf weitere Interaktionen aus, ist aber veränderlich. Außerdem ist der zugeschriebene Symbolcharakter nicht eindeutig und bedarf immer der Interpretation (Blumer, 1969, 2). Ein im Kontext dieser Arbeit bereits verwendetes Beispiel für ein ‚Ding' mit Symbolcharakter ist der Ehering, welchem in einigen Kulturen eine besondere Bedeutung beigemessen wird: Er zeigt den Status als verheiratete Person an. In den Interaktionen mit einer Person, die einen Ehering trägt, werden so ggf. keine Versuche einer Beziehungsanbahnung unternommen. Das heißt, dieses Symbol beeinflusst die Interaktionen.

5.2 Entscheidungsbegründung für den Symbolischen Interaktionismus

Nach Flick (2016) lassen sich die wissenschaftstheoretischen Perspektiven in drei Positionen einteilen. Nachfolgend werden die drei Positionen aufgeführt samt den jeweiligen Aspekten, die bei ihnen im Fokus stehen, und dazugehörigen Wissenschaftstheorien:

Position 1: „Subjektiver Sinn" Flick (2016, 82)
    Z. B. Symbolischer Interaktionismus und Formen des Konstruktivismus
Position 2: „Herstellung sozialer Wirklichkeiten" Flick (2016, 86)
    Z. B. Ethnomethodologie
Position 3: „Kulturelle Rahmung sozialer und subjektiver Wirklichkeit" Flick (2016, 90)
    Z. B. Praxeologische Wissenssoziologie, Strukturalismus, Hermeneutik

Im Hinblick auf diese drei Positionen wird deutlich, dass Position 1 dem Forschungsinteresse dieser Arbeit entspricht. So stehen bei Position 1 und der Forschungsfrage subjektive Sichtweisen und ganz konkret die Betrachtung der subjektiven Wahrnehmung der Paare zu ihren medienbezogenen Bildungsprozessen im Fokus. Es geht in der vorliegenden Dissertation nicht nicht darum zu verstehen, wie Paare miteinander soziale Wirklichkeit herstellen und ordnen (Position 2) oder um den kulturellen Rahmen dieser Prozesse (Position 3).

    Nun stellt sich die Frage, welche zu Position 1 gehörige wissenschaftstheoretische Perspektive für diese Arbeit sinnvoll ist. Bei den verschiedenen Formen des Konstruktivismus (z. B. radikaler oder sozialer Konstruktivismus) steht nach

Flick (2017, [152]) die Entstehung von Erkenntnissen und Wissen im Fokus dieser Ansätze. Dies gilt auch für den sozialen Konstruktivismus, welcher als relativ ähnlich zum *Symbolischen Interaktionismus* betrachtet werden kann, weil ebenfalls dort Sprache und Interaktionen in den Blick genommen werden. Jedoch geht es dabei nach wie vor um die Konstruktion von Wissen. Der entscheidende Unterschied zwischen den Ansätzen ist also, dass bei den Formen des Konstruktivismus die Konstruktion von Wissen und beim *Symbolischen Interaktionismus* sich durch Interaktionen verändernde Bedeutungen im Fokus stehen. Insofern stellt sich die Perspektive des *Symbolischen Interaktionismus* aus den zwei folgenden Gründen als passender für die vorliegende Arbeit dar, als die konstruktivistischen Perspektiven: Erstens ist in Bezug zur Forschungsfrage die Kommunikation und Interaktion der Paare entscheidend, um von ihnen wahrgenommene, medienbezogene Bildungsprozesse entdecken zu können. Folglich sind die Bedeutungen zu betrachten, die die Paare den ‚Dingen' und Handlungen zuweisen und wie sich diese Bedeutungen durch die gemeinsamen Interaktionen verändern. Hier ist der *Symbolische Interaktionismus* hilfreich, um genau auf diese Aspekte den Fokus zu legen. Zweitens kann das im Kontext von Medien bedeutsame Konzept der *Medialität* sowie das Konzept der *Paaridentität* durch den *Symbolischen Interaktionismus* in den Daten Berücksichtigung finden.

5.3   Implikationen für diese Arbeit

Nachdem die Grundannahmen des *Symbolischen Interaktionismus* beschrieben und die Entscheidung für diese Perspektive begründet wurde, kann erläutert werden, welche Implikationen sich daraus für diese Arbeit ergeben. Dies betrifft insbesondere das Gegenstandsverständnis und den methodischen Fokus. Wird Forschung mit einer bestimmten wissenschaftstheoretischen Perspektive betrieben, wird nämlich zum einen der Forschungsgegenstand aus dieser Perspektive betrachtet und verstanden. Zum anderen erweisen sich einige Methoden in die Logik der Perspektive als passend und andere nicht.

5.3.1   Gegenstandsverständnis

Für die vorliegende Arbeit bedeutet die Perspektive des *Symbolischen Interaktionismus*, dass Interaktionen zum Ansatzpunkt der Forschung werden, in denen Objekten, Handlungen, Erfahrungen und Ereignissen Bedeutungen zugeschrieben werden.

Der Forschungsgegenstand dieser Arbeit sind, wie bereits beschrieben, medien-bezogene Bildungsprozesse, welche im Zusammenhang mit den Interaktionen von Paaren stehen. So geht es erstens bei dem Forschungsgegenstand um Bildungspro-zesse im Sinne von Veränderungsprozessen der Selbst-, Fremd- und Weltbezüge mit Medienbezug. Das heißt, es wird in den Blick genommen wie durch Selbstrefle-xion Bedeutungszuschreibungen offengelassen oder vorgenommen werden (siehe 2.1 *Bildungstheorie nach Marotzki*). Dies ist insbesondere anschlussfähig an den ersten Bestandteil des Begriffs *Symbolischen Interaktionismus*. Zudem ist dieses Verständnis von Bildung von Marotzki (1990, 88 f.) mit Rückgriff auf den *Sym-bolischen Interaktionismus* entwickelt worden und lässt sich daher gut mit diesem vereinbaren. Zweitens findet durch den Einbezug des Konzepts der *Medialität* in das Begriffsverständnis von *Medien* der Symbolcharakter von Medien(-inhalten) explizit Berücksichtigung (siehe 2.2.1 *Medien und Medialität*). Drittens werden die gerade beschriebenen Bildungsprozesse im Kontext der Interaktionen von Paaren betrachtet. Hier werden, passend zum *Symbolischen Interaktionismus*, Interaktio-nen fokussiert in denen Bedeutungen hergestellt, verändert oder reproduziert werden (Denzin, 2017, 137 und Blumer, 1969, 2). Jedoch geht es viertens nicht einfach um Interaktionen, sondern – wie in der Forschungsfrage formuliert – darum, welche Bildungsprozesse die Paare im Zusammenhang mit ihren Interaktionen wahrneh-men. Es handelt sich also um die Rekonstruktion von subjektiven Sichtweisen, welche ebenfalls der Logik des *Symbolischen Interaktionismus* entspricht (Stryker, 1976, 259). Fünftens werden Paare nicht bloß als zwei miteinander unverbundene Personen betrachtet, sondern durch das Konzept der *Paaridentität* werden vielfäl-tige Symbole und deren (sich verändernde) Bedeutungen berücksichtigt (Simmel, 1985, 250 f. und Berger & Kellner, 1965). Auch dies passt mit der Perspektive des *Symbolischen Interaktionismus* zusammen. Folglich ist das Gegenstandsverständ-nis dieser Arbeit anschlussfähig an die wissenschaftstheoretische Perspektive des *Symbolischen Interaktionismus*.

Darüber hinaus ermöglicht die wissenschaftstheoretische Perspektive des *Sym-bolischen Interaktionismus*, dass die Aussagen der Interviewpaare hinsichtlich ihrer erlebten Bildungsprozesse ernst genommen werden. Denn nach dem *Thomas-Theorem* ist die Veränderung des Selbst-, Fremd- und Weltbezugs für eine Person real, wenn sie ein Erlebnis als eine solche Veränderung beschreibt, unabhänig davon, ob das Umfeld diese Veränderung ebenfalls attestieren würde.

5.3.2 Methodischer Fokus

Ähnlich wie beim Gegenstandsverständnis hat die wissenschaftstheoretische Perspektive einen Einfluss auf den methodischen Fokus einer Forschungsarbeit. Stryker beschreibt, ausgehend von dem *Thomas-Theorem*, welche Implikationen die Perspektive des *Symbolischen Interaktionismus* für den methodischen Fokus von Forschung hat:

> Thomas und Thomas' „Behauptung, daß dann, wenn eine Person eine Situation als real definiert, diese Situation in ihren Konsequenzen real ist, führt direkt zum fundamentalen methodologischen Prinzip des symbolischen Interaktionismus: Der Forscher muß die Welt aus dem Gesichtswinkel der Subjekte sehen, die er untersucht." (Stryker, 1976, 259)

Das bedeutet, dass aus der Perspektive des *Symbolischen Interaktionismus* die Rekonstruktion subjektiver Sichtweisen zentral ist. Daher lehnen nach Denzin (2017, 141) symbolische Interaktionist*innen 1.) allgemeine Theorien (über Gesellschaft) ab, 2.) wenden sich gegen objektivierende und quantifizierende Betrachtungen menschlicher Erfahrungen, 3.) kritisieren Theorien, die aus natur- oder wirtschaftswissenschaftlichen Fachdisziplinen übernommen wurden oder die Geschichtlichkeit nicht berücksichtigen. Stattdessen legen sie einen hohen Wert auf subjektive Erfahrungen und Biographien.

Insgesamt bedeutet das für den methodischen Fokus dieser Arbeit, dass mit der Perspektive des *Symbolischen Interaktionismus* a) Theorien nicht allgemein sein sollen, sondern spezifisch und an menschlichen Erfahrungen orientiert, b) die Rekonstruktion subjektiver Sichtweisen im Vordergrund steht und c) Biographien berücksichtigt werden müssen.

Um diesen Ansprüchen gerecht zu werden, wird in dieser Arbeit die Grounded Theory Methodologie nach Strauss und Corbin verwendet. Strauss – einer der Begründer der Grounded Theory Methodologie – wurde von Mead und Blumer inspiriert und hat mit der Entwicklung der Grounded Theory Methodologie versucht eine Theorieentwicklung im Sinne des *Symbolischen Interaktionismus* möglich zu machen (Corbin, 2021, 27 f. und Strauss & Corbin, 1990, 24 f.). An den folgenden vier Aspekten wird die Passung von *Symbolischem Interaktionismus* und Grounded Theory Methodologie deutlich. Diese beziehen sich jeweils auf die von Denzin (2017, 141) genannten Aspekte:

Zu 1.) Bei der Grounded Theory Methodologie wird Theorie nahe am Material entwickelt – das Ergebnis nennt sich gegenstandsbezogene Theorie (Strauss &

Corbin, 1990), 24. Insofern wird das Ergebnis dieser Arbeit keine allgemeine Theorie (über Gesellschaft) darstellen.

Zu 2.) In der Grounded Theory Methodologie geht es darum subjektive Sichtweisen zu rekonstruieren, um menschliches Handeln und menschliche Erfahrungen zu verstehen (Mey & Mruck, 2009, 103 & 137 und Strauss & Corbin, 1990, 19). Das heißt, es findet zum einen in dieser Arbeit keine Objektivierung oder Quantifizierung der beschriebenen Wahrnehmungen statt. Zum anderen wird subjektiven Erfahrungen ein hoher Stellenwert zugewiesen.

Zu 3.) Alle Theorien, auf die Bezug genommen wird, sind so gewählt, dass sie zur Perspektive des *Symbolischen Interaktionismus* passen bzw. unter Bezugnahme dieser Perspektive entwickelt wurden. Zusätzlich entstammen sie sozialwissenschaftlichen Fachdisziplinen.

Zu 4.) Bei der Grounded Theory Methodologie nehmen Interaktionen einen hohen Stellenwert ein, sodass *Handlungs- und Interaktionsstrategien* Teil des sogenannten Kodierparadigmas sind, welches dabei hilft, die im Material gefundenen Kategorien zueinander in Beziehung zu setzen (Strauss & Corbin, 1990, 100 ff.).

Des Weiteren werden bei der Datenerhebung die zu interviewenden Paare gebeten, ihre Beziehungsbiographie sowie die individuelle Medienbiographie zu erzählen, weil diese in Bezug zu den verwendeten Theorien zu medienbezogenen Bildungsprozessen und Paarbeziehungen für die Fragestellung gewinnbringend zu sein scheinen. Somit wird diese Arbeit auch dem Anspruch auf Berücksichtigung von Biographien gerecht.

Ergänzend erklären Hewitt, Mills, Hoare und Sheridan (2022, 27), dass die Perspektive des *Symbolischen Interaktionismus* Verhalten als eine interpretierende Reaktion auf Bedeutung versteht und dadurch die in der Grounded Theory Methodologie angewandte Praxis der Konzeptualisierung unterstützt wird.

5.4 Zwischenfazit

Abschließend lässt sich zusammenfassen, dass erstens in dieser Arbeit die wissenschaftstheoretische Perspektive des *Symbolischen Interaktionismus* eingenommen wird. Bei diesem geht es kurz formuliert darum, dass ‚Dinge' und Handlungen einen Symbolcharakter erhalten, indem Menschen (z. B. Gruppen von Personen oder Paare) ihnen in Interaktionen Bedeutungen geben. Dieser Symbolcharakter wirkt sich wiederum auf Interaktionen aus und bedarf immer der Interpretation (Blumer, 1969, 2). Diese Auswahl ist darin begründet, dass der *Symbolische Interaktionismus* dabei hilft, im Forschungsprozess den Fokus der Fragestellung beizubehalten und die Konzepte *Medialität* und *Paaridentität* zu berücksichtigen. Zweitens ist das Gegenstandsverständnis dieser Arbeit anschlussfähig an den *Symbolischen Interaktionismus*, weil die wissenschaftstheoretische Perspektive, der Fokus der Forschungsfrage, die Bildungstheorie, das Medienverständnis und der theoretische Bezugsrahmen zu Paarbeziehungen sich gut ineinanderfügen. Drittens wurde deutlich, dass mithilfe der Grounded Theory Methodologie den Ansprüchen des *Symbolischen Interaktionismus* hinsichtlich des methodischen Fokus gerecht werden kann.

Für die vorliegenden Arbeit wurde sich für ein *qualitatives* Forschungsdesign entschieden. Dies ist darin begründet, dass zur Beantwortung der Forschungsfrage die subjektiven Sichtweisen der Paare auf ihre medienbezogenen Paarinteraktionen sowie die Wahrnehmung eigener Bildungsprozesse rekonstruiert werden müssen, wofür qualitative Forschungsdesigns besonders geeignet sind (Strauss & Corbin, 1990, 19; Flick, 2009, 21 f. und Mey & Mruck, 2009, 100). Außerdem wird in dieser Arbeit ein weitgehend unerforschtes Thema betrachtet, sodass die Fragestellung nicht mithilfe von Literatur oder bereits durchgeführten Forschungsprojekten beantwortet werden kann. Folglich ist nicht genügend Vorwissen vorhanden, auf Basis dessen eine quantitative Erforschung des Themas bzw. die Beantwortung der Forschungsfrage möglich wäre. Also bedarf es eines offenen und explorativen Ansatzes, wofür qualitative Forschung ebenfalls prädestiniert ist (Flick, 2009, 21 f.; Silverman, 2006, 36 ff. und Lamnek, 2005, 243 ff.). Weiterhin wurde sich im Rahmen des qualitativen Forschungsparadigmas für die Grounded Theory Methodologie (GTM) entschieden.

In diesem Kapitel wird der methodologische und methodische Bezugsrahmen für die Empirie dieser Arbeit ausgearbeitet und begründet. Das Kapitel ist folgendermaßen aufgebaut: In Abschnitt 6.1 werden die GTM samt Varianten vorgestellt sowie ihre Auswahl und die Wahl der spezifischen Variante begründet. Anschließend werden in Abschnitt 6.2 fünf zentrale Elemente der GTM vorgestellt. Diese sind das theoretical Sampling, die theoretische Sensibilität, das Kodierparadigma, die Bedingungsmatrix und Memos. Darauf folgt die Beschreibung des Kodierprozesses in Abschnitt 6.3. Die bei einer Grounded-Theory-Studie zu berücksichtigen Gütekriterien werden in Abschnitt 6.4 aufgeführt. Abschließend wird in Abschnitt 6.5 ein Zwischenfazit mit den relevanten Aspekten für diese Arbeit formuliert.

© Der/die Autor(en) 2025
S. Schlachter, *Differenzerleben als Balanceakt*,
https://doi.org/10.1007/978-3-658-46014-3_6

6.1 Beschreibung der Grounded Theory Methodologie

Es folgt die Vorstellung der GTM. Anschließend wird die allgemeine Auswahl begründet. Daraufhin werden verschiedene Varianten der GTM beschrieben. Hierbei wird auf die Weiterentwicklungen der beiden Begründer Glaser und Strauss eingegangen sowie auf daraus folgenden Varianten. Abschließend wird begründet, wieso sich in dieser Arbeit für die GTM nach Strauss und Corbin entschieden wurde.

Grounded Theory Methodologie im Allgemeinen
Die GTM wurde von Barney Glaser und Anselm Strauss entwickelt. Strauss promovierte an der *University of Chicago* und wurde u. a. durch Mead und Blumer sowie durch Schriften zu Interaktionismus und Pragmatismus inspiriert. Glaser kam von der *Columbia University* und wurde von Lazarsfeld beeinflusst. Außerdem hatte seine Universität eine quantitative Forschungstradition (Strauss & Corbin, 1990, 24). Ziel der beiden war es systematisch Theorien aus qualitativem Datenmaterial zu generieren (Glaser & Strauss, 1967, 2). Kurz gesagt werden bei der GTM mithilfe von Kodes Konzepte aus dem Material entwickelt und deren Verbindungen zueinander bestimmt. So kann mit der aus den Daten generierte Theorie letztlich ein Phänomen mit seinen Ursachen, Bedingungen, Konsequenzen und seinem Kontext sowie den Strategien der beteiligten Personen erklärt werden (Strauss & Corbin, 1990). Strauss und seine Mitarbeiterin Juliet Corbin beschreiben die Grounded Theory selbst folgendermaßen:

> „The grounded theory approach is a qualitative research **method** that uses a **systematic** set of **procedures** to **develop** an inductively derived grounded **theory** about a **phenomenon**. The research findings constitute a theoretical formulation of the reality under investigation, rather than consisting of a set of numbers, or a group of loosely related themes. Through this methodology, the concepts and relationships among them are not only generated but they are also provisionally tested." (Strauss & Corbin, 1990, 24; Hervorhebungen im Original)

> „A **grounded theory** is one that is inductively derived from the study of the phenomenon it represents. That is, it is discovered, developed, and provisionally verified through systematic data collection and analysis of data pertaining to that phenomenon. Therefore, data collection, analysis, and theory stand in reciprocal relationship with each other." (Strauss & Corbin, 1990, 23; Hervorhebung im Original)

Die GTM ist also keine reine Auswertungsmethode, sondern beschreibt ein umfassendes, iteratives Verfahren von Samplebildung, über die Datenerhebung und der Kodierung des Materials bis zur Theoriebildung. Dieses findet dabei in einem zirkulären Prozess statt, welcher in Abschnitt 6.3 beschrieben wird (Strauss & Corbin,

1990, 22 f. und Mey & Mruck, 2009, 100 ff.). Aus diesem Grund unterscheiden Mey und Mruck (2009, 104) zwischen Grounded Theory Methodologie als *Forschungsansatz* bzw. als *Methodologie* und einer Grounded Theory als *Ergebnis* einer qualitativen Studie, welche mit dem Forschungsansatz der Grounded Theory Methodologie durchgeführt wurde. Dieser Differenzierung wird in dieser Arbeit gefolgt, denn sie hilft zwischen der Methodologie samt zugehöriger Methoden und dem Ergebnis begrifflich zu unterscheiden. Zusätzlich wird die Grounded Theory Methodologie als Methodologie eingeordnet, weil sie über das methodische Vorgehen hinaus auch die Haltung der Forschenden umfasst und sich intensiv mit dem Verhältnis von Theorie und Empirie auseinandersetzt. Es gibt jedoch Autor*innen, die den Begriff *Grounded Theory* für den Forschungsansatz nutzen. Teilweise geschieht dies unbegründet, teilweise mit der Begründung, dass die Grounded Theory für sie nur eine Methode ist und keine Methodologie, wenn auch eine methodologisch fundierte Methode (z. B. Müller & Skeide, 2018 und Tiefel, 2012, 501). Strauss und Corbin (1994) selbst nutzen beide Begriffe unsystematisch.

Entscheidungsbegründung für die GTM im Allgemeinen
In Kapitel 5 wurde bereits deutlich, dass die GTM nach Strauss und Corbin als methodologischer und methodischer Bezugsrahmen für diese Arbeit gewählt wurde, um den Ansprüchen der wissenschaftstheoretischen Perspektive gerecht zu werden. Ergänzend wurde sich für die GTM entschieden, weil sie nach Strauss und Corbin (1990) prädestiniert ist, um a) Interaktionen und b) Prozesse zu betrachten sowie c) subjektive Sichtweisen zu rekonstruieren und d) aus den Daten heraus eine Theorie zu einem Phänomen zu entwickeln, sodass dieses verstanden werden kann. Diese Aspekte sind bzgl. der Forschungsfrage dieser Arbeit relevant. Dies wird nachfolgend weiter ausgeführt:

Zu a) In der vorliegenden Arbeit werden nicht die erlebten medienbezogenen Bildungsprozesse einer Person in ihrem Leben erforscht. Der Fokus liegt stattdessen auf medienbezogenen Bildungsprozessen, welche im Zusammenhang mit Paarinteraktionen geschehen. Daher bedarf es einer Methodologie samt Methoden, mit der Interaktionen erfasst werden können. Dies ist mit der GTM möglich.
Zu b) Forschungsgegenstand der vorliegenden Arbeit sind medienbezogene Bildungsprozesse, sodass die gewählte Methodologie Prozesse und auch die Veränderung von Prozessen darstellen können muss. Wie das in der GTM umgesetzt wird, wird in Abschnitt 6.2.3 erklärt.
Zu c) Wie in Kapitel 4 ausgeführt, wird der Zugang zu den Bildungsprozessen über die Betrachtung der Subjektperspektive der Interviewten auf eigene

Bildungsprozesse gewählt. Das heißt, es bedarf einer Methodologie – wie der GTM –, die auf die Rekonstruktion subjektiver Sichtweisen abzielt.

Zu d) Das Ziel dieser Arbeit ist die Erstellung einer Theorie zu medienbezogenen Bildungsprozessen in Paarbeziehungen, um ein besseres Verständnis davon zu erhalten. Hierfür lässt die GTM genügend Offenheit zur Exploration was genau passiert. Zudem bietet sie eine regelgeleitete, überprüfbare und nachvollziehbare Vorgehensweise zur Theoriebildung (Glaser & Strauss, 1967, 1 ff. und Mey & Mruck, 2011, 11) sowie eine Möglichkeit die Erkenntnisse methodengeleitet zusammenzufassen (Flick, 2016, 387 ff.).

Varianten der GTM – Glaser und Strauss
Die GTM wurde zwar von Glaser und Strauss in den 1960er-Jahren entwickelt. Glaser hat sich jedoch Anfang der 1990er Jahre von Strauss' Veröffentlichungen zur GTM distanziert. So sind durch die Begründer letztendlich zwei Varianten der GTM entstanden. Strauss arbeitete seine Variante mit Corbin weiter aus (Tiefel, 2012).

Es bestehen drei zentrale Unterschiede zwischen den Varianten von Glaser und von Strauss und Corbin: a) die wissenschaftstheoretische Perspektive, b) der Umgang mit theoretischem Vorwissen und c) die Haltung zur Theorieprüfung.

Der erste Unterschied besteht im Hinblick auf die wissenschaftstheoretischen Perspektiven der beiden Begründer. Es wurde bereits geschildert, dass Strauss vom Interaktionismus und Pragmatismus beeinflusst wurde (Strauss & Corbin, 1990, 24 f.). Wohingegen Glaser aus der quantitativen Tradition der *Columbia University* kam und die Annahme einer objektiven Realität in seine Weiterentwicklung der GTM hineintrug. Weiterhin lehnte er im Gegensatz zu Strauss die Prämisse des Thomas-Theorems ab, welches für den *Symbolischen Interaktionismus* zentral ist (Strübing, 2021, 72). Ein zweiter Unterschied der jeweiligen GTM nach Strauss oder Glaser besteht in dem Umgang mit theoretischem Vorwissen. Bei der Variante nach Strauss und Corbin kommt dem Vorwissen durch professionelle und persönliche Erfahrungen oder durch Literaturrecherche eine besondere Bedeutung zu (Strauss & Corbin, 1990, 42 f.). Dieses Vorwissen ermöglicht es „die theoretische Relevanz von Aussagen [und] den möglichen theoretischen Gehalt von Empirie zu erkennen" (Mey & Mruck, 2009, 107). Außerdem hilft es, die entwickelte Grounded Theory in den Kontext anderer Theorien zu stellen und zu diskutieren (Strauss & Corbin, 1990, 49). Nichtsdestotrotz muss das Vorwissen offengelegt und immer wieder reflektiert werden (Strauss & Corbin, 1990, 48 ff. &75 ff. und Mey & Mruck, 2009, 106). Glaser hingegen lehnt den Einbezug von Vorwissen und Literatur vor dem Finden des Phänomens ab, weil dies die Relevanz beeinträchtige und den Forschungsprozess unnötig aufhalte (Glaser & Holton, 2004, Paragraph 46). Allerdings macht

Strübing (2021, 73 ff.) darauf aufmerksam, dass das *theoretische Kodieren* nach Glaser theoretisches Vorwissen voraussetzt und dass mit Glasers *Kodierfamilien* vielfältiges theoretisches Vorwissen in die Auswertung einbezogen wird. Insofern besteht der Unterschied vielmehr in dem Umgang mit dem theoretischen Vorwissen als in dessen Bewertung. Die Haltung zur Theorieprüfung stellt den dritten zentralen Unterschied dar. Laut Mey und Mruck sei Glasers Ablehnung von theoretischem Vorwissen mit ein Grund, dass die GTM „bis in die 80er Jahre des 20. Jahrhunderts hinein nicht selten dahingehend gedeutet [wurde], dass Nicht-Wissen bzw. der Verzicht auf jegliches Vorwissen [...] für die GTM im Besonderen charakteristisch [sei]"(Mey & Mruck, 2009, 105 f.). Diesem Verständnis verdankt die GTM u. a. den Ruf eines ausschließlich induktiven Vorgehens (Mey & Mruck, 2009, 105). Mey und Mruck erläutern, dass der Ruf der GTM als induktives Verfahren, außerdem „an einer einseitigen Rezeption der programmatisch vorgetragenen Positionen in *The Discovery of Grounded Theory* [läge]" (Mey & Mruck, 2009, 105). In der GTM nach Strauss und Corbin wird jedoch sowohl induktiv als auch deduktiv vorgegangen. So werden aus dem Material heraus Konzepte gebildet – es wird also induktiv vorgegangen. Anhand dieser entwickelten Konzepte und deren Verbindungen untereinander werden deduktiv Hypothesen gebildet. Diese Konzepte und Hypothesen werden immer wieder am Material geprüft. Dabei wird zu Beginn der Auswertung häufiger induktiv verfahren und gegen Ende öfter deduktiv (Strauss & Corbin, 1990, 111 f. und Mey & Mruck, 2009, 105 & 118). Das heißt, die Überprüfung der Plausibilität und der Passung der entwickelten Grounded Theory zu dem Datenmaterial gehört bei der Variante nach Strauss und Corbin dazu. Strübing (2021, 79 ff). hat herausgearbeitet, dass Glaser hingegen die Erfüllung der Gütekriterien – Passung, Funktionsfähigkeit und Relevanz – durch die bloße Anwendung der GTM erfüllt sieht. So ist bei Glaser kein deduktives Vorgehen zur Überprüfung der Grounded Theory vorgesehen bzw. wird sogar von ihm abgelehnt.

Varianten der GTM – Clarke, Schatzmann, Charmaz
Ausgehend von den zwei Varianten von Strauss und Corbin einerseits und Glaser andererseits sind weitere Varianten entwickelt worden. Ausgehend von Strauss' Variante haben Adele Clarke (siehe z. B. Clarke, 2021) die *Situationsanalyse* und Leonard Schatzman (siehe z. B. Bowers & Schatzman, 2021) die *Dimensionsanalyse* hervorgebracht. Außerdem hat Kathy Charmaz die *konstruktivistische Grounded Theory Methodologie* ausgearbeitet (siehe z. B. Charmaz, 2021 und Charmaz, 2011). Diese drei Varianten der GTM der sogenannten zweiten Generation werden nun kurz vorgestellt, um anschließend die Auswahl der konkreten Variante der GTM begründen zu können. Dies ist notwendig, weil die entwickelten Varianten z. T. unterschiedliche Perspektiven einnehmen und für verschiedene Zwecke mehr

oder weniger geeignet sind, sodass eine begründete Entscheidung der Transparenz des Forschungsprozesses dient. „Clarke erweitert die GTM durch Anleihen aus der Diskursforschung/-analyse und der Akteur-Netzwerk-Theorie, um so den Zugang z. B. auf Diskurse oder nicht-humane Aktanten zu ermöglichen" (Mey & Mruck, 2020, 518). So hat Clarke die GTM um verschiedene *Maps* ergänzt, die entweder den Analyseprozess unterstützen sollen oder die Ergebnisse in einen größeren Kontext einordnen (Strübing, 2021, 119 ff.). Bowers und Schatzman (2021) beschreiben, dass bei der *Dimensionsanalyse* Dimensionen von Kategorien fokussiert werden. Daher sollen erst Vergleiche vorgenommen werden, wenn bereits viele Dimensionen aus den Daten entwickelt wurden. Des Weiteren hebt Schatzmann die Beachtung der Perspektive der beforschten und forschenden Personen in seiner Variante der GTM hervor. Die *konstruktivistische Grounded Theory Methodologie* nach Charmaz fokussiert kurz gesagt die Rolle der Forschenden im gesamten Forschungsprozess und fordert eine Reflexion dieser Rolle. Insofern legt Charmaz auch ein Augenmerk auf die Materialgewinnung. Zudem hat sie eigene Kodierprozeduren ausgearbeitet, welche sich an dem offenen und axialen Kodieren von Strauss und Corbin und Glasers theoretischen Kodieren anlehnen (Strübing, 2021, 109 ff.). Im Hinblick auf diese verschiedenen Entwicklungen und Varianten wird deutlich, dass bei einer Grounded-Theory-Methodologie-Studie immer benannt und begründet werden muss, welche Variante verwendet wird.

Entscheidungsbegründung für die GTM nach Strauss und Corbin
Für diese Arbeit wurde sich für die Variante der GTM von Strauss und Corbin entschieden, weil diese im Hinblick auf die drei zentralen Unterschiede zwischen der Strauss'schen und der Glaserschen Variante passender ist und die drei prominentesten Weiterentwicklungen der zweiten Generation für die Bearbeitung der Forschungsfrage keinen nennenswerten Mehrwert darstellen. Diese Gründe werden nachfolgend ausgeführt:

1.) **Wissenschaftstheoretische Perspektive**
   In Kapitel 5 wurde bereits deutlich, dass die GTM nach Strauss und Corbin den Ansprüchen der wissenschaftstheoretischen Perspektive dieser Arbeit gerecht wird. Insofern ist Glasers Variante diesbezüglich nicht passend.
2.) **Umgang mit theoretischem Vorwissen**
   Glasers inkonsequent umgesetzter Position, vor dem Finden des Phänomens keine Literatur hinzuzuziehen, steht die Vorgehensweise dieser Arbeit gegenüber. Diese beruht auf der Ansicht, dass den Paaren Mithilfe von Literatur wesentlich früher im Forschungsprozess ergiebige Fragen gestellt werden können, als ohne

Literatur. Hier ist also der reflektierte Umgang mit theoretischem Vorwissen nach Strauss und Corbin geeigneter.

3.) Haltung zur Theorieprüfung

Glasers Annahme Gütekriterien alleine durch die Anwendung der GTM zu erfüllen wird von der Autorin kritisch gesehen. Insofern wird bevorzugt die Grounded Theory bei der Entwicklung immer wieder am Material zu prüfen und die von Strauss und Corbin (1990, 251 ff). formulierten Gütekriterien zu berücksichtigen.

4.) Kein Mehrwert durch die Weiterentwicklungen

Die *Situationsanalyse* nach Adele Clarke (Clarke, 2021) wäre eine interessante Variante, wenn medienbezogene Bildungsprozesse ohne Bezug zu Paarinteraktionen in dieser Arbeit betrachtet würden. So könnten Medien an sich Einzug in die Analyse finden. Da die Paarinteraktionen jedoch zentraler Teil der Forschungsfrage sind, ist die GTM nach Strauss und Corbin für dessen Bearbeitung geeigneter. Die Erweiterungen der *Dimensionsanalyse* nach Schatzman und der *konstruktivistischen Grounded Theory Methodologie* nach Charmaz stellen keinen Mehrwert für die Bearbeitung der Forschungsfrage dieser Arbeit im Vergleich zur Variante nach Strauss und Corbin dar. Zwar stimmt die Autorin mit Schatzmann überein, dass Dimensionierungen gerade bei Rezeptionen der GTM zu kurz kommen. Nichtsdestotrotz reicht die Berücksichtigung der Dimensionierungen aus, wie sie bei Strauss und Corbin (1990) beschrieben ist.

In dieser Arbeit wird also die GTM nach Strauss und Corbin angewendet und sich insbesondere auf das Methodenbuch *Basics of Qualitative Research: Grounded Theory Procedures and Techniques* von Strauss und Corbin (1990) bezogen. Die Wahl der ersten Ausgabe dieses Methodenbuchs von 1990 ist darin begründet, dass Strauss 1996 verstarb und somit alle weiteren Ausgaben zunehmend die Weiterentwicklung der GTM von Corbin darstellen. Dies wird auch in einem Interview mit Corbin deutlich (Cisneros-Puebla, 2004). So steht bei Corbin und Strauss (2015) der Kontext des Phänomens im Vordergrund, während die anderen Elemente des Kodierparadigmas und auch das Kodierparadigma selbst wenig Erwähnung finden. Zusätzlich werden die Ausdrücke *axiales* und *selektives Kodieren* nicht mehr verwendet, auch wenn sich zumindest das axiale Kodieren inhaltlich wiederfinden lässt. Zudem überzeugt die stärker von Strauss beeinflusste erste Ausgabe von 1990 durch ihre begriffliche Schärfe und handlungsleitende Aufarbeitung.

6.2   Zentrale Elemente der Grounded Theory Methodologie

Nachdem die Grundzüge der GTM beschrieben wurden sowie die Entscheidung für die gewählte Variante nach Strauss und Corbin begründet wurde, werden nun fünf zentrale Elemente der GTM erläutert. Diese sind das theoretical Sampling (6.2.1), die theoretische Sensibilität (6.2.2), das Kodierparadigma (6.2.3), die Bedingungsmatrix (6.2.4) und Memos (6.2.5).

6.2.1   Theoretical Sampling

Das *theoretical Sampling* beschreibt das Vorgehen, wie die Gruppe der beforschten Personen gebildet und die Auswahl des Materials getroffen wird. Bei der Samplebildung geht es im Sinne der GTM nicht um die Frage nach der Verteilung soziodemografischer Merkmale, um auf diese Weise eine Verallgemeinerbarkeit auf die Grundgesamtheit zu erreichen. Stattdessen stehen inhaltliche Merkmale im Vordergrund. Ziel des Samplings ist es, Informationen zu erhalten, die helfen, das Phänomen verstehen und erklären zu können sowie die Theorie durch Variationen breiter zu gestalten. Insofern ist die Frage nach der Verallgemeinerbarkeit bzw. der Übertragbarkeit bei der GTM eine andere (Strauss & Corbin, 1990, 190). Nach Strauss und Corbin (1990, 251) ist die Verallgemeinerbarkeit bzw. Übertragbarkeit desto größer, je systematischer und vielfältiger das Sample gefasst ist und je mehr Variationen des Phänomens in die Grounded Theory integriert wurden. Nichtsdestotrotz bezieht sich eine sogenannte *substantive Grounded Theory* – wie sie in dieser Arbeit angestrebt wird – immer auf ein bestimmtes Phänomen in einem bestimmten Kontext (Strauss & Corbin, 1990, 174). Strübing (2021) erklärt ergänzend, dass eine *konzeptuelle Repräsentativität* angestrebt wird. Der GTM gehe es somit „nicht um statistische Repräsentativität und damit um den das gesamte Material umfassenden, vollständigen Nachweis aller Fälle […], in denen Indikatoren für das fragliche Konzept zu finden sind" (Strübing, 2021, 35).

Beim *theoretical Sampling* müssen die Forschenden eine Grundhaltung der Offenheit einnehmen und das Sample sukzessive erst im Forschungsprozess bilden. Das heißt, dass sich in der GTM die Phasen Erhebung und Auswertung abwechseln (Strauss & Corbin, 1990, 180 und Mey & Mruck, 2009, 111 ff.). Entsprechend zur Auswertung wird auch bei der Samplebildung offen, axial und selektiv vorgegangen. Dieser Ablauf ist in Abbildung 6.1 dargestellt.

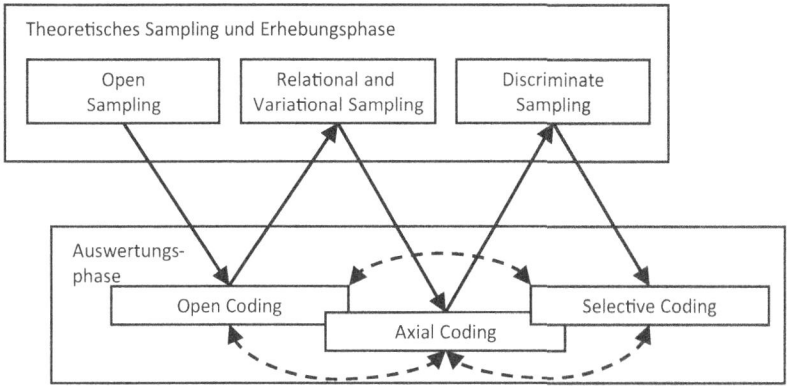

Abbildung 6.1 Visualisierung der parallelen Erhebungs- und Auswertungsphase

Zum ersten Schritt – dem *open Sampling* – schreiben Strauss und Corbin: „At first, we are open to all possibilities and it is this **openness, rather than specificity, that guides initial sampling choices**" (Strauss & Corbin, 1990, 181; Hervorhebung im Original). Hier ist es eine akzeptable Strategie, die Fälle einzuschließen, bei denen sich die Personen bereiterklären an der Erhebung teilzunehmen oder verfügbare Dokumente o. Ä. zu nutzen. Im nächsten Schritt – dem *relational and variational Sampling* – liegt der Fokus darauf, die in der Analyse entdeckten Verbindungen von Konzepten zu validieren und neue Verbindungen zu entdecken. Hierzu können entweder systematisch bzgl. theoretischer Aspekte Fälle ausgewählt werden oder es werden bewusst Fälle eingeschlossen, die sich in bestimmten Merkmalen von den bisherigen unterscheiden. Beides ist schwierig, wenn nur die Personen zur Auswahl stehen, die sich von selbst melden oder nur bereits vorliegende Dokumente genutzt werden können. Eine weitere Herausforderung besteht darin, wenn die Fälle nicht weiter bekannt sind, dass vor der Erhebung nicht einschätzbar ist, ob diese sich in irgendeiner Weise von den vorherigen Fällen unterscheiden. Ist die Rekrutierung von Fällen jedoch nicht anders möglich, kann dies laut Strauss und Corbin (1990, 185 f.) so gehandhabt werden und funktionieren, es dauert nur ggf. länger, verschiedene Variationen zu finden. Beim letzten Schritt – dem *discriminate Sampling* – werden Fälle ganz bewusst ausgewählt oder zu alten Fällen zurückgekehrt, um die entwickelte Grounded Theory zu überprüfen und Lücken zu schließen (Strauss & Corbin, 1990, 187). Die Erhebungsphase ist abgeschlossen, wenn eine *theoretical Saturation* – also eine *theoretische Sättigung* – eingetreten ist. Das heißt, wenn weitere Interviews keine weiteren Erkenntnisse bringen würden bzw. die Theorie hinreichend durch die Datengrundlage gestützt wird (Strauss & Corbin, 1990, 188). Diesbezüglich merken Truschkat, Kaiser-Belz und Volkmann (2011) an, dass es ist wichtiger ist, die vorhandenen Daten tiefgehend zu analysieren, gefundene Kategorien herauszuarbeiten und mit anderen in Verbindung zu setzen, um so die Kategorien zu entdecken, die für das Phänomen besonders relevant sind, statt besonders viele Daten zu erheben.

6.2.2 Theoretische Sensibilität

Wie in Abschnitt 6.1 beschrieben kommt dem Vorwissen in der GTM nach Strauss und Corbin ein besonderer Stellenwert zu. Um jedoch zu verhindern, dass aufgrund des Vorwissens vielmehr Dinge in das Material hineininterpretiert werden, als aus dem Material heraus, beschreiben Strauss und Corbin (1990, 75 ff.) Techniken, um die theoretische Sensibilität zu steigern. Ideen, die aus diesen Techniken entstehen gelten als vorläufig und müssen sich in dem Material wiederfinden lassen. Für die praktische Anwendung gilt, dass diese Techniken nicht auf das ganze Material angewendet werden sollten. Sie eigenen sich für die ersten Interviews und immer wieder, wenn eine gedankliche Blockade auftaucht (Strauss & Corbin, 1990, 93 ff.). Die von Strauss und Corbin (1990, 75 ff.) beschriebenen Techniken können zu den drei Folgenden zusammengefasst werden: das Fragen stellen, das Fokussieren einzelner Worte und Sätze und das Vergleichen. Diese Techniken werden nachfolgend erläutert. Mey und Mruck (2009, 143 ff.) empfehlen ergänzend eine Auswertung des Materials in sogenannten Kodiergruppen, um den Einbezug theoretischen Vorwissens zu reflektieren und Interpretationen kommunikativ zu Validieren.

Fragen stellen
Zum ‚Aufbrechen' des Materials werden Fragen gestellt, um Kategorien und deren Eigenschaften oder Dimensionen zu entdecken. Strauss und Corbin (1990, 77 ff.) führen als mögliche Fragen folgende auf: Wer? Wann? Wo? Was? Wie? Wie viel(e)? Wie oft? Wie lange? und Warum? Hierzu ergänzen Mey und Mruck (2009, 120) Fragen nach dem ‚womit' und ‚wozu'. Darüber hinaus hat Tiefel (2005, 68) die folgenden Fragen ergänzt, die die Rekonstruktion von Bildungsprozessen mit der GTM unterstützen sollen:

- „Sinnperspektive ([...]bezogen auf die Rekonstruktion des Selbstbildes): Wie präsentiert sich der Informant/ die Informantin? Was sagt die Person über sich? Wie stellt sie sich dar? Was wird nicht genannt? Welche Orientierungen sind für die

Informantin/ den Informanten relevant? (Normen, Werte, Wissenschaften, Allgemeinplätze etc.)
- Strukturperspektive: ([...]die Rekonstruktion des Weltbildes): Welche Rahmen und Bedingungen werden als wichtig oder relevant für die Möglichkeiten und den Aktionsraum der eigenen Person dargestellt/ deutlich? Was sind orientierungsgebende Annahmen, Vorstellungen oder Positionen? Welche sozialen Beziehungen, institutionellen oder gesellschaftlich/ historischen Zusammenhänge werden für die eigene Person als wichtig gekennzeichnet?
- Handlungsweisen: welche Aktivitäten/ Interaktionen beschreibt die Informantin/ der Informant? Wie ist es mit der Wahrnehmung von und dem Umgang mit Optionen bestellt? Sind die Strategien eher aktiv oder passiv, zielgerichtet oder tentativ suchend?"(Tiefel, 2005, 72)

Die aufgeführten Fragen können vielleicht nicht an dem bereits vorhandenen Material beantwortet werden, können aber die Sensibilität in den folgenden Interviews erhöhen, genau hinzuhören und nachzufragen. Ebenso können sie beim *theoretical Sampling* helfen (Strauss & Corbin, 1990, 77 ff. und Mey & Mruck, 2009, 120 ff.).

Fokussieren einzelner Worte und Sätze
Ergänzend zum Fragen stellen an das Material empfehlen Strauss und Corbin (1990, 92 f.), dass bei Worten und Sätzen im Interviewmaterial oder in den eigenen Überlegungen, wie z. B. „immer", „nie", „das kann unmöglich so sein", „das braucht nicht weiter diskutiert werden" und Ähnlichem, hinterfragt werden muss, was dort genau passiert. Sie nennen es „waving the red flag" (Strauss & Corbin, 1990, 91).

Vergleiche anstellen
Eine weitere Technik ist das Anstellen von Vergleichen. Hier kann mit *minimalen* und *maximalen Kontrasten* gearbeitet werden. Entweder kann Datenmaterial miteinander verglichen werden oder es werden Daten mit hypothetischen Situationen oder Vorgängen verglichen. Weiterhin kann Material miteinander verglichen werden, dass sich insgesamt minimal oder maximal ähnlich ist oder es wird ein Vergleich vorgenommen, bei dem sich nur eine Eigenschaft maximal unterscheidet. Die Umkehrung einer extremen Eigenschaft in das andere Extrem wird dabei als *Flip-Flop-Technik* bezeichnet. Dies kann dabei helfen weitere relevante Dimensionen zu finden oder auf Eigenschaften aufmerksam zu werden, die vorher zu selbstverständlich waren, um zur Kenntnis genommen zu werden. Außerdem unterstützt dieses Vorgehen das Lösen von den eigenen Erfahrungen und Vorwissen aus der Literatur (Strauss & Corbin, 1990, 84 ff.).

6.2.3   Kodierparadigma

Das Kodierparadigma ist in der Anwendung der GTM nach Strauss und Corbin ein wichtiges Werkzeug, um Daten systematisch miteinander zu verbinden. Sie beschreiben die Elemente des Kodierparadigmas und ihre Verbindungen folgendermaßen:

> „[O]ur focus is on specifying a category (*phenomenon*) in terms of the conditions that give rise to it; the *context* (its specific set of properties) in which it is embedded; the action/interactional *strategies* by which it is handled, managed, carried out; and the *consequences* of those strategies." (Strauss & Corbin, 1990, 97; Hervorhebungen im Original)

Zu den vier im Zitat genannten Elementen des Kodierparadigmas – *Phänomen, Kontext, Strategien* und *Konsequenzen* – gehören zudem die *ursächlichen und intervenierenden Bedingungen* (Strauss & Corbin, 1990, 97). Bei den *ursächlichen Bedingungen* geht es um die Dinge, die zu zum Auftreten oder der Entwicklung des Phänomens führen. Die *intervenierenden Bedingungen* stellen den größeren strukturellen Kontext dar, durch den die Handlungs- oder Interaktionsstrategien entweder eingeschränkt oder erleichtert werden, wie z. B. Zeit, Raum, Kultur, ökonomischer und auch technologischer, Geschichte und individuelle Biographie. Zu diesen Bedingungen muss sich wiederum verhalten werden. Die intervenierenden Bedingungen sind besonders bedeutsam, da sie erklären, warum eine Person bestimmte Ergebnisse erreicht oder bestimmte Strategien wählt, während eine andere Person das nicht tut (Strauss & Corbin, 1990, 100 ff. & 125). Der *Kontext* kann im Sinne von Strauss und Corbin (1990, 131) als Anordnung von Eigenschaften des Phänomens gesehen werden, die in verschiedenen Kombinationen auftreten und auf diese Weise bestimmte Muster bilden, welche wiederum mit bestimmten Strategien zusammenhängen. Mey und Ruppel merken außerdem an, dass *Strategien* „Nicht-Handlungen bzw. Unterlassungen, Handlungsmöglichkeiten, situativ-interaktionistische Phänomene sowie deren Konsequenzen [beinhalten können]" (Mey & Ruppel, 2016, 280).

Mithilfe des Kodierparadigmas können die Beziehungen zwischen den Kategorien grafisch dargestellt werden, um die Zusammenhänge optisch besser ordnen zu können. In Abbildung 6.2 ist eine mögliche Form des Kodierparadigmas dargestellt. Weiterhin ist zu erwähnen, dass es viele verschiedene Möglichkeiten gibt, die Zusammenhänge zwischen den Kategorien darzustellen und das sich hierbei dem jeweiligen Thema und Phänomen angepasst wird (Strübing, 2021, 110).

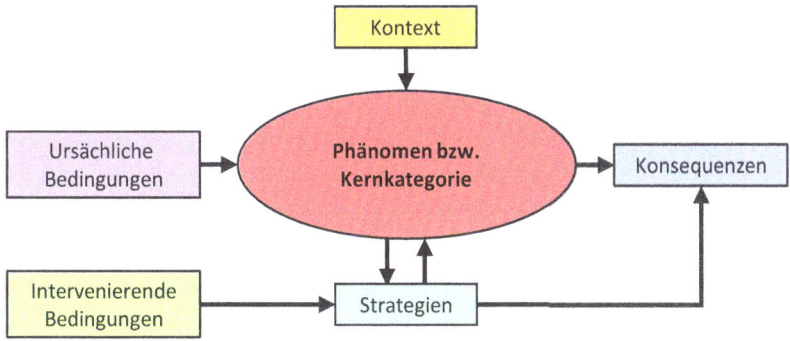

Abbildung 6.2 Kodierparadigma

Des Weiteren kann durch das Kodierparadigma die Prozesshaftigkeit es Phänomens herausgearbeitet werden. Denn für Strauss und Corbin (1990, 157) sind Prozesse ein wesentlicher Bestandteil einer Grounded Theory. Erst durch Prozesse komme Leben in die Daten und aus einer statischen Grounded Theory würde eine dynamische. Mit Prozessen meinen Strauss und Corbin (1990, 143 ff.) Sequenzen von Strategien, bei denen sich durch die Anwendung einer Strategie die Ausgestaltung des Kontexts oder der intervenierenden Bedingungen verändert, sodass andere Strategien möglich oder nötig werden und somit auch andere Konsequenzen folgen. Im Zuge der Auswertung werden die Veränderungen auf ihre Dimensionen und Eigenschaften hin betrachtet. So kann eine Veränderung z. B. geplant oder ungeplant, schnell oder langsam sowie einen großen oder kleinen Einfluss haben. Des Weiteren wird betrachtet welche Bedingungen und korrespondierenden Strategien den Prozess voranbringen, bremsen oder umkehren und inwiefern sich Strategien verändern oder gleich bleiben. Hierbei müssen die verschiedenen Variationen Berücksichtigung finden, wie Personen die Prozesse durchlaufen (Strauss & Corbin, 1990, 144 ff.).

6.2.4   Bedingungsmatrix

Als weiterer Schritt der Auswertung nennen Strauss und Corbin (1990, 158 ff.) die *Conditional Matrix* – also die Bedingungsmatrix. Hierbei werden die verschiedenen Bedingungen und Kontexte je nach Entfernung zum Phänomen sortiert. So gibt es verschiedene Bedingungen, die sehr nahe am Phänomen sind, wie z. B. die Biographie und das Wissen der Personen, und Bedingungen, die weiter vom

Phänomen entfernt sind, wie z. B. politische und kulturelle Bedingungen. Mithilfe dieser Matrix sollen die direkten und indirekten Einflüsse zwischen den Bedingungen verfolgt und erklärt werden. Zudem hilft diese Form der Darstellung, die Verbindungen der entwickelten Kategorien untereinander systematisch darzulegen und zu überprüfen.

6.2.5 Memos

Die sogenannten Memos sind ein charakteristisches Element der GTM. Memos sind Notizen, die zu unterschiedlichen Aspekten während des gesamten Forschungsprozesses gemacht werden und diesen auf vielfache Weise unterstützen. So hilft Memo Schreiben a) sich vom Material zu entfernen und zu abstrahieren, b) Lücken in der sich entwickelnden Theorie und den dazugehörigen Hypothesen zu identifizieren, c) den Überblick über Ideen zu Verbindungen der Kategorien zu behalten, d) den Prozess der Theorieentwicklung nachvollziehen zu können und e) den kreativen Prozess der Konzeptentwicklung zu fördern (Strauss & Corbin, 1990, 198 ff. und Glaser & Strauss, 1967, 108 ff.).

Hierfür gibt es vier verschiedene Formen von Memos: 1.) Planungsmemos, in denen die bereits durchgeführten und die folgenden Schritte festgehalten werden; 2.) Methodenmemos, in denen die Auswertungsstrategie erläutert wird sowie getroffene Entscheidungen und Modifikationen im Erhebungs- und Auswertungsverlauf dokumentiert werden; 3.) Auswertungs- und Theoriememos, in denen Gedanken und Ideen zu den Konzepten und deren Verbindungen zueinander festgehalten werden und 4.) Kodenotizen, welche den Kode beschreiben und helfen, diese einheitlich zu vergeben (Strauss & Corbin, 1990, 197 ff.; ergänzend: Mey & Mruck, 2009, 114;Mey & Mruck, 2011, 38 ff. und Saldaña, 2013, 51 f.).

Das Schreiben der Memos unterscheidet sich in den verschiedenen Phasen des Kodierens – so wie das theoretical Sampling auch. Beim offenen Kodieren ist es besonders wichtig, dass zu allen Kodes Kodenotizen erstellt werden. Zudem sollten Interpretationen, Fragen, Eindrücke und erste Ideen in Memos festgehalten werden, z. B. wie die Kodes miteinander zusammenhängen und welche Eigenschaften oder Dimensionen sie besitzen. Weiterhin werden beim offenen Kodieren Planungsmemos genutzt, um Gedanken zum theoretical Sampling festzuhalten (Strauss & Corbin, 1990, 204 ff.). Das Vorgehen beim axialen Kodieren wird in Auswertungs- und Theoriememos dokumentiert, um die Interpretationslinien nachvollziehbar darlegen zu können und den Einbezug von persönlichem Vorwissen zu reflektieren. Hier ist es üblich Diagramme in die Memos zu integrieren und so die vermuteten Verbindungen zu visualisieren. Dies kann in Form von *Miniframeworks* oder in Form eines

Kodierparadigmas erfolgen (Strauss & Corbin, 1990, 113). Beim selektiven Kodieren stehen die Theoriememos im Vordergrund. Dort werden Lücken in der Theorie, in den Verbindungen, den Eigenschaften und Dimensionen gefüllt. Dabei wird die Visualisierung der Theorie fortgeführt, mit der beim axialen Kodieren begonnen wurde. Letztendlich wird mithilfe der Memos die gegenstandsbezogene Theorie formuliert (Glaser & Strauss, 1967, 108 ff. und Mey & Muck, 2009, 113 f.).

6.3   Kodierprozeduren

Bei der Auswertung nach der GTM wird das Material kodiert. Das heißt, das Material wird ‚aufgebrochen', mit Konzepten versehen und auf eine neue Weise wieder zusammengefügt (Strauss & Corbin, 1990, 57). Dabei wird nacheinander, jedoch in sich überschneidenden Phasen, offen, axial und selektiv kodiert. Hierbei ist zu berücksichtigen, dass die Trennung zwischen den Kodierschritten künstlich gezogen ist. Die Übergänge sind eher fließend (Strauss & Corbin, 1990, 57 ff.). Während der verschiedenen Phasen des Kodierens, werden Memos angefertigt.

6.3.1   Offenes Kodieren

Bei der GTM wird mit dem offenen Kodieren begonnen. Das offene Kodieren wird von Strauss und Corbin folgendermaßen beschrieben:

> „The process of breaking down, examining, comparing, conceptualizing, and categorizing data." (Strauss & Corbin, 1990, 61)

Das heißt, beim offenen Kodieren wird das Material erst einmal mithilfe der Techniken zur Steigerung der theoretischen Sensibilität ‚aufgebrochen', konzeptualisiert und kategorisiert. Dazu wird zuerst eine Passage für den Einstieg ausgewählt. Hierzu eignen sich nach Mey und Muck insbesondere „diejenigen Stellen, bei denen den interessierenden Phänomenen eine zentrale Rolle zukommt sowie Passagen, die entweder eine starke emotionale Beteiligung [oder] aufseiten der Forschenden Irritationen hervorrufen bzw. besonders unverständlich scheinen" (Mey & Muck, 2009, 119). Als nächstes wird die Passage aus dem Material in Segmente bzw. in sogenannte Sinneinheiten zerlegt. Das können einzelne Wörter oder Sätze sein. Zu Beginn des Kodierens wird dabei kleinteilig vorgegangen. Dann gibt es wieder Passagen, bei denen größere Sinneinheiten betrachtet werden, bis wieder auf eine Passage gestoßen wird, in der entweder das untersuchte Phänomen auftaucht oder Irritation, Unverständnis oder Emotionen bei den Forschenden ausgelöst werden (Strauss & Corbin, 1990, 72 f. und Mey & Mruck, 2009, 116 ff.). Es ist wichtig, langsam und genau zu lesen sowie sich auf den Text einzulassen. Die Personen, die die Auswertung erstellen, müssen sich dabei bewusst machen, dass Worte und Sätze von anderen Menschen anders verstanden und ihnen andere Bedeutungen beigemessen werden. Bei dem offenen Kodieren sind daher die Techniken zur Steigerung der theoretischen Sensibilität besonders relevant. Um die entwickelten Ideen festzuhalten werden Kodes vergeben. Dabei ist zu beachten, dass Kodes lediglich eine Bezeichnung sind für Konzepte, die im empirischen Material gefunden wurden – keine Beschreibung. Hierbei gibt es die Möglichkeit a) Kodes frei zu entwickeln, b) sogenannte In-vivo-Kodes zu vergeben, welche ein Konzept mit einer Wortwahl aus dem Material benennen oder c) geborgte Kodes zu benutzen, dessen Ausdrücke aus dem Kontext von theoretischem Vorwissen gewonnen wurden (Strauss & Corbin, 1990, 67 ff. und Mey & Mruck, 2009, 114 ff.). Es ist zu empfehlen zu jedem Kode, wie bereits beschrieben, eine Kodenotiz zu erstellen. Die Kodes sollten nicht zu kleinteilig und spezifisch sein, sodass es möglich ist, Eigenschaften und Dimensionen sowie verschiedene Variationen des Konzepts zu finden. Mit Eigenschaften und Dimensionen sind verschiedene Ausprägungen der jeweiligen Konzepte gemeint (Strauss & Corbin, 1990, 61 ff.). Z. B. kann es zur *medieninduzierten Paarkommunikation* verschiedene Kommunikationsformen als Eigenschaften geben und die Häufigkeit dieser Kommunikation kann als Dimension festgehalten werden.

6.3.2 Axiales Kodieren

Wurde eine Vielzahl an Kodes erstellt, werden zum einen ähnliche Kodes zu Kategorien zusammengefasst und zum anderen die Zusammenhänge zwischen diese Kategorien herausgearbeitet – hier beginnt das axiale Kodieren (Strauss & Corbin, 1990, 96). Strauss und Corbin beschreiben es folgendermaßen:

> „A set of procedures whereby data are put back together in new ways after open coding, by making connections between categories. This is done by utilizing a coding paradigm." (Strauss & Corbin, 1990, 96)

Ein wichtiges Werkzeug beim axialen Kodieren ist also das Kodierparadigma. Mit seiner Hilfe entsteht ein System aus Kategorien mit dazugehörigen Dimensionen und Eigenschaften sowie erste Hypothesen, wie die Kategorien miteinander in Verbindung stehen. Auf Grundlage des so entstehenden Kategoriensystems wird weiteres Material gesichtet. Dies geschieht nun gezielter, sodass bewusst Worte, Sätze oder Sequenzen aus demselben Interview oder aus anderen Interviews miteinander verglichen werden. Dabei werden über *minimale Kontraste* Gemeinsamkeiten herausgearbeitet sowie die Kategorien und die Hypothesen zu ihren Zusammenhängen geprüft. Bei *maximalen Kontrasten* geht es vielmehr um Unterschiede und darum, die Breite des Untersuchungsgegenstandes zu berücksichtigen. Das heißt, wenn Fälle gefunden werden, in denen die Zusammenhänge anders sind oder andere Aspekte als Bedingungen, Kontext, Strategien oder Konsequenzen auftauchen, führt dies nicht automatisch zum Verwerfen der bisherigen Zusammenhänge oder Kategorien. Konnten sie bereits an anderer Stelle im Material gefunden werden, deuten die entdeckten Aspekte auf bisher „unbeobachtete Variationen der untersuchten empirischen Phänomene [hin und führen damit zu einer] Erweiterung der Theorie, nicht zu ihrer Verwerfung" (Kelle, 1997, 332 f.). Bei beiden Arten des Vergleichens wird weiter nach Dimensionen und Eigenschaften gesucht (Strauss & Corbin, 1990, 107 ff. und Mey & Mruck, 2009, 112 ff. & 129 f.). Können bedeutsame Textstellen nicht zu einem vorhandenen Kode bzw. einer Kategorie zugeordnet werden, wird ein neuer Kode erstellt. Durch dieses Vorgehen werden die Kategorien stetig verdichtet (Mey & Mruck, 2009, 140 f.). Aufgrund des zirkulären Vorgehens in der GTM können auf Phasen des axialen Kodierens Phasen des offenen Kodierens folgen. Tendenziell wird das Vorgehen kontinuierlich gezielter, weil das Wissen über das Phänomen zunimmt. Gegen Ende der Auswertung werden die Phasen des offenen Kodierens seltener und das selektive Kodieren rückt in den Vordergrund (Mey & Mruck, 2009, 117 f. & 132).

6.3.3 Selektives Kodieren

Strauss und Corbin (1990, 117) beschreiben das selektive Kodieren als eine abstraktere Form des axialen Kodierens. Sie beschreiben es folgendermaßen:

> „The process of selecting the core category, systematically relating it to other categories, validating those relationships, and filling in categories that need further refinement and development." (Strauss & Corbin, 1990, 116)

Das heißt es geht beim selektiven Kodieren darum, das zentrale Phänomen zu finden und somit die Kernkategorie zu bestimmen sowie die Zusammenhänge zu den weiteren Kategorien auszuarbeiten. Dabei stellt das Phänomen das Geschehen bzw. das Ereignis dar, um das es in den Daten geht (Strauss & Corbin, 1990, 96), während die Kernkategorie die analytische Erfassung und Benennung dieses Phänomens ist

(Strauss & Corbin, 1990, 116 ff.) Es ist möglich, dass im Prozess nicht eindeutig klar wird, welches das zentrale Phänomen ist. Hier muss eine Entscheidung getroffen werden. Dabei hilft es, die Auswertungs- und Theoriememos im Hinblick auf folgende Fragen zu betrachten: „What about this area of study seems most striking? What do I think is the main problem?" (Strauss & Corbin, 1990, 119) „What phenomena are reflected over and over again in your data? [...] What essential message about this research area do you want to pass on to others?" (Strauss & Corbin, 1990, 122). Wurde sich für ein Phänomen entschieden, ist es notwendig, von der Beschreibung zur Konzeptualisierung überzugehen. Gibt es bereits eine Kategorie, die das zentrale Phänomen beschreibt, so wird diese zur Kernkategorie. Kann das zentrale Phänomen nicht in einer vorhandenen Kategorie gefasst werden, dann bekommt das Phänomen einen Namen und wird dann als Kernkategorie bezeichnet (Strauss & Corbin, 1990, 120 f.). Wie beim axialen Kodieren werden die Dimensionen und deren Eigenschaften der Kernkategorie beschrieben und die Verbindung zu den anderen Kategorien im Sinne des Kodierparadigmas hergestellt. Weiterhin werden die Dimensionen und Eigenschaften zueinander in Beziehung gesetzt und nach Mustern gesucht (Strauss & Corbin, 1990, 124 ff.). Auf Grundlage des Kodierparadigmas und der Auswertungs- und Theoriememos wird schließlich versucht, eine widerspruchsfreie, in sich logische Theorie zu formulieren. Strauss und Corbin (1990, 125 ff.) beschreiben, dass eine detaillierte und analytische Geschichte zu der Kernkategorie erzählt werden soll, in der die verschiedenen Aspekte des Kodierparadigmas sowie die gefundenen Muster Platz finden. Bei diesem Vorgang können Lücken in der Argumentation auftauchen, die entweder durch weitere Phasen des offenen und axialen Kodierens oder durch die Erhebung von weiterem Material geschlossen werden können. Letztendlich lässt sich die generierte Theorie ohne Argumentationslücken erzählen. An diesem Punkt lassen sich für die verschiedenen Aspekte des Kodierparadigmas Aussagen treffen, wie z. B. wenn Bedingung A und Kontext B vorliegen, dann wählen Personen meist Strategie C; wenn sich die Bedingung zu D ändert, dann wird Strategie E gewählt. Treffen diese Aussagen in den meisten Fällen zu, dann ist die Theorie valide (Strauss & Corbin, 1990, 138 f.).

6.4   Gütekriterien

„Gütekriterien dienen der Prüfung der Qualität von Forschungsergebnissen" (Strübing, 2021, 86). So gibt es in der quantitativen Forschung feste Gütekriterien, die es zu prüfen gilt. In der qualitativen Forschung hingegen wird darüber diskutiert, inwieweit sich die Gütekriterien der quantitativen Forschung übertragen lassen oder es werden neue Kriterien formuliert. Allerdings liegen keine allgemeingültigen

Gütekriterien für qualitative Forschung vor, weil diese u. a. von der Forschungsfrage, dem Forschungsgegenstand und der Methode abhängig sind (Steinke, 2017).
Insofern haben Strauss und Corbin (1990) je sieben Kriterien formuliert mit denen
der Forschungsprozess und die empirische Verankerung der Theorieentwicklung
beurteilt werden können. Diese sind:

Kriterien zum Forschungsprozess

„**Criterion #1:** How was the original sample selected? What grounds?
Criterion #2: What major categories emerged?
Criterion #3: What were some of the events, incidents, actions, and so on (as indicators) that pointed to some of these major categories?
Criterion #4: On the basis of what categories did theoretical sampling proceed? That
is, how did theoretical formulations guide some of the data collection? After the
theoretical sampling was done, how representative did these categories prove to
be?
Criterion #5: What were some of the hypotheses pertaining to conceptual relations
(that is, among categories), and on what grounds were they formulated and tested?
Criterion #6: Were there instances when hypotheses did not hold up against what
was actually seen? How were these discrepancies accounted for? How did they
affect the hypotheses?
Criterion #7: How and why was the core category selected? Was this collection
sudden or gradual, difficult or easy? On what grounds were the final analytic
decision made?"(Strauss & Corbin, 1990, 251)

Kriterien zur empirischen Verankerung der Theorieentwicklung

„**Criterion #1:** Are Concepts Generated? [....]
Criterion #2: Are the Concepts Systematically Related? [....]
Criterion #3: Are There Many Conceptual Linkages and Are the Categories Well
Developed? Do They Have Conceptual Density? [....]
Criterion #4: Is Much Variation Built Into the Theory? [....]
Criterion #5: Are the Broader Conditions That Affect the Phenomenon Under Study
Built Into Its Explanation? [....]
Criterion #6: Has Process Taken Into Account? [....]
Criterion #7: Do the Theoretical Findings Seem Significant and to What Extent?"
(Strauss & Corbin, 1990, 254 ff.)

Hierzu machen (Strauss & Corbin, 1990, 257 f.) deutlich, dass insbesondere in Monographien das Vorgehen aufgeführt sein muss, sodass diese Kriterien beurteilt werden können. Zudem muss begründet werden, wenn von diesen Kriterien abgewichen wird. Entsprechend wird in der vorliegenden Arbeit die Berücksichtigung der Gütekriterien in 10.2.4 erläutert.

Strübing kritisiert allerdings, dass diese Kriterien „ansatzimmanent" sind (Strübing, 2021, 102). Einen Gegenvorschlag stellen die folgenden fünf von Strübing, Hirschauer, Ayaß, Krähnke und Scheffer (2018) vorgestellten Gütekriterien dar, welche auch zur Prüfung der Qualität einer Grounded-Theory-Studie dienen können. Diese sind:

1. die Gegenstandsangemessenheit der Fragestellung sowie der genutzten Theorien, Methoden und Daten für den Forschungsgegenstand.
2. die empirische Sättigung, „reflektiert die Güte der Verankerung von Interpretationen im Datenmaterial" (Strübing et al., 2018, 83).
3. die theoretische Durchdringung, welche einen sensiblen Umgang mit Theorien meint, um die empirischen Daten einordnen zu können.
4. die textuelle Performanz, bei der es um die nachvollziehbare Darlegung der Forschungsergebnisse geht.
5. die Originalität, bei der der Rückbezug der Forschungsergebnisse zum Stand der Forschung und zum fachlichen Diskurs adressiert wird.

Hierzu machen Strübing et al. (2018) deutlich, dass die empirische Sättigung und die theoretische Durchdringung zusammenkommen müssen, um eine Gegenstandsangemessenheit zu erreichen.

6.5   Zwischenfazit

In diesem Kapitel wurde deutlich, dass die GTM nach Strauss und Corbin (1990) den methodologischen und methodischen Bezugsrahmen dieser Arbeit darstellt. Für die Datenerhebung ist daher das Vorgehen des theoretical Samplings leitend und wird teilweise parallel zur Erhebung und zur Auswertung vollzogen. Bei der Auswertung werden die drei Kodierprozeduren - offenes, axiales und selektives Kodieren - zirkulär angewendet, um eine Grounded Theory aus dem Datenmaterial zu entwickeln und diese im Entwicklungsprozess kontinuierlich zu überprüfen und zu verfeinern. Als Heuristik zur Theorieentwicklung dient das Kodierparadigma, welches dem Datenmaterial entsprechend angepasst wird. Bei der Auswertung werden Techniken zur Steigerung der theoretischen Sensibilität genutzt und der Einbezug theoretischen Vorwissens reflektiert. Über den gesamten Forschungsprozess hinweg werden Memos geschrieben, in denen das Vorgehen dokumentiert wird. Letztendlich wird mithilfe der Memos die gegenstandsbezogene Theorie ausformuliert. Darüber hinaus werden abschließend die aufgeführten Gütekriterien zur Bewertung der Qualität der Grounded Theory herangezogen.

In Kapitel 6 wurde der methodologische Bezugsrahmen erläutert und dabei erklärt, wie nach der GTM das Sampling und die Auswertung idealtypisch ablaufen. In diesem Kapitel wird die konkrete Umsetzung beschrieben, sodass transparent ist, wie das Datenmaterial erhoben und ausgewertet wurde, zu dem in Kapitel 9 die Ergebnisse vorgestellt werden.

In Abschnitt 7.1 werden die zur Erhebung genutzten Medientagebücher und leitfadengestützten Paarinterviews dargestellt und der Ablauf der Datenerhebung beschrieben und reflektiert. Darauf folgt in Abschnitt 7.2 die Darstellung des Samples und dessen Grenzen. Im Anschluss daran wird im Abschnitt 7.3 der Ablauf der Datenaufbereitung dargelegt. In Abschnitt 7.4 wird das Datenanalyseverfahren erläutert. Abschließend wird das Vorgehen in Bezug auf den Datenschutz im Abschnitt 7.5 ausgeführt.

7.1 Erhebungsmethoden und Datenerhebung

Anders als bei der Samplebildung und der Auswertungsmethode ist bei der GTM kein Verfahren für die Datenerhebung bzw. die Form der notwendigen Daten festgelegt. In dieser Arbeit soll zur Beantwortung der Fragestellung auf zwei verschiedenen Wegen Datenmaterial erhoben werden: durch Medientagebücher (7.1.1) und

Ergänzende Information Die elektronische Version dieses Kapitels enthält Zusatzmaterial, auf das über folgenden Link zugegriffen werden kann https://doi.org/10.1007/978-3-658-46014-3_7.

leitfadengestützte Paarinterviews (7.1.2). Zunächst werden die Methoden kurz vorgestellt. Weiterhin wird erläutert weshalb sich für die Erhebungsmethoden entschieden wurde. Abschließend wird jeweils beschrieben, wie die Erhebungsmethoden in dieser Arbeit konkret ausgestaltet wurden.

7.1.1 Medientagebücher

Ein Element der Erhebung waren Medientagebücher, die von den Paaren ausgefüllt wurden. Es wird nun kurz die Methode der Medientagebücher im Allgemeinen vorgestellt. Anschließend wird die Wahl der Methode begründet. Darauf folgt eine Beschreibung, wie die Medientagebücher in der Empirie dieser Arbeit aussahen.

Medientagebücher im Allgemeinen
Unter Medientagebüchern werden sowohl vorstrukturierte Formate (tabellarische Form oder mit Fragen zum Beantworten) als auch komplett offene Formate gefasst, bei denen Personen ihr Medienhandeln, ihre Medienaneignung und deren Einbettung in den Alltag festhalten (Yurtaeva, 2017, 369; Fuhs, 2014, 260; Hepp, 2011a, 307 und Hepp, 2011b, 86 ff.). Medienhandlungen sind oftmals stark mit dem Alltag von Personen verwoben, sodass sich die Personen im Nachhinein nicht mehr bewusst an alle Handlungen erinnern können. Für Forschung, bei der das Medienhandeln von Interesse ist, können Medientagebücher diesbezüglich helfen, da in ihnen die Personen relativ zeitnah ihr Medienhandeln und weitere relevante Aspekte notieren können (Fuhs, 2014, 261 f.). Für ein zeitnahes Festhalten des Medienhandelns bieten sich digitale Formen von Medientagebüchern an, welche auf dem Smartphone ausgefüllt werden können. Beispielsweise bot das Zentrums für Medien-, Kommunikations- und Informationsforschung (ZeMKI) die sogenannte MedTag-App an, um für Forschungsprojekte digitale Medientagebücher erstellen und erheben zu können (ZeMKI, 2017). Solche digitalen Medientagebücher schließen jedoch Personen aus, die keine Smartphones besitzen oder nur schlecht damit umgehen können. Beim Einsatz von Medientagebüchern muss nach Fuhs (2014, 263 f.) allgemein berücksichtigt werden, dass die Bitte ein solches zu führen einen Eingriff ins Feld darstellt und bereits die Mediennutzung der Personen und deren Wahrnehmung dieser beeinflussen kann. Baetge weist zudem darauf hin, dass „das Medientagebuch auf die kontinuierliche Mitarbeit der Untersuchten angewiesen ist und diese nur das aufschreiben können, was ihnen selbst auch bewusst ist" (Baetge, 2018, 616).

Die durch Medientagebücher erhobenen Daten können entweder als einzige Datenquelle genutzt und z. B. im Hinblick auf Mediennutzungsmuster ausgewertet werden oder sie können durch weitere Erhebungen, wie z. B. Interviews, ergänzt werden. Hierbei können Medientagebücher zur Vorbereitung konkreter Fragen und als Erinnerungshilfe dienen (Yurtaeva, 2017, 369 f.). Über welchen Zeitraum die Medientagebücher geführt werden, hängt zum einen davon ab, welche Erkenntnisse daraus gewonnen werden sollen und zum anderen, inwiefern die Tagebücher durch andere Erhebungsformen ergänzt werden. An sich gibt es hierzu keine eindeutigen methodischen Vorgaben. So empfiehlt Yurtaeva (2017, 370) ohne Begründung eine Tagebuch-Dauer von mindestens zwei Wochen. Muise et al. (2014) und Zhao et al. (2012) haben dies beispielsweise so umsetzt, um Verhaltensmuster der Facebook-Nutzung in Bezug zur anderen Beziehungsperson zu untersuchen. Hepp (2011b) ließ die Befragten eine Woche lang ein Medientagebuch führen und erklärt dazu folgendes: „Ein solches Tagebuch bietet über eine Woche hinweg Zugang zu den Prozessen kommunikativer Vernetzung, den ‚Vernetzungspraktiken im Verlauf'" Hepp (2011b, 69). Bei Kashian (2021) führten die Paaren fünf Tage lang ein Tagebuch, welches die Kommunikation miteinander und die Mediennutzung erfassen sollte. Linke (2010, 74 ff.) ließ die Paare wiederum nur einen Tag ein Tagebuch führen, welches die Paarkommunikation fokussierte. Insofern sollte die Gestaltung der Medientagebücher dem beabsichtigten Ziel angepasst sein.

Ziel und Begründung für den Einsatz von Medientagebüchern
Die Ziele für den Einsatz von Medientagebüchern in der Empirie dieser Arbeit begründen diesen zugleich. Diese sind a) einen Zugang zur Mediennutzung bzw. zu Gesprächen über Medien zu bekommen, die beim Interview selbst von Paar vielleicht nicht mehr erinnert werden, b) Fragen zu Aspekten aus den Tagebüchern stellen zu können, welche in Bezug auf medienbezogene Bildungsprozesse vielversprechend scheinen und c) in den Interviews konkretere Fragen stellen zu können, weil z. B. bereits bekannt ist, welche Geräte das Paar besitzt und welche Medien(-inhalte) sie häufig nutzen. Das heißt, die Medientagebücher stellen eine Vorbereitung der Paarinterviews dar.

Gestaltung der Medientagebücher
Es wurde erklärt, dass die Gestaltung und der zeitliche Rahmen der Medientagebücher relativ frei dem beabsichtigten Ziel angepasst werden können. Nachfolgend wird erläutert, wie die Medientagebücher ausgestaltet wurden.

Die Medientagebücher wurden vorrangig als Tagebücher in Papierform entwickelt, sodass alle Personen – egal wie medienaffin sie sind – diese ausfüllen können. Sofern gewünscht konnten die Paare die Medientagebücher jedoch als ausfüllbare PDF erhalten. Es wurde zwar die MedTag-App des ZeMKi geprüft, doch ihre vorgegebene Form erwies sich als unpassend für die Informationen, die mit den Medientagebüchern gewonnen werden sollten. Außerdem wäre neben einer Tagebuch-App trotzdem immer eine Papierversion notwendig gewesen für Personen ohne Smartphone. Insofern war es auch eine forschungsökonomische Entscheidung sich auf die Papierversion zu fokussieren, da die Medientagebücher nur eine Unterstützung bei der Datenerhebung darstellen und nicht die primäre Datenquelle sind.

In einem Einführungstext wurde den Paaren das Medienverständnis dieser Arbeit sowie die Handhabung der Medientagebücher erklärt. Darauf folgten für jeden Tag eine Seite. Dort konnten die Personen ihre Mediennutzung im Verlaufe des Tages eintragen. Als Strukturierung war eine Tabelle mit Tageszeiten vorgegeben sowie mit den folgenden drei Fragen:

• Welche Medien haben Sie genutzt?
• Wozu haben Sie diese Medien eingesetzt?
• Haben Sie die Medien zusammen als Paar genutzt bzw. darüber miteinander kommuniziert?

Darunter gab es ein Feld, um Besonderheiten im Kontext der eigenen Mediennutzung oder der Kommunikation mit der jeweils anderen Person der Beziehung über Medien zu erfassen. Die letzte Seite des Medientagebuchs beinhaltete einen Fragebogen zu sozio-demographischen Aspekten. Abgefragt wurde das Geschlecht, das Alter, der höchste Bildungsabschluss, die Berufsbranche, die durchschnittliche tägliche Arbeitszeit mit Medien und das Vorhandensein von Kindern.

Anfangs wurden die Medientagebücher über einen Zeitraum von zwei Wochen ausgefüllt, um mögliche Besonderheiten der jeweiligen Wochentage zu erfassen und im Abgleich mit der zweiten Woche zu sehen, ob die Mediennutzung regelmäßig ist oder flexibel gehandhabt wird. Nach den ersten zwölf Interviews wurde jedoch der Zeitraum auf vier Tage reduziert. Dies ist darin begründet, dass die Mehrheit der bis dahin interviewten Personen einen akademischen Abschluss hatten und aus Rückmeldungen aus der Rekrutierung deutlich wurde, dass der Aufwand der Studienteilnahme gerade von Personen ohne (Fach-)Hochschulabschluss als zu hoch bewertet wurde. Da es in dieser Arbeit aber um Bildungsprozesse geht, ist zu überprüfen, ob sich die gefunden Interaktionen und Strategien auch in nicht-akademischen Bildungsschichten wiederfinden. Um also Personen nicht-akademischer Bildungsschichten für die Erhebung zu gewinnen, musste der Aufwand reduziert werden. Durch die vier Tage – von denen zwei Wochenend- und zwei Werktage dabei sein sollen – konnten trotzdem die für die Interviews erforderlichen Informationen gewonnen werden. Insbesondere, da sich in den bereits vorliegenden Medientagebüchern gezeigt hatte, dass nach den ersten Tagen eine Art Ermüdung eintritt und die meisten Medientagebücher im Verlauf der Zeit immer spärlicher ausgefüllt wurden. Daher reichten vier Tage bereits aus, um einen guten Überblick über die genutzten Medien zu erhalten und die Interviews vorbereiten zu können. Die Verkürzung des Tagebuchzeitraums hat den Forschungsprozess also nicht negativ beeinflusst.

Zusammengefasst lässt sich sagen, dass die Medientagebücher der Vorbereitung der Interviews dienen. Zuerst sollten die Medientagebücher 14 Tage lang geführt werden, welches jedoch auf 4 Tage reduziert wurde. Weiterhin erfassen die Medientagebücher, welche Medien wozu genutzt wurden und ob die Medien gemeinsam genutzt wurden bzw. ob darüber miteinander kommuniziert wurde. Zudem können Besonderheiten im Zusammenhang der Mediennutzung oder der Kommunikation mit der jeweils anderen Person der Beziehung notiert werden.

7.1.2 Leitfadengestützte Paarinterviews

Der Schwerpunkt der Datenerhebung liegt auf den leitfadengestützten Paarinterviews. Nachfolgend werden die Teilaspekte dieser Interviewform erläutert und die Auswahl begründet. Abschließend folgt die Beschreibung der Umsetzung in Form des Interviewleitfadens.

Leitfadengestützte Paarinterviews im Allgemeinen
Nachfolgend werden die Teilaspekte der gewählten Interviewform beschrieben. Zuerst die Leitfadeninterviews bzw. genauer die problemzentrierten Interviews und anschließend Paarinterviews.

Unter den Begriff der *Leitfadeninterviews* fallen eine Vielzahl von Interviewformen, wie auch die problemzentrierten Interviews (Helfferich, 2011, 36). Als Vorteil von Leitfadeninterviews im Allgemeinen sieht Loosen die „hohe Verbindlichkeit, Möglichkeiten zur Nachfrage auf beiden Seiten, [und die] Flexibilität in der Gesprächsführung" (Loosen, 2016, 142). Jedoch besteht nach Loosen (2016, 142) die Gefahr einer restriktiven Interviewführung, weshalb z. B. die Fähigkeit zum aktiven Zuhören, Flexibilität und die Fähigkeit Stille auszuhalten wichtig für eine gute Interviewführung sind (Hopf, 2017, 358 und Helfferich, 2011, 83 ff.).

Das *problemzentrierten Interviews* nach Witzel (1985) im Besonderen wurde mit Bezug auf Blumer und die GTM entwickelt, um neben den narrativen Interviews quantitativen Erhebungsmethoden etwas entgegenzusetzen zu können. Insofern versteht sich die Methode der *problemzentrierten Interviews* „als forschungspraktische Einlösung der Kritik an standardisierten Meßverfahren der empirischen Sozialforschung [...] und der Erkenntnis, daß der komplexe und prozessuale Kontextcharakter der sozialwissenschaftlichen Forschungsgegenstände kaum durch normierte Datenermittlung zu erfassen ist, vielmehr situationsadäquate, flexible und die

Konrektisierung [sic!] fördernde Methoden notwendig sind" (Witzel, 1985, 227).
Bei der Entwicklung der Interviewform in den 1980ern gehörten Kurzfragenbögen,
Tonbandaufzeichnungen und Postskripte zur Methode dazu (Witzel & Reiter, 2021
und Witzel, 2000). Diese werden mittlerweile auch bei vielen anderen Interview-
formen genutzt und sind unabhängig vom problemzentrierten Interview bekannt
(Flick, 2017, 212 f.). Witzel hat drei Kriterien für problemzentrierte Interviews for-
muliert: Erstens die *Problemzentrierung*. Dabei geht es um die Fokussierung der
Forschenden auf ein gesellschaftliches Problem und die Zuspitzung der Interviews
im Laufe des Forschungsprozesses auf die für das Problem relevanten Aspekte.
Zweitens geht es beim Kriterium der *Gegenstandsangemessenheit* darum, dass im
Forschungsprozess die Methode im Ganzen oder auch die eingesetzten Gesprächs-
techniken flexibel an den Gegenstand angepasst werden. Drittens bezieht sich die
Prozessorientierung zum einen auf die Ermöglichung von Erinnerungs- und Erzähl-
prozesses durch Offenheit seitens der Forschenden. Zum anderen bezieht sich die
Prozessorientierung auf die Analyse der gewonnenen Daten im Sinne der GTM
(Witzel, 2000 und Witzel, 1985).

Bei der Interviewführung im Sinne der problemzentrierten Interviews wird zwischen erzählungsgenerierenden und verständnisgenerierenden Kommunikations-
trategien gewechselt. Dabei dient das Vorwissen der Forschenden als „heuristisch-
analytischer Rahmen für Frageideen" (Witzel, 2000, 3). Gleichzeitig wird den Interviewten durch die Narrationen die Relevanzsetzung übertragen. Entsprechend wird
mit einer erzählgenierenden Einstiegsfrage für den gesamten Interviewverlauf etabliert, dass dem Erzählfluss der interviewten Person(en) gefolgt wird. Hierzu werden
als sogenannte *allgemeine Sondierung* Detaillierungsaufforderungen formuliert und
als sogenannte *spezifische Sondierungen* Verständnisfragen gestellt oder Aussagen
zurückgespiegelt, um eine Validierung zu erreichen. Ergänzend werden *Ad-hoc-
Fragen* gestellt, um Informationen zu Aspekten zu erhalten, die Aufgrund des Vorwissens relevant erscheinen, aber nicht durch die Interviewten adressiert wurden
(Witzel, 2000 und Witzel, 1985).

Bei *Paarinterviews* werden die Personen einer Paarbeziehung gemeinsam interviewt statt in separaten Einzelinterviews. Insofern beziehen sie sich vielmehr auf
das Interviewsetting als auf die Strukturierung des Interviews. Laut Wimbauer und
Motakef (2017, 32) bestehen die Vorteile von Paarinterviews darin, dass Paarinteraktionen und Aushandlungsprozesse beobachtet werden können. Außerdem werden geteilte Wirklichkeitskonstruktionen artikuliert. Weiterhin kann eine durch die
andere Person erfolgende Fremddarstellung eine weitere Perspektive zur Selbstdar-
stellung bieten. Eine Herausforderung stellt die Steigerung der sozialen Erwünschtheit dar, wodurch Konflikte und Spannungsfelder in der Beziehung tendenziell weniger offen und seltener thematisiert werden, als z. B. in Einzelinterviews. Die von

Schütze (2016a) ausgeführten Erzählzwänge in narrativen Interviewphasen, entfalten sich nach Przyborski und Wohlrab-Sahr (2021, 153) in Paarinterviews weniger stark als bei Einzelinterviews. Diese Erzählzwänge können bei Narrationen dazu führen, dass die Interviewten mehr erzählen als beabsichtigt.

Begründung der Wahl leitfadengestützter Paarinterviews
Die Art des Interviews, welche in der vorliegenden Arbeit genutzt wird, kann als *leitfadengestütztes Paarinterview* verstanden werden.

Bei den Interviews wird sich zum einen an das Vorgehen der problemzentrierten Interviews angelehnt und zum anderen werden diese mit beiden Personen des Paars gemeinsam geführt. Es findet nur eine Anlehnung an problemzentrierte Interviews statt und keine vollständige Nutzung der Methode, weil das Kriterium der Problemzentrierung im Falle der vorliegenden Arbeit nicht erfüllt ist. Zum einen stellen medienbezogene Bildungsprozesse im Zusammenhang mit Paarinteraktionen kein gesellschaftliches Problem dar. Zum anderen ist nicht bekannt, wie es genau zu medienbezogenen Bildungsprozessen in diesem Bereich kommt und das Alltagsverständnis von Bildungsprozessen weicht stark von dem hier verwendeten Begriff ab, sodass es schwer ist, konkrete Fragen dazu zu stellen. Stattdessen können vielmehr verschiedene medienbezogene Paarinteraktionen sondiert werden, ob Beschreibungen von erlebten Bildungsprozessen getätigt werden. Daher wird von der üblichen Interviewführung insofern abgewichen, dass es mehrere Themenbereiche gibt, die jeweils Einstiegsfragen haben und durch allgemeine und spezifische Sondierungen ergänzt werden. Diese Interviewform ist trotzdem sinnvoll als Erhebungsmethode bei dem Forschungsgegenstand, obwohl medienbezogene Bildungsprozesse im Zusammenhang mit Paarinteraktionen kein gesellschaftliches Problem darstellen. Dies ist darin begründet, dass erstens Marotzki (1990) deutlich macht, dass Narrationen hilfreich sind um Bildungsprozesse zu identifizieren. Zweitens ist die Beziehungsgeschichte als biographisches Element bedeutsam, da durch sie die Paaridentität stabilisiert und die gemeinsam konturierte Wirklichkeit zum Ausdruck gebracht wird (Spura, 2014, 29; Maier, 2008 und Lenz, 2009, 244 f.). Insofern sind die narrativen und biographischen Elemente der problemzentrierten Interviews hilfreich für die Beantwortung der Fragestellung. Darüber hinaus ermöglicht der Interviewleitfaden Aspekte, die sich bei der Theoriearbeit bzw. dem Forschungsstand als relevant gezeigt haben, empirisch zu betrachten, wie z. B. medienbezogene Aushandlungsprozesse und Gespräche über Medien(-inhalte). Ferner können durch die festen Themenbereiche in den Interviews die Aussagen der verschiedenen Paare miteinander verglichen werden, um Ähnlichkeiten und Unterschiede im Sinne der GTM herauszuarbeiten.

In der Empirie dieser Arbeit werden jedoch nicht einzelne Personen interviewt, sondern jeweils beide Personen einer Paarbeziehung gemeinsam. Für dieses Vorgehen wurde sich entschieden, weil erstens in dieser Arbeit Paarinteraktionen im Fokus stehen und so in der Interviewsituation mit erhoben werden können. Zweitens können sich die beiden Personen gegenseitig an Situationen erinnern, die im Einzelgespräch mit der Interviewerin sonst nicht zur Sprache gekommen wären. Bei den Paarinterviews können nach Kallmeyer und Schütze (2016, 160) Interviewstellen, in denen sich die interviewten Personen gegenseitig unterbrechen, darauf hinweisen, dass das Erzählte stark von dem Erlebten bzw. der gemeinsam konstruierten Wirklichkeit abweicht. Weiterhin wurde sich gegen eine Ergänzung der Paarinterviews durch Einzelinterviews entschieden, weil Paarinteraktionen und nicht das paarunabhängige Medienhandeln im Fokus steht. Insofern reicht das gewählte Vorgehen zur Bearbeitung der Fragestellung aus. Überdies scheint es nützlicher für diese Arbeit zu sein, mehrere verschiedene Paare zu interviewen, als wenige Paare sehr intensiv kennenzulernen. Nichtsdestotrotz sind die Grenzen dieser Methode bei der Interpretation der Daten und der Darstellung der Ergebnisse zu bedenken, wie z. B. dass ggf. eine Person das Interview dominiert und daher wenig über die andere in Erfahrung gebracht werden kann.

Zusammengefasst heißt das, dass eine Einstiegsfrage zur Beziehungsgeschichte gestellt wird. Darüber hinaus werden die nachfolgenden Fragen so offen wie möglich gestaltet, sodass möglichst ausführliche Narrationen erzeugt werden. Zusätzlich wird ein besonderes Augenmerk auf die Interviewstellen gelegt, an denen sich die Paare gegenseitig unterbrechen, um mögliche Inszenierungsversuche zu durchschauen. Des Weiteren finden die Interviews jeweils mit beiden Personen der Paarbeziehung statt. Hierbei muss folgendes berücksichtigt werden, dass bestimmte Themen ggf. voreinander angesprochen werden und dass ggf. eine Person einen höheren Redeanteil hat, sodass die Sicht der anderen Person weitestgehend unbekannt bleibt.

Beschreibung des Interviewleitfadens
In dem entwickelten Leitfaden werden die Paare zu Beginn darum gebeten ihre Beziehungsgeschichte vom Kennenlernen bis zum heutigen Tag zu schildern. Hiermit wird Marotzkis Vorgehen biographische Narrationen für die Analyse von Bildungsprozessen zu nutzen nachgekommen. Außerdem kann so das Paar besser kennengelernt werden, um spätere Fragen passend zum jeweiligen Paar formulieren zu können. Des Weiteren ist der Leitfaden so konzipiert, dass jeweils durch eine relativ offene Einstiegsfrage zu einem Themenbereich Narrationen der befragten Personen erzeugt werden sollen. Die Themenbereiche sind: a) Veränderungen, b) Mediennutzung in der Beziehung, c) Aushandlungsprozesse, d) Gespräche über Medien und

e) Heranführung an neue Medien(-inhalte). Der Interviewleitfaden befindet sich in Anhang 1 im elektronischen Zusatzmaterial. Die Reihenfolge der Themenbereiche kann je nach Gesprächsverlauf flexibel gehandhabt werden. Zu jeder offenen Einstiegsfrage in die Themenbereiche sind im Leitfaden Unterfragen notiert, die als Nachfragen gestellt werden können, sofern die Narration zur Themeneinstiegsfrage diese Fragen nicht bereits beantwortet hat.

Zu a) Bei dem Thermenbereich *Veränderungen* geht es darum, dass die Paare ihre Mediennutzung bzw. ihr Medienhandeln mit dem vor ihrer Beziehung und mit früheren Zeitpunkten in der Beziehung vergleichen. Werden hier Veränderungen wahrgenommen, sollen diese weiter ausgeführt werden. Hier ist es zum einen möglich, dass die Paare von sich aus auf Veränderungen auf den Ebenen des Selbst-, Fremd- und Weltbezugs zu sprechen kommen. Zum anderen sind Nachfragen notiert, die explizit nach diesen Bereichen fragen.

Zu b) Die Medientagebücher werden beim Themenbereich *Mediennutzung in der Beziehung* herangezogen. So können Verständnisfragen zu den Aufzeichnungen im Medientagebuch gestellt und um Detaillierung gebeten werden, um den typischen medienbezogenen Tagesablauf der Paare in Erfahrung zu bringen. Weiterhin soll erfragt werden, wie bestimmte medienbezogene Paar-Routinen entstanden sind.

Zu c) Ähnlich ist es bei den *Aushandlungsprozessen*. Hier geht es um Fragen nach medienbezogenen Aufgabenverteilungen und Entscheidungsfindungen sowie nach der Entwicklung von Vereinbarungen bzgl. der Mediennutzung. Dieser Bereich zielt auf verschiedene Aspekte der Konstruktion einer Paaridentität ab.

Zu d) In Kapitel 3 wurde in Bezug auf die Arbeit von Dunham und Dermer (2020) die Erkenntnis gewonnen, in den Interviews insbesondere nach gemeinsamen Diskussionen über Filme zu fragen und inwiefern diese Einfluss auf die Beziehung hatten. Insofern wird in dem Themenbereich *Gespräche über Medien* nach der kommunikativen Auseinandersetzung über Medien(-inhalten) und daraus resultierenden Veränderungen von Selbst-, Fremd- und Weltbezügen gefragt.

Zu e) Der letzte Themenbereich *Heranführung an neue Medien(-inhalte)* fokussiert, inwiefern sich die Personen der Paarbeziehung bei der Bedingung von Medien helfen. Dieser Bereich adressiert eher das Konzept *Lernen* als *Bildung* nach Marotzki.

Es wurden zwei Interviews im Sinne eines Pretests geführt, um zu prüfen, ob die Fragen verständlich sind und tatsächlich zu offenen Narrationen anregen. Der Pretest verlief gut, sodass der Leitfaden danach nicht angepasst wurde. Aus diesem Grund werden die ersten zwei Interviews zu dem Datenmaterial dazu gezählt. Kleine

Anpassungen des Leitfadens fanden erst nach ersten Auswertungsergebnissen statt
– so wie es die GTM nach Strauss und Corbin (1990, 180) vorsieht. Ergänzt wurden
z. B. Fragen zu der Ähnlichkeit bzw. Unterschiedlichkeit von Ansichten von den
Paaren zu medienbezogenen Themen und wie sie mit möglichen unterschiedlichen
Ansichten zu Medieninhalten umgehen.

7.1.3   Ablauf der Datenerhebung

Die Datenerhebung fand in zwei Phasen statt: Von Ende April 2021 bis Mitte Dezember 2021 wurden 12 Paare interviewt und von Ende April 2022 bis Ende August
2022 wurden weitere 4 Paare interviewt. Insgesamt liegen also 16 Paarinterviews
vor. Die Interviews dauerten durchschnittlich anderthalb Stunden. Das kürzeste war
45 Minuten und das längste 2 Stunden und 38 Minuten lang. Nachfolgend wird die
Durchführung von den Überlegungen zum theoretical Sampling über die Rekrutierungsstrategie und die tatsächliche Kontaktanbahnung bis hin zu der Datenerhebung
mittels Medientagebücher und Interviews beschrieben.

Theoretical Sampling
Die in Abschnitt 6.2.1 beschriebene Vorgehensweise bedeutet für diese Arbeit, dass
die Paare interviewt wurden, welche sich dazu bereiterklärten. Kurz nach dem Start
der Erhebungsphase wurde mit der Analyse der Interviews begonnen. Im Laufe der
Erhebungsphase wurden dann sukzessive Paare zum Sample hinzugefügt. Sofern
möglich, wurde versucht sich bei der weiteren Auswahl von Paaren anhand von
Aspekten aus den bisher analysierten Interviews zu orientieren. Dabei sollten möglichst Paare ausgesucht werden, die zum einen sehr ähnlich sind zu den bisher
interviewten Paaren (*minimale Kontraste*). Zum anderen sollten Paare gewählt werden, die sich möglichst stark von den bisher Interviewten unterscheiden (*maximale
Kontraste*) (Glaser & Strauss, 1967, 49 ff.). Merkmale, die hier Beachtung fanden
und aufgrund des Forschungsstandes bereits vor der Erhebung bekannt waren, sind
das Alter der beiden Personen und das Vorhandensein von Kindern im Haushalt
(z. B. Röser et al., 2019). Ergänzend wurden das soziale Milieu und der formale
Bildungsstand als Merkmale herangezogen, weil diese relevant schienen für die
Beforschung von Bildungsprozessen. Das soziale Milieu und der Bildungsstand
stellten sich letztendlich als eher unwichtig heraus (siehe Abschnitt 10.2.1). Dies
hängt insbesondere mit dem Bildungsbegriff von Marotzki (1990) zusammen, welcher nichts mit formalen Bildungsabschlüssen gemein hat. Überdies gehören zum
Sample nur Paare, die zusammen in einem Haushalt leben und aus zwei Personen
bestehen.

Rekrutierungsstrategie

Zur Rekrutierung der Paare wurden drei Strategien genutzt. Erstens wurde der Aufruf für die Studie über Kulturvereine verteilt. Ziel dieser Strategie war es eine möglichst große vielfältige Gruppe bzgl. sozio-ökonomischem Status, Alter und der Affinität zu digitalen Medien zu erreichen. Dabei wurden auch Vereine angeschrieben, die explizit homo- oder bisexuelle Personen als Zielgruppe haben, um eine entsprechende Berücksichtigung bei dem Sampling zu erreichen. Hier wurden nur Vereine kontaktiert, welche sich im Raum einer kleineren Großstadt befinden, weil durch die räumliche Nähe Präsenzinterviews möglich sein sollten, sodass Paare, die keine Videoanrufe machen können, nicht durch die Rekrutierungsstrategie ausgeschlossen werden würden. Zweitens wurden Paare über verschiedene Social Media Seiten (Instagram und Facebook) rekrutiert. Zielgruppe dieser Rekrutierungsstrategie waren Personen, die sehr aktiv sind auf solchen Seiten und diesbezüglich ihre Erfahrungen und Perspektiven miteinbringen können. Drittens wurden persönliche Kontakte gebeten den Aufruf in ihre Bekanntenkreise weiterzutragen. Dies sorgt für „eine gewisse Vertrauensbasis, da mindestens eine Referenzperson [vorliegt]" (Linke, 2010, 81), welche die Wahrscheinlichkeit erhöht, dass die Personen bereit sind, Informationen über ihre Paarbeziehungen preiszugeben. Bei dem Vorgehen wurde sich an andere qualitative Studien zu Paarbeziehungen angelehnt. Beispielsweise nutzen Spura (2014), Linke (2010), Maier (2008), Döring und Dietmar (2003) und Wimbauer (2003) persönliche Kontakte, um darüber an ihre Interviewpaare zu gelangen. Maier (2008, 62 f.) kontaktierte zudem auch Vereine für homosexuelle Personen, weil es in ihrer Studie speziell um homosexuelle Paare ging. Bei Hess (2011) war die Kontaktanbahnung über Vereine bzw. Organisation allerdings erfolglos.

Die verschiedenen Strategien wurden nach und nach angestoßen, sodass sich das Finden der Interviewpaare über einen größeren Zeitraum streckte. So war es möglich, im Sinne der GTM zwischen den Interviewterminen bereits geführte Interviews auszuwerten und so die gewonnenen Erkenntnisse in die Rekrutierung und den Interviewleitfaden einfließen zu lassen. In der Studie dieser Arbeit war die dritte Rekrutierungsstrategie die erfolgreichste. So wurden über persönliche Kontakte zehn Paare gefunden. Über Social Media-Aufrufe vier Paare und weitere zwei Paare über die Verteiler der Kulturvereine.

Kontaktanbahnung

Nach Beginn der Rekrutierung meldeten sich interessierte Paare bei der Autorin per E-Mail. Anschließend wurden den Paaren weiterführende Informationen zum Ablauf der Studie mitgeteilt sowie danach gefragt, ob sie die Medientagebücher bevorzugt in Papierform oder digital ausfüllen möchten. Es gab zwei Paare, die hiernach nicht an der Studie teilnehmen wollten. An dieser Stelle wurde außerdem geklärt, ob das jeweilige Paar lieber in Präsenz oder per Videokonferenz interviewt werden wollte.

Medientagebücher
Im nächsten Schritt wurden den Paaren die Medientagebücher zugeschickt, inklusive der Informationen zum Datenschutz und der zu unterschreibenden Einwilligungserklärungen. An elf Paare wurden diese Unterlagen per Post versandt und an fünf Paare digital. Nachdem die ausgefüllten Medientagebücher und unterschriebenen Einwilligungserklärungen wieder bei der Autorin eingegangen waren, wurden die analogen Medientagebücher digitalisiert. Zur Vorbereitung der Interviews wurde notiert, welche Medien die Personen nutzten, welche Routinen sich zeigten und sonstige auffällige Eintragungen.

Interviewtermine
Sobald die Medientagebücher bei der Autorin eingegangen waren, wurden die Interviewtermine vereinbart. Die Interviews sollten ursprünglich im häuslichen Umfeld der Paare durchgeführt werden, um sich anhand einer kleinen Beobachtung ein Bild von der privaten Medienumgebung der Paare machen zu können. Hier sollte der Fokus darauf liegen, welche Medien präsent sind und wie diese in die Umgebung eingebunden sind. Aufgrund der COVID-19-Pandemie wurden die ursprünglich in Präsenz geplanten Interviews mehrheitlich in Form von Videokonferenzen durchgeführt. Um trotz der veränderten Interviewsituation ein möglichst gutes Ergebnis zu erreichen, wurden Hinweise zur Vorbereitung und Gestaltung von Salmons (2014) und Seitz (2016) aufgegriffen, wie z. B. viel Wert auf die Kontaktgestaltung vor den Interviews zu legen, um bereits beim Start der Interviews eine vertrauensvolle Atmosphäre zu haben, sowie das Versenden ausführlicher vorab Informationen zum technischen Setting. Entscheidend für Wahl der Interviewform waren zuerst die aktuell geltenden Bestimmungen für private Treffen sowie nachfolgend das persönliche Sicherheitsempfinden des Paares bzgl. der möglichen Ansteckungsgefahr im Kontext der COVID-19-Pandemie ausschlagend und die technischen Möglichkeiten an einer Videokonferenz teilzunehmen. Dies ist einer von zwei Gründen, wieso die Erhebungsphase von Mitte Dezember 2021 bis Ende April 2022 pausierte. Zum einen sollte dies weitere Präsenzinterviews ermöglichen, weil sich erfahrungsgemäß die COVID-19-Pandemie-Lage gegen Sommer entspannt. So sollten insbesondere weniger medienaffine Personen, denen keine Videokonferenz möglich ist, die Teilnahme an der Studie ermöglicht werden. Dies war von besonderer Bedeutung, weil diese im Dezember 2021 im Sample fehlten. Zum anderen wurde die Erhebungspause für die weitere Auswertung der Interviews genutzt, sodass im April ein

angepasster Leitfaden eingesetzt werden konnte. Die Erhebungsphase wurde im August 2022 beendet. In der Auswertung wurde eine *theoretische Sättigung* deutlich. Es fehlten zwar Personen ohne Schulabschluss oder mit Hauptschulabschluss, trotz Verkürzung der Tagebuchdauer, verschiedener Rekrutierungsstrategien und mehrfacher Ansprachen über Bekannte der Autorin. Diesbezüglich wurde ersichtlich, dass sie durch das Studiendesign nicht erreicht werden konnten, sodass eine längere Erhebungsphase daran nichts hätte ändern können. Darauf wird in Abschnitt 10.2 genauer eingegangen.

Insgesamt wurden elf Interviews mittels Videokonferenztool geführt. Zusätzlich wurden fünf Interviews in Präsenz bei den Paaren Zuhause geführt. Dies ermöglichte einen größeren Einblick in das häusliche Umfeld des Paares als die Videokonferenzen. Zudem gab es bei den Präsenzinterviews eine deutlich längere Smalltalk-Phase vor und nach den Interviews. Im Anschluss an die Interviews – egal in welcher Form sie geführt wurden – wurde ein Postskript geschrieben, welches die subjektiven Eindrücke der Autorin zu dem Treffen mit dem Paar festhielt.

Reflexion der Datenerhebung

Nachfolgend werden die zuvor aufgeführten Schritte der Datenerhebung dahingehen betrachtet, wie gut die Umsetzung funktioniert hat und welche Herausforderungen ggf. zu bewältigen waren.

Rekrutierung und theoretische Sättigung: Im Rückblick auf die Erhebungsphase kann festgehalten werden, dass die Kombination der Rekrutierungsstrategien hilfreich war, um genügend und ausreichend verschiedene Paare zu finden für eine theoretische Sättigung, sodass ein breites Spektrum an Ausprägungen von Eigenschaften der Kategorien im Sample zu finden sind. Dies wird in Abschnitt 10.2.1 ausführlich erläutert.

Medientagebücher: Weiterhin waren die Medientagebücher äußerst nützlich bei der Vorbereitung der Interviews und stellen hierfür eine deutliche Erleichterung dar. Wurden im Zusatzfeld gemeinsame Gespräche über Medieninhalte erwähnt, ergaben sich daraus im Interview oftmals das Phänomen betreffende Erzählungen. Zudem meldeten viele Paare zurück, dass es für sie selbst interessant war die eigene Mediennutzung bewusst zu beobachten. Dem durch die Zielgruppe als zu hoch eingeschätzten Aufwand der 14-tägigen Medientagebücher wurde durch eine Kürzung auf vier Tage begegnet. Nach der Kürzung der Medientagebücher gab es keine weiteren Absagen nach der ersten Kontaktaufnahme und es konnten u. a. drei weitere Nicht-Akademiker*innen für die Erhebung gewonnen werden. Überdies bestätigte sich, dass vier Tage ausreichten, um einen Überblick über die individuelle und gemeinsame Mediennutzung der Paare zu erhalten.

Paarinterviews: Bei den Interviews zeigte sich bei den Paaren eine Bandbreite im Umgang mit dem Interview, von Paaren, die viel miteinander sprachen und interagierten bis bin zu Paaren, die abwechselnd die Fragen beantworteten. Bei den Paaren, die miteinander interagierten, mussten deutlich weniger Fragen gestellt werden und es konnte eindrücklich die Paarinteraktion beobachtet werden. Bei stark auf die Interviewerin fixierten Paaren funktionierte der Erzählstimulus zur Beziehungsgeschichte eher schlecht, sodass hier meist nur Eckdaten genannt wurden. Es wurden von allen jedoch gleichermaßen relevante Informationen für die Theorieentwicklung geschildert.

Interviews per Videokonferenz: Die Planänderung von Präsenzinterviews zu mehrheitlich Videokonferenzen ist mithilfe der Hinweise aus der Literatur größtenteils gelungen. Im Hinblick auf die Interviewführung per Videokonferenz bestand eine nicht lösbare Schwierigkeit jedoch darin, dass z. B. das Mikrofon und damit die Tonqualität auf Seitens des Paaren sowie die Stabilität der Internetverbindung nicht beeinflusst werden konnten. So kam es bei einigen Interviews vor, dass das Bild der Interviewten einfror oder der Ton stellenweise unterbrochen war. Insgesamt war die Erfahrung mit den Videokonferenz positiv, weil zum einen Paare aus ganz Deutschland interviewt werden konnten. Zum anderen war die Qualität der meisten digitalen Interviews gut.

Zusammenfassung der Erhebungsphasen
In Tabelle 7.1 ist eine Zusammenfassung der beiden Erhebungsphasen und die jeweiligen Erhebungsformen visualisiert.

Tabelle 7.1 Zahlen zur Datenerhebung

Zeitraum	April 2021 – Dezember 2021		April 2022 – August 2022	
Interviewpaare	A bis L		M bis P	
Medientagebücher	Papierform: 9	Digital: 3	Papierform: 2	Digital: 2
	Dauer: 14 Tage		Dauer: 4 Tage	
Interviews	Videokonferenz: 8	Präsenz: 4	Videokonferenz: 3	Präsenz: 1

7.2   Samplebeschreibung

Nachdem ausführlich die Erhebungsphase beschrieben wurde, wird in diesem Abschnitt das Sample vorgestellt und in Tabelle 7.2 aufgeführt. In Kapitel 8 folgen ausführliche Beschreibungen der einzelnen Paare und in Abschnitt 10.2.1 wird die Güte des Samples diskutiert.

Tabelle 7.2 Samplebeschreibung

	Name	Geschlecht	Alter	Bildung	Beziehungsdauer	Kinder
A	Antonia	weiblich	20–24	HSA	3 Jahre	keine
	Alexander	männlich	25–29	HSA		
B	Birgit	weiblich	60–64	FHSA	7,5 Jahre	nicht im Haushalt
	Bernd	männlich	60–64	RSA		nicht im Haushalt
C	Christoph	männlich	35–39	HSA	2,5 Jahre	keine
	Constantin	männlich	30–34	HSR		
D	Dorothe	weiblich	70–74	HSA	8 Jahre	keine
	Dietrich	männlich	80–84	FHSA		nicht im Haushalt
E	Eleonora	weiblich	60–64	FHSA	37 Jahre	nicht im Haushalt
	Eckhard	männlich	60–64	FHSA		
F	Felicia	weiblich	25–29	HSA	4 Jahre	keine
	Fabian	männlich	25–29	HSA		
G	Gitta	weiblich	50–54	FHSR	4 Jahre	teilw. im Haushalt
	Guido	männlich	50–54	RSA		nicht im Haushalt
H	Hannah	weiblich	55–59	RSA	33 Jahre	nicht im Haushalt
	Herbert	männlich	60–64	HSR		
I	Irina	weiblich	35–39	FHSA	16 Jahr	im Haushalt
	Immanuel	männlich	35–39	FHSA		
J	Jana	weiblich	35–39	RSA	1 Jahr	im Haushalt
	Jens	männlich	35–39	FHSR		nicht im Haushalt
K	Katharina	weiblich	30–34	HSA	4 Jahre	keine
	Kira	weiblich	30–34	HSA		
L	Laura	weiblich	30–34	FHSR	5 Jahre	im Haushalt
	Lukas	männlich	35–39	HSA		
M	Marika	weiblich	65–69	RSA	51 Jahre	nicht im Haushalt
	Meinhardt	männlich	70–74	FHSA		
N	Nora	weiblich	25–29	HSA	ca. 10 Jahre	keine
	Niklas	männlich	25–29	HSA		
O	Olivia	weiblich	35–39	HSA	2,5 Jahre	keine
	Oskar	männlich	30–34	HSA		
P	Patricia	weiblich	65–69	RSA	33 Jahre	nicht im Haushalt
	Peter	männlich	75–79	RSA		nicht im Haushalt

- Das Sample besteht aus 16 Paaren.
- Im Sample sind 2 Paare in gleich- und 14 Paare in gemischtgeschlechtlichen Beziehungen.
- Die Alterspanne reicht von 24 bis 80 Jahren. Hier gibt es verschiedene Konstellationen bzgl. des Altersunterschieds – von gleichaltrigen Paaren bis hin zu einem Altersunterschied von 8 Jahren.
- Die Beziehungsdauer reicht von einem Jahr bis hin zu 51 Jahren. Die Zeit, wie lange sich die Personen vor der Beziehung kannten variiert von wenigen Tagen bis hin zu ca. 7 Jahren.
- Das Sample besteht aus 6 Paaren ohne Kinder; 2 Paaren mit gemeinsamen, im Haushalt lebenden Kindern; 3 Paaren mit gemeinsamen Kindern, die nicht mehr im Haushalt leben; 2 Paaren, von denen jede Person Kinder mit einer anderen Person hat und diese teilweise mit im Haushalt leben (Patchworkfamilien); einem Paar, von dem beide mit einer anderen Person Kinder haben, die aber nicht im Haushalt leben und zwei Paaren, von denen nur eine Person ein Kind mit einer anderen Person hat, welches nicht mit dem Paar zusammenlebt.
- 20 Personen des Samples haben mindestens einen (Fach-)Hochschulabschluss, 5 Personen eine (Fach-)Hochschulreife und 7 Personen einen Realschulabschluss bzw. Mittlere Reife oder einen Abschluss an einer polytechnischen Oberschule nach der 10. Klasse. Somit setzen sich nur 4 Paare aus Personen zusammen, die beide keinen (Fach-)Hochschulabschluss haben. Personen ohne Abschluss oder mit Hauptschulabschluss sind nicht im Sample vorhanden. Als mögliche Gründe für den Überhang an Personen mit (Fach-)Hochschulabschluss zeigte sich zum einen in den Gesprächen mit den Interviewpaaren, dass die eigenen Studienerfahrungen vielfach Grund dafür waren die Studie zu unterstützen, weil bekannt war, wie schwierig die Rekrutierung von Befragten sein kann. Zudem bestand ein gewisses Interesse an der Studie und der zugehörigen Forschung. Zum anderen machten, wie bereits erwähnt, die Rückmeldungen der persönlichen Kontakte der Autorin, die für die Rekrutierung angesprochen wurden, deutlich, dass der Aufwand der Studienteilnahme gerade von Personen ohne (Fach-)Hochschulabschluss als zu hoch bewertet wurde. Insgesamt beinhaltet das Sample mehrheitlich Personen eines hohen Bildungsniveaus.

- Mit 8 Paaren wohnt die Mehrheit des Samples in kleineren Großstädten[1]. Überdies wohnen 5 Paare in kleinen Mittelstädten. Jeweils ein Paar wohnt in einer großen Großstadt, einer kleinen Kleinstadt und einer Landgemeinde.
- Zum Sample gehören drei Personen, die nicht in Deutschland aufgewachsen sind. Weitere Informationen zum Migrationshintergrund der Befragten liegen nicht vor, da sie aus Datensparsamkeit nicht erhoben und in den Interviews von den Personen selbst nicht thematisiert wurden.
- Im Hinblick auf die Mediennutzung und -affinität finden sich vielfältige Variationen im Sample, wie z. B. medienaffine Personen, die verschiedenste Medien nutzen oder Personen, die einen unsicheren Umgang mit digitalen Medien haben, aber regelmäßig Zeitung lesen und Fernsehenschauen.

7.3 Datenaufbereitung

Mithilfe von Tonaufzeichnungen wurden Transkripte erstellt. Dabei wurde sich nach den *einfachen Regeln zur inhaltlich-semantischen Transkription* von Dresing und Pehl (2018) gerichtet. Hierbei liegt der „Fokus auf dem semantischwörtlichen Inhalt des Redebeitrages" (Dresing & Pehl, 2020, 847) und weniger auf der Art und Weise, wie etwas gesagt wurde. Dieses Vorgehen unterstützt das Forschungsinteresse dieser Arbeit. Die einzige Ausnahme hiervon sind Gesprächssituationen, in denen die Paare sich gegenseitig unterbrechen. Hierfür wurden die Transkriptionsregeln erweitert das Resultat finden sich in Anhang 2 im elektronischen Zusatzmaterial. Abschließend ist anzumerken, dass Transkripte eine Reduktion darstellen und die Interviewsituation durch sie nicht vollständig rekonstruiert werden kann (Dresing & Pehl, 2018, 16 f.).

7.4 Datenauswertung

Es wird nun beschrieben, wie bei der Auswertung vorgegangen wurde. Dies dient der intersubjektiven Nachvollziehbarkeit und Transparenz des Forschungsprozesses.

---

[1] Einteilung nach dem Bundesinstitut für Bau-, Stadt- und Raumforschung (2022): Landgemeinde unter 5.000 Einwohner*innen; kleine Kleinstadt ab 5.000 Einwohner*innen; große Kleinstadt ab 10.000 Einwohner*innen; kleine Mittelstadt ab 20.000 Einwohner*innen; große Mittelstadt ab 50.000 Einwohner*innen; kleinere Großstadt ab 100.000 Einwohner*innen; große Großstadt ab 500.000 Einwohner*innen

Einen Überblick bekommen, Vergleichen und Dimensionieren
Im Sinne der GTM wurde mit der Auswertung begonnen sobald das erste Interview
Ende April 2021 geführt und transkribiert war. Nach und nach wurden die Interviews
offen kodiert. Dabei wurden Kodes zu Aspekten der Paarbeziehung, der jeweiligen
Mediennutzung beider Personen und der gemeinsamen Mediennutzung vergeben.
Zudem wurden Stellen markiert, welche für die Fragestellung besonders relevant
schienen, weil z. B. von Veränderungen im Zusammenhang mit Medien(-inhalten)
und der Paarbeziehung gesprochen wurde. Es wurden jeweils Kodenotizen angelegt. Anhand dieser konnten erste Vergleiche angestellt sowie Eigenschaften und
Dimensionen der Kodes formuliert werden. Wenn neue Kodes entdeckt wurden,
wurde gezielt in den bereits kodierten Interviews danach gesucht, ob sich diese dort
wiederfanden. Außerdem wurde am Ende des ersten Kodierdurchlaufs eines Interviews eine Fallbeschreibung geschrieben. Parallel zum Kodieren der Interviews
wurden die Kodes auf einer digitalen Pinnwand gesammelt, geclustert und ggf.
durch Dimensionen ergänzt.

Fokus auf die Forschungsfrage
Nachdem mehrere Interviews komplett kodiert waren, wurden die für die Fragestellung besonders relevant wirkenden Stellen ausführlicher betrachtet und jeweils ein
ausführliches Memo verfasst. In dieser Phase war insbesondere die Zusammenarbeit
der Autorin mit anderen Personen in *Kodiergruppen* bedeutsam, weil zum einen im
gemeinsamen Austausch eine Validierung stattfand, ob die jeweilige Textstelle eine
Beschreibung von Bildungsprozessen beinhaltet. Zum anderen wurden Hypothesen
zu medienbezogenen Bildungsprozessen im Zusammenhang mit Paarinteraktionen
entwickelt, die an weiteren Interviewausschnitten geprüft werden konnten. In dieser
Auswertungsphase wurden die Abläufe der gefundenen Veränderungsprozesse auf
der digitalen Pinnwand als *Miniframeworks* visualisiert. Hierbei konnten verschiedene Bedingungen und Strategien herausgearbeitet und in die Kodes der Interviews
überführt werden. Die jeweils neu hinzugekommenen Interviews wurden ebenfalls
offen kodiert und eine Fallbeschreibung erstellt, bevor die für die Fragestellung
relevant wirkenden Stellen analysiert wurden.

Ausdifferenzierung und Überprüfung der entwickelten Grounded Theory
Anhand der Visualisierung der Abläufe der gefundenen Veränderungsprozesse auf
der digitalen Pinnwand wurden schließlich Kategorien herausgearbeitet, welche im
Sinne des Kodierparadigmas die ursächlichen und intervenierenden Bedingungen,
den Kontext, die Strategien und die Konsequenzen darstellen. Dazu wurde ein ausführliches Theoriememo geschrieben. Diese Analyse wurde weiter ausdifferenziert
indem explizit nach Stellen im Material gesucht wurde, die hinsichtlich der bis

dato vorhandenen Grounded Theory zu medienbezogenen Bildungsprozessen im Zusammenhang von Paarinteraktionen führen könnten, aber keine Bildungsprozesse beschrieben wurden. Dabei ging es darum zu verstehen, worin der Unterschied von solchen Fällen zu Fällen besteht, bei denen Bildungsprozesse beschrieben werden. Das resultierende Kodierparadigma wurde anschließend auf das zentrale Phänomen hin betrachtet, sodass diesem ein Name gegeben und es als Kernkategorie festgehalten wurde. Zur Validierung der Grounded Theory wurden alle Fälle betrachtet, inwiefern sie von der Theorie abgebildet werden. Hierbei konnten Lücken in der Theorie geschlossen werden. Der letzte Schritt bestand in der systematischen Verschriftlichung der Ergebnisse und dem Erzählen der Grounded Theory.

Darstellung der entwickelten Grounded Theory
Wie bereits beschrieben, wurden alle Fälle in die Analyse einbezogen. Entweder wurden sie dahingehend betrachtet, wie medienbezogene Bildungsprozesse zustandekommen oder aus ihnen wurde herausgearbeitet, wieso diese nicht zustandekommen und ggf. welche Konsequenzen hinsichtlich der Selbst-, Fremd- und Weltsicht bzw. des jeweiligen Bezugs stattdessen zu finden sind.

Die Wahl der Interviewausschnitte für die Darstellung der entwickelten Theorie basiert grundsätzlich auf der Frage, welche Beschreibungen den Lesenden helfen die entwickelte Theorie und die Beantwortung der Fragestellung nachvollziehen zu können. Daher wurde sich entschieden zuerst die *Story* der entwickelten Theorie anhand von zwei Fällen zu erzählen. So bekommen die Lesenden einen Überblick über die entwickelte Theorie, sodass eine anschließende Erläuterung des Phänomens nachvollziehbar ist. Zudem hilft der Überblick zu Beginn, die anschließenden ausführlicheren Beschreibungen der Kategorien im Zusammenhang miteinander verstehen zu können sowie in ihrer jeweiligen Bedeutung für das Phänomen und die Fragestellung zu erfassen. Für das Erzählen der Story wurden zwei Fallbeispiele ausgewählt, a) die für die Fragestellung relevant sind, b) bei denen die ursächlichen und kontextuellen Bedingungen unterschiedliche Ausprägungen haben, c) die gegensätzliche Strategien beinhalten und d) die zu verschiedenen Formen von medienbezogenen Bildungsprozessen führen. Für die Auswahl der Interviewstellen zur Darstellung und Beschreibung der Eigenschaften bzw. Dimensionen der Kategorien wurden folgende Kriterien beachtet: a) Prägnanz: In der Interviewstelle wird die jeweilige Eigenschaft bzw. Dimension der Kategorie in einem kurzen Textteil eindrücklich deutlich. b) Wiederverwendbarkeit: In dem Interviewausschnitt werden auch andere Kategorien deutlich, sodass auf diese an anderer Stelle verwiesen werden kann. Zum einen können so die Verbindungen der Kategorien miteinander verdeutlicht werden. Zum anderen beinhaltet der Ergebnisteil dadurch eine überschaubare Anzahl an Interviewausschnitten, um eine Überfrachtung der Lesenden mit Beispielen zu vermeiden. c) Anonymität: Die Zusammenstellung der Interviewstellen und der Fallbeschreibung eines Paars gefährden deren Anonymität nicht.

Insgesamt wurde darauf geachtet, dass möglichst aus jedem Fall ein Interviewausschnitt im Ergebnisteil genutzt wird. Eine Ausnahme stellt Paar D dabei dar. Dorothe und Dietrich haben im Interview sehr lange Monologe geführt, wodurch die bei ihnen gefundenen Eigenschaften und Dimensionen nur an langen Textteilen plausibel erläutert werden können. Insofern eignete sich das Interview nicht für die Darstellung der Theorie, aber sehr wohl für die Theorieentwicklung. Darüber hinaus ist anzumerken, dass es sich beim identifizierten Phänomen um ein situatives Phänomen handelt, auf das die Paare je nach bestehenden Bedingungen und vorliegendem Kontext anders reagieren können. Insofern finden sich verschiedene Strategien pro Fall, auch wenn es tendenziell Muster gibt, sodass gewisse Ausprägungen der Ursache und bestimmte Bedingungen häufiger bei einem Fall vorliegen. Entsprechend konnten typische Umgangsweisen mit dem Phänomen herausgearbeitet werden, die in den Fällen jedoch auch in Mischformen vorkommen.

Typenbildung

Bei der Entwicklung der Theorie und der anschließenden Ausformulierung fiel auf, dass sich bestimmte Paare hinsichtlich der Gestalt des Phänomens und ihres Umgangs damit ähnlich waren. Dies war ein Hinweis, dass eine Typenbildung für die vorliegende Arbeit sinnvoll sein kann. Zur Prüfung dieser Annahme wurden die Interviewausschnitte in denen die Selbst-, Fremd- und Weltsicht bzw. der jeweilige Bezug thematisiert wurden systematisch miteinander hinsichtlich der Eigenschaften bzw. Dimensionen der Kategorien verglichen. Hierbei ergaben sich vier Kombinationen der Eigenschaften bzw. Dimensionen miteinander. Anhand der vier Kombinationen wurden der typische Umgang mit dem Phänomen von 14 Paaren ersichtlich. Bei den zwei übrigen Paaren zeigte sich eine andere Gestalt des Phänomens als bei den vier Kombinationen, sodass diese die fünfte Kombination darstellen, bei der jedoch mehrere Kategorien keine Bedeutung haben. Zuletzt wurden diese Kombinationen anhand der ausschlaggebenden Merkmale benannt und bilden somit fünf Typen ab. Eine Tabelle mit den fünf Kombinationen der Eigenschaften bzw. Dimensionen der Kategorien findet sich in Anhang 3 im elektronischen Zusatzmaterial.

7.5   Datenschutz

Für eine empirische Studie ist das Thema *Datenschutz* relevant. Daher wurden den Paaren vor Vereinbarung des Interviewtermins alle notwendigen Informationen gegeben, um eine informierte, schriftliche Einwilligung zu ihrer Teilnahme geben zu können. Zu diesen Informationen gehören entsprechend der *Datenschutzgrundverordnung* a) eine Beschreibung des Forschungsvorhabens samt Inhalt und Zweck, b) eine Aufzählung der erhobenen Daten und von welchem Personenkreis diese erhoben werden, c) eine Erklärung welche Aussagen mithilfe der Daten getroffen werden sollen, e) Informationen dazu, welche Daten, wie, wo und wie lange aufbewahrt bzw. gespeichert werden, f) eine Erklärung in welcher Form die Daten an Dritte weitergegeben und/oder veröffentlicht werden, g) Informationen zur Rechtsgrundlage der Datenverarbeitung, h) eine Erläuterung, dass aus einer nicht-Teilnahme keine Nachteile entstehen, i) die Kontaktdaten der fachlich verantwortlichen Person j) eine Aufführung der Rechte als betroffene Person samt Widerrufsrecht und k) Kontaktdaten für eine mögliche Beschwerde bei einer Aufsichtsbehörde. Um die Interviewaufzeichnungen vor dem Zugriff Dritter zu schützen wurden diese über BigBlueButton oder mittels Diktiergeräts gemacht und anschließend auf dem Universitätsserver in einem passwortgeschützten Bereich gespeichert. Zur Anonymisierung der Paare wurden sowohl in den Medientagebüchern als auch in den Interviewtranskripten alle Personen- und Ortsnamen sowie deanonymisierende Merkmale verändert.

Anhand der Anfangsbuchstaben der pseudonymisierten Namen wird angezeigt, welche Personen ein Paar bilden. Außerdem wurden die Pseudonyme so gewählt, dass sie den Charakter des ursprünglichen Namens beibehalten, wie z. B. Namen bestimmter Alterskohorten oder Namen, die mit der Herkunft oder Religion verknüpft sind.

8.1 Fallportrait zu Paar A – Antonia & Alexander

Antonia und Alexander sind beide Mitte 20. Sie kennen sich seit ungefähr 10 Jahren und waren lange Zeit nur eng befreundet. Ein paar Monate bevor sie ein Paar wurden sind sie gemeinsam in eine Zweier-WG gezogen. Mittlerweile sind sie seit ca. 3 Jahren zusammen.

Antonia arbeitet Vollzeit in der Medienbranche und nutzt daher ca. 7,5 Stunden am Tag digitale Medien im Beruf. Alexander ist Naturwissenschaftler in Teilzeit und arbeitet 4 bis 5 Stunden am Tag beruflich mit digitalen Medien.

Nachfolgend wird die medieninduzierte Kommunikation von Paar A und ihre Mediennutzung an einem Interviewausschnitt illustriert und anschließend beschrieben.

Exemplarischer Interviewausschnitt zu Paar A

[...]
Antonia: Das mit den Schnecken war auch so dämlich. Ich war im Bett. Er hat dieses Video geguckt. Er kommt ins Bett und am nächsten Morgen: Ich wache auf. Er wacht auf. Er noch im Halbschlaf. (...) (Antonia ahmt Alexander nach:) „Ich (...) surfende

© Der/die Autor(en) 2025
S. Schlachter, *Differenzerleben als Balanceakt*,
https://doi.org/10.1007/978-3-658-46014-3_8

Schnecken. Ich habe surfende Schnecken gesehen." Und ich dachte, redet von einem Traum, ne. (lacht) #00:33:52-1#

Alexander: Ich glaube, ich habe ihr gesagt, dass ich sie ähm / Ich glaube, ich wollte ihr mitteilen, dass ich ähm, wenn sie wiederkommt unbedingt von diesen surfenden Schnecken erzählen // muss. // #00:33:58-7#

Antonia: // Daran // habe ich mich dann auch erinnert. Und habe dann, als ich dann von der Arbeit wiederkam, nachgefragt: „Sag mal, was hattest du heute Morgen mit surfenden Schnecken?" #00:34:04-4#

Alexander: Ich dachte, du hast gefragt: „Was hast du jetzt, was hast du geträumt? Von Schnecken oder irgendwie so." Und ich wahrscheinlich noch im Schlaf: Hä? Schnecken? „Ja, surfende /" Ah, das Video! #00:34:13-4#

Antonia: Ja gut, dann hat er mir das Video erklärt und dabei so: „Okay, ich muss dieses Video sehen!" Dann haben wir bei (unv.) YouTube gestartet und waren wieder am Medien konsumieren. (lacht) #00:34:22-2#
[...] (Interview Paar A, Pos. 261–272)

Medieninduzierte Kommunikation von Paar A

Bei Paar A ist der Austausch über die Mediennutzung häufig und intensiv. Oftmals – wie in dem Schnecken-Beispiel – erzählt die eine Person der anderen von Medieninhalten. Zudem gehört zu ihrer Kommunikation über Medieninhalte das Stellen kritischer Fragen zu Online-Inhalten, das Kritisieren der Machart des Medieninhalts, der Austausch über Ansichten und Evokationen und das Spekulieren über den weiteren Verlauf von Filmen, Serien oder Büchern. Die Kommunikation über Medieninhalte ist bei Paar A voranging interessensbegründet. Insgesamt sprechen die beiden viel miteinander – auch medienunabhängig. Insofern kann Paar A als kommunikationsstark bezeichnet werden. Darüber hinaus sind ihre Ansichten in den meisten Bereichen sehr ähnlich, welches sie darauf zurückführen, dass sie sich schon so lange kennen.

Mediennutzung von Paar A

Antonia und Alexander verbringen im Alltag sehr viel Zeit mit Medien und, abgesehen von der Arbeit, nutzen sie Medien(-inhalte) meistens zusammen, weil sie einen Großteil ihrer Freizeit gemeinsam verbringen. Aufgrund seiner Teilzeit-Stelle hat er mehr Freizeit als sie, wodurch er mehr Medien ohne sie nutzt. Dies gleichen sie aus, indem er ihr von allein-konsumierten Medieninhalten berichtet – wie das Schnecken-Beispiel zeigt. Die Art und Inhalte ihrer Mediennutzung ist fast deckungsgleich. Beides hat sich, ihren Erzählungen nach, durch die lange Freundschaft im Jugendalter ergeben. Insofern lesen beide gerne Mangas, Fantasy-Buchreihen und Fanfictions. Auch bei Filmen und Serien bevorzugen sie Fantasy und Anime als Genre. Weiterhin spielen sie Konsolen- und Computerspiele, welche zu zweit in Form von *Koop-Spielen* oder *Massively Multiplayer Online Role Play Games* spielbar sind. Ergänzt wird dies durch das gemeinsame Spielen eines an *Dungeons and Dragons* angelehnten Brettspiels. Darüber hinaus schauen sie auf YouTube wissenschaftliche Videos über. Insofern kann ihre Mediennutzung als vielfältig beschrieben werden, sowohl in Bezug auf Medienformate als auch auf die Komplexität der gewählten Medieninhalte. Unterscheiden tut sich ihre Mediennutzung bei den Abos von YouTube-Kanälen, wobei es auch da Überschneidungen gibt. Außerdem liest sie mehr Fanfictions und schreibt selbst welche. Weiterhin ist Alexander für das Lösen technischer Probleme zuständig, weil er, nach Aussagen von beiden, wegen seines naturwissenschaftlichen Schwerpunkts die Expertise in dem Bereich besitzt. Nichtsdestotrotz hat Antonia vor dem Zusammenziehen ihre technischen Probleme mithilfe von Internetrecherchen meist selbst lösen können. Ergänzend besteht ihre Expertise im Bereich Mediendesign, womit sie Alexander hilft. Paar A ist wissbegierig und nutzt Medien, um Neues zu lernen. In Bezug auf Fakten und Wissen sind sie jedoch kritisch und prüfen Informationen aus den Medien nach, bevor sie sie mit der jeweils anderen Person teilen oder sie recherchieren bei gemeinsamer Mediennutzung zusammen. Zusätzlich zeichnet sich ihre Beziehung dadurch aus, dass beide uneingeschränkt die Geräte der jeweils anderen Person nutzen dürfen und sie mehrere Apps zusammen nutzen, wie z. B. einen synchronisierten Kalender und eine Einkaufslisten-App. Beide sind sehr technik- und medienaffin und sind positiv und offen gegenüber diesen Dingen eingestellt.

Zusammenfassung zu Paar A
Medien(-inhalte) sind bei Paar A ein zentrales Thema der Beziehung. Sie verbringen den größten Teil ihrer gemeinsamen Zeit entweder damit gemeinsam Medien zu nutzen oder sich über Medieninhalte auszutauschen. Zusätzlich schilderten sie im Interview viele medienbezogene Paar-Anekdoten.

8.2   Fallportrait zu Paar B – Birgit & Bernd

Birgit und Bernd sind Anfang 60. Sie sind seit 7 Jahren ein Paar und wohnen seit 4 Jahren zusammen. Zuvor waren beide verheiratet. Bernd ist geschieden und kinderlos. Birgit hingegen ist verwitwet und hat einen erwachsenen Sohn. Die beiden haben sich über eine Online-Dating-Plattform kennengelernt und sind wenige Wochen nach ihrem ersten Treffen zusammengekommen.

Bernd arbeitet Vollzeit im Außendienst und verbringt ungefähr 3 bis 5 Stunden pro Arbeitstag mit digitalen Medien. Birgit war vor der COVID-19-Pandemie als

Bürokauffrau in Vollzeit tätig und hat dort die gesamte Arbeitszeit am Computer gearbeitet. Mittlerweile wurde sie entlassen und befindet sich auf Stellensuche.

Im nächsten Abschnitt folgt ein exemplarischer Interviewausschnitt, welcher die übliche Kommunikation zu Medieninhalten von Paar B verdeutlicht. Anschließend wird diese sowie die Mediennutzung von Paar B ausführlich beschrieben.

Exemplarischer Interviewausschnitt zu Paar B

[...]
Bernd: Zum Beispiel, wenn jetzt irgendwelche ähm Nachrichten, im Sinne von Neu-igkeiten des Tages aus dem Corona-Geschäft, aus dem Sonstigen ist. Und wir gehen dann zusammen spazieren, dann unterhalten wir uns halt darüber, wie wir das sehen ähm und welche Meinung wir dazu haben. #00:28:18-3#
Birgit: Ja. Ich bin ja sowieso so ein Fan. (räuspert sich) Am liebsten unterhalte ich mich, während ich laufe (lacht) oder gehe. Ne. Also und das ist dann auch irgendwie eine schöne Gelegenheit, dass man dann da sich austauscht und so weiter. Das ist dann eher, dass wir, wenn wir zum Beispiel Spazierengehen oder so oder Walken, dass wir uns dann austauschen und nicht jetzt beide gemeinsam auf ein Handy starren oder sowas. Das machen wir eigentlich nicht. #00:28:44-8#
[...] (Interview Paar B, Pos. 67–68)

Medieninduzierte Kommunikation von Paar B
Bei Paar B ist der Austausch über Verschiedenes mit und ohne Medienbezug in die Beziehungsroutine des Spazierengehens eingebunden und wird durch diese spezi-elle Atmosphäre gerahmt – wie in dem Interviewausschnitt beschrieben. Insofern findet fast täglich bei den gemeinsamen Spaziergängen eine Kommunikation über Medieninhalte statt, wie z. B. über Nachrichten. Bei dieser Kommunikation werden Medieninhalte nacherzählt und Ansichten darüber ausgetauscht. Beide beschrieben diesen Austausch als bereichernd, weil sie teilweise verschiedene Ansichten haben. Diese sind jedoch in den Grundzügen recht ähnlich, sodass eine gemeinsame Basis vorhanden ist. Insgesamt sind die eigentlichen Inhalte bei der Kommunikation über Medieninhalte bei Paar B weniger relevant, als das miteinander Sprechen und damit die Beziehungsebene.

Mediennutzung von Paar B
Vor der COVID-19-Pandemie haben Birgit und Bernd bereits den größten Teil ihrer Freizeit zusammen verbracht. Seitdem hat dies weiter zugenommen. Die gemeinsame Mediennutzung ist ein Teil dieser Freizeit, allerdings haben soziale Treffen oder Draußen-Aktivitäten Priorität. Im Kontext der Draußen-Aktivitäten nutzen beide Fitnessarmbänder und eine App, um Wanderrouten zu Planen und

Aufzuzeichnen. Weiterhin sind Birgit und Bernd Fußballfans und sehen oft die Bundesligaspiele zusammen an. Überdies schauen sie gerne Reisemagazine und Kochsendungen. Im Miteinander hat sich zudem das nachmittägliche Schauen von *Bares für Rares* entwickelt. Des Weiteren lesen beide Krimis auf ihren eReadern. Zusätzlich liest Bernd Online-Zeitschriften und die Online-Tageszeitung. Birgit tut dies bewusst nicht, weil die vielen negativen Nachrichten sie emotional zu sehr belastet haben. Im Zuge der COVID-19-Pandemie haben sie das gemeinsame Kochen für sich entdeckt und suchen daher gemeinsam Rezepte aus dem Internet und probieren diese aus. Zu den Bereichen der Unterhaltung und Freizeitgestaltung nutzen Birgit und Bernd Medien, auch für die Kommunikation miteinander sowie mit Familie und Freund*innen. Insgesamt ist ihre Mediennutzung sehr ähnlich und umfasst größtenteils leichte Unterhaltungsmedien. Bernd ist technikaffiner als Birgit, sodass er ihr bei der Einrichtung von Geräten hilft, indem er ihr zeigt, wie dies funktioniert. Außerdem sind beide (digitalen) Medien gegenüber grundsätzlich positiv eingestellt.

Zusammenfassung zu Paar B
Ein zentrales verbindendes Element bei Paar B stellen die gemeinsamen Spaziergänge und Wanderungen dar, welche zum intensiven Austausch genutzt werden. Medien(-inhalte) sind bei Birgit und Bernd Teil ihrer vielfältigen gemeinsamen Freizeitgestaltung. Besondere Relevanz hat dabei das Fußballschauen ihres Lieblingsvereins.

8.3 Fallportrait zu Paar C – Christoph & Constantin

Constantin ist anfang-mitte 30 und Christoph ist Ende 30. Sie sind seit 2,5 Jahren ein Paar. Sie haben sich über eine Dating-App kennengelernt, sind nach wenigen Tagen zusammengekommen und nach ca. 4 Wochen zusammengezogen.

Constantin arbeitet Vollzeit im Vertrieb und nutzt 8 Stunden am Arbeitstag digitale Medien. Christoph ist promovierter Wissenschaftler und arbeitet sowohl in der Forschung als auch der Lehre. Digitale Medien nutzt er 8 bis 10 Stunden pro Tag beruflich.

Der folgende exemplarische Interviewausschnitt zeigt die verschiedenen Mediennutzungsweisen von Christoph und Constantin. Im Anschluss an den Ausschnitt wird die medienbezogene Kommunikation und die Mediennutzung von Paar C erläutert.

Exemplarischer Interviewausschnitt zu Paar C

[...]
Christoph: Ähm. Also insbesondere dann, wenn es für mich gefühlt komplexer wird oder wenn ich eine komplexere Kaufentscheidung treffen muss und parallel zum Beispiel irgendwie gucke, wo kriege ich was zu welchem Preis? Ähm. Dann mache ich so etwas eher am Rechner. #00:40:44-3#
Constantin: Ja, das mache ich zum Beispiel alles dann eher mit dem Handy. (...) Also alles über App: Amazon, Zalando. Was weiß ich, wie sie alle heißen. #00:40:53-5#
Christoph: Also, wenn ich / insbesondere, wenn ich weiß, ich muss viel tippen, dann ähm bin ich ganz schnell am Laptop, dann mache ich das nicht auf dem Handy. (...) #00:41:02-1#
Constantin: Hm. Das ist vielleicht so der Unterschied. Aber sonst haben wir jetzt keine (...) gravierenden Unterschiede. Oder? (...) Was so etwas angeht. #00:41:11-2#
Christoph: Na gut, also unterschiedlich ist halt schon, wie du gerade bei Facebook gesagt hattest, ne. Also du bist halt jemand der teilt viel aktiv, proaktiv auf Facebook. #00:41:17-8#
Constantin: Ja, ja gut. Du observierst halt lieber. #00:41:20-0#
[...] (Interview Paar C, Pos. 231–237)

Medieninduzierte Kommunikation von Paar C
Bei Christoph und Constantin findet der Austausch über Medieninhalte in der Form des Nacherzählens statt. Hierbei geht es meist um Ereignisse aus den Nachrichten, die insbesondere bei Constantin eine starke emotionale Reaktion hervorgerufen haben. Beim gemeinsamen Austausch hierzu bringt Christoph eher rationale Argumente ein. Insgesamt vertreten beide die gleichen Grundansichten, sind aber verschiedener Ansichten, welche politischen Konsequenzen sich daraus ergeben müssten. Nichtsdestotrotz herrscht eine klare Haltung der Wertschätzung gegenüber dieser Verschiedenheit bei Paar C.

Mediennutzung von Paar C
Christoph und Constantin nutzen beide viele Medien in ihrem Alltag, allerdings haben sie nur wenig gemeinsame Mediennutzung. Dies liegt mitunter daran, dass Christoph sehr viel arbeitet – teilweise auch abends und am Wochenende – sodass die beiden insgesamt wenig gemeinsamen Aktivitäten nachgehen. Im Urlaub reisen beide gerne und nutzen hierbei viele verschiedene Geräte und Medien, um ihre Reise zu organisieren, sich zurecht zu finden und Aktivitäten durchzuführen. Im Alltag schauen sie gemeinsam Netflix oder Fernsehen. Hierzu sagen sie, dass sie lieber leichte unkomplizierte Serien, Shows oder Filme schauen. Diesbezüglich haben sie einen ähnlichen Geschmack. Außerdem kommunizieren sie über einen Messenger und telefonieren, wenn möglich täglich in der Mittagspause miteinander. Ein

weiteres verbindendes Element in Bezug auf Medien ist, dass Christoph und Constantin sich gegenseitig Suchergebnisse von *Mobile.de* schicken. Da beide Interesse an Autos haben, geht es nicht darum ein Auto zum Kauf zu finden, sondern zu schauen was es für interessante oder lustige Angebote gibt. Überdies nutzen beide Fernsehnachrichten, Podcasts und Tageszeitungen, um sich zu informieren, allerdings von unterschiedlichen Quellen. Constantin ist regional verbundener und liest daher die lokale Tageszeitung. Christoph liest überregionale Zeitungen und informiert sich auch über die BBC. Zudem haben beide Facebook- und Instagram-Accounts, wobei Christoph eher eine beobachtende, passive Nutzung hat, während Constantin aktiv etwas postet und sich als „Social Media-Manager" der beiden bezeichnet (Interview Paar C, Pos. 133). Darüber hinaus unterscheidet sich die Nutzung der beiden darin, dass Christoph bevorzugt das Laptop nutzt, wohingegen Constantin das Meiste am Handy erledigt. In Bezug auf Zeitungen und Bücher bevorzugt er jedoch das Papierformat. Insofern lässt sich sagen, dass sich die Mediennutzung der beiden stark unterscheidet, welches mit dem Altersunterschied von sechs Jahren zusammenhängen könnte, weil sie, nach eigenen Beschreibungen, in unterschiedliche Medien(nutzungs)formen reingewachsen sind. Bei Paar C nutzt jeder nur sein eigenes Smartphone und kennt auch nicht das Entsperrmuster des anderen. Christoph ist technikaffin und ist daher auch für die Einrichtung von Geräten und dem WLAN zuständig. Constantin ist vielmehr medienaffin und ist bzgl. Social Media und der Smartphone-Nutzung agiler als Christoph.

Zusammenfassung zu Paar C
Paar C zeichnet sich sowohl durch verschiedene Charaktere als auch sehr verschiedene Mediennutzungspraxen bei gleichzeitiger Wertschätzung dieser Unterschiede aus.

8.4   Fallportrait zu Paar D – Dorothe & Dietrich

Dorothe ist Mitte 70 und Dietrich ist Anfang 80. Sie sind seit 8 Jahren ein Paar. Er war zuvor 44 Jahre verheiratet und hat mit seiner ersten Frau Kinder. 5 Jahre nach der Trennung von seiner Frau hat er Dorothe über eine Online-Dating-Plattform kennengelernt. Dorothe ist verwitwet. Nach einigen Monaten Kennlernphase sind die beiden ein Paar geworden und später zusammengezogen. Dorothe ist in den Niederlanden geboren, hat aber bereits viele Jahre in Deutschland gelebt und gearbeitet. Mit Dietrich verbindet sie daher die plattdeutsche Sprache sowie das Reisen, die Musik und das Thema Schifffahrt.

Dietrich hat als Schifffahrtsingenieur gearbeitet, sodass er beruflich viele Länder bereist hat. Dorothe war lange Zeit Auslandskorrespondentin bei verschiedenen Firmen.

Die gemeinsamen Interessensgebiete von Paar D werden im folgenden exemplarischen Interviewausschnitt beschrieben. Darauf folgt die Ausführung der Kommunikation und der Mediennutzung des Paares.

Exemplarischer Interviewausschnitt zu Paar D

> **Dorothe:** [...] Wir haben entdeckt, dass wir einige Interessen gemeinsam haben. (...) Wichtige Interessen zusammen, die auch einen Großteil, ähm von unserem Leben im jetzigen Zustand, sprich ähm nach der Pensionierung, ausmachen. (...) Das verbindet auf Anhieb. (...) Ähm. Beruflich TOTAL unterschiedliche Geschichten, (...) aber wiederum auch viele Berührungspunkte. (...) Ähm. (...) Beide haben wir unabhängig voneinander China kennengelernt. (...) Beide ähm war Dreh und Angelpunkt Hongkong. Worüber man nur nach China kam. Ähm. Waren nicht in Hongkong gelebt, beide von uns nicht, aber ähm (...) unterschiedlich ja. Und dann wollten wir zum Beispiel auch, stand auf unserer gemeinsamen Traum-Ideen, nochmal auch, dann jetzt zusammen, nach ähm Hongkong. (...) Ähm. Aber das werden wir jetzt mit der Entwicklung nicht machen. Aber das ist natürlich auch was uns als Paar, ich habe ja elf Jahre dort in Asien gelebt, ähm sehr intensiv verfolgen. (...) Die politische (unv.) und überhaupt die ganze auch ökonomische Entwicklung da in Hongkong. (...) Ähm. (...) Was uns, wir beide (...) ähm haben was mit Wasser. Dietrich war beruflich, soll er selber noch mal erzählen, ähm viel gemacht als ähm (...) Ingenieur auf (...) auf große Pötte. (...) Ähm. (...) Ich bin auf dem Wasser geboren, als Schiffferstochter. (...) Und (...) ähm habe dadurch vom Baby auf, ich war noch keine Woche alt oder so, da war das Schiff schon wieder unterwegs. [...]
> (Interview Paar D, Pos. 10)

Medieninduzierte Kommunikation von Paar D
Dorothe und Dietrich tauschen sich viel miteinander aus. Insbesondere besprechen sie die wöchentlichen Termine und Inhalte aus getrennter Mediennutzungen, die für beide relevant sind. Ansonsten tauschen sie sich zu Nachrichten aus und profitieren von der Expertise der anderen Person. Bei Dietrich betrifft dies insbesondere technische und Ingenieurs-Themen. Bei Dorothe besteht die Expertise bzgl. den Niederladen. Paar D sagt, dass sie selten verschiedene Ansichten haben.

Mediennutzung von Paar D
Dorothe und Dietrich nutzen wenig Medien zusammen. Allgemein besteht ihre Mediennutzung größtenteils zur Alltagsorganisation. Sie haben sich ihr Leben durch Online-Tageszeitungen, Online-Banking, einem hohen mobilen Datenvolumen etc.

so eingerichtet, dass sie jederzeit mit ihrem Wohnmobil zusammen wegfahren können. Das nutzen sie auch regelmäßig. Abseits von Medien gehen Dorothe und Dietrich zusammen und getrennt diversen Hobbys nach. An und für sich sind die beiden sich darin ähnlich, welche Geräte und Medien sie nutzen, nur die Inhalte unterscheiden sich. Beispielsweise liest sie auch eine niederländische Tageszeitung. Des Weiteren Lesen beide Bücher, nutzen eine Messenger-App und auch Videokonferenz-Tools, um Kontakt zu Bekannten in aller Welt zu halten. Die gemeinsame Mediennutzung beschränkt sich größtenteils auf das ritualisierte abendliche Fernsehen von Börse, Wetter und Nachrichten. Ganz selten schauen sie mal Filme zusammen. Es ist öfter der Fall, dass Dietrich nach den Nachrichten Fußball schaut. Da sowohl Dorothe als auch Dietrich ihre Hörgeräte mit dem Fernseher verbinden können, braucht Dorothe den Raum nicht zu verlassen, wenn sie Dietrichs Fernsehprogramm nicht folgen mag. Stattdessen entkoppelt sie ihr Hörgerät von dem Fernseher. Beide beschreiben Medien als Bereicherung und Erleichterung. Allerdings sind sie kritisch eingestellt gegenüber übermäßigem Medienkonsum. Außerdem hinterfragen sie Inhalte von Nachrichten und insbesondere Dietrich verwies im Interview mehrfach auf falsche Informationen aus den Nachrichten bzgl. Themen im Ingenieursbereich. Dietrich ist zwar technisch und handwerklich sehr begabt, allerdings wenig affin in Bezug auf digitale Technik und Medien. Insofern bringt Dorothe Innovationen in die Beziehung ein und hilft Dietrich bei der Bedienung. In diesem Kontext greift sie manchmal auf sein Smartphone zu. Sonst werden die Geräte getrennt gehandhabt.

Zusammenfassung zu Paar D
Die Mediennutzung von Paar D ist gekennzeichnet durch den Wunsch nach mehr Lebensqualität und einer flexiblen Lebensgestaltung, sodass sie jederzeit mit ihrem Wohnmobil wegfahren können. Außerdem sind Dorothe und Dietrich politisch und kulturell sehr interessiert und lernen gerne Neues durch Medien und voneinander.

8.5   Fallportrait zu Paar E – Eleonora & Eckhard

Eleonora und Eckhard sind Anfang 60. Sie haben sich vor 38 Jahren kennengelernt. Beide waren Betreuende bei der Freizeit für Menschen mit Beeinträchtigungen. Kurze Zeit nach der Freizeit sind sie zusammengezogen. Drei Jahre später haben sie geheiratet und ein Jahr später bekamen sie ihren Sohn und ein weiteres Jahr später ihre Tochter. Beide Kinder wohnen nicht mehr bei ihren Eltern. Ihr gemeinsames Leben war durch viele Phasen der Pflege von Angehörigen gekennzeichnet. Als positiven Ausgleich dazu berichten sie ausführlich von vielen Familienurlauben auf einem Bauernhof in Polen und von Kreuzfahrten.

Eleonora und Eckhard waren beide in sozialpädagogischen Feldern tätig und sind nun in Rente. Er arbeitet jedoch ehrenamtlich in einer Einrichtung für Menschen mit psychischen Erkrankungen.

Die Vorliebe für analoge Medien und die Schwierigkeiten mit digitalen Medien von Paar E wird in dem folgenden exemplarischen Interviewausschnitt deutlich. Die Kommunikation des Paares und ihre Mediennutzung wird in den anschließenden Abschnitten behandelt.

Exemplarischer Interviewausschnitt zu Paar E

[...]
Eleonora: Nein. (...) Ich habe nur gemerkt, dass mir die alten Medien, also Fotobücher / (...) Ähm meine Großmutter, die die Emilia und der Eugen auch noch kennengelernt haben, (...) die ist ja weit über 90 geworden. Die hat für die Familie so Bücher geschrieben. Also irgendwie, die hat (...) ähm zum Beispiel über ihre Verlobungszeit / Die war sieben Jahren lang verlobt. (lacht kurz) Und da hat sie wie so ein Tagebuch mit Bildern auch, damals konnte man nicht so fotografieren, die hat das gemalt. Also wie wichtig mir diese Sachen sind und die ähm unsere Kinder haben auch unheimlich viel gemalt. [...] Und das ist mir viel Vertrauter oder irgendwie so unmittelbarer als diese neuen Medien. Was mich immer ein bisschen Mühe kostet und auch Stress. Also als du gerade angerufen hast. Da habe ich gedacht: „Oh Gott, also hoffentlich klappt das jetzt. Und wo ist der Knopf für das Bild? Und" / #00:55:56-6#
Eckhard: Und wenn die Emilia jetzt nicht zufälligerweise quasi gekommen wäre, wäre das sicherlich auch etwas ähm tricky gewiesen, das so hinzukriegen, das wir uns jetzt beide sehen, ne. Also das ist eine Sache, ähm wie gesagt, ähm in der Regel ähm ist da der Eugen da. Der ist ja sowieso fit. Oder wie die Mila. Ne, also für uns ist das schon ähm ja nicht alltäglich, sozusagen. (...) Ja. #00:56:24-2#
[...] (Interview Paar E, Pos. 174–175)

Medieninduzierte Kommunikation von Paar E
Insgesamt tauschen sich Eleonora und Eckhard viel aus. In Bezug auf Medien findet hauptsächlich ein Austausch hinsichtlich Nachrichten statt. Dabei erzählen sie sich gegenseitig, was sie in der Zeitung gelesen haben oder sie sprechen über die Fernsehnachrichten. Hier kommt es auch öfter vor, dass sie verschiedene Ansichten zu den Themen haben und „kontrovers" darüber miteinander diskutieren (Interview Paar E, Pos. 90). Bezüglich ihrer Ansichten waren sie mal sehr verschieden, haben sich aber laut eigener Aussage im Laufe der Beziehung angeglichen. Eine Besonderheit im Kontext der Kommunikation zu Medieninhalten stellt bei Paar E das

gemeinsame Hinfahren an den Ort eines Medienberichtes dar, was dem Austausch weitere Informationen hinzufügt.

Mediennutzung von Paar E
Eleonora und Eckhard nutzen in etwa gleich oft Medien(-inhalte) alleine, wie sie sie gemeinsam nutzen. Bei Eckhard ist die Nutzung allerdings etwas häufiger als bei seiner Ehefrau. Insgesamt verbringen sie relativ viel Zeit am Tag zusammen. Besonders bedeutungsvoll sind für Paar E Fotos und Videos, die sie aufgenommen haben, als ihre Kinder noch klein waren. Zum einen berichteten sie mehrfach von dieser Phase und der jeweiligen Technik und zum anderen schauen sie sich heute oft und gerne gemeinsam die Fotos und Videos an. Im Fernsehen schauen sie beinahe täglich die *Tagesschau* und *die aktuelle Stunde*. Außerdem lesen beide die Tageszeitung und weitere Zeitschriften, wie z. B. den *stern*. Hierbei ist der Wirtschaftsteil Eleonoras besonderes Augenmerk und Eckhard liest insbesondere den Reiseteil. Weiterhin schauen sie gerne zusammen Krimis, Reportagen, Magazine und Naturfilme. In Bezug zu Filmen favorisiert Eckhard Komödien und Eleonora Dramen. Hier finden sie jedoch Kompromisse. Sie teilen sich auf, wenn es um die Fußball-Bundesliga und Hochzeitssendungen geht. Eleonora nutzt *Pinterest*, um sich zu den Themen Kochen, Nähen und Einrichtung inspirieren zu lassen. Weiterhin pflegt sie Kontakte auch über Briefe. Zudem ist sie für das Online-Shopping zuständig und ist so kompetenter als Eckhard im Umgang mit der dafür nötigen Technik. Des Weiteren unterscheidet sich die Mediennutzung der beiden insofern, dass Eckhard stärker den PC nutzt und Eleonora das Tablet. Die Vielfalt ihrer gemeinsam genutzten Medien kann insgesamt als eher gering bezeichnet werden, da sie zusammen fernsehen, sich zu Nachrichten austauschen und ggf. zusammen am PC etwas bestellen. Bei der Smartphonenutzung ist zwischen den beiden klar, dass das Gerät von der anderen Person als privat gilt. Eleonora und Eckhard sind Technik und Medien tendenziell positiv gegenüber eingestellt und probieren viel aus. Eckhard kritisiert jedoch einige Aspekte, wie z. B. die Abhängigkeit seiner Kolleg*innen von dem Smartphone. Im Gegensatz zur eher positiven Einstellung sind sie wenig technik- und medienaffin, sodass ihrem Sohn in Bezug auf das Einrichten, Warten und Erklären von technischen Geräten sowie dem Problemlösen eine wichtige Rolle zukommt. Beide sprechen davon, dass sie sich in verschiedenen Bereichen überfordert fühlen, wie z. B. eine Videokonferenz mit mehreren Personen abzuhalten.

Zusammenfassung zu Paar E
Bei Paar E ist eine Kombination von Überforderung im Umgang mit Medien und der gleichzeitigen Begeisterung für deren Nutzen zu finden. Weiterhin zeichnen sie sich durch eine lebendige Diskussions- und Erinnerungskultur aus.

8.6   Fallportrait zu Paar F – Felicia & Fabian

Felicia und Fabian sind Ende 20. Sie haben eine Zeit zusammen in einer WG gewohnt und sich so kennengelernt. Anderthalb Jahre später sind sie zusammengekommen und hatten eine Fernbeziehung. Nach drei Jahren Beziehung sind sie zusammengezogen. Zur Zeit des Interviews waren sie vier Jahre zusammen.

Felicia arbeitet Vollzeit als Unternehmensberaterin und nutzt 9 Stunden am Arbeitstag digitale Medien. Nach der Arbeit hilft sie in einem Reitstall. Fabian ist an einer Universität in den Naturwissenschaften in Vollzeit beschäftigt und nutzt dort je nachdem ob er im Labor ist oder am Schreibtisch 3 bis 8 Stunden digitale Medien.

Der folgende exemplarische Interviewausschnitt zeigt die Gesprächsdynamik von Paar F. Ihre Kommunikation und ihre Mediennutzung werden anschließend ausgeführt.

Exemplarischer Interviewausschnitt zu Paar F

> [...]
> **Felicia:** Weißt du, was mir noch einfällt? Deine Telefonphobie. #00:58:37-5#
> **Fabian:** Die ist besser geworden? #00:58:40-8#
> **Felicia:** Naja, mit mir kannst du ja telefonieren. #00:58:43-2#
> **Fabian:** Achso. #00:58:43-9#
> **Felicia:** Ah, wusstest du noch nicht. #00:58:46-3#
> **Fabian:** (lacht) Ja, das stimmt. (unv. technische Störung) telefoniere. Aber mit ihr kann ich ohne Probleme telefonieren. Das stimmt. #00:58:56-9#
> **Interviewerin:** Und springst du dann für ihn ein, um irgendetwas zu erledigen, was er sonst machen müsste? Oder wie läuft das? #00:59:01-4#
> **Fabian:** Manchmal schon ja. #00:59:03-4#
> **Felicia:** Ja. Aber dafür mobbe ich ihn auch sehr viel. #00:59:05-2#
> **Fabian:** (lacht) Ja, das stimmt. #00:59:07-0#
> **Felicia:** Das geht für ihn nicht ohne Verluste einher. (lacht) #00:59:10-5#
> **Fabian:** (lacht) Das muss ich mit Würde bezahlen. #00:59:15-5#
> **Felicia:** Ja. (...) Ne, das ist für ihn irgendwie, wenn er am Telefon ist, sieht er immer aus wie so ein gequälter Hund. Ähm. Aber ich habe noch nie Probleme gehabt. Also, wir hatten noch nie Probleme zu telefonieren, auch länger. Da bilde ich mir was drauf ein, deswegen wollte ich, dass das noch gesagt wird. (Fabian lacht) #00:59:36-1#
> (Interview Paar F, Pos. 302–314)

Medieninduzierte Kommunikation von Paar F

Felicia und Fabian tauschen sich gelegentlich über Medieninhalte aus. Hierbei holen beide oftmals die Expertise oder Sicht der jeweils anderen Person ein, um

Medieninhalte in einen neuen Kontext bringen zu können. Bei solchen Gesprächen sprechen sie teilweise auch darüber, wie Diskurse in den Medien zu diesen Inhalten verlaufen, weil Fabian diese über *reddit* verfolgt. Hat Felicia keine Expertise zu einem Bereich von dem Fabian berichtet, so fragt sie nach Kontextinformationen. Diese recherchiert er nachträglich. Inwieweit sie ähnliche Ansichten bei solchen Gesprächen vertreten ist unklar. Es ist jedoch bekannt, dass er sich als „politischer Lefti" bezeichnet (Interview Paar F, Pos. 174) und sie sich zumindest nicht mit dieser Position identifiziert.

Mediennutzung von Paar F
Insgesamt nutzen Felicia und Fabian Medien mehr getrennt als zusammen, was mit der unterschiedlichen Mediennutzung zusammenhängt und damit, dass sie nur einen geringen Anteil des Tages miteinander Zeit verbringen. Fabian verbringt sehr viel Zeit mit Medien und hat eine vielfältige Mediennutzung. So hört er Hörbücher, liest Bücher, schaut Comedy und wissenschaftliche Inhalte auf YouTube, spielt Computerspiele und schaut sich Memes bei *reddit* und *9gag* an. Felicias Mediennutzung beschränkt sich hauptsächlich auf die Kommunikation über einen Messenger und eine intensive Facebook-Nutzung. Ein verbindendes Element sind Memes, die sie sich gegenseitig zuschicken und Sätze daraus in ihre Paarsprache integrieren, wie z. B. den Ausspruch „ich fostesnicht" (Interview Paar F, Pos. 31). Außerdem schreiben sie mehrmals täglich per Messenger miteinander und sie betont, dass sie eine ähnliche Art haben, Nachrichten zu verfassen. Zusätzlich schauen sie gelegentlich gemeinsam Fernsehen oder Netflix. Allerdings weicht ihr Serien- und Filmgeschmack stark voneinander ab. Einen Kompromiss hierfür stellen Fußballmeisterschaften oder Olympia dar. Bei den Smartphones nutzt jede Person hauptsächlich das eigene, wenn es allerdings darum geht nur kurz eine Information im Internet zu recherchieren und das eigene Handy nicht in der Nähe ist, dann ist es gängig, das der anderen Person zu nutzen. Darüber hinaus ist Fabian technikaffiner als Felicia und daher fragt sie bei Technikproblemen nach seiner Hilfe. Insgesamt können aber beide als medienaffin beschrieben werden und sind tendenziell positiv gegenüber Medien eingestellt, wobei Felicia eine zu häufige Nutzung kritisch sieht.

Zusammenfassung zu Paar F
Bei Paar F fällt auf, dass sie bzgl. der Mediennutzung und der Geschmäcker von Medieninhalten sehr unterschiedlich sind. Im Übrigen ist ihr Umgangston von Ironie und gegenseitigem Necken gekennzeichnet. Nichtsdestotrotz wird die gegenseitige Wertschätzung bzgl. der jeweiligen Expertisen deutlich.

8.7   Fallportrait zu Paar G – Gitta & Guido

Gitta und Guido sind beide zwischen 50 und 55 Jahren alt. Sie haben sich über eine online Plattform für Singles kennengelernt. Sie sind nach wenigen Tagen ein Paar geworden und nach 3 Monaten zusammengezogen. Mittlerweile sind sie seit 5 Jahren zusammen und seit 2 Jahren verheiratet. Beide waren zuvor schon zweimal verheiratet und Gitta hat zwei Kinder mit in die Beziehung gebracht – Gian und Greta. Gian ist schon erwachsen und lebt alleine. Auch wenn Guido nicht Gretas leiblicher Vater ist, nennt sie ihn „Papa" und er ist genauso für sie und ihre Erziehung verantwortlich wie Gitta. Außerdem hat Guido 4 eigene Kinder, welche bei seiner Ex-Frau bzw. alleine leben.

Gitta ist Teilzeit im medizinischen Bereich tätig. Dort nutzt sie 6 Stunden pro Arbeitstag digitale Medien. Zusätzlich ist sie in der Kommunalpolitik aktiv. In dem Kontext organisiert sie unter anderem Frauenstammtische und ist auf Social Media präsent. Guido arbeitet Vollzeit im Bereich von Offshore Windenergie. Wenn er *off shore* ist, dann nutzt er kaum digitale Medien im Beruf. Ist er allerdings im Büro, dann braucht er ca. 6 Stunden am Tag digitale Medien für seine Arbeit.

Der folgende exemplarische Interviewausschnitt zeigt die Paardynamik von Gitta und Guido. Anschließend wird ihre Kommunikation und Mediennutzung beschrieben.

Exemplarischer Interviewausschnitt zu Paar G

> **Gitta:** [...] Ich glaube, meine große Wissbegierigkeit, (...) die begeistert mich für das Internet. Und die begeistert mich auch für den Fortschritt. Weil, ich finde Fortschritt gut. #00:41:41-6#
> **Guido:** Aber das Schöne ist, dass wir beide / (...) Ich meine, es gibt ja im Moment gerade viele Leute, ne, schwurbel, schwurbel, UFO, Tralala und hast du nicht gesehen. (Gitta nickt) Dass wir beide Gott sei Dank ähm noch relativ ähm normal im Kopf sind, dass wir erkennen, was nun ähm (...) Mainstream ist und was jetzt gerade mal abdriftet. Ne? So. Es hilft ja nichts. Natürlich bin ich Main/ Ich bin nur nullachtfünfzehn. Natürlich bin ich Mainstream. Klar. Ich bin höllisch konservativ und, (saugt hörbar die Luft ein) ja, und mittelmäßig. Das ist so. (...) Klar. Meine Aussagen sind vorhersehbar. Das ist so. #00:42:16-6#
> **Gitta:** Ja, aber ich finde dich trotzdem besonders. #00:42:18-8#
> **Guido:** // Das ist schön. // #00:42:19-7#
> [...] (Interview Paar G, Pos. 179–182)

Medieninduzierte Kommunikation von Paar G

Gitta und Guido tauschen sich viel miteinander allgemeiner Art und über Medieninhalte aus. Insofern schicken sie sich Links, lesen sich Artikel vor oder sprechen darüber. So gleichen sie die getrennte Mediennutzung – welche zum Teil parallel nebeneinander stattfindet – durch den gemeinsamen Austausch aus, sodass sie doch ein verbindendes Element in ihrer Beziehung darstellt. Meist haben sie zu den besprochenen Themen ähnliche Ansichten, lernen aber auch von der Perspektive der jeweils anderen Person.

Mediennutzung von Paar G

Gitta und Guido nutzen beide für sich viele Medien, insbesondere zur Kommunikation und Alltagsorganisation sowie, um sich zu informieren und zu recherchieren. Ziel von Gittas Social-Media-Nutzung ist es für ihre Person und ihre Politik Werbung zu machen, sich zu vernetzen und in Erfahrung zu bringen, welche Themen in ihrer Stadt aktuell sind. Guido nutzt Messenger um mit ehemaligen Kolleg*innen und Verwandten im Ausland in Kontakt zu bleiben. Außerdem spielt er HandyGames und schaut YouTube-Videos zur Entspannung, letztes aber auch, um sich im handwerklichen Bereich weiterzubilden. Zusammen schauen sie die *Tagesschau* und die *Tagesthemen* sowie Sendungen auf ARTE und 3Sat. Zusätzlich machen sie hin und wieder einen Fernsehabend mit ihrer Tochter und schauen dann Animationsfilme. Für weiter Spielfilme fehlt ihnen gerade laut eigener Beschreibung die kognitive Kapazität, weil sie mit der Hausrenovierung und seinem Jobwechsel ausgelastet sind. Des Weiteren ist das Informieren und Recherchieren eine wichtige auch gemeinsam gelebte Mediennutzungspraxis – wie im exemplarischen Interviewausschnitt deutlich wird. Insofern teilen sie Medieninhalte miteinander oder recherchieren zusammen. Sowohl Gitta als auch Guido können als wissbegierig beschrieben werden. Bei Paar G wird selten das Smartphone der anderen Person genutzt und wenn, dann nur mit vorheriger Erlaubnis. Gitta und Guido haben beide ihre eigenen Schwerpunkte im Kontext von Medien(-inhalten), sodass sie sich gegenseitig weiterhelfen. Gitta und Guido sind beide technik- und medienaffin und haben tendenziell eine positive Einstellung dazu. Allerdings kritisierten sie im Interview das Posten von Kinderfotos auf Social Media, die Darstellung von ‚Alter‘ und insbesondere von alten Frauen in den Medien und die Beeinflussung von Schönheitsidealen durch Werbung und Social Media.

Zusammenfassung zu Paar G

Das Leben von Paar G ist durch die vorherigen Beziehungen, Erfahrungen, das Elternsein eines 10-jährigen Kindes mit Anfang 50 und das politische Engagement von Gitta gekennzeichnet. Medien spielen für die beiden eine wichtige Rolle, insbesondere um sich zu informieren, zu recherchieren und Neues zu Lernen.

8.8   Fallportrait zu Paar H – Hannah & Herbert

Hannah und Herbert sind beide um die 60 Jahre alt. Sie sind seit ca. 40 Jahren ein Paar und 33 Jahre verheiratet. Sie sind 5 Jahre nach dem Kennenlernen zusammengezogen und haben zwei erwachsene Töchter, die nicht mehr bei ihren Eltern wohnen.

Hannah arbeitet Teilzeit als Erzieherin in einer Kindertagesstätte und nutzt dort ca. 1 Stunde am Tag digitale Medien. Herbert ist seit mehreren Jahren in Rente. Zuvor war er Vollzeit im Bereich Investmentbanking tätig. Paar H macht gerne zusammen Radtouren und genießt den gemeinsamen Garten.

Die Unterschiedlichkeit von Hannah und Herbert in verschiedenen medienbezogenen Bereichen wird in dem folgenden exemplarischen Interviewausschnitt deutlich. Auf den Ausschnitt folgt die Darstellung der Kommunikation und der Mediennutzung von Paar H.

Exemplarischer Interviewausschnitt zu Paar H

[...]
Interviewerin: Ja. Und gibt es noch irgendwie Sachen in der Mediennutzung, wo ihr sagt, da macht ihr das ganz ähnlich oder Sachen, wo ihr sagt, da macht ihr das total unterschiedlich? Also so ein paar Sachen hatten wir ja schon mal. So mit dem Informieren, die Themenbereiche sind ja auch andere, die Musik ist irgendwie andere. Und WhatsApp, nein, Handy ist ja insgesamt auch so ein bisschen unterschiedlich. Gibt es da noch irgendwelche Sachen oder Sachen, wo ihr, weiß ich nicht, das auch miteinander ähnlich nutzt? #00:45:22-4#
Herbert: Das ist unterschiedlich, weil wir strukturell unterschiedlich sind. (...) Also (die ist andersherum wie ich?). Insofern sind wir oft nicht kompatibel zusammen. Wenn wir / Kam schon mal, dass wir unterschiedlich recherchieren und zum gleichen Ergebnis kommen, dass kann schon mal sein, oder du findest etwas anderes als ich finde. (...) Weil du anders vorgehst vielleicht oder ansonsten? #00:45:40-8#
[...] (Interview Paar H, Pos. 309–310)

Medieninduzierte Kommunikation von Paar H

Hannah und Herbert tauschen sich miteinander aus, allerdings spielen Medien (-inhalte) dabei kaum eine Rolle. Zu Nachrichten sprechen sie selten miteinander, weil ihre Perspektiven und Analysewege so unterschiedlich sind, dass das für sie nicht funktioniert. Daher spricht Hannah über solche Themen lieber mit Freund*innen. Insofern wurde im Interview die Ähnlichkeit oder Unterschiedlichkeit der Ansichten nicht beschrieben, weil die Gespräche an einer anderen Stelle scheitern.

Mediennutzung von Paar H

Die einzige gemeinsame Mediennutzung bei Hannah und Herbert ist das Fernsehen von Nachrichten und Reportagen. Im Winter schauen sie mehr Fernsehen als im Sommer. Dieses bezeichnen sie als Abend-Ritual. Allerdings gibt es auch Sendungen, die sie lieber getrennt schauen. Hannah guckt dann Talkshows und Interviewrunden und Herbert Fußball und Krimis. Da sie zwei Fernseher haben, teilen sie sich auf. Darüber hinaus nutzt Hannah hauptsächlich ihr Handy und nur in Ausnahmefällen seinen Computer. Zentral ist für sie das Fotografieren. Weiterhin liest sie Nachrichten, lässt sich bei *Pinterest* inspirieren, organisiert ihren Alltag mittels Kalender-App und Kommuniziert per Messenger mit Familie und Bekannten. Außerdem liest sie die regionale Tageszeitung in Papierform. Herbert liest zusätzlich zur regionalen Tageszeitung *die Welt* und *das Handelsblatt* online und schaut *NTV*, um sich ausführlich zu informieren. Damit verbringt er gut zwei bis drei Stunden pro Tag. Solange Hannah bei der Arbeit ist, nutzt er häufig das Radio als Hintergrundbeschallung. Zudem kümmert er sich um das Online-Banking. Zu den verschiedenen Geschmäckern bzgl. Fernsehen kommt bei Paar H – nach eigener Beschreibung – eine unterschiedliche Struktur in der Nutzung von Medien. Bei Schwierigkeiten mit Geräten helfen sie sich entweder selbst oder auch mal gegenseitig weiter oder die Töchter und deren Männer werden hinzugezogen. Bei den Smartphones nutzt jede Person nur ihr eigenes. Paar H zeichnet sich weiterhin durch eine eher kritische Haltung gegenüber Medien(-inhalten) aus. Hannah nimmt dabei vielfach die Perspektive auf Kinder ein und Herbert ist möglichst datensparsam und skeptisch. Weiterhin beherrschen beide die für sie nötige Technik, darüber hinaus wirken sie wenig technik- oder medienaffin.

Zusammenfassung zu Paar H

Das gemeinsame Leben findet bei Paar H hauptsächlich analog statt, weil die Mediennutzungspraxen, die Medieninhalte und die Diskursfrom über Medieninhalte zu unterschiedlich sind. Die Ausnahme bildet das gemeinsame schauen von Nachrichten und Reportagen im Fernsehen.

8.9   Fallportrait zu Paar I – Irina & Immanuel

Irina und Immanuel sind beide zwischen mitte bis Ende 30 Jahre alt. Als sie sich kennenlernten, lebte Irina in Weißrussland und Immanuel in Deutschland. Anschließend hatten sie erst auf freundschaftlicher Basis Kontakt und haben dann 10 Monate nach ihrem ersten Treffen geheiratet. Mittlerweile sind sie seit 16 Jahren verheiratet und haben drei Kinder im Alter von 3 bis 14 Jahren.

Irina arbeitet Teilzeit in der Medizinbranche und nutzt beruflich ca. 2,5 Stunden am Tag digitale Medien. Immanuel ist Vollzeit in der Automobilindustrie angestellt und arbeitet 8 Stunden am Tag mit digitalen Medien. Beide arbeiten – unabhängig von der COVID-19-Pandemie – größtenteils im Home-Office. Ein zentraler Aspekt in ihrem Leben ist der gemeinsame christliche Glaube und das dazugehörige Engagement in einer Freikirche. In diesem Kontext bieten Irina und Immanuel Eheberatung an.

Es folgt ein exemplarischer Interviewausschnitt von Immanuel zur beziehungspflegenden Nutzung von Medien und anschließend die Beschreibung der medienbezogenen Kommunikation und der Mediennutzung von Paar I.

Exemplarischer Interviewausschnitt zum Paar

[...]

Immanuel: Wenn wir merken, dass wir wenig Zeit miteinander verbracht hatten oder wenig Kommunikation. Dann versuchen wir gemeinsam irgendwie eine Medienart zu finden, dass wir gemeinsam dort auch diese Zeit damit verbringen, dass wir darüber noch mal sprechen, dass es uns verbindet, ja? (...) Anstatt irgendwie auf eigenem Wege unterwegs zu sein und dann zu sehen, dass es ähm der Ehe doch nicht guttut, weil wir uns da irgendwie unterschiedliche Informationen reinziehen. Und die Interessen gehen auseinander. Das wäre dann traurig, ne. Also, da muss man schon ein Gefühl dafür haben. #00:24:44-6#
[...] (Interview Paar I, Pos. 115)

Medieninduzierte Kommunikation von Paar I

Paar I tauscht sich insgesamt viel aus und legt einen hohen Wert auf eine gute und tiefer gehende Kommunikation. Insbesondere sprechen sie nach der Mediennutzung über Evokationen, Ansichten und über Gelerntes. Zusätzlich wird die eigene arbeitsbezogene Mediennutzung der anderen Person gezeigt oder es wird davon berichtet. Der Austausch zwischen den beiden ist relativ intensiv, wenn er nicht gerade der Alltagsorganisation dient. Laut eigenen Aussagen sind sie selten unterschiedlicher Ansichten. Hierzu wurde deutlich, dass sie unterschiedliche Ansichten nicht gut aushalten können.

Mediennutzung von Paar I

Etwa die Hälfte ihrer alltäglichen Freizeit-Mediennutzung findet gemeinsam statt. Insgesamt ist ihr Leben so medial durchdrungen, dass es wenig Zeiten gibt, wo sie nichts mit Medien zu tun haben. Gemeinsam nutzen sie Medien(-inhalte) zur Weiterbildung, zur Kontaktpflege, zur Alltagsorganisation und zur Beziehungspflege. Hierzu werden – wie im Interviewausschnitt beschrieben – Medien genutzt, um eine

Verbindung zueinander zu schaffen. Ergänzend gibt es feste Termine für Date-Night-Filmabende, bei denen sie auf anspruchsvolle und tiefgründige Inhalte Wert legen, wie z. B. Filme nach wahren Begebenheiten. Irina und Immanuel haben teilweise den gleichen Filmgeschmack, wobei bestimmte Genre getrennt in geschlechtsspezifischen Gruppen geschaut werden. Zusätzlich kümmert sich Irina um die Kommunikation mit Familie und Bekannten, wozu sie diverse Messenger-Apps und Videokonferenz-Tools nutzt. Zudem gehören viele Bereiche der medienbezogenen Alltagsorganisation zu ihrem Aufgabenbereich, wie z. B. das Anlegen von Aufgabenlisten für Immanuel im gemeinsam synchronisierten Kalender, das Planen und Eintragen von gemeinsamen Terminen und die Pflege der gemeinsamen Spotify-Playlist. Immanuel ist für das Online-Banking zuständig und informiert sich zu verschiedenen Themen über Artikel und YouTube-Videos. Irina ist aktiver bei Social Media. An sich ist ihre Mediennutzung aber recht ähnlich und die getrennten Tätigkeiten eher funktional und weniger für Unterhaltungs- oder Entspannungszwecke. Des Weiteren ist das Einrichten von Technik Immanuels Aufgabe. Ihr Kompetenzbereich ist gestalterischer Natur. In der Beziehung von Irina und Immanuel ist es üblich, mal das Smartphone der anderen Person zu nutzen, wenn das eigene nicht in der Nähe oder der Akku leer ist. Insgesamt sind beide technik- und medienaffin und haben eine positive Einstellung dazu, wobei Irina bzgl. der Sicherheit von SmartHome-Technologien skeptisch wirkt.

Zusammenfassung zu Paar I
Bei Paar I liegt der Fokus stark auf der eigenen Beziehung und deren Pflege. Insofern wird auch die gemeinsame Mediennutzung oftmals in den Dienst der Beziehungspflege gestellt, wie auch im Interviewausschnitt deutlich wird.

8.10 Fallportrait zu Paar J – Jana & Jens

Jana und Jens sind Mitte 30. Sie kennen sich flüchtig seit 2013. Ihre Freundschaft begann ein Jahr bevor sie zusammengekommen sind. Kurz nachdem sie ein Paar geworden sind ist Jens bei Jana und ihren drei Kindern eingezogen. Diese sind zwischen 8 und 14 Jahren alt. Jens und Jana sind beide geschieden.

Jana arbeitet in Teilzeit im Einzelhandel und nutzt dort ca. 2 Stunden pro Arbeitstag digitale Medien. Jens arbeitet 8 bis 9 Stunden am Tag mit digitalen Medien im IT-Bereich.

Die besondere Kultur des Schreibens von Paar J wird im folgenden exemplarischen Interviewausschnitt gezeigt. Im Anschluss werden der medieninduzierte Austausch und die Mediennutzung des Paares ausführlich beschrieben.

Exemplarischer Interviewausschnitt zu Paar J

[...]
Interviewerin: Und ihr habt gesagt, ihr schreibt immer ganz viel auch während der Arbeit. Ist das einfach ganz viel? Oder gibt es auch spezielle Zeiten, wo man weiß: okay, dann guckt immer der andere drauf? #00:36:50-9#
Jens: Eigentlich ist es genau andersherum. Also wir wissen es gibt Zeiten, da kann ICH nicht aufs Handy gucken, weil ich da meine Meetings habe. Und dann kommt halt auch nicht viel an Nachrichten. So weil / Dann kommt vielleicht irgendwas. Okay, du liest das eh später. Aber sonst (...) ist eigentlich nicht ein (...) wir wissen der guckt dann aufs Handy, sondern wir wissen ähm (...) der andere guckt sofort aufs Handy. (lacht) #00:37:15-5#
Jana: Also am Anfang war das auch so, dann (...) haben wir / Also da war als eine Pause vom Schreiben. Und dann hat man halt angefangen zu schreiben, hat aber gesehen, im selben Moment der andere fängt auch gerade an zu schreiben. Weißt du das noch? (Jens nickt) Ja, das war ganz seltsam. (beide lachen) Also das war so, wenn man wirklich mal (...) sich eine Stunde nicht geschrieben hat, (...) dann gleichzeitig wieder anzufangen. (...) Jetzt ist es halt so, wir haben auch keine speziellen Themen, meistens. #00:37:43-0#
Jens: Nein. Alles. #00:37:44-2#
Jana: Alles. Und wenn es nur ein Wort „Ich bin so müde" ist. Und auch ganz wichtig, wenn wir bei der Arbeit angekommen sind jeweils, schicken wir uns auch immer irgendwie ein Herz. Oder was auch immer. #00:37:58-8#
Jens: Ja, oder auf dem Rückweg ein „Ich fahre jetzt los" ist ein Auto. [...]
(Interview Paar J, Pos. 185–190)

Medieninduzierte Kommunikation von Paar J

In dem exemplarischen Interviewausschnitt wird deutlich, dass Jana und Jens während der Arbeitszeit häufig miteinander per Messenger schreiben. Bei dieser Kommunikation geht es oft um die Kommunikation an sich oder um Aspekte der Alltagsorganisation. In ihrer Freizeit tauschen sie sich ebenfalls aus, auch hier geht es zumeist um Alltagsorganisation. Medieninhalte sind bei ihren Gesprächen eher selten Thema. Er ist politisch interessiert und informiert sich dazu. Hinsichtlich politischer Themen diskutiert er mit seinen Kolleg*innen und teilt Jana nur die nötigsten Informationen mit, wenn z. B. eine Wahl ansteht. Jana interessiert sich nicht für Politik. Dennoch sagen die beiden, dass sie politisch gesehen eine ähnliche Ansicht vertreten.

Mediennutzung zu Paar J

Der Alltag der beiden ist medial stark durchdrungen. Beispielsweise rahmt das gemeinsame SmartHome den Alltag der Familie. Jana sagt: „Also es endet mit ‚gute Nacht Google'. Also es fängt mit ‚guten Morgen, Google' an" (Interview Paar J,

Pos. 121). Hierbei haben sie auf die Freizeit bezogen ungefähr gleich viel getrennte wie gemeinsame Mediennutzung. Die gemeinsame Mediennutzung besteht aus dem Chatten im Tagesverlauf, dem Zeigen von TikTok-Videos, dem Serien- oder Film-schauen, dem Musikhören, den wöchentlichen Minecraft-Abenden mit ihren Kindern sowie besonderen Kinonachmittagen mit der Familie. Insofern haben sie eine relativ vielfältige gemeinsame Mediennutzung. Ergänzend tauschen sie Medienin-halte durch Weiterleiten und gegenseitige Verlinkungen aus, welchen keine Gesprä-che folgen. Bei Serien und Filmen teilen sie den Geschmack und bevorzugen ein leichtes Fantasy- und Sciencefiction-Genre. Tendenziell ist auch ihre getrennte Mediennutzung ähnlich. Hier unterscheiden sich eher die Inhalte. Er beschäftigt sich mit Politik und „Nerd-Humor-Kram" (Interview Paar J, Pos. 146), wohingegen sie sich mit Pflanzen und veganer Ernährung auseinandersetzt. Jens ist versierter was Technik und Medien angeht als Jana und zeigt bzw. erklärt ihr daher Dinge. Sie ist aber auch durchaus technik- und medienaffin. Sie sagt es sei einfacher, wenn er ihr etwas erklärt, als sich selbst einzuarbeiten. Paar J kennt sich insbesondere mit neuen Medien aus, sodass sie ein Auge auf die Mediennutzung der Kinder haben. Insgesamt möchten sie, dass diese die Potenziale der Medien nutzen, gleichzeitig achten sie darauf, dass sie selbst und die Kinder keine Fotos von ihren Gesichtern öffentlich zugänglich posten. Bei ihren Smartphones nutzen sie das der anderen Per-son zum Steuern des SmartHome oder zum Googlen, wenn das eigene Smartphone gerade nicht zur Hand ist.

Zusammenfassung zu Paar J
Bei Jana und Jens sind Medien im Alltag verankert und dienen sowohl der Kom-munikation als auch der gemeinsamen Zeitgestaltung als Paar oder als Familie. Allerdings werden die Medieninhalte kaum kommunikativ behandelt.

8.11   Fallportrait zu Paar K – Kira & Katharina

Kira und Katharina sind beide Anfang 30. Sie haben sich über eine Dating-Plattform kennengelernt und sind nach ein paar Wochen ein Paar geworden. Die ersten zwei Jahre ihrer Beziehung hatten sie eine Fernbeziehung und sind dann zusammenge-zogen. Zur Zeit des Interviews waren sie ca. 4 Jahre zusammen. Eine Hochzeit befand sich zur Zeit des Interviews in Planung. Im Übrigen hat Paar K einen klaren Kinderwunsch.

Kira ist Vollzeit in der Baubranche tätig. Dort arbeitet sie beruflich 10 Stunden pro Tag mit digitalen Medien. Katharina ist wissenschaftliche Mitarbeiterin im Bereich

Psychologie. Sie arbeitet Vollzeit und nutzt acht Stunden am Tag digitale Medien für die Arbeit.

Im Anschluss an den folgenden exemplarischen Interviewausschnitt zum gemeinsamen Fernsehen von Paar K, werden die Kommunikation und die Mediennutzung erläutert.

Exemplarischer Interviewausschnitt zu Paar K

[...]

Interviewerin: Und wenn ihr dann was zusammen guckt, was guckt ihr dann zusammen? #00:26:03-6#

Kira: Meistens sind das ähm (...) Filme, die auf einer wahren Begebenheit, heißt das so? (Katharina nickt) Wahren Begebenheit beruhen. #00:26:11-8#

Katharina: Ja, ja so Biographie? (...) #00:26:15-5#

Kira: Politisch, gesellschaftskritisch. (...) Teilweise. (...) Ja, Dokus teilweise auch. #00:26:24-9#

Katharina: Dokus, Essensdokus. #00:26:26-9#

Kira: Ja, Essensdokus. (Kira sagt das mit einem großen Lächeln, beide lachen ein wenig) #00:26:28-9#

Interviewerin: Was muss ich mir darunter vorstellen? #00:26:31-2#

Kira: Es gibt so eine Serie auf Netflix, die heißt ‚Streetfood‘, ne? (...) Die ist richtig gut. Und da wird halt ähm jeder Kontinent, glaube ich, vorgestellt. Oder? Serien aus den Kontinenten, von den Ländern. #00:26:45-4#

Interviewerin: Ach ja, ich habe davon gehört. #00:26:46-9#

Kira: Das ist ziemlich cool. So etwas mögen wir. #00:26:49-5#

Katharina: Genau. Es geht nicht nur ums Essen, sondern es geht auch um den Menschen, // den Koch // #00:26:53-1#

Kira: // Kultur // #00:26:53-1#

Katharina: dahinter und die Geschichte, die Kultur oder die Städte, die bereist werden. So. [...]

(Interview Paar K, Pos. 119–131)

Medieninduzierte Kommunikation von Paar K

Paar K pflegt einen regelmäßigen Austausch miteinander, so erzählen sie sich z. B. am Abend von ihrem Tag. Zudem tauschen sie sich zu den Nachrichten des Tages aus. Außerdem ist es bei ihnen üblich über gesellschaftskritische Filme und Bücher zu sprechen. Hier werden Eindrücke geteilt und ein Bezug zum eigenen Leben hergestellt. Insofern ist der Austausch zwischen ihnen im Allgemeinen und auch medienbezogen relativ hoch. Kira und Katharina beschreiben, dass sie selten verschiedene Ansichten haben und gerade in Bezug auf gesellschaftskritische Themen miteinander übereinstimmen.

Mediennutzung von Paar K

Die gemeinsame Mediennutzung beschränkt sich hauptsächlich auf eine schriftliche oder telefonische Kommunikation im Tagesverlauf, das abendliche Fernsehen und die Nutzung von Apps zur Alltagsorganisation. Vor der COVID-19-Pandemie sind sie außerdem einmal im Monat gemeinsam ins Kino gegangen. Für das gemeinsame Fernsehen werden bewusst Filme nach wahren Begebenheiten oder Dokumentationen ausgewählt, welche einen politischen oder gesellschaftskritischen Fokus haben. Insofern ist ihre gemeinsame Mediennutzung nicht besonders vielfältig, aber bewegt sich auf einem Spektrum von einfachen bis komplexen Medieninhalten. Ihre getrennte Mediennutzung ist sich recht ähnlich bis auf einige Besonderheiten. Beide nutzen Instagram, Messenger-Apps und schauen alleine fern. Dabei schaut Kira Nachrichten und Katharina alte Serien aus ihrer Teenie-/Jugendzeit. Ihre Geschmäcker zu Filmen, Musik etc. sind relativ gleichartig, nur dass Katharina gerne auch mal alte Serien zum wiederholten Male ansieht und Kira lieber zielgerichtet nach neuen Filmen sucht. Beide haben Kompetenzbereiche bzgl. Medien. Kira richtet diese ein und kennt sich mit Tricks bei der Handybedienung aus. Katharinas Expertise liegt in der Bedienung von Office Produkten. Hierbei hilft Katharina Kira gelegentlich bei arbeitsbezogenen Fragen. Darüber hinaus ist es bei Paar K üblich, nach Einwilligung das Smartphone der anderen zum Googlen oder Fotografieren zu nutzen. Kira und Katharina sind beide technik- und medienaffin. Insgesamt sind sie diesen Themen positiv gegenüber eingestellt, allerdings sind sie kritisch gegenüber SmartHome-Geräten oder Online-Bezahldiensten wie PayPal und versuchen die mögliche Überwachung einzugrenzen, indem sie z. B. *Siri* ausgeschaltet und einen kameralosen Saugroboter haben.

Zusammenfassung zu Paar K

Paar K zeichnet sich durch ein hohes Entwicklungsbedürfnis aus, sodass sie bewusst Medieninhalte wählen, durch die sie etwas lernen können oder welche zum Nachdenken anregen. Zudem besteht ein reger allgemeiner und medienbezogener Austausch.

8.12   Fallportrait zu Paar L – Laura & Lukas

Laura ist Anfang 30 und Lukas ist Mitte 30. Sie waren zwei Jahre lang flüchtige Bekannte, bevor sie begonnen haben, auszugehen. Sie sind wenige Monate später ein Paar geworden und ein weiteres halbes Jahr später zusammengezogen. Mittlerweile sind sie ca. 5 Jahre zusammen und haben eine 15 Monate alte Tochter – Lilly.

Laura arbeitet Teilzeit in der Pharmabranche und nutzt dort 5 Stunden am Tag digitale Medien. Lukas ist Vollzeit in der Telekommunikationsbranche beschäftigt und arbeitet beruflich 4 Stunden am Tag mit digitalen Medien. In seinem Beruf sitzt er teilweise im Büro und teilweise befindet er sich im Außeneinsatz. Allerdings war er in dem Zeitraum, in dem die Medientagebücher geführt wurden, in Elternzeit.

Die aktuelle Lebenssituation von Paar L wird in dem folgenden exemplarischen Interviewausschnitt angerissen. Im Anschluss daran werden die medieninduzierte Kommunikation und die Mediennutzung von Laura und Lukas dargestellt.

Exemplarischer Interviewausschnitt zu Paar L

[...]

Laura: Hast bestimmt auch im Medientagebuch, dann gelesen: Also, ich bin dann schon jemand der abends dann einfach nur Fernsehen guckt oder Filme anschaut und Luke, der ähm spielt, dann eher oder zockt. Also, echt wir haben abends überhaupt nichts miteinander zu tun. // (lacht) Ja, ist halt lustig. // #00:09:32-2#

Lukas: // Aber es ist auch derzeit einfach so, // weil du meistens so, gehst du halt auch schon irgendwie so um acht ins Bett, und willst dann einfach nur noch eine Stunde deine Ruhe haben. Bevor halt / (...) Ich bin jetzt zum Beispiel, fünf Minuten bevor wir jetzt angefangen haben, bin ich gerade erst aus dem Zimmer // gekommen. // #00:09:44-0#

Laura: // Ich musste dich jetzt aufwecken, ja. // #00:09:45-0#

Lukas: Ja, (lacht) weil eingeschlafen bin (...) bei der Kleinen mit. Also, es ist schon sehr viel anders, wie damals, wo wir kein Kind hatten, (...) weil da hatten wir einfach / konnten wir das uns einfach frei einteilen. Ne? Wir haben früher immer noch / Früher haben wir immer noch / Welche Serie war das? (...) Ähm. (...) Wir haben eine gefunden, und dann hast du einfach weiter geschaut. (...) Und ich war noch in der Arbeit und dann hast du einfach schon die halbe Staffel fertig geschaut und hast dann gesagt: „du kannst ja jetzt mal nachgucken, aber ich warte nicht auf dich." (macht ihre Stimme nach und lacht, dann lacht Laura auch) Das weiß ich noch. #00:10:16-1#

[...] (Interview Paar L, Pos. 63–66)

Medieninduzierte Kommunikation von Paar L

Allgemein findet wenig Austausch zwischen Laura und Lukas statt und wenn, dann ist dieser anlassbezogen und dient der Alltagsorganisation insbesondere mit Blick auf Lilly. Wenn sie mal einen Film oder eine Serie zusammen ansehen, dann sprechen sie darüber, wie ihnen der Medieninhalt gefallen hat. Diskussionen dazu finden keine statt, weil sie laut eigener Aussage hier ähnliche Ansichten haben.

Mediennutzung von Paar L

Laura und Lukas nutzen relativ selten Medien gemeinsam. Allerdings verbringen sie in ihrer aktuellen Lebensphase ohnehin relativ wenig Zeit gemeinsam – wie auch in der Interviewstelle deutlich wird. Im Hinblick auf Medien verbindet Laura und Lukas der gemeinsame Musikgeschmack. Laura machte im Interview deutlich, dass sie darauf viel Wert legt, anders als auf einen gemeinsamen Film-/Seriengeschmack. Insofern hat Paar L eine gemeinsame Spotify-Playlist, aber zwei Netflix-Profile. Laura schaut gerne Horror-Filme und Thriller, welche einen zügigen Verlauf haben. Lukas hingegen sieht lieber Fantasy- und Superheld*innen-Filme, deren Plot sich langsam entfaltet. Bei Serien ist weniger der Geschmack das trennende Element, als die Art und Weise des Schauens und die verfügbare Zeit. Laura praktiziere häufig *Binge Watching* und könne nicht warten bis Lukas Zeit hätte, erklärte sie. Aktuell schreiben sie im Alltag nur für die Alltagsorganisation miteinander per Messenger. Zu Beginn ihrer Beziehung haben sich Laura und Lukas jedoch oft Memes zugeschickt. Ihre getrennte Mediennutzung besteht daraus, dass Laura Serien schaut, wenn Lukas noch arbeitet oder Lilly ins Bett bringt. Für sie ist das Teil ihrer abendlichen Entspannung. Vor der Geburt ihrer Tochter war Laura außerdem sehr aktiv bei Facebook und Instagram. Aktuell ist die Nutzung wegen ihrer Tochter geringer. Darüber hinaus verwendet sie ihr Smartphone hauptsächlich für die Freizeitmediennutzung. Lukas hingegen nutzt sowohl sein Smartphone als auch seinen PC. Er spielt Computerspiele, welche eine beeinflussbare, tiefgehende Story haben, wie z. B. *The Witcher*. Zudem schaut er YouTube-Videos oder Twitch-Streams. Dies stellt für ihn die abendliche Entspannung dar, sodass sie hier nicht gemeinsam Zeit verbringen. Bezüglich der Smartphones gibt es eine klare Trennung und es wird nur mit Erlaubnis und in Ausnahmefällen das Gerät der anderen Person genutzt. Des Weiteren recherchieren beide getrennt voneinander zu Themen, die ihre Tochter betreffen, wie z. B. Krankheitssymptome oder kindgerechte Rezepte. Zusätzlich haben sie mehrere *Alexas* und dazugehörige Steckdosen, welche sie für die Alltagsorganisation nutzen. Bei Paar L ist Lukas für das Anschließen, Einrichten und Problemlösen im Kontext von Technik und Medien zuständig. Laura beschreibt ihre Position hierzu als bequem. Lukas ist sowohl technik- als auch medienaffin und hat eine positive Einstellung hierzu. Laura ist nicht technikaffin, hat aber trotzdem eine gewisse Affinität zu Medien. Ihre Einstellung ist teilweise positiv, aber auch skeptisch. Insbesondere die Erwartungshaltung privat und beruflich ständig erreichbar sein zu müssen, beschreibt sie als Druck.

Zusammenfassung zu Paar L

Paar L zeichnet sich dadurch aus, dass ihr Leben aktuell komplett um die Tochter herum strukturiert ist und zwischen Laura und Lukas wenig Interaktion stattfindet, die nichts mit der Tochter oder der Alltagsorganisation zu tun hat.

8.13   Fallportrait zu Paar M – Marika & Meinhardt

Marika und Meinhardt sind beide um die 70 Jahre alt und sind seit 51 Jahren ein Paar. Sie haben sich im Urlaub kennengelernt und führten die ersten 4 Jahre eine Fernbeziehung. Danach ist sie aus NRW zu ihm nach Niedersachsen gezogen. Nach 8 Jahren Beziehung haben sie geheiratet. Marika und Meinhardt haben 3 Kinder und mehrere Enkelkinder.

Vor ca. 6 Jahren sind Marika und Meinhardt in Rente gegangen. Sie war zuvor Laborantin in Teilzeit und er Schornsteinfeger in Vollzeit. Marika und Meinhardt sind beide in einer Kirchengemeinde aktive Mitglieder und engagieren sich dort in verschiedenen Gruppen. Hierfür nutzen sie regelmäßig digitale Medien. Überdies organisiert Meinhardt in diesem Kontext Hilfstransporte für Osteuropa und ist dafür ca. einmal pro Jahr 14 Tage im Ausland.

Die unterschiedlichen Einstellungen zu Smartphones von Paar M wird im folgenden Interviewausschnitt deutlich. Darauf folgt die Ausführung der medieninduzierten Paarkommunikation und Mediennutzung.

Exemplarischer Interviewausschnitt zu Paar M

Marika: [...] Diesen Austausch und dieses Mal eben schnell eine Nachricht und ähm kriegen und schicken, finde ich wunderbar. Und ähm ich kann ganz schlecht damit umgehen, dass Meinhardt da so negativ drauf reagiert, weil ähm (...) eigentlich profitiert er genauso davon, von den Nachrichten, die ich dann übermitteln. Ähm. Aber ähm er bleibt bei dieser (...) Distanz und bei diesem Verteufeln irgendwie / #00:18:58-4#
Meinhardt: Nee, Verteufeln nicht. #00:18:59-7#
Marika: Naja, puh (Marika atmet hörbar aus) bop bop bop bop. (Meinhardt lacht) Und ähm / Aber (...) genießt dadurch, dass ich das nutze, die Vorteile. Also, das ähm muss ich sagen, (...) finde ich irgendwie ein bisschen (...) widersprüchlich. #00:19:16-5#
Meinhardt: Ich finde es nervig, wenn – auch unsere älteste Tochter (...) – die kommt hier an und die legt dann ihr Smartphone auf den Tisch (...) und dann redet man mit ihr, (...) plötzlich nimmt sie es in die Hand und tippt dann rum, während ich mit ihr rede und das bringt mich auf die Palme. Tss. Das ähm macht mich so richtig böse. #00:19:37-2#
Marika: Das müsstest du mit ihr mal ansprechen. #00:19:38-8#
[...] (Interview Paar M, Pos. 55–59)

Medieninduzierte Kommunikation von Paar M

Zwischen Marika und Meinhardt findet viel allgemeiner und auch medienbezogener Austausch statt. So erzählt sie ihm von ihren Kontakten mit der Familie, Freund*innen und Bekannten. Meinhardt hingegen ist deutlich informierter über das Weltgeschehen und die politische Lage, sodass sich Marika darauf verlässt, dass er ihr die wichtigsten Dinge erzählt. In vielem haben Marika und Meinhardt ähnliche Ansichten. Allerdings deuteten sie im Interview Bereiche an, bei denen sie verschiedene Ansichten haben und diese Bereiche daher nicht miteinander besprochen werden.

Mediennutzung von Paar M

Marika und Meinhardt nutzen kaum Medien zusammen und ihre Mediennutzung unterscheidet sich sehr voneinander. Der gemeinsame Medienkonsum bei Paar M besteht aus den abendlichen Nachrichten, dem Schauen von Spielfilmen, Dokumentationen und der Übertragung von Snooker. Sie schauen allerdings nicht jeden Abend zusammen fern. Oftmals guckt er Fernsehen über Kopfhörer und sie macht im gleichen Raum etwas anderes. Er schaut dann weitere Nachrichten z. B. bei der BBC oder Magazine. Selten ist es andersherum. Marika nutzt Medien hauptsächlich zur Kommunikation mit der Familie, Freund*innen und Bekannten. Außerdem nutzt sie verschiedene Apps, um sich zu informieren oder den Alltag zu organisieren. Meinhardt hat im Gegensatz zu Marika kein Smartphone, sondern nur ein Handy. Dieses nutzt er nur, wenn er wegen der Hilfstransporte unterwegs ist. Allerdings hat er ein Tablet und einen PC. Hiermit schaut er bei YouTube Videos und Tutorials zu seinem Hobby – Malen und Zeichnen. Des Weiteren hört er häufig Radio als Informationsquelle und auch als Hintergrundbeschallung. Zudem lesen beide gerne Bücher und regelmäßig die Tageszeitung. In Bezug auf Technik und Medien bekommen sie oftmals Hilfe von ihren Kindern. Allerdings ist Marika auch relativ technik- und medienaffin. Außerdem ist sie positiv gegenüber Medien eingestellt und sieht den Nutzen in ihrem Alltag. Meinhardt hingegen ist deutlich kritischer, insbesondere im Hinblick auf die ständige Erreichbarkeit durch Smartphones, die Glaubwürdigkeit von Medien und medial vermittelter Kommunikation. Nichtsdestotrotz kann er mit Technik und Medien umgehen, wenn er will. Die Diskrepanz der verschiedenen Ansichten und das Thema Smartphonenutzung ist ein kontinuierlicher Reibungspunkt zwischen den beiden – wie sich im Interviewausschnitt bereits andeutet.

Zusammenfassung zu Paar M

Im Hinblick auf Medien(-inhalte) verbindet das Schauen von Snooker Marika und Meinhardt. Dies ist eine gemeinsam entwickelte und geteilte Leidenschaft. Andere verbindende Elemente – wie z. B. der gemeinsame Glaube und das Engagement in der Kirche – finden ohne Medienbezug statt. Zudem ist die gegensätzliche Haltung zu Smartphones immer wieder Thema im Alltag von Marika und Meinhardt.

8.14   Fallportrait zu Paar N – Nora & Niklas

Nora und Niklas sind beide zwischen 25 und 29 Jahre alt. Seit fast 10 Jahren sind sie ein Paar. Bevor sie zusammengekommen sind, waren sie ca. 2 Jahre lang Schulfreund*innen. Nachdem beide ihr Studium beendet haben, sind sie zusammengezogen und leben seit 5 Jahren in einer gemeinsamen Wohnung. Im Interview beschrieben sie, dass sie zusammen erwachsen geworden seien.

Nora arbeitet Vollzeit als wissenschaftliche Mitarbeiterin in den Naturwissenschaften. Dort nutzt sie 8 Stunden am Tag digitale Medien. Niklas hingegen nutzt bei seiner Vollzeitstelle als Polizist 4 bis 6 Stunden pro Tag digitale Medien und beschreibt diese Nutzung als sehr unbeständig.

Im folgenden exemplarischen Interviewausschnitt wird deutlich inwiefern Medien ihre Beziehung tangieren. In den anschließenden Abschnitten wird dies genauer erläutert und die Mediennutzung von Paar N beschrieben.

Exemplarischer Interviewausschnitt zu Paar N

> [...]
> **Nora:** Ja. Und tatsächlich würde ich sagen, wir haben wenig gemeinsame Entscheidungen über unsere Mediennutzung getroffen, sondern eher der eine entscheidet, etwas zu nutzen und dann wird der andere so ein bisschen mit reingezogen. #00:23:55-8#
> **Niklas:** Das wir bewusst beide zusammen, ähm also bewusst beide zusammen ein Medium haben (...) wir lesen nicht zusammen das gleiche Medium. Wenn, dann gucken wir tatsächlich irgendetwas, was wir hier beim (...) ähm (...) Stream. Aber sonst / (...) Ich sagen würde, hört das jeder für sich und teilt dem anderen mit, was er gerade so erlebt hat. (Nora nickt) Also, es ist ein Austausch darüber, aber wenig gemeinsame Nutzung. #00:24:23-9#
> [...] (Interview Paar N, Pos. 142–143)

Medieninduzierte Kommunikation von Paar N

Nora und Niklas tauschen sich viel miteinander aus, sowohl allgemein als auch mit Bezug zu Medien(-inhalten). Hier teilen sie die Informationen miteinander, welche sie im Laufe des Tages über Medien erfahren haben. Zu diesem Austausch gehört das Teilen der Informationen, der eigenen Ansicht und ein kritisches Betrachten des Inhalts und dessen Machart. Ihre Gespräche zu Medieninhalten beschreiben sie als konstruktive Diskussionen, weil sie nicht immer die gleiche Ansicht vertreten und dann verschiedene Perspektiven auf ein Thema bekommen.

Mediennutzung von Paar N

Nora und Niklas haben nicht viel gemeinsame Mediennutzung. Selten streamen sie zusammen Filme oder Serien. Bei Filmen bevorzugen sie anspruchsvolle Filme, wie z. B. *Bohemian Rhapsodie*, *Enigma* oder *The Big Short*. Serien betrachtet Paar N hingegen als reine Unterhaltungsmedien. Des Weiteren nutzen sie Medien für die Alltagsorganisation, sodass sie sich gelegentlich per Messenger schreiben, ihre Einkaufsliste in einer App gemeinsam führen und einen geteilten Kalender haben. Im Hinblick auf die getrennte Mediennutzung sind sich Nora und Niklas recht ähnlich. Beide informieren sich über verschiedene Quellen zu Nachrichten. Hierzu gehört auch Instagram, welches sie eher passiv nutzen. Weiterhin lesen beide gerne. Darüber hinaus hört Niklas Podcasts und Musik, trackt seine Fitnesstrainings und schaut – wie er sagt, länger als es ihm lieb ist – YouTube-Shorts. Außerdem spielt er regelmäßig PC-Spiele. Nora nutzt Medien weniger zur Unterhaltung oder Entspannung als Niklas und dafür stärker zum Recherchieren und Informieren. Zudem kommuniziert sie deutlich mehr als Niklas mit Familie und Freund*innen über Messenger, Telefon oder Videokonferenz-Tools. Nora und Niklas stecken sich regelmäßig mit der Nutzung bestimmter Geräte oder Apps an. Hinsichtlich der Smartphonenutzung verwendet Nora häufiger das von Niklas, weil er zum einen eine Telefonflatrate hat und zum anderen ist seins besser auffindbar als ihres. Niklas hingegen nutzt Noras Smartphone nicht. Beide sind technik- und medienaffin, sodass sie sich problemlos in neue Geräte und Anwendungen einarbeiten. Allerdings ist Niklas für das WLAN zuständig. Außerdem stehen sie Innovationen und Medien positiv gegenüber, achten aber auf die Inhalte, Formen und Ausmaße ihrer Mediennutzungspraxen.

Zusammenfassung zu Paar N

Nora und Niklas zeichnen sich durch ein hohes Austausch- und Lernbedürfnis sowie eine reflektierte Haltung gegenüber des eigenen Medienkonsums aus.

8.15   Fallportrait zu Paar O – Olivia & Oscar

Olivia ist zwischen 35 und 39 Jahren alt. Oscar ist Anfang 30 und Franzose. Oliva und Oscar haben sich bei der Arbeit kennengelernt. Nachdem er das Unternehmen verlassen hat, sind sie ein Paar geworden und nach ca. 3 Monaten zusammengezogen. Zur Zeit des Interviews waren sie fast 3 Jahre zusammen.

Olivia ist Coachin in Vollzeit und nutzt ca. 6 Stunden pro Tag digitale Medien für ihren Job, unter anderem um das berufliche Instagram-Profil zu bespielen. Oscar arbeitet als Ingenieur für ein Unternehmen, welches seinen Sitz in Großbritannien hat. Insofern arbeitet Oscar teilweise im Home Office und teilweise in

Großbritannien. Gelegentlich kommt Olivia mit und arbeitet dann von dort aus. Für die Arbeit nutzt Oscar ca. 10 Stunden pro Tag digitale Medien.

Der folgende exemplarische Interviewausschnitt handelt von zwei Medieninhalten, die für Paar O eine hohe Bedeutung haben, sowie die Umsetzung der gemeinsamen Mediennutzung über Distanz. Darauf folgt eine Beschreibung des Austauschs und der Mediennutzung von Oliva und Oscar.

Exemplarischer Interviewausschnitt zu Paar O

> [...]
> **Olivia:** (...) Naja, es ist wirklich ein Medium was wir halt regelmäßig / Also, wir gucken zusammen Formel-1-Rennen. (Oscar nickt) (...) Und das auch (...) ähm ja mit (...) Also, wir lassen kein Rennen ausfallen. Wenn wir es nicht schaffen das Rennen live zu gucken, dann wird es am Abend nachgeguckt. Aber, ähm es vergeht kein (...) ähm es vergeht kein Rennen, was wir nicht zusammen gucken. Also, selbst die Wochenenden, die wir nicht zusammen verbringen und es gibt ein Rennen, ähm gucken wir es halt trotzdem zusammen und haben dann halt neben dem Rennen noch Facetime, um uns unterhalten zu können. #00:05:11-9#
> **Oscar:** (unv.) wir können viel zusammen (...) ähm Rennen, Friends auf Netflix und auch manchmal, wir haben es versucht, ähm Movies durch Facetime zusammen zuschauen. Also, ähm auf dem Fernseher ähm jeder auf Netflix ähm ein Movie zu spielen und dann mit dem Tablet (unv.) und dann wir synchronisieren und dann ähm mit Mikrofon zu und Zusammenschauen. Und nur (...) ab und zu einander gucken und ja, Lächeln und so weiter. #00:05:59-2#
> [...] (Interview Paar O, Pos. 11–12)

Medieninduzierte Kommunikation von Paar O

Ist Oscar in Großbritannien, dann schreiben sie im Laufe des Tages mehrfach miteinander und telefonieren abends. Sind beide in Deutschland findet diese Kommunikation offline statt, da beide dann im gleichen Raum sitzen und arbeiten. Oscar gibt ihr beim Frühstück eine kurze Zusammenfassung der Nachrichten, die er bis dahin gelesen hat. Hierbei erklärt er ihr auch die größeren Zusammenhänge der politischen Weltgeschehen. Außerdem tauschen sie sich über Nachrichten und Filme aus, indem sie Fragen stellen und diese besprechen. Paar O hat zu Vielem ähnliche Ansichten. Laut eigener Beschreibung, ist ihre Sicht allerdings emotionaler und idealistischer als seine. Er gehe rationaler an die Sachen heran.

Mediennutzung von Paar O

Insgesamt nutzen Oliva und Oscar privat mäßig viel Medien und wenn, dann oft gemeinsam. So schauen sie zusammen Serien, Filme und Reportagen – wie z. B. Friends und *der Palast* – gerne mit geschichtlichem Bezug. In den Wochen, in denen Oscar in Großbritannien ist, schauen sie öfter Filme und Serien zusammen und video-telefonieren dabei miteinander. Sind beide zuhause verbringen sie ihre gemeinsame Zeit eher ohne Medien. Darüber hinaus sind Oliva und Oscar Formel-1-Fans und schauen jedes Rennen zusammen – entweder beieinander oder auch mit paralleler Videotelefonie. Zusätzlich spielen die beiden ein Handy-Spiel gegeneinander, nutzen einen geteilten Kalender für ihre Alltagsorganisation und haben SmartHome-Geräte. Insgesamt ist ihre gemeinsame Mediennutzung nicht besonders vielfältig aber inhaltlich eher anspruchsvoll. Alleine nutzt Oscar Instagram und liest Nachrichten – FAZ, BBC, the Guardian und Le Monde. Überdies hält er Kontakt über Messenger-Apps mit Freund*innen und Bekannten, wohingegen Oliva zur Kontaktpflege lieber telefoniert. Bei Paar O nutzen beide mal das Smartphone der jeweils anderen Person, wenn das eigene gerade woanders liegt. Olivia und Oscar sind sowohl technik- als und medienaffin und haben eine positive Einstellung zu Medien.

Zusammenfassung zu Paar O
Bei Paar O stehen die jeweiligen länderbezogenen Expertisen bei Gesprächen zu Medieninhalten oftmals im Fokus. Weiterhin zeichnen sie sich durch eine hohe gemeinsame Mediennutzung aus.

8.16   Fallportrait zu Paar P – Peter & Patricia

Patricia ist zwischen 65 und 69 Jahren alt und Peter ist Mitte 70. Paar P ist seit ca. 33 Jahren zusammen und seit 30 Jahren verheiratet. Sie haben sich bei einem Tanzkurs kennengelernt, sind ungefähr ein Jahr später ein Paar geworden und ein weiteres Jahr später zusammengezogen. Patricia und Peter waren beide zuvor schon einmal verheiratet und haben beide jeweils eine Tochter aus erster Ehe.

Vor dem Renteneintritt war Patricia Kauffrau in der Textilbranche und Peter Postbeamter. Außerdem engagiert sich Peter seit ca. 50 Jahren in einem Sportverband und ist dort Geschäftsführer. In diesem Kontext nutzt er ca. 2 Stunden pro Tag digitale Medien. Patricia geht als Hobby der Malerei nach und ist in mehreren Gruppen, die (online) Ausstellungen organisieren.

Die folgende exemplarische Interviewstelle zeigt einen Ausschnitt der Mediennutzung von Paar P. Im Anschluss an die Interviewstelle wird der medienbezogene Austausch von Patricia und Peter beschrieben sowie ihre Mediennutzung dargestellt.

Exemplarischer Interviewausschnitt zu Paar P

Peter: [...] Andrea Petkovic, weiß nicht, ob dir das etwas sagt. (...) Tennisspielerin, die hat jetzt heute (...) ähm hier sowohl im (unv.) wie im Internet erklärt, dass sie ihre Karriere beendet. (...) Ähm. Das ist so ein Thema, da reden wir schon mal drüber. (...) Was waren dann die ganzen Erfolge, das lassen wir dann so Revue passieren (...) ähm und erinnern uns da an die und die Situation oder / (...) Also, Politik und Sport ist so / sind die Schwerpunkte und dann (...) Natur. Ähm. Da sind wir immer nah dran. (...) Ähm. (...) Patricia ist Top-Gärtnerin. [....] Kennt jede Pflanze. Das kommt ja auch wieder dazu. Ne. Bei Google gibt es ja rechts oben so eine Kamera, (Patricia lacht) wenn dann mal irgendwo so und Pflänzchen aus der Erde kommt, das die Vögel da irgendwo vertrieben haben. Dann wird sofort Google eingesetzt und geguckt: Was kann das sein? (...) Ähm. Und dann (...) ja auch da unterhalten wir uns dann drüber. Gucken: Stimmt das überhaupt? Kann das sein? [...] #00:43:20-8# (Interview Paar P, Pos. 128)

Medieninduzierte Kommunikation von Paar P

Patricia und Peter sind beide politisch interessiert, sodass sie sich viel über Nachrichten austauschen und diese diskutieren. Dies hat einen hohen Stellenwert für sie, sodass sie es schade finden, wenn Bekannte nicht über Politik sprechen möchten. Über andere Formen der Mediennutzung tauschen sie sich seltener aus. Patricia und Peter vertreten relativ ähnliche Ansichten und zeigen beide eine Offenheit für andere Perspektiven. In Bezug zu politischen Ansichten ist Peter weniger festgelegt als Patricia.

Mediennutzung von Paar P

Patricia und Peter nutzen häufig Medien und dies oft gemeinsam oder parallel nebeneinander. Zudem hat Paar P eine sehr ähnliche Mediennutzung. So lesen sie beispielsweise zeitgleich zum Frühstück die Tageszeitung. Gemeinsam schauen sie abends oder auch bei schlechtem Wetter tagsüber fern. Insbesondere interessieren sie sich für Sport-Sendungen, Talkshows, Reportagen oder verschiedenen Shows vom ZDF. Nur selten schauen sie Filme und Serien gar nicht. Außerdem ist es ihnen wichtig, Nachrichten zu sehen. Zusätzlich informiert sich Paar P übers Internet zu verschiedenen Themen und nutzt die Google-Bildersuche regelmäßig, um Pflanzen zu bestimmen. Des Weiteren kommunizieren beide per Messenger-Apps oder auch Videokonferenztools mit Familie und Freund*innen. Beide nutzen Instagram, Patricia allerdings aktiver, weil sie dort für ihr Hobby aktiv ist. Zudem kommentiert sie bei Twitter Beiträge. Ein weiterer Unterschied ist, dass Patricia gerne Krimis und Peter kaum Bücher liest. Weiterhin nutzt Peter häufiger das Laptop als Patricia und ist für das Online-Banking zuständig. Bei der Smartphonenutzung ist zwischen den beiden klar, dass jeder nur das eigene nutzt und das Gerät von der anderen Person gilt als privat. Eine Ausnahme besteht hier, wenn Peter Patricia bei der Smartphonenutzung hilft, indem er ihr Dinge erklärt oder einrichtet. Zusätzlich ist er für das Akku-Laden der Smartphones zuständig. Peter ist sehr technik- und medienaffin und hat eine positive Einstellung bzgl. Medien. Patricia beschrieb, dass sie anfangs eine abwehrende Haltung eingenommen habe, aber mittlerweile die Vorteile sehe. Nichtsdestotrotz findet sie es kritisch, dass man um die Nutzung digitaler Medien in Bezug auf Kommunikation und Banking kaum drumherum kommt.

Zusammenfassung zu Paar P
Eine Ausgeprägte Diskussionskultur sowie ihre durch Engagement ergänzten Hobbys kennzeichnen Paar P und ihren Umgang mit Medien.

Ergebnisdarstellung der Grounded Theory 9

In diesem Kapitel wird die in der vorliegenden Arbeit entwickelte Theorie vorgestellt. Hierfür wird zuerst in Abschnitt 9.1 die sogenannte *Story* der Grounded Theory – also eine beschreibende Erzählung über das zentrale Phänomen – anhand von zwei Fallbeispielen erzählt. Darauf folgt in Abschnitt 9.2 mit Blick auf die Fragestellung der vorliegenden Arbeit die Benennung des entdeckten Phänomens und in Abschnitt 9.3 die Visualisierung und Erläuterung des Phänomens in Verbindung mit allen weiteren Kategorien in Form eines Kodierparadigmas. In den darauffolgenden Abschnitten werden die jeweiligen Kategorien des Kodierparadigmas ausführlich erläutert. Hierbei werden die zwei Fallbeispiele als wiederkehrende Elemente zur Ableitung und Illustration der jeweiligen Kategorien bzw. Eigenschaften genutzt. In Abschnitt 9.4 werden die Eigenschaften des Phänomens dargestellt. Darauf folgt in den Abschnitten 9.5 und 9.6 die Beschreibung des Umgangs mit dem Phänomen. In Abschnitt 9.7 wird dann die Bedeutung des Phänomens für die Fragestellung der vorliegenden Arbeit fokussiert. Anschließend wird in Abschnitt 9.8 die ursächliche Bedingung in Rückbezug auf die zuvor beschriebenen Kategorien beleuchtet. In Abschnitt 9.9 wird das Phänomen mithilfe der sogenannten *Bedingungsmatrix* in einen größeren Zusammenhang eingeordnet. Nachdem die entwickelte Theorie ausgeführt wurde, werden fünf daraus entwickelte Typen von Paaren in Abschnitt 9.10 vorgestellt.

Die aufgeführte Vorgehensweise wurde gewählt, um die Entwicklung des Phänomens und die Kategorien aus dem Datenmaterial nachvollziehbar zu gestalten. Weiterführend hilft der Überblick der Zusammenhänge zu Beginn, die einzelnen Beschreibungen der Kategorien an späterer Stelle in ihrer jeweiligen Bedeutung für das Phänomen und die Fragestellung zu erfassen.

© Der/die Autor(en) 2025
S. Schlachter, *Differenzerleben als Balanceakt*,
https://doi.org/10.1007/978-3-658-46014-3_9

9.1 Die Story

In diesem Abschnitt werden zwei Fallbeispiele vorgestellt, welche hinsichtlich der für die Fragestellung relevanten Kategorien an bestimmten Stellen minimale und maximale Kontraste zueinander aufweisen. Es wurden diese Fallbeispiele ausgewählt, weil sie aufgrund der Kontraste einen Großteil der entwickelten Grounded Theory und somit auch des Phänomens *Differenzerleben als Balanceakt in Paarbeziehungen* bereits verdeutlichen, durch z. B. verschiedene Ausgangssituationen und Konsequenzen sowie Strategien, die in unterschiedliche Richtungen wirken. Zur Vorstellung dieser Fallbeispiele gehört zuerst der jeweilige Interviewausschnitt mit einer darauffolgenden erzähl-chronologischen Interpretation und Zusammenfassung. Bei der Interpretation werden dort, wo Kategorien der *Grounded Theory* deutlich werden, diese mit ihren Eigenschaften und Dimensionen in Klammern aufgeführt. So lässt sich deren Entwicklung nachvollziehen. Nach den Fallbeispielvorstellungen werden Vergleiche zwischen diesen gezogen. Abschließend wird in einem Zwischenfazit zusammengefasst, wie sich das Phänomen *Differenzerleben als Balanceakt in Paarbeziehungen* und dessen Ausgestaltung aufgrund dieser zwei Fallbeispiele darstellt. Weitere Fälle werden in den darauffolgenden Kapiteln zur detaillierten Ausführung der Kategorien hinzugezogen. Insofern findet eine beschreibende Erzählung über das zentrale Phänomen statt, welches bei Strauss und Corbin (1990, 116) als *Story* der entwickelten Grounded Theory bezeichnet wird. In diesem Abschnitt findet der Begriff *Differenz* häufig verwendet, weil er für das Phänomen eine entschiedene Rolle spielt. Daher wird an dieser Stelle vorweggenommen und betont, dass Differenz als neutraler sowie beschreibender Begriff benutzt wird, der den Unterschied zwischen zwei Dingen bezeichnet.

9.1.1 Fallbeispiel I – die Sky-Konferenz

Der folgende Interviewausschnitt stammt aus dem Interview mit Birgit und Bernd. Im Interview wurde die Frage nach einem Beispiel für einen Aha-Moment gestellt, den sie in Bezug auf Medien und ihre Beziehung erlebt haben. Der Frage war die Erzählung vorweg gegangen, dass Bernd und Birgit öfter solche Momente erleben.

> [...]
> **Bernd:** Ähm. Mir fällt gerade in dem Zusammenhang jetzt ein Beispiel ein, was eigentlich beides hier ähm so ein bisschen abbildet. Wir haben ja vorhin darüber gesprochen, dass wir ähm oft eben bei Sky diese Konferenz gucken. (...) Das machen wir jetzt so seit, ich sage mal, vielleicht (...) drei Monaten so, dass wir überwiegend diese Konferenz gucken. VORHER war es so, dass ich eigentlich viel lieber das einzelne Spiel von

Werder geguckt habe. Während Birgit immer gesagt: ‚Oh, das kann ich ja nicht mit
angucken.‘ Ähm. ‚Wenn ich das denn sehe, oh nein, ich möchte eigentlich gar nicht
weiter gucken.‘ Ne. Weil sie das auch so emotional dann gepackt. Und habe ich dann
schon öfter mal gesagt okay, dann lass uns doch Konferenz gucken. Und plötzlich habe
ich Gefallen an der Konferenz gefunden. (...) Das ist so, wie gesagt, ein Beispiel, ähm
dass ich dann gesehen habe: Mensch, eine andere Sicht auf die Dinge kann ja auch
ganz interessant sein. Ne. #00:31:44-1# [...] (Interview Paar B, Pos. 82)

Hintergrundinformationen – der Status Quo
Bernd beschreibt in dem Interviewausschnitt zuerst den Status Quo ihres Fußball-
schauens. Er spricht hier von der *Konferenz* bei *Sky*. Das heißt, statt sich auf ein Spiel
zu fokussieren, werden mehrere parallel laufende Spiele gleichzeitig geschaut. Passiert in einem der Spiele etwas Wichtiges, wird automatisiert zu dem Spiel gewechselt. So ist es möglich von mehreren Spielen die relevanten Spielmomente mitzu-
bekommen. Er ergänzt, dass sie die *Konferenz* erst seit drei Monaten hauptsächlich
schauen. An dieser Stelle wird bereits deutlich, dass eine Verhaltensänderung stattgefunden hat, da sie vor drei Monaten anders Fußball angesehen haben.

Ausgangssituation
In der darauffolgenden Erläuterung der Ausgangssituation wird ersichtlich, dass
die Veränderung ein Wechsel des Einzelspielschauen zum Konferenzgucken gewesen ist. Zudem deutet Bernd in der Formulierung „VORHER war es so, dass ich
eigentlich viel lieber das einzelne Spiel von Werder geguckt habe" an, dass sich
auch seine Bewertung des Formats geändert zu haben scheint. Ergänzend formuliert er seine Wahrnehmung von Birgits Situation vor der Veränderung. Bernd hat
sie als emotional aufgewühlt wahrgenommen. Zudem beschreibt er eine Art des
Leidensdrucks bei Birgit und den Wunsch nicht mehr hinsehen zu wollen. Laut der
Beschreibung der Ausgangssituation geht Paar B hier einer gemeinsamen Mediennutzung zu Unterhaltungszwecken nach. Zusätzlich findet sich eine Paarinteraktion,
welche in Bernds Wahrnehmung von Birgits Reaktion auf den Medieninhalt und
ihrer Kommunikation mit ihm besteht (URSÄCHLICHE BEDINGUNG: medienbezogene Paarinteraktion – gemeinsame Mediennutzung).

Differenzerleben
So wie Bernd die Situation beschreibt, erlebt er hier eine Differenz in der Wahrnehmung der gemeinsamen Mediennutzung. Auf der einen Seite steht er, dem die
Form der Mediennutzung zusagt. Auf der anderen Seite steht Birgit, die emotional darunter zu leiden scheint (KONTEXT: Differenzbereich – eigenes Erleben vs.
die Wahrnehmung des Erlebens der anderen Person; Differenzverortung – Differenz liegt zwischen den beiden Personen der Beziehung). Im Interview beschreiben

Bernd und Birgit an anderer Stelle, dass Fußball ein wichtiges, geteiltes Hobby ist und das gemeinsame Fußballschauen am Wochenende eine bedeutsame Routine darstellt. Im Sinne der Konzepte *Paaridentität* und *Medialität* kann hier von einer Beziehungsroutine gesprochen werden, welche die Beziehung bekräftigt. Insofern stellt die von Bernd erlebte Differenz ein Problem dar, weil sie den verbindenden Charakter dieser Routine anscheinend stört.

Strategie – Kompromissvorschlag
Als nächstes führt Bernd aus, dass er öfter den Vorschlag gemacht hat, statt dem einzelnen Spiel die *Konferenz* zu gucken. Dies kann als Versuch von Bernd gewertet werden die erlebte Differenz durch einen Kompromiss zu verringern, sodass sie das Spiel schauen können, aber Birgit emotional besser damit zurechtkommen kann (STRATEGIE: Verringern der Differenz – Kompromiss). Eine andere denkbare Lösungsmöglichkeit hätte sein können, die Spiele von Werder nicht mehr zu schauen. Hier müsste Bernd allerdings stärker von dem abrücken, was er eigentlich möchte. Insofern kommt Bernd Birgit hier entgegen, ohne jedoch komplett auf das Werder Spiel zu verzichten. Außerdem wirkt es nach Bernds Beschreibung so, als ob Birgit das Spiel eigentlich sehen möchte, es aber emotional nicht erträgt und damit – zumindest nach Bernds Erzählung – eine Differenz in sich selbst erlebt. Diese Reaktion von Bernd macht deutlich, dass er die Differenz im Erleben der gemeinsamen Mediennutzung als hoch und negativ und damit als für die Beziehung destabilisierend erlebt. Daher scheint ein Handeln für ihn notwendig zu sein (KONTEXT: Höhe der Differenz – hoch; Bewertung der Differenz – negativ).

Konsequenzen
In dem Interviewausschnitt wird implizit deutlich, dass sie Bernds Kompromissvorschlag nachgegangen sind. Bernd erzählt fortführend, dass er plötzlich Gefallen an der *Konferenz* gefunden habe. Insofern ist davon auszugehen, dass dieser Bewertungswechsel erst durch das Ausprobieren des neuen Formats stattfinden konnte. Darüber hinaus scheint Bernd eine weitere Differenz erlebt zu haben, bei dem seine Erwartung von der vorgefundenen Welt abweicht. Hier deutet sich ein Prozess an, bei dem durch eine Strategie eine Veränderung erzeugt wird, mit der anschließend wieder umgegangen werden muss. Er wählt das Wort „plötzlich", welches eine Art der Überraschung über das eigene Gefallen zum Ausdruck bringt. Eigentlich hat er vorher lieber das einzelne Spiel geschaut und nun findet er anscheinend wider Erwarten Gefallen an der *Konferenz* (KONTEXT: Differenzbereich – erwartete Welt vs. vorgefundene Welt). Weiterhin beschreibt er nicht, ob und welche Veränderung er bei Birgit wahrgenommen hat. Da sie allerdings – wie eingangs erklärt – seit drei Monaten das neue Format schauen, scheint Birgit mit dem neuen Format mindestens

genauso oder sogar besser zurecht zu kommen. Entsprechend ist davon auszugehen, dass das gemeinsame Fußballschauen (wieder) von beiden als angenehme und verbindende Mediennutzung wahrgenommen wird (KONSEQUENZ: (Re-)Stabilisierung der Paarbeziehung). Gegen Ende des Interviewausschnitts leitet Bernd das Fazit seiner Erzählung mit den Worten „Das ist so, [...] dass ich dann gesehen habe" ein. Diese Formulierung deutet auf eine Form der Beobachtung hin. Es wirkt so, als ob bei ihm eine Reflexion über diese Situation von Differenzerleben in der Paarbeziehung, seiner angewandten Strategie und dem daraus folgenden Differenzerleben bzgl. seiner Erwartung stattgefunden hat. Weiterhin lässt sich die Formulierung so interpretieren, dass er im Rahmen seiner Selbstreflexion zu dieser Erkenntnis gelangt ist und nicht im Austausch mit Birgit (STRATEGIE: Reflexion). Das Fazit der Erzählung bzw. das Ergebnis von Bernds Reflexion ist, dass „eine andere Sicht auf die Dinge […] ja auch ganz interessant sein [kann]". Seine Formulierung ist allgemeiner Art und nicht spezifisch auf Fußball oder Fernsehen zugeschnitten. Das heißt, er scheint eine allgemeingültigere Erkenntnis gewonnen zu haben. Zudem besteht seine Erkenntnis darin, dass auch andere Sichtweisen interessant sein können, welches mit Bezug zur *strukturalen Bildungstheorie* als eine Form der Flexibilisierung des Weltbezugs verstanden werden kann (KONSEQUENZ: Flexibilisierung des Weltbezugs). Es ist davon auszugehen, dass Bernd nur zu diesem Ergebnis gelangen konnte, weil ihm die *Konferenz* wider Erwarten gefallen hat. Es wäre auch vorstellbar, dass ihm das Format erwartungsgemäß nicht gefallen hätte. Dann wäre es zum einen nicht zu einer Restabilisierung der Paarbeziehung gekommen und die Differenz bzgl. der Wahrnehmung der gemeinsame Mediennutzung hätte fortbestanden – allerdings mit vertauschten Rollen. Zum anderen wäre es nicht zu einem Differenzerleben von Bernds Erwartung gekommen, sodass auch keine Reflexion dazu angestoßen worden wäre. Infolgedessen hätte dieses Erlebnis nicht zu einer Flexibilisierung des Weltbezugs bei Bernd geführt. Bedeutsam ist, dass die Differenz zwischen erwarteter und vorgefundener Welt eine gewisse Höhe aufgewiesen hat (KONTEXT: Höhe der Differenz – hoch/mittel). Ein weiteres denkbares Szenario wäre gewesen, dass Bernd die *Konferenz* noch weniger gefallen hätte können, als er es erwartete hatte. Dies hätte auch zu einem Differenzerleben geführt. Dieses wäre wahrscheinlich negativ bewertet worden. In Folge dessen hätte eine Reflexion des Differenzerlebens höchstens zu einer Aktualisierung des Weltbezug führen können. Mit dieser Perspektive zeigt sich auch die positive Bewertung als relevanter Kontext für den beschriebenen Bildungsprozess (KONTEXT: Bewertung der Differenz – positiv). Darüber hinaus wäre es möglich gewesen, dass Bernd diese Differenz bzgl. seiner Erwartung zwar erlebt, aber nur zur Kenntnis nimmt. Dies deutet daraufhin, dass Bernd eine gewisse reflexive Haltung hat (INTERVENIERENDE BEDINGUNG: Reflexive Haltung).

Die im Fallbeispiel I beschriebene Kombination von Reflexion und Flexibilisierung des Weltbezugs entspricht der Definition eines Bildungsprozesses in der vorliegenden Arbeit. Da dieser im Zusammenhang mit der medienbezogenen Paarinteraktion steht, kann er als medienbezogener Bildungsprozess verstanden werden.

Zusammenfassung von Fallbeispiel I
Zusammengefasst beschreibt Bernd in diesem Interviewausschnitt, dass er aufgrund der medienbezogenen Paarinteraktion eine für ihn zu hohe und negative Differenz in der Paarbeziehung erlebt hat, weshalb er die Notwendigkeit sah diese Differenz durch einen Kompromiss zu verringern. Diese Strategie war für Bernd erfolgreich, sodass die Paarbeziehung wieder stabilisiert wurde. Im Zuge dieses Kompromisses erlebte er eine weitere Differenz, diesmal bzgl. seiner Erwartung an die *Konferenz* und dem tatsächlichen Erlebnis. Abschließend hat er das Differenzerleben reflektiert und ist dadurch zu einer Flexibilisierung seines Weltbezugs gekommen. Das heißt, Bernd hat im Zusammenhang mit einer medienbezogenen Paarinteraktion einen Bildungsprozess bei sich wahrgenommen.

9.1.2 Fallbeispiel II – die Diskussion zur Klimakrise

Es folgt das zweite Fallbeispiel mit ausführlicher Interpretation. Der Interviewausschnitt ist dem Interview mit Patricia und Peter entnommen. Vor der ausgewählten Passage wurde die Frage gestellt, inwiefern die zuvor beschriebenen Diskussionen auf das gemeinsame Nachrichtenschauen oder Zeitunglesen folgen.

Peter: [...] Ich muss sagen, vielleicht zu 70, 80 Prozent gucken wir gemeinsam, wir lesen gemeinsam die Zeitung. (...) Das machen wir alles gemeinsam. (...) Und dann wird auch gleich diskutiert. (...) Und deshalb kommen wir auch nicht ins Bett, weil (...) (Patricia lacht) wenn wir Tagesthemen gucken um 22 Uhr 15, manchmal 23 Uhr 30, ne, und Phoenix noch (...) und dann nochmal um null Uhr die RTL-Nachrichten. (...) Das ist so unser Standard. Ja, dann ist es halb eins, da wird noch eine halbe Stunde diskutiert, ist es eins. (...) Irgendwann muss man halt dann aber irgendwann in die Heia. #00:36:58-3#
Interviewerin: Habt ihr ein Beispiel für mich? Was ihr da genau diskutiert, wie das abläuft, dann / #00:37:06-4#
Peter: Ja, also überwiegend die Besetzung (...) der Politiker, also in den jeweiligen Gremien. (...) Welche Minister, ne, welche (...) Voraussetzungen ähm (...) ja, auch bedingt jetzt durch unsere Enkel (...) oder die Kinder, jetzt die Paula, die wieder eine ganz andere Richtung hat. Die Enkel haben (...) logischerweise vom Alter her, eine andere Richtung und auch das (...) schließen wir mit ein und diskutieren das alles dann im Querschnitt. Was wäre denn, wenn (...) / Philipp wird jetzt 18 am Sonntag, ne. (...)

Paula ihr Ältester. (...) Ähm. Was würde der jetzt denken? (...) Und mein Enkel ist 22.
(...) Also, das diskutieren wir alles so. #00:37:51-1#
Patricia: Ja, zum Beispiel mit der Klimakrise. Ne? Das haben wir nicht soo empfunden, wie es die jungen Leute empfinden. (...) So dramatisch, sage ich mal. (...) Und
mittlerweile müssen wir einsehen, (...) es ist tatsächlich so. Ja. (...) Da hat sich auch
die Meinung geändert, ne? (Peter nickt) [...]
(Interview Paar P, Pos. 104–107)

Hintergrundinformationen – Diskussionskultur
In dem Interviewausschnitt erzählen Patricia und Peter gemeinsam von ihrer Diskussionskultur. Peter beginnt die Erzählung damit, dass er erklärt, dass sie größtenteils
sowohl zusammen Zeitunglesen als auch zusammen vielfältige Nachrichtensendungen schauen. Er beziffert die gemeinsame Mediennutzung in diesem Bereich
mit „70, 80 Prozent". Weiterhin nennt er verschiedene Nachrichtensendungen samt
Uhrzeiten und bezeichnet dies als ihren Standard. Dies macht deutlich, dass das
gemeinsame Nachrichtenschauen einen hohen Stellenwert in ihrem Paaralltag hat,
weil es viel Zeit einnimmt und relativ routiniert abläuft (URSÄCHLICHE BEDIN-
GUNG: gemeinsame Mediennutzung; Eigenschaft: Funktion – Information). Peter
erklärt, dass jeweils im Nachgang Diskussionen miteinander stattfinden und dass
sie daher spät ins Bett gehen. Ihre Diskussionskultur wird ebenfalls als ritualisiert
dargestellt und ihr wird ein hoher Stellenwert beigemessen. An einer anderen Stelle
im Interview betonen beide zudem, dass eine ausgeprägte Diskussionskultur für sie
zu einer guten Paarbeziehung dazugehört.

Differenzerleben
Auf die Frage, was sie genau diskutieren und wie dies abläuft, antwortet Peter
zuerst, dass sie über die Besetzung von Minister*innen sprechen. (URSÄCHLICHE
BEDINGUNG: Medieninduzierte Paarkommunikation). Danach wechselt er zu einem
zweiten Diskussionsbereich, welchen er mit einer Reihe an Erklärungen einführt.
So beschreibt er, dass aus seiner Perspektive Patricias Tochter Paula „eine ganz
andere Richtung hat" und die Enkel aufgrund ihres Alters „eine andere Richtung"
haben. Hier macht Peter bereits deutlich, dass er eine Differenz zwischen seinem
Weltbezug und dem von Paula und den Enkeln erlebt (KONTEXT: Differenzbereich
– eigener vs. fremder Weltbezug; Differenzverortung – Differenz liegt zwischen
dem Paar und einer dritten Partei).

Strategie – Hinzuziehen hypothetischer Weltbezüge anderer
Dann beschreibt Peter, dass er und Patricia diese anderen Richtungen in ihre Diskussionen zu den Medieninhalten einschließen. Der Medienbezug wird nur indirekt
deutlich. Da sich Peters Ausführungen aber immer noch auf die Frage nach den

Diskussionen zu den Inhalten aus Zeitung und Nachrichten beziehen, ist davon auszugehen, dass das Hinzuziehen der anderen Richtungen in diesem Rahmen stattfindet. Peter sagt, sie „diskutieren das alles dann im Querschnitt". Diese Formulierung
könnte auf eine Art Querschnitt der Gesellschaft in Bezug auf das Alter hindeuten, da die zuvor aufgezählten Personen zu verschiedenen Altersgruppen gehören
und das Alter der Enkel genannt wurde. Zur Verdeutlichung ihres Vorgehens formuliert er die Frage nach der Perspektive von Enkel Philipp „Was würde der jetzt
denken?" Hier geht es der Formulierung nach darum, sich gemeinsam darauf zu
einigen, welchen Weltbezug Peter und Patricia von Philipp erwarten. Zu beachten ist an dieser Stelle, dass nicht die tatsächliche Diskussion mit Paula oder den
Enkeln beschrieben wird, sondern das Hinzuziehen der von diesen Personen ange-
nommenen Weltbezügen. Es stellt sich die Frage, wieso Peter und Patricia diese
hypothetischen Weltbezüge in ihre Diskussionen einbeziehen.

Ausgangssituation
Auf Peters Beschreibung der geteilten Strategie andere Perspektiven in die Diskussion einzubeziehen macht Patricia dies an einem Beispiel fest. Sie erklärt, dass sie
– und ihrer Wahrnehmung nach auch Peter – die Klimakrise nicht so dramatisch
empfunden haben, wie junge Leute. Hier ist nicht ganz klar, ob sie mit den jungen
Leuten ihre Tochter und/oder die Enkel meint oder z. B. die Generation meint, welche sich im Rahmen von *Fridays for Future* für Klimapolitik einsetzt. Da Patricia
eine Wir-Formulierung nutzt, handelt es sich ihrer Ansicht nach um ein gemeinsam
konstruiertes Weltbild. Zudem macht sie durch die Formulierung deutlich, dass sie
zu diesem Thema keine Differenz in den Weltbezügen zwischen ihnen erlebt hat
(KONTEXT: Höhe der Differenz – niedrig; Differenzbereich – eigener vs. fremder
Weltbezug; Differenzverortung – Differenz liegt zwischen den beiden Personen der
Beziehung).

Konsequenzen
Mit Blick auf die Konsequenzen stellt sich wiederum die Frage, wieso Peter und
Patricia diese hypothetischen Weltbezüge in ihre Diskussionen einbeziehen – also
welchen Zweck die Strategie erfüllt. Die anfangs beschriebene ausgeprägte Diskussionskultur von Paar P lässt darauf schließen, dass Patricia und Peter ein hohes
Bedürfnis danach haben ihren Weltbezug durch Diskussionen herauszufordern, zu
reflektieren und sich so weiterzuentwickeln (INTERVENIERENDE BEDINGUNG: Entwicklungsbedürfnis – hoch). Folglich können beide einer Differenz in den Weltbezügen bis zu einem gewissen Maß etwas Positives abgewinnen (KONTEXT: Bewertung
der Differenz – positiv). Außerdem stellt ihre Diskussionskultur ein verbindendes
Element in der Beziehung von Paar P dar. Der von Patricia beschriebene Zustand des

gleichen Weltbezugs zur Klimakrise bietet dem Paar jedoch kaum Diskussionsspiel-raum, solange keine anderen Perspektiven miteinbezogen werden. Dies würde das Hinzuziehen des fremden Weltbezugs erklären, da so die Differenz erhöht wurde (STRATEGIE: Erhöhen der Differenz – hinzuziehen fremder Weltbezüge). Durch die Differenz zu den hinzugezogenen Weltbezügen wird also eine Diskussion mög-lich. Die Strategie hilft, die Stabilität der Paarbeziehung zu bewahren, indem das verbindende Element der Diskussion ermöglicht wird bei dem Peter und Patricia ihren Weltbezug herausfordern, reflektieren und gemeinsam rekonstruieren kön-nen (KONSEQUENZ: (Re-)Stabilisierung der Paarbeziehung). Bei dem Interviewaus-schnitt fällt auf, dass keine Destabilisierung der Paarbeziehung beschrieben wird, stattdessen wird der Einsatz des Hinzuziehens hypothetischer Weltbezüge anderer beschrieben. Somit hat es den Anschein, dass Peter und Patricia die Strategie nicht unbedingt bewusst einsetzen.

In Anbetracht der hier beschriebenen Diskussionen von Peter und Patricia kön-nen diese als gemeinsame Reflexion verstanden werden. Der Gegenstand dieser Reflexion ist sowohl die Sicht der Welt bzgl. der Klimakrise als auch die eigene Positionierung dazu (STRATEGIE: Reflexion). Zuletzt erklärt Patricia, dass sie – und ihrer Wahrnehmung nach auch Peter – mittlerweile eine andere Meinung haben und einsehen mussten, dass die Klimakrise dramatisch ist. Patricia beschreibt also die Veränderung des Weltbezugs und zwar nicht nur ihres, sondern des gemeinsam konstruierten Weltbezugs (KONSEQUENZ: Veränderung des Weltbezugs). Die For-mulierung „mittlerweile müssen wir einsehen" deutet erstens daraufhin, dass die Veränderung über eine längere Zeit geschehen ist. Zweitens verweist sie auf einen eher unangenehmen Prozess. Drittens scheinen Peter und Patricia in der Diskussion um die Klimakrise an eine Grenze der Belastbarkeit ihrer Weltsicht geraten zu sein, sodass eine Anpassung notwendig wurde. Es wäre durchaus denkbar, statt der eige-nen Weltsicht, die hinzugezogenen Informationen aus den Medien zu hinterfragen (INTERVENIERENDE BEDINGUNG: Belastbarkeit der Weltsicht – niedrig/mittel). Im Sinne der *strukturalen Bildungstheorie* kann der beschriebene Ablauf der Ausein-andersetzung mit fremden Weltbezügen und der folgenden Veränderung des eigenes Weltbezugs als Bildungsprozess verstanden werden.

Zusammenfassung von Fallbeispiel II

Summa sumarum zeigt dieser Interviewausschnitt, dass bei Paar P regelmäßig medienbezogene Paarinteraktionen – hier medieninduzierte Paarkommunikationen – stattfinden. In Bezug auf das Thema Klimawandel gab es laut Patricias Beschrei-bung keine Differenz, sondern einen gemeinsam konstruierten Weltbezug. Laut Peter nutzen sie die Strategie, diese Differenz künstlich durch das Einbeziehen angenommener Weltbezüge anderer Personen zu erhöhen. Dies ist darin begründet, dass für Paar P Diskussionen und damit ein gewisses Maß an Differenz und damit Entwicklungspotenzial wichtig sind für die Beziehung. Dies scheint sie zum für sie richtigen Maß an Differenz zu führen, sodass sie das Thema diskutieren und gemeinsam reflektieren können. Nach Patricias Beschreibung wirkt es so, als ob sie dies zu einer Veränderung der gemeinsam konstruierten Weltsicht geführt hat. Patricia hat also in Bezug zur *Diskussion zur Klimakrise* einen Bildungsprozess wahrgenommen, der durch die medienbezogene Paarinteraktion angestoßen wurde.

9.1.3 Vergleich der Fallbeispiele

Es folgt nun der Vergleich der einander entsprechenden Stellen von den Fallbeispielen I zur *Sky-Konferenz* und II zur *Diskussion zur Klimakrise*. Hierbei werden Gemeinsamkeiten und Unterschiede herausgearbeitet und durch die Fallbeispiele offenbleibende oder aufgeworfene Fragen aufgezeigt.

Ausgangssituation
Die Fallbeispiele I und II haben gemein, dass der berichtete Ablauf, welcher schließlich zu einem medienbezogenen Bildungsprozess führt, mit einer medienbezogenen Paarinteraktion startet. Zwar unterscheiden sich diese medienbezogenen Paarinteraktionen darin, dass bei der *Diskussion zur Klimakrise* die Interaktion vornehmlich über Kommunikation stattfindet und bei der *Sky-Konferenz* in der gemeinsamen Mediennutzung an sich und Bernds Wahrnehmung von Birgits Gefühlszustand. Es wird also deutlich, dass medienbezogene Paarinteraktionen verschiedene Gestalt haben können. Für einen höheren Kontrast der Fälle an dieser Stelle, hätten Fälle genutzt werden können, in denen Paare keine gemeinsame Mediennutzung haben oder nicht miteinander über Medien sprechen. Allerdings würden diese wenig dabei helfen, darzustellen, wie medienbezogene Bildungsprozesse zustande kommen.

Differenzerleben
Der zentrale Unterschied der beiden Fallbeispiele besteht in dem Differenzerleben und dem jeweiligen Umgang mit diesem. Beim Beispiel zur *Sky-Konferenz* beschreibt Bernd ein starkes Differenzerleben, welches sich aus der medienbezogenen Paarinteraktion ergibt. Andersherum wird aus Patricias Ausführung deutlich, dass zu Beginn keine Differenz zum Thema Klimakrise zwischen ihr und Peter vorlag. Das heißt, als Ausgangspunkt wurden unterschiedlich hohe Differenzen wahrgenommen. Weiterhin thematisieren Peter und Patricia beide eine (nicht) vorhandene Differenz in dem Weltbezug zu einem Thema. Wohingegen Bernd eine Differenz in dem Erleben der gemeinsamen Mediennutzung zwischen sich und Birgit beschreibt.

Es liegen also verschiedene Bereiche vor, in denen Differenzen verschiedener Höhe erlebt werden. Zudem unterscheidet sich die Differenzverortung in Bezug zu den beteiligten Personen.

Diese verschiedenen Bewertungen von Differenz werfen einige Fragen auf: In welchen Bereichen ist Differenz in der Paarbeziehung erwünscht bzw. unerwünscht? Welche Merkmale von Paaren sind relevant für deren Bewertung von Differenz? Bei Paar P entsteht der Eindruck, dass das Entwicklungsbedürfnis von beiden und ihre ausgeprägte Diskussionskultur ausschlaggebend sind, dass sie die vorhandene Differenz in diesem Fall als zu niedrig einstufen und Differenz positiv betrachten. Etwas Vergleichbares wird im anderen Fallbeispiel nicht deutlich. Daher stellt sich die Frage, ob Paar B in anderen Bereichen Differenz auch positiv bewertet und ob Paar P in Bezug auf das Erleben der gemeinsamen Mediennutzung eine Differenz zwischen ihnen ebenfalls negativ erleben würde.

Strategien zur Veränderung der Differenz

Obwohl die erlebte Höhe, die Differenzbereiche und die Differenzverortung in den Fallbeispielen verschieden sind, nutzen sowohl Bernd als auch Patricia und Peter Strategien, um die Höhe der Differenz zu verändern. Der Grund für den Einsatz der Strategien ist bei der *Sky-Konferenz* und der *Diskussion zur Klimakrise* gleich – es geht um die (wieder) Herstellung der Stabilität in der Paarbeziehung. Bei Paar B erweckt Bernd den Eindruck durch das verschiedene Erleben der gemeinsame Mediennutzung die Paarstabilität gefährdet zu sehen. Bei Paar P hingegen fehlt das notwendige Maß an Differenz für die Diskussionen, welches als zentral für die Paarzufriedenheit bewertet wird. Entsprechend setzt Bernd eine Strategie ein, um die Differenz zu verringern und Paar P, um die Differenz zu erhöhen. Aufgrund der entgegengesetzten Richtungen der Strategien samt den dazugehörigen Kontextbedingungen – hohes und negatives Differenzerleben vs. geringes und positives Differenzerleben – stellen die beiden Fälle eine Kontrastierung hinsichtlich der für die Fragestellung relevanten Kategorien dar.

Konsequenzen für die Paarstabilität

Beide Strategien haben laut der Beschreibung der Interviewpaare Erfolg. Bei Peter und Patricia führt die Erhöhung der Differenz dazu, dass sie im gewünschten Maße miteinander diskutieren können. Bei Bernd sorgt der Kompromiss dafür, dass aus seiner Perspektive die gemeinsame Mediennutzung von beiden wieder als gleich angenehm wahrgenommen wird. Hierzu lässt sich zusammenfassen, dass alle drei Personen das jeweilige Differenzerleben ausbalancieren, sodass es das für den vorliegenden Bereich und die jeweiligen Bedürfnisse ein stimmiges Maß hat. Hier stellt sich die Frage, ob es auch mögliche Strategien gäbe, welche erfolglos verlaufen und wie damit umgegangen würde.

Konsequenzen für den Weltbezug

Ergänzend zu der (Re-)Stabilisierung der Paarbeziehung besteht eine Gemeinsamkeit beider Fallbeispiele darin, dass am Ende ein veränderter Weltbezug steht – entweder durch eine inhaltliche Veränderung oder durch eine Flexibilisierung. Bei Paar P hat die gewünschte *Diskussion zur Klimakrise* zur Reflexion des gemeinsam konstruierten Weltbezugs geführt und schließlich eine Veränderung dessen angestoßen. Bei Bernd hingegen wurde ein weiteres Differenzerleben angestoßen, bei der seine Erwartung an die *Konferenz* auf positive Weise nicht erfüllt wird. Hieraus folgt bei Bernd eine Reflexion des Differenzerlebens inklusive der von ihm angewandten Strategie und mündet in eine Flexibilisierung des Weltbezugs. Diese beiden Formen der Veränderung des Weltbezugs fallen unter die Definition von Bildungsprozessen nach Marotzki (1990), wobei einmal von *Bildung I* und einmal von *Bildung II* gesprochen werden kann. Insofern zeigt sich auch in Bezug auf die Konsequenzen ein Kontrast der ausgewählten Fälle zueinander. Fälle, in denen kein Bildungsprozess beschrieben wird, wurden in der Theorieentwicklung berücksichtigt und die Bedingungen des nicht-Zustandekommens von Bildungsprozessen herausgearbeitet. An dieser Stelle der Ergebnisdarstellung wurden die beiden Fallbeispiele als hilfreich befunden, um zum einen die zwei verschiedenen Formen von Bildungsprozessen und zum anderen die gemeinsame und die alleinige Auseinandersetzung mit dem Weltbezug miteinander zu vergleichen.

In Bezug auf die Veränderung des Weltbezugs ist zu fragen, ob jedes Ausbalancieren des Differenzerlebens in einer solchen Veränderung mündet oder welche Bedingungen dafür vorliegen müssen. Aus den beiden Fallbeispielen wird ersichtlich, dass eine reflexive Haltung und die Belastbarkeit der Weltsicht den Prozess beeinflussen. Ergänzende Fallbeispiele, bei denen keine Veränderung des Weltbezugs stattfinden, können weitere Erkenntnisse zu den Bedingungen sichtbar machen.

9.1.4   Zwischenfazit

Mit der Perspektive der Grounded Theory Methodologie heißt das zusammengefasst, dass die medienbezogenen Paarinteraktionen die ursächlichen Bedingungen sind, um unter bestimmten kontextuellen und intervenierenden Bedingungen zu einem Bildungsprozess zu gelangen. Eine solche medienbezogene Paarinteraktion kann zu einem Differenzerleben führen. Bei diesem kann die Differenz von niedrig bis hoch empfunden und von negativ bis positiv bewertet werden. Je nach

Differenzbereich und Merkmalen der Paare kann dies zu einer Destabilisierung der Paarbeziehung führen. Hier gilt es dann das Differenzerleben möglichst so auszubalancieren, dass die Stabilität der Paarbeziehung gewährleistet bleibt. Mögliche Differenzbereiche sind z. B. *eigener Weltbezug vs. fremder Weltbezug, eigenes Erleben vs. die Wahrnehmung des Erlebens der anderen Person* oder *erwartete Welt vs. die vorgefundene Welt*. Ein mögliches Merkmal ist das Entwicklungsbedürfnis der betroffenen Personen. Um mit diesem zu balancierendem Differenzerleben umzugehen, bestehen Strategien zur Veränderung der Differenz, z. B. Verringern oder Erhöhen von Differenz. Als Konsequenz kann zum einen die (Re-)Stabilisierung der Paarbeziehung folgen. Zum anderen kann zusätzlich oder stattdessen ein weiteres zu balancierendes Differenzerleben entstehen, das durch die Veränderung von Höhe oder Bewertung der Differenz erzeugt wurde. Weiterhin kann zu dem Differenzerleben eine Reflexion vorgenommen werden, welche in der Veränderung des Weltbezugs münden kann. Als intervenierende Bedingungen hierfür wurden eine reflexive Haltung der Personen und die Belastbarkeit der Weltsicht deutlich.

Im Hinblick auf die Überlegungen aus Abschnitt 4 kann an dieser Stelle festgehalten werden, dass medienbezogene Bildungsprozesse im Zusammenhang mit der jeweiligen Paarinteraktion von Bernd, Patricia und Peter wahrgenommen wurden. Das heißt, es gilt nachfolgend herauszuarbeiten unter welchen Bedingungen solche Bildungsprozesse möglich sind.

Offen bleibt im Hinblick auf die zwei Fallbeispiele, welche Aspekte ausschlaggebend sind für die Bewertung von Differenz und ob es auch erfolglose Balance-Strategien gibt. Darüber hinaus ist zum einen noch unklar, wann eine Reflexion des Differenzerlebens und eine Veränderung des Weltbezugs folgen und wann nicht. Zum anderen ist offen, wann diese Stabilisierung ein neues Differenzerleben hervorruft. Zudem ist zu überlegen, ob es immer zuerst zu einer (Re-)Stabilisierung der Paarbeziehung kommt und dann ggf. zu einer Veränderung des Weltbezugs oder ob die Reihenfolge tauschbar ist. Diese offenen Punkte werden mit Bezug zu dem Datenmaterial in den folgenden Kapiteln des Ergebnisteils beantwortet.

9.2   Das Phänomen – Differenzerleben als Balanceakt in Paarbeziehungen

Nach dieser ausführlichen Darstellung der Fallbeispiele und deren Vergleich, folgt die Erläuterung des Phänomens. Hierzu sei noch einmal auf Strauss und Corbin (1990) verwiesen, welche das Phänomen folgendermaßen definieren:

„Phenomenon: The central idea, event, happening, incident about which a set of actions or interactions are directed at managing, handling, or to which the set of actions is related." (Strauss & Corbin, 1990, 96)

Im Sinne der Grounded Theory Methodologie nach Strauss und Corbin taucht das Phänomen also zentral in den Daten auf und verschiedene Strategien sind darauf ausgerichtet. Im Hinblick auf das Ziel der vorliegenden Arbeit stellt sich die folgende Frage: Welches Phänomen aus dem Datenmaterial hilft dabei, medienbezogene Bildungsprozesse im Zusammenhang mit Paarinteraktionen zu verstehen? Aus dem vorherigen Abschnitt sind zur Beantwortung dieser Frage zwei Punkte besonders relevant:

Punkt 1: Bildungsprozessen geht ein Differenzerleben voraus. Dieses Differenzerleben kann in Folge von medienbezogenen Paarinteraktionen wahrgenommen werden.

Punkt 2: Dieses Differenzerleben ist dynamisch und wird durch die Personen der Paarbeziehung so ausbalanciert, dass die Beziehung möglichst stabil bleibt.

Das heißt, um das Zustandekommen von Bildungsprozessen in diesem Bereich zu verstehen, muss das Ausbalancieren des Differenzerlebens betrachtet werden. Es können zwar Bildungsprozesse ohne ein vorheriges Ausbalancieren von Differenz stattfinden, aber nur, weil die Gestalt des Differenzerlebens direkt günstig dafür ist. Würden aber nur diese Fälle fokussiert, dann würden bestimmte Typen von medienbezogenen Bildungsprozessen im Zusammenhang mit den Interaktionsprozessen in Paarbeziehung übersehen werden. Insofern hilft die Betrachtung des Phänomens *Differenzerleben als Balanceakt in Paarbeziehungen*, medienbezogene Bildungsprozesse in Paarbeziehungen und die Bedingungen für dessen Zustandekommen zu verstehen. Somit ist das *Differenzerleben als Balanceakt in Paarbeziehungen* die Kernkategorie der vorliegenden Arbeit.

Die Benennung des Phänomens

Der Begriff *Differenzerleben* setzte sich aus zwei Teilen zusammen. Erstens geht es bei der *Differenz* um einen neutralen, beschreibenden Begriff, der den Unterschied zwischen zwei Dingen bezeichnet. Die Höhe der Differenz ist dabei das Maß für die Größe dieses Unterschieds. Besteht kein Unterschied, dann ist die Differenz gleich null. Ist der Unterschied sehr groß, dann ist auch die Differenz sehr hoch. Im Hinblick auf das Phänomen geht es bei der Differenz also um einen Unterschied einer bestimmten Größe in einem bestimmten Bereich, welcher sich an einer bestimmten Position zwischen den involvierten Personen verorten lässt. *Differenz* ist hier also nicht gleichzusetzen mit Streit oder einer Beziehungskrise. Die Bewertung der Differenz erfolgt durch die betroffenen Personen.

Insofern wird zweitens durch den Begriff *Erleben* die wissenschaftstheoretische Perspektive des *Symbolischen Interaktionismus* einbezogen. Die Personen der Paarbeziehung messen der medienbezogenen Paarinteraktion eine Bedeutung bei. Hierbei wird die Differenz subjektiv bewertet und deren Höhe bestimmt. Die spezifische Bedeutung dieses Differenzerlebens beeinflusst die weitere Paarinteraktion und wird von der jeweils anderen Person interpretiert. Diese Interpretation hat wiederum Einfluss auf die Paarinteraktion und auf die Bedeutungszuschreibung der Person, die die Interpretation vorgenommen hat. In dem subjektiven Erleben und der Paarinteraktion wird dann deutlich, ob die Paarbeziehung durch das bestimmte Differenzerleben aus der Balance gerät oder nicht.

Das *Differenzerleben* als *Balanceakt* wird also im übertragenen Wortsinn verstanden. Das heißt, der *Balanceakt* meint hier nicht die Handlung des Ausbalancierens. Es geht stattdessen um den Zustand, dass das Gleichgewicht labil ist und daher ein Ausbalancieren immer wieder notwendig wird. Mit Blick auf das Phänomen der vorliegenden Arbeit besteht der *Balanceakt* darin, dass die Stabilität der Paarbeziehung bewahrt bleiben soll, dieser aber durch Differenzerleben ins Ungleichgewicht gerät und es zu einer Destabilisierung der Paarbeziehung kommen kann. Also führt das Differenzerleben für die Paarbeziehung zu einem eben solchen Zustand, bei dem das Gleichgewicht labil ist und daher ein Ausbalancieren immer wieder notwendig wird. Hierzu sei erwähnt, dass dieser Balanceakt und das dazugehörige Ausbalancieren einen alltäglichen Prozess in funktionalen Paarbeziehungen darstellt und nicht als Warnsignal missverstanden werden darf (Schnarch & Regas, 2012, 641 & 650).

9.3   Das Kodierparadigma

Nachfolgend wird das Kodierparadigma zur entwickelten Grounded Theory erläutert, sodass ein Überblick über die Zusammenhänge der Kategorien entsteht. Ein solcher Überblick erleichtert die einzelnen Beschreibungen der Kategorien in den folgenden Kapiteln in ihrer jeweiligen Bedeutung für das Phänomen und die Fragestellung zu erfassen.

In der Mitte des Kodierparadigmas in Abbildung 9.1 findet sich das Phänomen – Differenzerleben als Balanceakt in Paarbeziehungen – mit dem Kontext, welcher die Höhe und Bewertung der Differenz, den betroffenen Differenzbereich und die -verortung umfasst. Der Kontext wird vom Entwicklungsbedürfnis als intervenierende Bedingung beeinflusst. Dem geht die ursächliche Bedingung der medienbezogenen Paarinterkation voran.

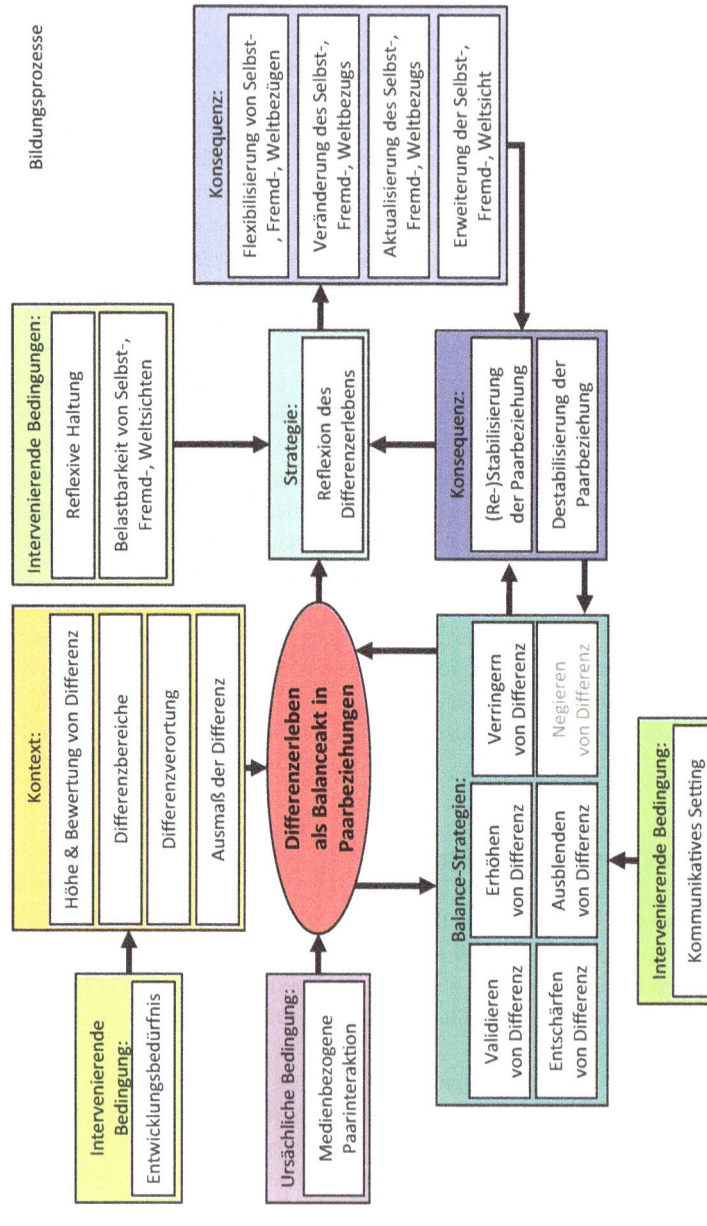

Abbildung 9.1 Kodierparadigma zum Differenzerleben als Balanceakt in Paarbeziehungen

Vom Phänomen ausgehend stehen die sogenannten Balance-Strategien, mit denen die Personen ihr Differenzerleben so ausbalancieren, dass die Paarbeziehung (re-)stabilisiert wird. Aus den zwei Fallbeispielen sind die Strategien *Verringern* und *Erhöhen der Differenz* bekannt. Hinzu kommen das *Validieren, Entschärfen, Ausblenden* und *Negieren* von Differenz. Einfluss auf die Wahl der Balance-Strategien hat die intervenierenden Bedingungen des kommunikativen Settings. Die Konsequenz der Balance-Strategien führen entweder zur Konsequenz der *(Re-)Stabilisierung* oder der *Destabilisierung* der Paarbeziehung. Da die Anwendung der Strategien das Differenzerleben verändert, steht nach diesem jedes Mal wieder ein neues Differenzerleben. Dieses kann als angenehm empfunden werden oder ein weiteres Ausbalancieren nötig machen.

Sowohl vom Phänomen als auch von der Konsequenz der (re-)stabilisierten Paarbeziehung führt ein weiterer Pfad zu der Strategie der *Reflexion des Differenzerlebens*. Die Intervenierenden Bedingungen, die den Gebrauch und den Erfolg dieser Strategie beeinflussen, sind die *reflexive Haltung* und die *Belastbarkeit der Selbst-, Fremd-, oder Weltsichten*. Die Konsequenz dieser Strategie ist die *Flexibilisierung der Selbst-, Fremd-, oder Weltbezüge* oder die *Veränderung des Selbst-, Fremd-, oder Weltbezugs* – wie in den Fallbeispielen deutlich wurde. Anders als in den Fallbeispielen, in denen es nur um den Weltbezug ging, sind die Selbst- und Fremdbezüge mit aufgeführt. Außerdem sind alle drei Bezüge jeweils auf individueller Ebene, als auch auf Paarebene als gemeinsames Konstrukt denkbar. Die Strategie *Reflexion von Differenzerleben*, die dazugehörigen intervenierenden Bedingungen und die Konsequenzen der *Flexibilisierung der Selbst-, Fremd-, oder Weltbezüge* oder der *Veränderung der Selbst-, Fremd-, oder Weltbezugs*, welche einen Bildungsprozess ausmachen sind in Abbildung 9.1 als ein solcher gekennzeichnet. Ergänzend, aber außerhalb des Bildungsprozesses, sind die *Aktualisierung des Selbst-, Fremd-, oder Weltbezugs* und die *Erweiterung der Selbst-, Fremd-, oder Weltsicht* als weitere mögliche Konsequenzen der *Reflexion* zu finden. Von den Konsequenzen führt wiederum ein Pfad zur Konsequenz der *(Re-)Stabilisierung der Paarbeziehung*, weil die (Re-)Stabilisierung auch erst dadurch zustande kommen kann, dass eine Person durch die Veränderung des Selbst-, Fremd- oder Weltbezugs sich dem Bezug der anderen Person anpasst.

In den nächsten Abschnitten folgt eine ausführliche Erläuterung der Kategorien der Grounded Theory. Hierbei werden die Kategorien samt Eigenschaften und Dimensionen sowie ihre Zusammenhänge weiter ausdifferenziert. Zuerst wird der Kontext erläutert, weil dieser das Phänomen maßgeblich beschreibt und grundlegend für die Ausgestaltung der anderen Kategorien ist. Darauf folgt die Beschreibung der Balance-Strategien und deren Konsequenzen. Die gemeinsame Darstellung dieser Kategorien wurde gewählt, weil diese sich aufeinander beziehen und

ohneeinander nicht sinnhaft sind. Anschließend werden die intervenierenden Bedingungen für den Kontext und die Balance-Strategien erläutert. Diese Positionierung
ist darin begründet, dass die beiden intervenierenden Bedingungen bei der Darstellung der Balance-Strategien deutlich werden und erst anschließend ihre Bedeutung
für das Phänomen nachvollziehbar ist. Als nächstes folgt ein Abschnitt zu Bildungsprozessen, in dem die Reflexionsstrategien mit ihren Konsequenzen und intervenierenden Bedingungen erklärt werden. Zuletzt werden die ursächlichen Bedingungen
dargelegt und im Rückzug auf die vorherigen Kapitel verdeutlicht, bei welcher
Ausgestaltung welcher Prozess mit welchen Konsequenzen möglich ist.

9.4   Kontext – Differenzerleben

In diesem Kapitel werden alle Kategorien des Kontexts beschrieben. Strauss und
Corbin (1990) definieren den Kontext des Phänomens folgendermaßen:

> „The specific set of properties that pertain to a phenomenon; that is, the locations
> of events or incidents pertaining to a phenomenon along a dimensional range. Con-
> text represents the particular set of conditions within which the action/interactional
> strategies are taken." (Strauss & Corbin, 1990, 96)

Das heißt, der Kontext stellt die Eigenschaften und Dimensionen des Phänomens
dar und beschreibt es dadurch maßgeblich. Insofern werden die Kontext-Kategorien
in der vorliegenden Arbeit als Erstes erläutert, um zum einen das Phänomen dadurch
genauer zu beschreiben. Zum anderen werden die Strategien und deren Konsequenzen erst verständlich, wenn der Kontext bekannt ist, welcher die Wahl der Strategien
beeinflusst. Daher folgen diese in den anschließenden Kapiteln. Aus dem Material wurden folgende Dimensionen und Eigenschaften der Kontextbedingungen des
Phänomens abgeleitet:

• Höhe und Bewertung der Differenz (9.4.1)
• Differenzbereiche (9.4.2)
• Differenzverortung (9.4.3)
• Ausmaß der Differenz (9.4.4)

Die Dimensionen der Höhe und Bewertung von Differenz sind besonders bedeutsam für das Phänomen. Daher werden sie nachfolgend zuerst erläutert. Anschließend werden die Differenzbereiche, die Differenzverortung und das Ausmaß der
Differenz dargestellt. Zum Abschluss wird ein Zwischenfazit zum Kontext gezogen
(9.4.5).

9.4.1   Höhe und Bewertung der Differenz

Die zentralen Dimensionen des Phänomens aus denen sich das Differenzerleben zusammensetzt – die Höhe und die Bewertung von Differenz – sind in Abbildung 9.2 visualisiert. In der Abbildung ist ein Koordinatenkreuz zu sehen dessen horizontale Achse die Bewertung und die vertikale Achse die Höhe der Differenz erfasst. Nachfolgend wird anhand dieser Abbildung erklärt, inwiefern das Differenzerleben einen Balanceakt in Paarbeziehungen darstellt. Dabei werden die weiteren Elemente der Abbildung erklärt.

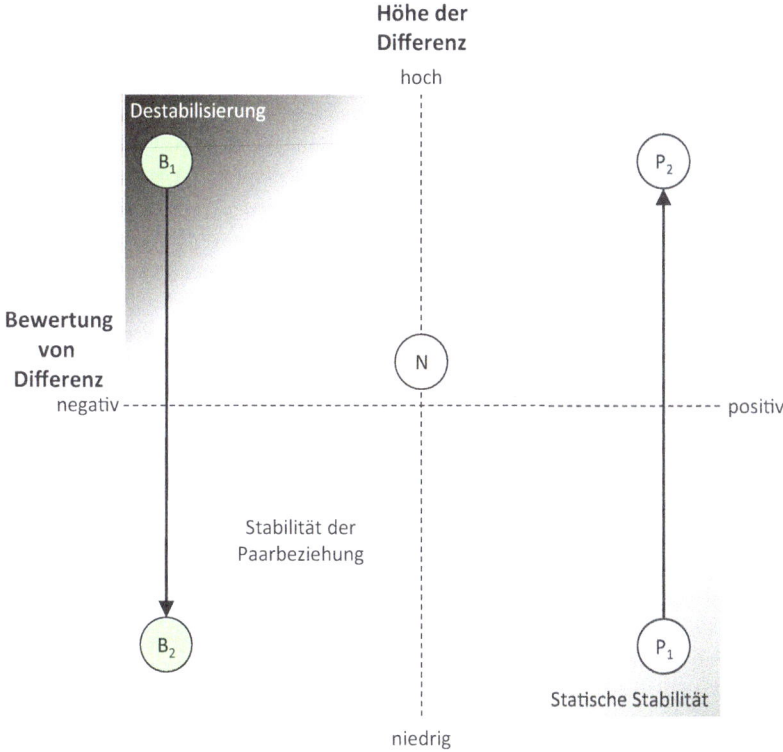

Abbildung 9.2 Dimensionen des Phänomens mit Visualisierung des Differenzerlebens der Paare B, P und N

Positionierung des Differenzerlebens je nach Höhe und Bewertung der Differenz

Ein Extremfall des Differenzerlebens besteht darin, dass die Differenz als hoch und sehr negativ wahrgenommen wird – wie im Fallbeispiel zur *Sky-Konferenz*. Entsprechend kann das Differenzerleben auf dem Koordinatensystem positioniert werden (siehe in Abbildung 9.2 Kreis B$_1$ oben links). Ein solches Differenzerleben wird den Auswertungsergebnissen nach als destabilisierend für die Paarbeziehung wahrgenommen. Aus diesem Grund ist die obere linke Ecke in Abbildung 9.2 schwarz schattiert. Von dieser Ecke ausgehend nimmt die schwarze Färbung zur Mitte hin ab. Dieser Farbverlauf visualisiert die Abnahme der destabilisierenden Wirkung des Differenzerlebens, wenn die Höhe der Differenz abnimmt und/oder die Bewertung der Differenz positiver wird.

Der gegenteilige Extremfall des Differenzerlebens besteht darin, dass die Differenz als sehr niedrig wahrgenommen wird bei gleichzeitiger positiver Bewertung – wie im Fallbeispiel zur *Diskussion zur Klimakrise*. Das beschriebene Differenzerleben kann ebenfalls auf dem Koordinatensystem positioniert werden (siehe in Abbildung 9.2 Kreis P$_1$ unten rechts). Wie im Fallbeispiel von Paar P, kann die Paarbeziehung in diesem Bereich aus der Balance geraten, aufgrund einer *statischen Stabilität*, welche auch als eine Form der Destabilisierung begriffen werden kann. Mit *statischer Stabilität* ist eine dergestalt stabile Paaridentität gemeint, dass keine Entwicklung stattfindet, sondern eine Stagnation vorliegt. Im Datenmaterial zeigten sich entwicklungsfreudige Paare, die durch eine solche *statische Stabilität* in einem Differenzbereich aus Balance geraten. Entsprechend ist die untere rechte Ecke grau eingefärbt und es zeichnet sich ein Farbverlauf Richtung Mitte ab. So wird der Bereich angezeigt, in dem durch eine zu niedrige Differenz bei gleichzeitiger positiver Bewertung die Paarbeziehung aus Balance geraten kann. Die Positionierung des Differenzerlebens ist nicht festgesetzt, sondern lässt sich verändern. Das heißt der Balanceakt in Paarbeziehungen bzgl. des Differenzerlebens besteht darin, dass ein Ausbalancieren von der Höhe und/oder der Bewertung der Differenz notwendig ist, um aus dem Bereich der Destabilisierung bzw. statischen Stabilität herauskommen – in der Abbildung die schwarz-grauen Bereichen. Der Bereich der Stabilität stellt den Idealzustand dar – in der Abbildung der weiße Bereich. Dieser wurde aus dem Interviewmaterial entwickelt. In den Interviews wurde deutlich, dass Personen in funktionalen Beziehungen verschiedene Strategien anwenden, um ein bestimmtes, für sie angenehmes, Differenzerleben zu erreichen. Insofern sind die Bestrebungen auf eine Stabilisierung der Paarbeziehung ausgerichtet. Hierbei ist zu beachten, dass die Höhe und die Bewertung der Differenz individuell und subjektiv wahrgenommen werden. Somit kann die gleiche Situation von der einen Person als Erleben einer niedrigen Differenz, aber von einer anderen Person als Erleben einer hohen Differenz wahrgenommen werden. Dies hängt von den kontextuellen und intervenierenden Bedingungen ab.

Ausbalancieren – Veränderung von Höhe und Bewertung der Differenz
Bei Bernd wurde zum Ausbalancieren des Differenzerlebens ein Kompromiss genutzt und bei Paar P das Hinzuziehen fremder Weltbezüge. So empfindet Bernd nach dem Ausbalancieren die Differenz als niedrig bzw. aufgelöst, weshalb die negative Bewertung in dem Bereich keine Rolle mehr für ihn spielt (siehe Abb. 9.2 Kreis B_2 unten links). Das Ausbalancieren von Paar P führt zu einem höheren Differenzempfinden, welches durch die positive Bewertung für Peter und Patricia angenehm ist und damit eine gute Balance für ihre Situation und Beziehung darstellt (siehe Abb. 9.2 Kreis P_2 oben rechts). In Abschnitt 9.5 werden weitere Beispiele aus den Interviews für das Ausbalancieren des Differenzerlebens gegeben. Dort wird auch ausführlich erläutert, welche Strategien in welchem Bereich des Differenzerlebens genutzt werden.

In Balance sein
Es gibt jedoch Situationen, in denen das Differenzerleben ohne den Einsatz von Strategien im Bereich der Stabilität der Paarbeziehung ist (siehe Abb. 9.2 Kreis N). Ein Beispiel dafür ist der folgende Interviewausschnitt von Paar N. Noras Erzählung folgte auf die Frage, ob Medien etwas an ihrem Paaralltag verändert hätten und dem gemeinsam geäußerten Überlegen von Nora und Niklas zu dieser Frage.

> **Nora:** [...] Oder auch, wir teilen uns mit, also, wenn wir etwas über Medien erfahren haben und es ist jetzt nicht nur ähm nicht nur einen Post auf Instagram, sondern auch etwas in der Zeitung gelesen oder ein Buch gelesen. Niklas liest mir ab und zu Zitate vor aus Büchern, oder andersherum ich mache das auch, wenn irgendwie da ein Abschnitt ist: oh, den finde ich besonders spannend, dann teile ich den. Ähm. Und also, gerade über (...) ähm Dinge, die wir über Medien erfahren haben, die ähm interessant sind oder über die wir gerne noch einmal sprechen, dann tauschen wir uns aus, und ich würde sagen, dass uns das tatsächlich auch / Also, dass wir uns gegenseitig damit bereichern. #00:39:42-4#
> [...] (Interview Paar N, Pos. 220)

In diesem Interviewausschnitt spricht Nora davon, dass sie und Niklas Medieninhalte von Instagram, aus der Zeitung oder aus Büchern miteinander teilen, indem sie davon berichten oder die Inhalte vorlesen. Zudem beschreibt sie einen gemeinsamen Austausch über die Medieninhalte. Die Konsequenz dieser medieninduzierten Paarkommunikation sieht sie darin, dass sie sich „gegenseitig damit bereichern". Insofern ist davon auszugehen, dass eine gewisse Differenz zwischen den

Weltbezügen oder den erwarteten und berichteten Weltsichten bei diesem Austausch auftritt, sodass hier überhaupt eine Bereicherung stattfinden kann. Allerdings wird diese Form des Austauschs neutral und als etwas alltägliches geschildert, sodass keine Anzeichen von einer Destabilisierung der Paarbeziehung durch diesen Austausch erkennbar sind. Insofern scheint Nora mit ihrem medienbezogenen Differenzerleben im Bereich der Stabilität zu sein.

Zusammenfassung zur Höhe und Bewertung von Differenz
Zusammengefasst heißt das, dass das Differenzerleben auf Grundlage der empfundenen Höhe und der Bewertung der Differenz jeweils subjektiv verortet wird. Bei einer zu hohen und negativ bewerteten Differenz geht das Differenzerleben mit einem Gefühl der Destabilisierung der Paarbeziehung einher. Bei einer zu niedrigen, positiv bewerteten Differenz kann es zu einer statischen Stabilität kommen, welche für die Beziehung einiger Paare ebenfalls eine Form der Destabilisierung darstellt. In diesen Fällen wenden die Personen verschiedene Strategien an, um für eine (Re-)Stabilisierung zu sorgen. Wird das Differenzerleben als angenehm wahrgenommen, tangiert es die Stabilität der Paarbeziehung nicht. Sofern sich die Bedingungen nicht verändern, gibt es in diesem Fall keinen Handlungsbedarf.

9.4.2 Differenzbereiche

Die Differenzbereiche stellen eine bedeutsame Eigenschaft des Phänomens dar, weil die Wahrnehmung der Höhe und die Bewertung der Differenz und damit die (de-)stabilisierende Wirkung je nach Differenzbereich unterschiedlich sein kann. Nachfolgend werden die Ausprägungen der Eigenschaft ausgeführt und anhand von Beispielen erläutert. In den Daten wurden die folgenden Differenzbereiche sichtbar:

- Eigenes Erleben vs. die Wahrnehmung des Erlebens der anderen Person
- Erwartete Welt vs. vorgefundene Welt
- Eigener Weltbezug vs. fremder Weltbezug
- Fremdbild vs. Selbstkundgabe der anderen Person

Eigenes Erleben vs. die Wahrnehmung des Erlebens der anderen Person
Der Differenzbereich *eigenes Erleben vs. die Wahrnehmung des Erlebens der anderen Person* wird in Fallbeispiel I deutlich. Hier gefällt Bernd das Schauen des einzelnen Fußballspiels. Er nimmt aber bei Birgit ein emotionales aufgewühlt Sein wahr. Die Differenz besteht also darin, dass die Person eine Situation erlebt und gleichzeitig, aufgrund der Wahrnehmung der anderen Person der Beziehung, dieser ein

Erleben zuschreibt, welches sich mehr oder weniger von dem eigenen unterscheidet. Hierbei ist zu beachten, dass die Wahrnehmung des Erlebens der anderen Person eine Interpretation der eigenen Beobachtung der anderen Person beinhaltet und das tatsächliche Erleben der anderen Person von der Wahrnehmung dessen abweichen kann. Im Beispiel von Bernd ist der Unterschied relativ groß, da er ein positives Erleben beschreibt und Birgit ein negatives zuschreibt. Diese Ausgestaltung des Differenzbereichs findet sich mehrfach in den Daten in Bezug zum gemeinsamen Fernsehenschauen. Dies zeigt sich auch im folgenden Interviewausschnitt von Paar F. Felicia und Fabian erzählten zuvor von ihren verschiedenen Serien- und Filmgeschmäckern.

> [...]
> **Fabian:** Ja, aber dann werde ich angemotzt dafür, dass ich manchmal ähm abschätzige Blicke (lacht) dem Fernseher widme. Aber wenn ich irgendwas zeige, dann ähm hängt sie auch oft am Handy dann währenddessen. #00:31:26-8#
> [...] (Interview Paar F, Pos. 148)

Fabian beschreibt einerseits, dass er abschätzige Blicke in Richtung Fernseher wirft. Er bewertet den Medieninhalt anscheinend negativ. Hinzu kommt, dass Felicia mit ihm deswegen schimpft. Insofern sieht ihre Bewertung des Medieninhalts anders aus, da sie sonst keinen Grund hätte, mit ihm zu schimpfen. Andererseits benutzt sie ihr Handy, wenn Fabian den Inhalt für die gemeinsame Mediennutzung ausgewählt hat. Dies setzt er mit seinen abschätzigen Blicken gleich. Er nimmt dadurch bei ihr ein anderes Gefallen vom Medieninhalt wahr, als er erlebt. Insofern finden sich zwei höhere und der Formulierung nach negativ bewertete, medienbezogene Differenzen im Bereich des *eigenen Erlebens vs. der Wahrnehmung des Erlebens der anderen Person* in dem Interviewausschnitt.

Es ist jedoch auch möglich, dass keine Differenz in diesem Bereich wahrgenommen wird und z. B. das gemeinsame Fernsehenschauen als positive und verbindende Mediennutzung erlebt wird. Dies beschreibt beispielsweise Irina im folgenden Interviewausschnitt:

> **Irina:** [...] Ja, und ähm (...), wenn das ähm ein guter Film ist oder eine gute Predigt ist, das machen wir auch manchmal. Oder ein Gottesdienst. Das macht uns beiden dann Spaß. Das verbindet uns. Wir sind dann zusammen, wir sprechen zwar nicht viel währenddessen, aber wir sind einfach, ne, wir umarmen uns und wir kuscheln und wir verbringen Zeit zusammen. Und es ist gemütlich. [...]
> (Interview Paar I, Pos. 197)

Irina nennt verschiedene mögliche audio-visuelle Medieninhalte, die sie zusammen schauen. Ihre Ausführung deutet an, dass sie die Mediennutzung als Spaß erlebt und gleichzeitig Immanuel ein positives Erleben zuschreibt. Weiterhin beschreibt sie die gemeinsame Mediennutzung als verbindend und gemütlich. Es wird nicht gesprochen, aber körperliche Nähe hergestellt und Zeit miteinander verbracht. Insofern wirkt es so, dass die niedrige bzw. nicht vorhandene Differenz zwischen Irinas Erleben und ihrer Wahrnehmung von Immanuels Erlebens diese verbindende Mediennutzung mit ermöglicht. Das würde darauf hindeuten, dass Irina eine hohe Differenz in diesem Bereich negativ bewerten würde. Die Beschreibung macht insgesamt deutlich, dass der Rahmen der Mediennutzung wichtig ist für die Bedeutungszuschreibung dieser Mediennutzung.

Im Vergleich der Interviewausschnitte von Paar B, Paar F und Paar I stellt sich erstens die Frage, ob eine Differenz im *eigenen Erleben vs. der Wahrnehmung des Erlebens der anderen Person* überhaupt positiv bewertet werden kann. Bernd und Fabian bewerten die hohe Differenz als negativ und auch bei Irina lässt sich erahnen, dass eine hohe Differenz in dem Bereich die verbindende Mediennutzung stören würde. Beim Differenzbereich *eigenes Erleben vs. die Wahrnehmung des Erlebens der anderen Person* ist die Differenz immer zwischen den beiden Personen der Beziehung verortet, sodass sich eine hohe Differenz trennend und eine geringe Differenz verbindend auf die Paarbeziehung auswirkt. Insofern scheint bei diesem Differenzbereich tendenziell keine positive Bewertung möglich zu sein. Darüber hinaus kann die Differenzverortung als eine weitere relevante Eigenschaft des Kontextes mit aufgenommen werden. Zweitens fällt bei der Betrachtung der drei Interviewausschnitte auf, dass der Differenzbereich bei den Paaren unterschiedlich groß ist. Bei Bernd und Birgit bezieht sich die Differenz im *eigenen Erleben vs. der Wahrnehmung des Erlebens der anderen Person* nur auf das gemeinsame Fußballschauen. Bei anderen Fernsehsendungen berichteten sie von Einigkeit im Erleben. Felicia und Fabian hingegen haben allgemein einen sehr unterschiedlichen Serien- und Filmgeschmack. Sie schaut gerne romantische Komödien und er am liebsten Horror-Filme. Das heißt, bei Paar F ist das Ausmaß der Differenz größer und betrifft sie daher häufiger, als z. B. bei Paar B.

Insgesamt lässt sich für den Differenzbereich *eigenes Erleben vs. die Wahrnehmung des Erlebens der anderen Person* in Bezug zur Mediennutzung von Paaren festhalten, dass a) er vornehmlich in Bezug zum Fernsehen auftritt, b) die Differenz zwischen den Personen der Paarbeziehung verortet und tendenziell negativ bewertet wird und c) dieser Differenzbereich dadurch das Potenzial hat, die Paarbeziehung zu (de-)stabilisieren.

Erwartete Welt vs. vorgefundene Welt

Der Differenzbereich *erwartete vs. vorgefundene Welt* wird ebenfalls im Fallbeispiel I sichtbar. Hier deutet Bernd eine Differenz in der Erwartung seiner Bewertung
der *Konferenz* und dem tatsächlichen Erleben an. Dieser Bereich umfasst alle Differenzerleben, bei denen zuerst eine Erwartung zur Bewertung oder zur Gestalt von
Welt vorliegt und dann eine Welt vorgefunden wird, welche mehr oder weniger von
dieser Erwartung abweicht. Das bedeutet, die erwartete Welt kann hier unter dem
Begriff Weltsicht gefasst werden. Die vorgefundene Welt offenbart sich im Erleben
von Realität oder durch vermeintlich objektive Abbildungen von Realität in Form
von Wissen. Es gibt vielfältige Beispiele in den Interviews, in denen die erwartete
Welt Aufgrund von Unwissen über bestimmte Themen erzeugt wurde. Durch das
Hinzukommen von neuen Informationen kommt es dann zu einer Differenz, weil die
vorgefundene Welt dadurch von der erwarteten abweicht. Dieser Ablauf zeigt sich
in dem folgenden Interviewausschnitt von Paar A, in dem sie vom gemeinsamen
YouTube-Videoschauen berichten.

> **Alexander:** [...] Manchmal ist es aber auch, dass irgendwer irgendwas erzählt und man
> pausiert irgendwie oder so und denkt sich: „ähm, kann doch irgendwie nicht stimmen."
> #00:31:39-7#
> **Antonia:** Ja und dann mal eben: „ist das wirklich so? Erzählt uns hier das Internet
> gerade Blödsinn?" Eben kurz crossreferenzen, damit man eben nicht ein falsches Welt-
> bild aufbaut. (lacht) Und ähm ja, dann wird halt irgendwann mal was geklärt, drüber
> gesprochen und ähm joar, wenn das Thema geklärt ist, kann das Video dann weiter-
> laufen. (lacht) #00:31:57-0#
> [...] (Interview Paar A, Pos. 255–256)

Alexander beschreibt, dass in den Videos etwas erzählt wird, was eine Irritation und
ein Hinterfragen dieser Informationen auslösen. Insofern beschreibt er hier eine
Differenz zwischen erwarteter und vorgefundener Welt. Auch Antonia macht eine
gewisse Irritation über diese Differenz deutlich. Weiterhin erklärt sie, dass sie nicht
einfach die neue Information übernehmen und in ihre Weltsicht integrieren, sondern
„crossreferenzen". Das heißt, sie suchen im Internet nach weiteren Informationen
zu diesem Thema. So klären sie ihre Irritation und können das Video weiter schauen.
Da Paar A diesen Vorgang als üblichen Ablauf beschrieben hat und sich nicht auf
ein konkretes Beispiel bezieht, bleibt unklar, wie der weitere Umgang mit korrekten
oder falschen Informationen wäre.

Ergänzend zum Ausprobieren neuer oder andersartiger Mediennutzungspraxen
und zur Auseinandersetzung mit Wissen kann eine Differenz im Bereich *erwartete
vs. vorgefundene Welt* auch zwischen einer durch Medieninhalte konstruierten und
der real vorgefundenen Welt bestehen. Dies zeigt sich im Interviewausschnitt von

Eleonora. Ihre Ausführung folgte auf die Frage nach einem Beispiel für einen Aha-Moment, den sie in Bezug auf Medien und ihre Beziehung erlebt hat.

> **Eleonora:** [...] Wir haben einen ähm Artikel gelesen, die Merkel war in Duisburg und hat sich Duisburg angeguckt, und Duisburg ist sehr türkisch geprägt. Und da sind wir dann wirklich hingefahren, auch nach Duisburg haben uns das angeguckt und uns quasi dann zu zweit ähm noch einmal eine Meinung darüber gebildet. Also das ähm das war dann eigentlich schlimmer, als wir dachten. So andere Sachen waren dann auch (...) weniger schlimm. [...]
> (Interview Paar E, Pos. 102)

Eleonora beschreibt eine gemeinsame Mediennutzung – sie haben einen Artikel zum Duisburg-Besuch von Frau Merkel gelesen. Daraufhin sind sie selbst nach Duisburg gefahren. Ziel dieser Fahrt war es, laut Eleonora, sich gemeinsam eine Meinung zu bilden und insofern eine gemeinsame Wirklichkeitskonstruktion anzustoßen. Dieses Vorgehen lässt auf ein gewisses Entwicklungsbedürfnis der beiden schließen, da sie so ihren Weltbezug herausfordern. Vor Ort hat Eleonora festgestellt, dass die Situation teilweise besser und teilweise schlimmer war, als in ihrer vorherigen Weltsicht angenommen. Insofern beschreibt sie ein Differenzerleben im Bereich *erwartete vs. vorgefundene Welt* von dem Teile positiv und andere negativ bewertet werden. Die Bewertung der Differenz hängt hier nicht davon ab, ob die vorgefundene Welt der erwarteten Welt entspricht, sondern vielmehr inwiefern sie von der erwarteten Welt abweicht. Es ist anzunehmen, dass eine Art *Ideal* für Eleonora besteht. Ihre Aussage „das war dann eigentlich schlimmer, als wir dachten", verweist darauf, dass die vorgefundene Welt weiter weg vom *Ideal* war, als die erwartete Welt. Andersherum gab es auch Aspekte die „weniger schlimm" waren, welche sich näher am *Ideal* befanden, als die erwartete Welt. Darüber hinaus schließt sie Eckhard in ihr eigenes Erleben durch eine Wir-Formulierung mit ein. Sie verortet die Differenz also zwischen ihnen und der vorgefundenen Welt. Inwiefern dieses Differenzerleben im Bereich *erwartete vs. vorgefundene Welt* letztlich einen Einfluss auf die gemeinsame Konstruktion des Weltbezugs von Paar E hatte, wurde im Interview nicht beschrieben.

Beim Vergleich der Interviewausschnitte von Paar B, Paar A und Paar E fällt auf, dass dieser Differenzbereich besonders zu einer Erweiterung der eigenen Weltsicht einlädt.

Es lässt sich zu dem Differenzbereich *erwartete vs. vorgefundene Welt* hinsichtlich der Mediennutzung von Paaren zusammenfassen, dass a) die Erwartungen bzgl. der Bewertung oder der Gestalt von Welt mit der erlebten oder in Medien konstruierten Welt kollidieren können und b) ein Potenzial für die Erweiterung der eigenen Weltsicht besteht.

Eigener Weltbezug vs. fremder Weltbezug
Mit dem eigenen Weltbezug bei diesem Differenzbereich ist sowohl die Weltsicht als auch die eigene Positionierung in Form einer Meinung dazu gemeint. Ein fremder Weltbezug umfasst entsprechend die Weltsicht samt Positionierung in Form einer Meinung einer anderen Person, welche die jeweils andere Person der Paarbeziehung sein kann oder eine außenstehende Person. In Fallbeispiel II wird dieser Differenzbereich vom *eigenen vs. fremden Weltbezug* deutlich. Zum einen wird ersichtlich, dass Patricia zwischen sich und Peter keine Differenz in der Meinung zur Klimakrise wahrnimmt. Zum anderen macht Peter deutlich, dass er eine Differenz in der geteilten Meinung von ihm und Patricia und dem Weltbezug von den Enkeln sieht. Dieser Differenzbereich findet sich in den Daten insbesondere zu Nachrichten bzgl. Politik und Weltgeschehen. Ein weiteres Beispiel ist der folgende Interviewausschnitt von Paar C. Constantins Antwort folgte auf ein kurzes gemeinsames Überlegen von Christoph und Constantin zu der Frage nach Beispielen für Aha-Momente in medienbezogenen Diskussionen zwischen den beiden.

> [...]
> **Constantin:** Oder in Würzburg auch die Geschichte, wo die abgestochen wurden. Wo ich dann, sag ich jetzt mal, ein bisschen ähm radikalere Ansichten habe und radikaler durchgreifen würde. (...) Ähm. (...) Ganz einfach, wo ich dann sagen würde: okay, gut, wenn das jetzt jemand ist, der ähm Flüchtling ist und solche Sachen begeht, ist für mich das eigentlich klar, dann bitte wieder zurück. Dann finde ich jetzt zum Beispiel jetzt auch nicht korrekt, dass derjenige hier dann auch noch auf Steuergeldern im Gefängnis sitzt. Ähm. (...) Wohingegen du dann auch gesagt hast, ja gut, aber der deutsche Staat muss sich ja daran halten im Endeffekt, ne. Und können ihn nicht einfach so abschieben und alles. Was ja dann auch richtig ist, und was ich, ne. Das ähm. (...) Ja, das sind halt solche Unterschiede, wo Christoph dann vielleicht ein bisschen besonnener ist oder rationaler denkt. Und ich bin halt / Christoph mehr rational. Ich bin emotionaler.
> #00:46:27-7#
> [...] (Interview Paar C, Pos. 256)

Constantin bezieht sich hier auf den Vorfall vom 25.06.2021, bei dem in Würzburg drei Personen von einem Flüchtling, der psychisch erkrankt war, mit einem Messer umgebracht worden waren (Deutsche Welle, 2021). Er erklärt, dass er in Bezug auf solche Vorfälle radikalere Ansichten hat und radikalere Konsequenzen – eine Abschiebung – ziehen würde. Zunächst wird nicht klar im Vergleich zu wem oder was sich Constantin als radikaler einordnet. Als nächstes nutzt er die Formulierung „finde ich". Insofern folgt darauf kein sachliches Argument, sondern eine Form von Ungerechtigkeitsempfinden. Nach Constantins Empfinden, sei es nämlich nicht korrekt, dass mit Steuergeldern der Gefängnisaufenthalt des Täters finanziert werde. Weiter beschreibt er Christophs Part: dieser beziehe sich auf hierzu geltende Regeln und erkläre, dass der deutsche Staat nicht so handeln kann, wie Constantin sich das vorstelle. Constantin konstatiert, dass er Christoph diesbezüglich Recht gibt. Abschließend fasst Constantin allgemein zusammen, worin die Differenz zwischen ihnen besteht bzw. wodurch sie entsteht. Er ordnet Christoph die Attribute „besonnener" und „rationaler" zu. Wohingegen er sich zuerst als „radikaler" und später als „emotionaler" bezeichnet. Diese Gegenüberstellung passt dazu, dass Constantin seine Ansichten mit Empfindungen begründet und Christoph sich anscheinend auf Regeln beruft – die beiden stehen jeweils mit ihrer Weltsicht unterschiedlich in Bezug.

Beim Vergleich der Interviewausschnitte von Paar P und Paar C wird erstens deutlich, dass es bei beiden um eine Differenz von dem eigenen Weltbezug – kollektiv als Paar oder individuell – zu einem fremden Weltbezug geht. Zweitens zeigt sich, dass Paar P eine gemeinsam konstruierte Weltsicht und Positionierung beschreiben. Bei Paar C hingegen lässt sich die Differenz zwischen Constantin und Christoph verorten. Drittens fällt beim Vergleich auf, dass bei Paar P die Differenz bzgl. der Weltbezüge zur Frage *wie dramatisch ist die Klimakrise?* besteht. Bei Paar C hingegen geht es nicht um ein spezielles Thema – also einen Aspekt des Weltbezugs. Stattdessen stehen die Weltbezüge durch die emotionale und die rationale Perspektive auf Welt in Differenz zueinander. So hat Paar P dieses Thema miteinander bearbeitet und abgeschlossen, wohingegen Christoph und Constantin vermutlich immer wieder diese Differenz erleben werden. Insofern zeigt sich hier das jeweilige Ausmaß des Differenzbereichs als relevante Eigenschaft.

Zum Differenzbereich *eigener vs. fremder Weltbezug* in Bezug zur Mediennutzung von Paaren lässt sich zusammenfassen, dass a) hierbei eine Differenz zwischen zwei Parteien besteht, wobei das Paar beide Parteien stellt oder als eine gemeinsame Partei in Differenz zu einer Dritten tritt, b) sich dieser Differenzbereich häufig auf Nachrichten bzgl. Politik oder Weltgeschehen bezieht, c) die Differenzverortung und das Ausmaß der Differenz relevante Eigenschaften des Kontextes sind und d) sich aus deren Kombination ableiten lässt, inwiefern das Differenzerleben mit einer (De-)Stabilisierung der Paarbeziehung zusammenhängt.

Fremdbild vs. Selbstkundgabe der anderen Person
Dieser Differenzbereich zeigt sich in keinem der zwei Fallbeispiele. Daher wird nun ein Interviewausschnitt vorgestellt, welcher als Ankerbeispiel für diesen Differenzbereich fungiert. Anschließend wird der Differenzbereich erläutert und mithilfe eines weiteren Interviewausschnitts ausdifferenziert.

Das Ankerbeispiel ist aus dem Interview mit Paar C und folgte auf die Frage nach einer Paar-Anekdote, welche mit Medien(-inhalten) zu tun hat.

Constantin: [...] Das fällt mir noch ein, dass wir damals ähm, also in der Matinée waren. (...) Ähm. Das war eine Matinée in einem Kino, die ähm / Das war eine Benefizveranstaltung hier von einem Verein bei uns, wo meine Oma vor ihrem Tod mitgeholfen hat und was wir immer noch so unterstützen. Also ich und mein Teil der Familie. Ähm. Und die hatten da 20XX im September war das, Anfang September. Also als wir uns gerade ein paar Monate kannten. Dann halt so eine Benefizveranstaltung, wo die halt den Film gezeigt haben von Hape Kerkeling „Der Junge muss an die frische Luft". Ähm. Und da, das fiel mir jetzt gerade irgendwie spontan als erstes ein. Weil das auch ein sehr emotionaler Film ist. #00:05:43-2#
Christoph: Also, war halt dann also / Ne, da flossen dann / Also ich hatte den vorher nicht gesehen und du ja auch nicht. Also wir kannten ihn vorher nicht den Film, der war dann sehr rührselig. [...] #00:05:56-2# [...]
Constantin: Aber das poppte mir gerade irgendwie so in den Kopf. Deswegen (...) weil es auch, wie gesagt, weil man dann (...) auch so ein bisschen das erste Mal dem anderen so gezeigt hat, dass er doch auch emotional sein kann. (Christoph dreht sich abrupt zu Constantin und schaut ihn an) Also, ne? Das wusste man ja vorher nicht, ob du jetzt jemand bist der auch mal ein Tränchen verdrückt bei solchen Filmen oder so. (...) Was ich ganz schön fand. (Wendet sich Christoph zu) #00:06:28-1#
Christoph: (Schaut Constantin an) Ach, guck mal. #00:06:30-6#
Constantin: (Beide lachen) Die Westfalen haben es nicht so mit Emotionen deswegen. #00:06:32-9#
[...] (Interview Paar C, Pos. 49–57)

Constantin beschreibt in dem Interviewausschnitt zuerst den emotional aufgeladenen Rahmen der gemeinsamen Mediennutzung. Zum einen besteht eine Verbindung zur verstorbenen Großmutter von Constantin, weil die Mediennutzung auf der Benefizveranstaltung des Vereins stattfand, in dem die Großmutter engagiert war. Zum anderen waren sie noch nicht lange ein Paar. Ergänzend ist der Medieninhalt ein emotionaler und realitätsnaher Inhalt. Auf diese Rahmenerzählung hin übernimmt Christoph das Wort. Dieser bricht jedoch bei „da flossen dann" ab, sodass nur vermutet werden kann, dass als nächstes Wort „Tränen" folgen sollte. Dieser Abbruch deutet drauf hin, dass es Christoph unangenehm zu sein scheint, diese emotionale Seite von sich vor der Interviewerin zu offenbaren. So erklärt er, dass beide den Film noch nicht kannten und dieser „rührselig" sei. Hierauf folgt eine kurze gemeinsame Überlegung, wann sie diesen Film gesehen haben. Dieser Teil wurde im Interviewausschnitt ausgelassen. Constantin kommt schließlich auf das zurück, was er eigentlich bzgl. der Frage nach der Paar-Anekdote sagen wollte. Er beschreibt, dass ihm dieses Ereignis gerade in den Kopf kam. Dies begründet er damit, dass dies die erste Situation in ihrer Kennlernphase war, in der Christoph ihm seine emotionale Seite gezeigt hat. Aufgrund der Formulierung „doch auch emotional sein kann", kann zum einen darauf geschlossen werden, dass Constantin dies nicht erwartet hatte. Zum anderen deutet er hier bereits seine eigene emotionale Seite an. Diese zeigte sich im weiteren Verlauf des Interviews mehrfach. Christophs non-verbale Reaktion auf diese Aussage drückt eine gewisse Überraschung aus. Constantin erklärt sich daraufhin, dass er Christoph vorher diesbezüglich nicht einschätzen konnte. Er endet mit der Aussage: „Was ich ganz schön fand". Diese Aussage und allgemein, dass ihm diese Begebenheit überhaupt eingefallen ist, zeigt, wie bedeutsam es für Constantin war, dort Christophs emotionale Seite zu entdecken. Anschließend schauen sich die beiden für einen Moment gegenseitig in die Augen. Christoph äußert letztlich seine Überraschung zu dieser Erzählung. Scheinbar wusste er vor dem Interview nicht, dass Constantin diesem Erleben eine solche Bedeutung beigemessen hat. Anschließend lachen beide, welches wie ein Abbauen der inneren Spannung nach diesem unerwartet intensiven Moment im Interview wirkt. Zuletzt nennt Constantin eine Art Begründung, wieso er anscheinend eher weniger damit gerechnet hat, dass Christoph so auf den Film reagiert. Constantins Erwartungshaltung hängt anscheinend mit regionalen Vorurteilen gegenüber Westfalen zusammen.

Insgesamt wird in diesem Interviewausschnitt deutlich, dass Constantin scheinbar ein Bild von Christoph hatte bei dem die Emotionalität mindestens unklar war oder diese sogar nicht in das Bild passte. Während der gemeinsame Mediennutzung kam es dann zu einer Selbstkundgabe von Christoph, welche Constantin wahrgenommen hat. Insofern ist es durch diese medienbezogenen Paarinteraktion – also dem Filmschauen, der Gefühlsäußerung von Christoph und Constantins Beobachtung derer – bei Constantin zu einem Differenzerleben gekommen. Da Constantin eine Abweichung seines Fremdbildes von Christoph zu dessen Selbstkundgabe deutlich macht, scheint die Differenz hier eine gewisse Höhe aufgewiesen zu haben. Außerdem bewertet Constantin diese Differenz positiv. Constantins Schilderung nach, fand bei ihm eine Anpassung des Fremdbildes statt. Zudem macht es aufgrund seiner Art und Weise der Schilderung und des intensiven Blickkontakts der beiden den Anschein, dass das Entdecken der neuen Seite an Christoph mit einer Steigerung der Stabilität der Beziehung gekoppelt war.

Ein anderes Beispiel zu diesem Differenzbereich findet sich im Interview mit Paar K. Auf die Frage, inwiefern sie eine geteilte Meinung haben, folgte dieser Interviewausschnitt.

Katharina: [...] Also, ich glaube, als jetzt die Bundestagswahlen waren oder so zum Beispiel erinnere ich mich da an eine Situation, ähm, ich weiß gar nicht, durch den Wahl-O-Mat oder irgendetwas. Und dann (...) hatte einer von beiden gesagt, so ja, da bin ich dagegen. Und dann ist der andere aus allen Wolken gefallen. Und dann ähm war so: wie? Und dann haben wir eigentlich / Okay, vielleicht müssen wir es gerade erst einmal googeln: Was bedeutet das? Ähm und so. Und dann haben wir quasi gemeinsam irgendwie jetzt noch einmal geguckt, wie wir das, ähm, verstanden haben. #00:43:36-1#

Kira: Und warum es so missverständlich war. #00:43:38-0#
Katharina: Genau. Und wie das sein kann, dass wir da so unterschiedlicher Meinung haben, um dann festzustellen, ok, einer von beiden hat es vielleicht einfach anders verstanden als der andere. Und ähm dann haben wir uns da / Nähern wir uns dem meisten irgendwie an. [...]
(Interview Paar K, Pos. 221–223]

Katharina berichtet in dem Interviewausschnitt von einer Situation in Bezug auf die Bundestagswahlen und den *Wahl-O-Mat*, wo eine von beiden zu einem Aspekt ihre Ablehnung äußerte. So wie Katharina dies erzählt, erinnert sie sich nicht mehr daran, ob sie oder Kira diejenige mit der ablehnenden Haltung war. Der nächste Satz – „Und dann ist der andere aus allen Wolken gefallen" – verdeutlicht die Überraschung bzw. das Entsetzen der jeweils anderen über die Aussage. Auch die Frage „wie?" verstärkt diesen Eindruck. Das heißt, hier wurde das Fremdbild, dass die eine von der anderen hatte durch deren Selbstkundgabe mit dem Satz „da bin ich dagegen" erschüttert, weil diese Positionierung nicht in das Bild passte. Katharina beschreibt danach die Strategie zu validieren, inwiefern die getätigte Selbstkundgabe tatsächlich vom konstruierten Fremdbild abweicht. Hierbei stellen sie fest, dass sie von verschiedenen Verständnissen ausgegangen sind. Schließlich nähern sie sich wieder an und dann passt die vorherige Aussage anscheinend wieder in das bestehende Fremdbild. Allgemein wäre es in dieser Situation durchaus denkbar, dass sich das Differenzerleben vollständig im Bereich *eigener vs. fremder Weltbezug* abspielt. Die ablehnende Aussage passt aber nicht in den erwarteten Weltbezug der anderen Person. Als Ergebnis wird das Fremdbild von der anderen Person durch diese Selbstkundgabe erschüttert. Da Katharina eine Strategie zur Veränderung des Zustands beschreibt, macht es den Anschein, dass dieses Differenzerleben als zu hoch und negativ erlebt wurde.

Der Vergleich dieser Interviewausschnitte zeigt erstens, dass bei beiden eine Differenz vom Fremdbild und der Selbstkundgabe der anderen Person der Beziehung beschrieben wird. Zweitens unterscheiden sich die Beispiele darin, dass Constantin sein Fremdbild entsprechend angepasst zu haben scheint, während Paar K im *Wahl-O-Mat*-Beispiel diese Differenz nicht aushalten kann und diese daher mittels einer Strategie bearbeitet. Dieser unterschiedliche Umgang resultiert hauptsächlich aus den verschiedenen Bewertungen der erlebten Differenzen. Wäre Constantin z. B. der Ansicht, dass Männer keine Gefühle zeigen dürfen, dann wäre seine Bewertung der Differenz vermutlich negativ ausgefallen.

Insgesamt lässt sich zu dem Differenzbereich *Fremdbild vs. Selbstkundgabe der anderen Person* hinsichtlich der Mediennutzung von Paaren festhalten, dass dieser Differenzbereich je nach Bewertung der Differenz mit einer starken (De-) Stabilisierung der Paarbeziehung einhergeht.

Zusammenfassung zu den Differenzbereichen
Zusammengefasst zeigt dieser Abschnitt, dass erstens bei den Differenzbereichen *eigenes Erleben vs. die Wahrnehmung des Erlebens der anderen Person*, *eigener vs. fremder Weltbezug* und *Fremdbild vs. Selbstkundgabe der anderen Person* das Potenzial zur (De-)Stabilisierung der Paarbeziehung besteht. Zweitens ist die (De-)Stabilisierung bei den Bereichen *eigener vs. fremder Weltbezug* und *Fremdbild vs. Selbstkundgabe der anderen Person* maßgeblich von dem Ausmaß der Differenz und/oder der Bewertung der Differenz abhängig. Drittens zeigte sich, dass einige Differenzbereiche typischerweise in Bezug zu bestimmten Medieninhalten bzw. -praxen auftreten, wie das *eigene Erleben vs. die Wahrnehmung des Erlebens der anderen Person* im Bezug zum Fernsehen, die *erwartete vs. vorgefundene Welt* in Bezug zum Ausprobieren von neuen oder andersartigen Mediennutzungspraxen oder -inhalten in Form von Wissen sowie der *eigene vs. fremde Weltbezug* in Bezug auf Nachrichten zu Politik und Weltgeschehen. Viertens wurde in diesem Abschnitt die Frage nach den Strategien im Zusammenhang mit den Differenzbereichen und deren Ausmaß aufgeworfen. Diese wird im Abschnitt 9.5 beantwortet.

9.4.3 Differenzverortung

Eine weitere Eigenschaft des Phänomens ist die Differenzverortung. Dabei geht es darum, wo in Bezug auf die involvierten Personen die Differenz verortet wird. Das Erleben der Höhe und die Bewertung von Differenz stehen damit im Zusammenhang. In diesem Abschnitt werden zuerst die Ausprägungen der Eigenschaft benannt und anschließend anhand von Beispielen erläutert, sodass ihre Relevanz für das Phänomen ersichtlich wird. Folgende Verortungen von Differenz wurden in den Daten gefunden:

- Die Differenz liegt innerhalb einer Person
- Die Differenz liegt zwischen den beiden Personen der Beziehung
- Die Differenz liegt zwischen dem Paar und einer dritten Partei

Die Differenz liegt innerhalb einer Person
Die Verortung von Differenz innerhalb einer Person meint, dass die eigene erwartete Welt von der vorgefundenen Welt abweicht, ohne dass eine andere Person die Erwartung teilt oder mitgestaltet hat oder eine andere Person an dem Vorfinden der Welt aktiv beteiligt ist. Dies zeigte sich in Fallbeispiel I in Bernds Differenzerleben zur *Sky-Konferenz*, die ihm unerwarteter Weise gefällt. In dem folgenden Interviewausschnitt wird diese Differenzverortung gegen Ende ebenfalls sichtbar. Hier antwortet

Fabian auf die Frage nach medienbezogenen Aha-Momenten in Verbindung mit seiner Beziehung mit Felicia.

> **Fabian:** [...] Ich habe das (...) schon öfter und unliebsame immer. [...] Weil ich ein politischer Lefti bin [...] Und dann (lacht) und dann lese ich natürlich etwas und ähm in meiner Bubble, wie das immer so ist. Ne? Alles, was quasi genau deiner Meinung entspricht stimmst du erstmal unhinterfragt zu und ähm willst das direkt in die Welt hinaustragen und // allen sagen // #00:35:54-8#
> **Felicia:** // und Zustimmung bekommen // #00:35:55-5#
> **Fabian:** Und Zustimmung, wenn man das weiter erzählt, ne, weil das ja ähm genau ähm und dann stoße ich hier immer auf ähm taube Ohren was ähm Zustimmung angeht und ähm ja erstmal (...) keine Ahnung, Realitätsbezug und was sind die Quellen? Sind das überhaupt / was sind vergleichbare Zahlen und bla bla bla. (...) Und dann ähm (...) muss ich mich immer auf Quellensuche begeben (lacht) weil ich den Kampf noch nicht aufgeben will. Und dann ähm bekomme ich öfter mal so Aha-Momente, dass es meine einfachen ähm Lösungen für Probleme oder so halt #00:36:38-9#
> **Felicia:** Nicht gibt. #00:36:39-5#
> **Fabian:** Nicht gibt. (...) Dass sie nicht so einfach sind. Dann / Und so weiter. Ja. (...) (beide lachen) #00:36:47-8#
> [...] (Interview Paar F, Pos. 172–180)

Fabian beschreibt zuerst die Ausgangssituation: Er liest etwas das seiner Ansicht – der eines „politische Leftis" – entspricht, hinterfragt dies nicht, stimmt dem zu und möchte es teilen. Er macht deutlich, dass er sich dem Konzept *Filterblase* bewusst ist. Diese Formulierung deutet auf eine Reflexion seines Vorgehens hin. Eine andere Lesart wäre, die Formulierung als Rechtfertigung zu interpretieren, denn er spricht hier nicht von sich, sondern nach dem Part des Lesens wechselt er in die Du-Formulierung. Das klingt so, als ob es selbstverständlich und vielleicht sogar unweigerlich so ist, dass alle Menschen Filterblasen unterliegen und danach handeln. Hiermit könnte er versuchen zu rechtfertigen, dass er die Inhalte nicht selbst hinterfragt, sondern dort auf Felicia angewiesen ist – wie später im Interviewausschnitt deutlich wird. Zuletzt beschreibt er, dass ein Bedürfnis besteht das Gelesene mit anderen zu teilen. Felicia unterbricht Fabians Erzählung und kommentiert, dass er in ihrer Wahrnehmung „Zustimmung bekommen" möchte, wenn er ihr von dem Gelesenen erzählt. Fabian greift dies kurz auf. Hier ist allerdings unklar, ob er das auch so empfindet oder dies aus gesprächsdynamischen Gründen aufgreift. Des Weiteren beschreibt er seine Wahrnehmung von Felicias Reaktion und zwar, dass er keine Zustimmung von ihr bekommt, sondern kritische Nachfragen zum Inhalt gestellt werden. Hier spricht er davon, dass er „immer" auf „taube Ohren" stößt was Zustimmung angeht. In diesem Kontext ist es spannend, dass er ihr trotzdem von dem Gelesenen erzählt, obwohl das Ergebnis scheinbar vorhersehbar ist. Dies könnte daran liegen, dass Paar F Differenzerleben in der Paarbeziehung gut aushalten kann. Auch wenn Felicia ihm nicht aktiv widerspricht und insgesamt ihre Sichtweise bzw. politische Orientierung nicht beschrieben wird, wird deutlich, dass sie nicht der von Fabian entspricht. Fabian beschreibt ihre Reaktion mit dem Begriff „Realitätsbezug", womit er andeutet, dass seine Erzählung eine gewisse Realitätsferne aufgewiesen hat. Zusätzlich nennt er zwei Beispiele für Fragen, die Felicia stellt. Es geht um Quellenkritik und um eine Einordnung des Erzählten in einen größeren Kontext. Anscheinend übernimmt Felicia für ihn die kritische Haltung gegenüber den Inhalten. Fabian beendet die Aufzählung mit „bla bla bla", es scheint als wären ihm die Fragen lästig, und als würden viele gestellt werden. Überdies wirkt dies den Fragen gegenüber abwertend. Daraufhin begibt er sich auf Quellensuche und weitere Recherche. Er beschreibt dies als ein Muss und begründet das damit, dass er „den Kampf noch nicht aufgeben will". Das heißt, er nimmt die Fragen – auch wenn es keine Gegenargumente sind – als eine Art Angriff auf seine Ansicht bzw. das konkrete Thema wahr. Hier zeigt sich sein Umgang mit der Differenz der Weltbezüge. Er begegnet der Differenz nicht ausweichend oder beschwichtigend, sondern – um in Fabians Kampf-Metapher zu bleiben – wappnet sich für einen weiteren Kampf mithilfe der Quellensuche. Zuletzt beschreibt Fabian sein Fazit aus dieser Situation. Dieses wird nicht unmittelbar durch Felicias Fragen ausgelöst, sondern folgt erst in der individuellen Bearbeitung der Fragen in der Quellensuche. Fabian kommt zu der Erkenntnis, dass seine einfachen Lösungen für Probleme nicht so einfach sind. Felicia schiebt zwar ein, dass es diese Lösungen gar nicht gäbe. Fabian greift dies kurz auf, macht aber deutlich, dass es für ihn eher um die Bewertung der Einfachheit bzw. Machbarkeit dieser Lösungen geht. Diese Erkenntnis resultiert aus der Differenz von Fabians erwarteter Welt und der durch die Quellensuche vorgefundene Welt und lässt sich somit in Fabian verorten.

Beim Vergleich der Interviewausschnitte von Paar B und Paar F wird erstens deutlich, dass die Paarbeziehung durch das innere Differenzerleben unberührt geblieben ist. Das Datenmaterial unterstützt die Hypothese, dass eine in einer Person verortete Differenz die Paarbeziehung nicht tangiert. Dies ändert sich nur, wenn das innere Differenzerleben der anderen Person der Beziehung mitgeteilt und diese so einbezogen wird. Zweitens ist die Konsequenz beider Interviewausschnitte die Veränderung des Weltbezugs.

Insgesamt lässt sich zu dieser Differenzverortung festhalten, dass sie a) weniger für die Stabilität der Paarbeziehung bedeutsam ist aber b) in Anbetracht der Fragestellung dieser Arbeit für Bildungsprozesse besonders relevant zu sein scheint.

Die Differenz liegt zwischen den beiden Personen der Beziehung
In Fallbeispiel I, zu Beginn des Interviewausschnitts von Paar F und in den aufgeführten Interviewausschnitten von Paar C lässt sich die Differenz zwischen den beiden Personen der Beziehung verorten: a) Bernd erlebt eine Differenz von seinem eigenen Erleben zu der Wahrnehmung von Birgits Erleben, b) Felicia reagiert auf Fabians Erzählung mit kritischen Fragen, statt mit Zustimmung, c) Constantin beschreibt eine Differenz von seinem und Christophs Weltbezug zum Vorfall in Würzburg sowie d) von seinem Fremdbild von Christoph und dessen Selbstkundgabe bei dem Matineé-Besuch. Da bereits mehrere Beispiele für diese Differenzverortung vorliegen, wird von weiteren Beispielen abgesehen. Insgesamt wurden in den Interviews vielfach Differenzerleben beschrieben, bei denen sich die Differenz zwischen den beiden Personen der Beziehung verorten lässt. Dies lässt sich durch den Fokus der vorliegenden Arbeit und der damit einhergehenden Ausgestaltung des Interviewleitfadens erklären.

Bei einer vergleichenden Betrachtung der Interviewausschnitte fällt erstens auf, dass bei den Ausschnitten von Paar B und Paar F die Differenz negativ bewertet wird und bei denen von Paar C die Bewertung neutral bis positiv ist. Zweitens werden bei den Ausschnitten mit negativer Differenzbewertung jeweils Strategien angewendet, um die Differenz zu verringern. Dies deutet daraufhin, dass das Differenzerleben als destabilisierend wahrgenommen wird, ansonsten wäre eine Veränderung der Differenz nicht nötig. Bei der positiv bewerteten Differenz finden sich solche Strategien nicht. Das heißt, die verschiedenen Ausprägungen des Kontexts im Zusammenspiel miteinander sind bedeutsam für die Auswahl der Strategien und den jeweiligen Konsequenzen.

Alles in allem wird ersichtlich, dass die Bewertung der zwischen den beiden Personen verorteten Differenz ausschlaggebend ist für die folgenden Strategien und Konsequenzen.

Die Differenz liegt zwischen dem Paar und einer dritten Partei
Diese Differenzverortung wurde im Fallbeispiel II bei Peter, Patricia und den Enkeln sichtbar. Insofern meint diese Differenzverortung, dass Patricia und Peter mit ihrem gemeinsam konstruierten Weltbezug bzgl. der Klimakrise in Differenz zu den hypothetischen Weltbezügen der Enkel treten. Die *dritte Partei* kann jedoch auch andere Formen annehmen, wie z. B. als Weltbezüge anderer bekannter oder unbekannter Personen oder auch als die vorgefundene Welt. Beispielsweise gleichen Eleonora und Eckhard in ihren Rückmeldungen zum Duisburg Besuch von Frau Merkel ihren gemeinsam konstruierten Weltbezug bewusst mit der ‚Realität‘ als *dritter Partei* ab und Katharina und Kira treten in Differenz zu den Weltbezügen von Autor*innen von gesellschaftskritischen Büchern. Letztes wird in dem folgenden

Interviewausschnitt deutlich. Kiras Redebeitrag folgte auf eine Nachfrage zum
Eintrag im Medientagebuch, dass sie über den Inhalt eines Buchs miteinander
gesprochen hatten.

> [...]
> **Kira:** Hm (nachdenklich) Also, das war jetzt halt auch ein (...) gesellschaftskritisches
> Buch. Und da uns das ja beide sehr interessiert, diskutieren wir dann einfach über
> Punkte, die da angerissen wurden. Teilweise sind es halt auch ähm (...) Punkte, die
> wirklich zum Nachdenken anregen. Die dann halt eine andere Meinung abbilden,
> als man selbst hat oder die Meinung ist zum Beispiel ein bisschen extremer, als die
> Meinung, die man AUCH hat. Also, dass man halt einfach noch mal (...) noch tiefer
> darüber nachdenkt. (...) Ja. Das machen wir. #00:56:38-8#
> [...] (Interview Paar K, Pos. 287)

Kira berichtet hier, dass sie ein gesellschaftskritisches Buch gelesen hat, welches
ihrem und Katharinas gemeinsamen Interessen entspricht. Weiter erzählt sie, dass
sie miteinander über Punkte aus dem Buch diskutieren, welche sie zum Nachdenken angeregt haben. Diese diskussionswürdigen Punkte werden damit beschrieben,
dass sie eine andere oder eine extremere Meinung als die eigenen abbilden. Insofern stellt der Weltbezug der Autor*innen dieses Buchs die dritte Partei dar, zu
welcher eine Differenz besteht. Das Ergebnis daraus ist ein tiefergehendes Nachdenken über diese Punkte. Sie schließt ihren Beitrag mit der Aussage „Das machen
wir", was darauf verweisen könnte, dass dies nicht nur in Bezug zu diesem Buch
passiert ist, sondern etwas ist, dass sie öfter machen. Kira und Katharina erzählten
im Interview an anderer Stelle, dass sie hauptsächlich die gleiche Meinung vertreten. Insofern ist die Differenz bzgl. des Weltbezugs zwischen ihnen relativ niedrig.
Aufgrund des Einsatzes der Strategie zur Erhöhung von Differenz ist ihnen die Differenz anscheinend zu niedrig. Zudem wird eine positive Bewertung der Differenz
in diesem Bereich erkennbar. Hieraus lässt sich ein Entwicklungsbedürfnis ableiten.
So fordern die beiden durch das Buch ihren Weltbezug heraus und werden ihrem
Wunsch nach Entwicklung gerecht.

Im Vergleich vom Fallbeispiel II und den Interviewausschnitten von Paar E und
Paar K zeigt sich, erstens dass die *dritte Partei* keine Person(engruppe) sein muss.
Die Ausgestaltung dieser *dritten Partei* hängt hier mit dem betroffenen Differenzbereich zusammen. Im Beispiel von Paar P und Paar K war der Bereich *eigener vs.
fremder Weltbezug* betroffen, welches insofern eine Person(engruppe) notwendig
macht, wenn nicht die andere Person der Paarbeziehung diesen fremden Weltbezug
darstellt. Beim Beispiel von Paar E bestand die Differenz zwischen der erwarteten
und der vorgefundenen Welt, welches ebenfalls die Ausgestaltung der *dritten Partei*
festlegt. Die zwei weiteren Differenzbereiche *eigenes Erleben vs. die Wahrnehmung*

des Erlebens der anderen Person und *Fremdbild vs. Selbstkundgabe der anderen Person* lassen sich nicht zwischen dem Paar und einer dritten Partei verorten. Hier ist bereits in der Formulierung des Differenzbereichs die Differenzverortung zu erkennen. Zweitens haben sowohl Paar P als auch Paar K aktiv die Differenz erhöht durch das Hinzuziehen fremder Weltbezüge. Paar E hat ebenfalls die Differenz erhöht, indem durch die Fahrt nach Duisburg weitere Informationen zur Auseinandersetzung mit den Medieninhalten hinzugezogen wurden. Das freiwillige Aussetzen einer höheren Differenz deutet auf eine positive Bewertung in diesem Kontext hin. Es ist zu vermuten, dass dies mit dem starken Entwicklungsbedürfnis der Personen zusammenhängt, welches in den jeweiligen Interviews ersichtlich wurde. Entwicklungsbedürfnis meint hier, dass die Personen sich weiterentwickeln wollen und daher bereit sind, ihre Weltbezüge zu hinterfragen. Insofern stellt das Entwicklungsbedürfnis diesbezüglich eine intervenierende Bedingung dar.

Insgesamt wird deutlich, dass a) ein Zusammenhang dieser Differenzverortung mit den Differenzbereichen *erwartete vs. vorgefundene Welt* und *eigener vs. fremder Weltbezug* besteht und b) das Entwicklungsbedürfnis eine intervenierende Bedingung darstellt.

Zusammenfassung zu den Differenzverortungen
Insgesamt wurde in diesem Abschnitt deutlich, dass erstens die Differenzverortung innerhalb einer Person für Bildungsprozesse besonders bedeutsam zu sein scheint. Dies wird im Abschnitt 9.7 aufgegriffen. Zweitens ist die intervenierende Bedingung *Entwicklungsbedürfnis* relevant für die Bewertung von Differenz. Drittens wurden Verknüpfungen zwischen den Differenzverortungen und den Differenzbereichen sowie der Bewertung und der Einschätzung der Höhe von Differenz deutlich.

9.4.4 Ausmaß der Differenz

Beim Differenzbereich *eigener vs. fremder Weltbezug* zeigt sich, dass eine Differenz unterschiedliche Ausmaße haben kann. Bei Paar P besteht die Differenz bzgl. der Weltbezüge punktuell zur Frage „wie dramatisch ist die Klimakrise?" Bei Paar C zeigt sich im Interviewausschnitt zum Vorfall in Würzburg eine Differenz größeren Ausmaßes in den Herangehensweisen von Constantin und Christoph – Constantin ist emotionaler und Christoph rationaler. Es ist davon auszugehen, dass sich diese Differenz nicht nur in Bezug auf den Vorfall in Würzburg manifestiert, sondern auch in anderen Diskussionen auftaucht. Der folgende Interviewausschnitt von Paar H ist ein weiteres Beispiel für eine Differenz größeren Ausmaßes. Der Ausschnitt folgte auf die Frage, inwiefern die beiden miteinander über Inhalte aus den Nachrichten sprechen.

[...]
Herbert: Da will ich schon mal sagen: „Kommt, ihr müsst doch auch mal auf den Punkt kommen." Ich sage: „Das muss doch jetzt Fakt sein und es muss eine Entscheidung getroffen" / Aber, wenn ihr euch nicht daran haltet: euer Problem. Ja. Das ist nun mal so. (...) Ihr müsst es dann auch mal wieder von vorne anfangen. #00:56:18-7#
Hannah: Nein, wir analysieren das anders. // Wir fragen // #00:56:23-6#
Herbert: // Ja, ihr kommt aber nicht zu einem Ergebnis. // #00:56:23-6#
Hannah: „Wie kommt es zu diesem Verhalten dieses Menschen? Warum gibt der diese Äußerung?" (...) Ne? Und du sagst dann immer: „Ja, diese Äußerung steht ähm und das ist meine Meinung dazu." #00:56:34-9#
[...] (Interview Paar H, Pos. 417–420)

In diesem Interviewausschnitt ist zu erkennen, dass Hannah anscheinend Nachrichteninhalte analysiert und hinterfragt. Herbert hingegen sieht den Nachrichteninhalt als Fakt zu dem es sich zu positionieren gilt. Er erklärt, dass er diesbezüglich versucht zu intervenieren, aber die anderen Personen nicht auf ihn hören, sodass deren Gespräche sich im Kreis drehen. Es ist an dieser Stelle etwas unklar, wen Paar H hier mit „ihr" und „wir" genau meint. Kurz vor der Interviewstelle begründet Hannah ihre Art zu diskutieren damit, dass sie Pädagogin ist und bezieht die Interviewerin mit ein, dass diese das entsprechend auch kennen müsste. Insofern wäre es möglich, dass die Mehrzahl der Personen Hannah und die Interviewerin oder Hannah und andere Pädagoginnen meint. Allerdings kann diese Stelle auch so gelesen werden, dass Hannah und Herbert sich hier auf einen konkreten Vorfall beziehen, bei dem Hannah mit einer anderen Person gesprochen hat. Hier könnte der Interviewerin der Anschluss an dieses Erlebnis von Paar H fehlen, um die Bedeutung der Aussagen verstehen und einordnen zu können. Weiterhin lässt ihre Darstellung von ihm, Herbert starr wirken. Beide zeigen hier kein Verständnis für die Herangehensweise der anderen Person und versuchen nicht ein solches durch eine Perspektivenübernahme zu gewinnen. Eine solche Perspektivübernahme zeigt sich jedoch bei Paar C etwas später im Interview nach dem Ausschnitt zum Vorfall in Würzburg.

Constantin: [...] Man ist wie man ist. (lacht) (...) Macht uns aus. Das sind unsere Gegensätze. (lacht) #00:48:34-8#
Christoph: Aber, ich meine, wir kennen uns ja, wir können uns ja auch einschätzen inzwischen. Also würde ich jetzt behaupten. #00:48:39-8#
Constantin: Ja, ja. Klar. Du weißt das ja auch. Ne. Und ich weiß es genau so. #00:48:42-8#
[...] (Interview Paar C, Pos. 264–266)

Constantin macht durch die Formulierung „Man ist wie man ist" deutlich, dass es keine Bestrebungen gibt die Unterschiedlichkeit zu verändern. Weiterhin stellt er diese Unterschiedlichkeit als ein Paarmerkmal von ihnen heraus. Christoph ergänzt, wie sie mit dieser Unterschiedlichkeit umgehen: sie können einander einschätzen. Dies kann einerseits so verstanden werden, dass sie einordnen können, woher das Differenzerleben bzgl. des Weltbezugs kommt und dies hilft die Differenz nicht als trennend zu empfinden. Andererseits ist die Lesart möglich, dass Christoph einschätzen kann, dass Constantin erst emotional reagiert, dann radikalere Aussagen trifft und nach rationalen Argumenten auch wieder zur Ruhe kommt. Constantin hat in dem Interviewausschnitt zum Würzburgvorfall selbst diesen Ablauf angedeutet.

Beim Vergleich der Interviewausschnitte von Paar C und Paar H, welche beide eine Differenz größeren Ausmaßes betreffen, zeigt sich erstens, dass die Kombination vom Ausmaß der Differenz mit deren Bewertung hinsichtlich der (De-)Stabilisierung der Paarbeziehung besonders relevant ist. So ist der Interviewausschnitt von Paar H von gegenseitigem Unverständnis gekennzeichnet und es wurde eine Destabilisierung in der Interviewsituation spürbar. Wohingegen bei Paar C anscheinend keine Destabilisierung durch diese Differenz auftritt, ihr mit gegenseitiger Akzeptanz begegnet wird und sie insgesamt positiv bewertet zu sein scheint. Zweitens unterscheiden sich die Interviewausschnitte in dem *kommunikativen Setting*, in dem mit der Differenz umgegangen wird. Dieses ist anscheinend eine bedeutsame intervenierende Bedingung. Drittens stellt sich die Frage, wie Paar H mit dieser negativ bewerteten Differenz größeren Ausmaßes umgeht, sodass eine dauerhafte Destabilisierung der Paarbeziehung vermieden wird.

Zusammenfassung zum Ausmaß von Differenz
Zum Ausmaß der Differenz lässt sich festhalten, dass a) das *kommunikative Setting* eine intervenierende Bedingung darstellt und b) in Kombination mit deren Bewertung – egal ob positiv oder negativ – der Einfluss auf die Wahl der Balance-Strategien eine relevante Frage ist. Diese wird im Abschnitt 9.5 genauer betrachtet.

9.4.5 Zwischenfazit

Mit Blick auf die entwickelte Grounded Theory lassen sich die folgenden fünf Aspekte aus diesem Abschnitt zusammenfassen:

1. Es wurde mehrfach deutlich, dass die Bewertung, Einschätzung der Höhe und das Ausmaß von Differenz, der Differenzbereich sowie die Differenzverortung zusammen das medienbezogene Differenzerleben ausmachen. Die Position des Differenzerlebens in diesem Kontext wird jeweils subjektiv empfunden. Bei

einer zu hohen und negative bewerteten Differenz sowie bei einer zu niedrigen positiv bewerteten Differenz geht das Differenzerleben mit einem Gefühl
der Destabilisierung der Paarbeziehung einher. Das Potenzial für ein solches
Gefühl der Destabilisierung haben insbesondere die Differenzbereiche *eigenes
Erleben vs. die Wahrnehmung des Erlebens der anderen Person, eigener vs. fremder Weltbezug* und *Fremdbild vs. Selbstkundgabe der anderen Person,* welches
sich durch die Kombination mit der Verortung zwischen den beiden Personen
der Paarbeziehung verstärkt. Dies lässt sich auch aus Abbildung 9.3 ableiten,
welche die Verknüpfung der Differenzbereiche und Differenzverortung dargestellt. Die grauen Kästen zeigen ein besonderes Potenzial zur Destabilisierung
der Paarbeziehung an.

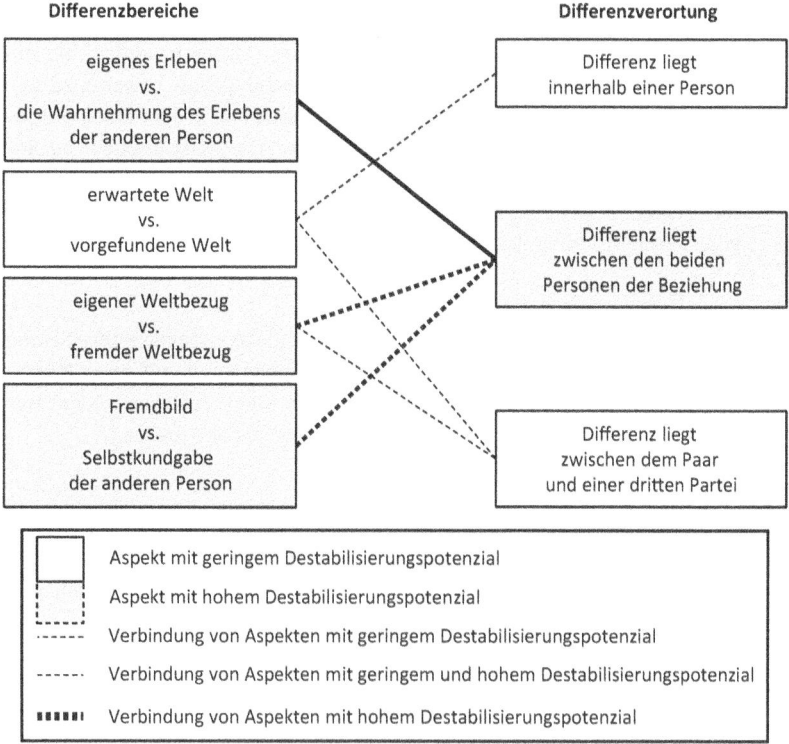

Abbildung 9.3 Verknüpfung von Differenzbereich und Differenzverortung

2. Geht das Differenzerleben mit einem Gefühl der Destabilisierung der Paarbeziehung einher, wenden die Personen verschiedene Strategien an, um eine
   (Re-)Stabilisierung zu erreichen. Tangiert das Differenzerleben die Stabilität
   der Paarbeziehung jedoch nicht, gibt es in diesem Fall keinen Handlungsbedarf
   zur Veränderung der Differenz.
3. In diesem Abschnitt wurde das Entwicklungsbedürfnis als intervenierenden
   Bedingungen identifiziert. Dies wird in Abschnitt 9.6.1 ausführlich erläutert.
4. Es deutet sich an, dass die Differenzverortung innerhalb einer Person für Bildungsprozesse besonders bedeutsam zu sein scheint. Dies wird im Abschnitt 9.7
   aufgegriffen.
5. Die folgenden Fragen zu den Strategien sind offengeblieben:

   • Mit welchen Strategien wird wann das Differenzerleben verändert?
   • Wie kann mit einer negativ bewerteten Differenz größeren Ausmaßes umge-
     gangen werden zur Vermeidung einer dauerhaften Destabilisierung der Paar-
     beziehung?
   • Wie dauerhaft wirkt eine Strategie?

   Diese werden im Abschnitt 9.5 beantwortet.

9.5 Balance-Strategien

In diesem Kapitel werden die Strategien beschrieben, welche zum Ausbalancieren
der Differenz genutzt werden. Diese werden kurz *Balance-Strategien* genannt. Nach
Strauss und Corbin (1990) sind Strategien in der Grounded Theory Methodologie
folgendes:

> „Whether one is studying individuals, groups, or collectives, there is action/interaction,
> which is directed at managing, handling, carrying out, responding to a phenomenon
> as it exists in context or under a specific set of perceived conditions. The interactional
> component refers to self as well as other interaction." (Strauss & Corbin, 1990, 104)

Das bedeutet, es geht bei Strategien um die Aktionen/Interaktionen, welche genutzt
werden, um das Phänomen im jeweiligen Kontext zu managen, handzuhaben, auszu-
führen oder darauf zu reagieren. Daher werden die Strategien nach dem Abschnitt 9.4
beschrieben. Zum Ausbalancieren des Phänomens wurden die folgenden fünf Strategien in den Daten gefunden. Die sechste Strategie wurde aufgrund von Plausibilität
ergänzt.

- Validieren von Differenz (9.5.1)
- Erhöhen von Differenz (9.5.2)
- Verringern von Differenz (9.5.3)
- Entschärfen von Differenz (9.5.4)
- Ausblenden von Differenz (9.5.5)
- Negieren von Differenz (9.5.6)

In Abbildung 9.4 sind die Balance-Strategien in ihrer Positionierung in Bezug zur *Höhe* und *Bewertung von Differenz* dargestellt, wodurch sich ihr balancierender Einfluss zeigt. Nachfolgend werden die Strategien ausgeführt. Dabei wird in Bezug zur

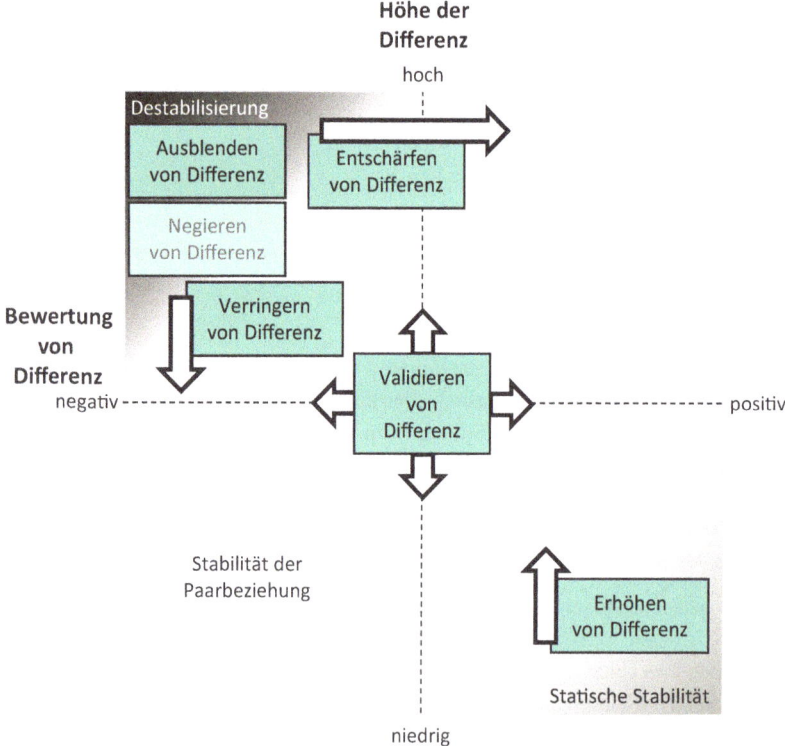

Abbildung 9.4 Positionierung der Balance-Strategien in Bezug zu den Dimensionen Höhe und Bewertung von Differenz

Abbildung die Einflussrichtung erklärt. Anschließend werden die möglichen Konsequenzen der Strategien erläutert (9.5.7). Zum Abschluss wird ein Zwischenfazit formuliert (9.5.8).

9.5.1 Strategie I – Validieren von Differenz

Bei dieser Strategie zeigten sich keine Ausprägungen. Das *Validieren von Differenz* findet sich in jedem Differenzbereich und hilft festzustellen, ob überhaupt eine Differenz besteht. Falls eine Differenz vorliegt, kann deren Höhe und Bewertung bestimmt werden.

In Fallbeispiel II stellen die Diskussionen von Patricia und Peter nach den Nachrichten ein *Validieren von Differenz* dar, da sie ihnen ermöglichen einzuschätzen, wie ähnlich oder unähnlich sich ihre Weltbezüge sind. Erst auf dieser Grundlage erleben sie die Differenz im Bereich *eigener vs. fremder Weltbezug* als zu niedrig für ihre Bedürfnisse. Darüber hinaus wurde das *Validieren von Differenz* im *Wahl-O-Mat*-Beispiel von Paar K angedeutet. In dem Interviewausschnitt wird von einem Differenzerleben im Bereich *Fremdbild vs. Selbstkundgabe der anderen Person* berichtet. Hier äußerte eine der Frauen von Paar K eine ablehnende Haltung zu einem Aspekt beim *Wahl-O-Mat*, welche für ihre Partnerin nicht in das Fremdbild von ihr passte. Als Strategie beschreiben Katharina und Kira, dass sie Begrifflichkeiten recherchiert und ihr Verständnis geklärt haben. So haben sie validiert, inwiefern die getätigte Selbstkundgabe tatsächlich vom konstruierten Fremdbild abweicht. Als Ergebnis wurde festgestellt, dass die Differenz zwischen den Weltbezügen eher gering ist.

Beide Beispiele zeigen, dass das *Validieren von Differenz* eine hilfreiche Strategie sein kann. Zum einen können so Missverständnisse geklärt werden, wobei sich Differenzen als geringer herausstellen können, als angenommen. Zum anderen kann nach der Identifikation einer negativ bewerteten Differenz durch die bereits begonnene Kommunikation ein gemeinsames Ausbalancieren des Differenzerlebens erfolgen. Somit stellt diese Strategie einen Startpunkt für den Prozess des Ausbalancierens dar. Weiterhin lässt sich diese Strategie für die Bereiche *eigenes Erleben vs. Wahrnehmung des Erlebens der anderen Person* und *erwartete vs. vorgefundene Welt* nutzen. Niklas beschreibt im folgenden Interviewausschnitt für letztgenannten Bereich sein Vorgehen zum *Validieren von Differenz.*

[…]
Niklas: Ja, also wenn ich irgendetwas mitteilenswertes finde, was mich beschäftigt (...) in dem Konsum, den ich oder in dem was ich gerade getan habe, sei es gehört, gelesen,

also entweder im Podcast gehört, aber es ist halt meistens immer mit irgendwelchen Informationen zu tun, mit denen ich mich beschäftigt habe, über die ich nachdenke, die ich Nora erzähle, (...) um für mich auch noch mal zu erzählen, was eigentlich so gewesen ist, ob ich das richtig verstanden habe, was Nora davon denkt und mir dann so eine Gesamtmeinung zu bilden. Ich glaube, so als, ja doch so als zusätzliche Ebene, damit ich das nicht nur mit mir selber abmachen muss, sondern noch jemanden haben, dem ich das mitteilen kann. [...]
(Interview Paar N, Pos. 235)

Niklas beschreibt, dass er Informationen durch Medien erhält und sie Nora erzählt. Diese Informationen beschäftigen ihn, sodass er darüber nachdenkt. Ein Grund den er für das Erzählen nennt ist, dass er für sich selbst klären möchte, ob er die Informationen richtig verstanden hat. Erst dann nennt er auch sein Interesse an Noras Sicht dazu. Abschließend erklärt er, dass so eine zusätzliche Ebene hinzukommt. Dieser Ausschnitt lässt sich so interpretieren, dass Niklas die neuen Informationen auf diese Weise verarbeitet und mit seiner Weltsicht abgleicht. So stellt er fest, inwieweit die neuen Informationen als vorgefundene Welt von seiner erwarteten Welt abweichen. Obwohl dies erst mal eine in ihm verortete Differenz betrifft, bezieht er Nora mit ein, weil er es anscheinend hilfreich findet, das *Validieren von Differenz* gemeinsam vorzunehmen. Die Paarbeziehung bietet hier zudem den Vorteil, dass Nora ihm eine Rückmeldung geben kann, inwiefern seine beschriebene Einordnung des Medieninhalts in ihr Fremdbild von Niklas passt. Beim Nachfragen was Nora dazu denkt, bleibt offen, ob sie zustimmend oder ablehnend reagiert. Somit scheint es Niklas hier nicht um das Erhöhen der Differenz zu gehen, sondern erst einmal darum, seine Position und dann auch Noras herauszufinden.

Aus diesem Interviewausschnitt lässt sich ableiten, dass die Strategie auch für eine nur in einer Person verortenden Differenz nützlich sein kann. Zudem fällt bei allen drei Beispielen auf, dass für die Anwendung der Strategie ein kommunikatives Setting benötigt wird, bei dem Zeit und Ruhe gegeben sind. Diese Eigenschaften des *kommunikativen Settings* sind also Teil der intervenierenden Bedingungen für diese Strategie. Überdies ist anzunehmen, dass die Strategie insofern erfolgreich ist, dass bei dem Validieren die erlebte medienbezogene Differenz in ihrer Höhe und Bewertung eingestuft wird. Ein Scheitern der Strategie würde entsprechend bedeuten, dass trotz kommunikativer Validierung die Höhe und Bewertung der Differenz unbestimmt bleibt. Hierzu gab es keine Beispiele im Datenmaterial.

Zusammenfassung zur Strategie Validieren von Differenz
Zusammengefasst kann zum *Validieren von Differenz* festgehalten werden, dass a) das *kommunikative Setting* eine intervenierende Bedingung für diese Strategie darstellt und b) sie eine Strategie für alle Differenzbereiche ist.

Der Erfolg dieser Strategie hängt zum einen davon ab, als wie hoch sich die Differenz erweist. Die Differenz kann sich als Missverständnis herausstellen oder als relativ niedrig, sodass kein weiterer Handlungsbedarf besteht. Zum anderen kann jedoch auch festgestellt werden, dass die Differenz hoch ist und die Paarbeziehung destabilisiert, dann werden andere Strategien zum Ausbalancieren notwendig.

9.5.2 Strategie II – Erhöhen von Differenz

Zum Ausbalancieren des Differenzerlebens kann die Strategie des *Erhöhens von Differenz* genutzt werden. Diese Strategie findet Anwendung, wenn eine Differenz als niedrig erlebt wird bei gleichzeitiger positiver Bewertung. Das heißt, es wird versucht, die Differenz auf der Achse *Höhe der Differenz* so zu verschieben, dass das Differenzerleben in den Bereich der Stabilität der Paarbeziehung rückt (siehe Abb. 9.4). Die folgenden Ausprägungen von Strategien zum *Erhöhen von Differenz* wurden in den Daten deutlich.

- Hinzuziehen fremder Weltbezüge
- Hinzuziehen weiterer Informationen
- Hinzuziehen von Kommunikationsimpulsen

Diese werden nachfolgend anhand von Beispielen erläutert. Abschließend werden die Erkenntnisse zusammengefasst.

Hinzuziehen fremder Weltbezüge
Die Strategieausprägung des *Hinzuziehens fremder Weltbezüge* wurde im Fallbeispiel II zur *Diskussion zur Klimakrise* genutzt. Hier haben Peter und Patricia die Weltbezüge, die sie ihren Enkeln zuschreiben, in ihre Diskussion zur Klimakrise miteinbezogen. Da Patricia von einem gemeinsam mit Peter konstruierten Weltbezug zu diesem Thema spricht, wäre ohne diese fremden Weltbezüge schwer eine Diskussion zu führen. Das Beispiel zeigt, dass die fremden Weltbezüge die notwendige Differenz für eine Diskussion liefern, welche bei Paar P als stabilisierend für die Paarbeziehung empfunden wird. Es wird jedoch auch deutlich, dass Peter und Patricia mittlerweile ihren gemeinsamen Weltbezug verändert haben und eher der Ansicht der Enkel entsprechen, sodass zu diesem Thema die Differenz wieder niedrig ist.

Dieses Herausfordern des eigenen oder gemeinsamen Weltbezugs wird ebenfalls in anderen Interviews sichtbar. Insbesondere findet es sich da, wo Paare größtenteils ähnliche Ansichten vertreten bzw. zu vielen Themen einen gemeinsamen Weltbezug konstruiert haben. Ein weiteres Beispiel stellt der Interviewausschnitt von Paar K zum Hinzuziehen von Weltbezügen aus gesellschaftskritischen Büchern dar. Kira beschreibt diese fremden Weltbezüge folgendermaßen: „Die dann halt eine andere Meinung abbilden, als man selbst hat oder die Meinung ist zum Beispiel ein bisschen extremer, als die Meinung, die man AUCH hat" (Interview Paar K, Pos. 287). Im Vergleich der Interviewausschnitte von Paar P und Paar K fällt erstens auf, dass die Quellen der fremden Weltbezüge verschieden sind. Bei Paar P sind es die Ansichten, die den Enkeln zugeschrieben werden – also eher ein hypothetischer fremder Weltbezug. Zudem müssen sich Peter und Patricia erst kommunikativ darauf verständigen, welche Ansicht sie bei den jeweiligen Enkeln erwarten. Bei Paar K wird ein fremder Weltbezug einer ihnen unbekannten Person genutzt. Somit kann die Differenz rein auf Grundlage von Kommunikation oder durch der Kommunikation vorangehende Handlungen, bei denen fremde Weltbezüge in irgendeiner Weise konsumiert werden, erhöht werden. Zweitens wurden die Strategien in Settings beschrieben, in denen Zeit für die Diskussion der fremden Weltbezüge besteht. Insofern scheint auch hier ein günstiges *kommunikatives Setting* die Strategie zu erleichtern. Drittens wird durch dieses Hinzuziehen eines fremden Weltbezugs die Differenz neu verortet und zwar zwischen dem Paar und einer dritten Partei. Dies plus die genutzte Wir-Formulierung in beiden Beispielen deutet daraufhin, dass die gemeinsame Anwendung der Strategie als verbindendes Element wahrgenommen wird. Das heißt, diese Strategie scheint in doppelter Weise die Paarbeziehung zu stabilisieren. Zum einen dadurch, dass die Differenz nach außen verlagert wird und zum anderen dadurch, dass eine gemeinsame Konstruktion des Weltbezugs (neu) erlebt wird. Durch diese Dynamisierung wird die *statische Stabilität* verlassen. Daran kann eine Reflexion der Sichtweisen anschließen. Wie bereits erwähnt, haben außerdem beide Paare gemein, dass sie ein hohes Entwicklungsbedürfnis haben – Differenz also positiv bewerten – und dadurch die vorhandene Differenz als zu niedrig einstufen. Durch diesen fremden Weltbezug kommen Diskussionen zustande, die dem Entwicklungsbedürfnis entgegenkommen. Hier deutet sich ein Typus von Paar an – das *entwicklungsfreudige Paar* –, welcher in Abschnitt 9.10 ausgeführt wird.

Insgesamt lässt sich zum *Hinzuziehen fremder Weltbezüge* zusammenfassen, dass a) verschiedene Wege bestehen zum *Hinzuziehen fremder Weltbezüge*, b) die Strategie angewendet wird, wenn die zwischen den Personen des Paars verortete Differenz im Bereich *eigener vs. fremder Weltbezug* zu niedrig für das eigene Bedürfnis ist, c) die Verortung der Differenz von *zwischen den beiden Personen der Beziehung* auf *zwischen dem Paar und einer dritten Partei* verschoben wird. Durch die Verschiebung der Differenzverortung geht die Erhöhung der Differenz nicht mit einem Risiko der Destabilisierung der Paarbeziehung einher, sondern führt vielmehr zu einer dynamisierten Stabilität der Paarbeziehung.

Hinzuziehen weiterer Informationen

Das *Hinzuziehen weiterer Informationen* zeigt sich als Strategie im Interviewausschnitt von Paar E zum Duisburg-Besuch von Frau Merkel. Hier berichtet Eleonora davon, dass sie mit Eckhard nach Duisburg gefahren ist, um sich selbst ein Bild zu machen, nachdem von Frau Merkels Besuch in der Zeitung berichtet worden war. Durch das Hinfahren und selbst Nachschauen, hat Paar E seine Weltsicht herausgefordert. Zudem zeigt der Akt des Hinfahrens, dass ihre Wissbegierde hoch genug ist, um diesen Aufwand auf sich zu nehmen. Diese Herausforderung der Weltsicht findet sich insbesondere bei entwicklungsfreudigen Paaren, die sich durch Neugierde und Wissbegierde auszeichnen. Durch das *Hinzuziehen weiterer Informationen* erhöhen sie die Differenz im Bereich *erwartete vs. vorgefundene Welt* und ermöglichen sich dadurch etwas Neues zu lernen. Der folgende Interviewausschnitt ist ein weiteres Beispiel für diese Strategie:

> **Gitta:** [...] Also auf Amrum zum Beispiel habe ich dann auch gesagt: „Oh toll. Was wäre denn, wenn wir jetzt hier leben? Wie ist das denn?" Es gibt Leute, die gehen nach Amrum, gucken sich das an und fahren nach Hause und gut. Und ich habe gleich gedacht: Ist hier überhaupt ein Pflegedienst? Wie ist denn das, wenn die alt sind? Gibt es hier überhaupt ein Pflegeheim? [...] Wenn da jetzt irgendjemand was hat. Der hat einen eingewachsenen Zehennagel. Ich sage: „Ist nur ein Allgemeinmediziner. Der kann das nicht ziehen. Der darf das gar nicht." Da habe ich gesagt: „Also jetzt müssen die ja wieder rüber." Und wie ist das mit der Schule hier? Ja? Und die haben tatsächlich eine Schule. Das habe ich aber hinterher alles gegoogelt. Und das habe ich dann- / Aber das sind Gedanken / Und da bin ich so froh, dass ich nicht so einen doofen Typen habe, der nur RTL2 guckt oder der nur jetzt Schumacher guckt oder wo ich dann denke, Gott. [...]
> (Interview Paar G, Pos. 609–611)

Gitta berichtet in diesem Interviewausschnitt von einem Tagesausflug, den sie mit Guido gemacht hat. Sie waren auf einer Insel und da kamen ihr viele Fragen zum Leben auf einer Insel. Hier zeigt sich die starke Neugierde von Gitta. In Bezug zur Schule wird deutlich, dass sie nicht erwartet hatte, dass es auf der Insel tatsächlich eine Schule gibt. Zur Beantwortung ihrer Fragen und zum Abgleich ihrer Erwartungen, wie Menschen auf einer Insel leben, hat sie im Internet recherchiert. Insofern hat Gitta ihre erwartete Welt durch Hinzuziehen von Informationen aus dem Internet mit der vorgefundenen Welt abgeglichen. An zwei Stellen stellt sie ihre Neugierde und die ihres Mannes in Kontrast zu anderen Menschen. Bei der ersten Stelle wird Unverständnis darüber deutlich, wie anderen Personen nicht diese Fragen stellen können, wenn sie diese Insel besuchen. Bei der zweiten Stelle nutzt sie für die konträre Personengruppe negativ konnotierte Beschreibungen, wie z. B. „doofe Typen". So hebt sie ihren Mann hervor und auch wenn sie in der vorherigen Beschreibung nur von sich gesprochen hat, macht sie hier deutlich, dass er Teil dieser Neugierde und Recherchepraxis ist.

Beim Vergleich der Interviewausschnitte von Paar E und Paar G fällt auf, dass Eleonora, und teilweise auch Gitta, Erwartungen an die Gestalt der Welt haben, welche sie durch das Hinzuziehen von weiteren Informationen mit der ‚Realität' abgleichen. Anschließend müssen Eleonora und Gitta mit der höheren Differenz umgehen. In den Interviewbeispielen zeigt sich, dass sie die neuen Informationen in ihre Weltsicht integrieren, bzw. Vorannahmen revidieren. Das heißt, hier schließt die Strategie der Reflexion an die Strategie des *Hinzuziehens weiterer Informationen* an. Das *Hinzuziehen weiterer Informationen* findet auf unterschiedlichen Wegen statt. Zum einen durch Internetrecherche, welches sich häufiger in den Interviews fand. Zum anderen durch das Hinfahren und Nachschauen. Insofern sind konkrete Handlungen, bei denen weitere Informationen herangezogen werden, zentral für diese Strategie. Weiterhin beziehen beide ihre Männer durch jeweilige Formulierungen in dieses Vorgehen ein, sodass die verbindende Wirkung ersichtlich wird. Hier deutet sich ein weiterer Typ von Paar an – das *lernbegierige Paar*. Dieser wird in Abschnitt 9.10 erläutert.

Zu dieser Strategieausprägung wird insgesamt deutlich, dass a) mit ihr eine Differenz im Bereich *erwartete vs. vorgefundene Welt* erzeugt werden soll, b) es für die Stabilität der Beziehung sicher ist die Differenz zu erhöhen, wegen des niedrigen Destabilisierungspotenzials dieses Differenzbereichs und c) sie die Beziehung durch die gemeinsame Interaktion und Wirklichkeits(re)konstruktion festigt.

Hinzuziehen von Kommunikationsimpulsen
Bisher wurde in keinem aufgeführten Interviewausschnitt die Strategie des *Hinzuziehens von Kommunikationsimpulsen* deutlich. Aus diesem Grund wird zuerst ein Beispiel vorgestellt und interpretiert und anschließend erklärt, was diese Strategie meint und wann sie angewendet wird. Der folgende Interviewausschnitt stammt aus dem Interview mit Paar I und war Teil der Eingangserzählung von Irina und Immanuel.

[...]
Irina: Ja und deswegen ist es für uns wirklich wichtig, dass wir Tage in der Woche nehmen wo wir einfach offline kommunizieren, *aktives Zuhören*[1] praktizieren. Was beschäftigt dich? Ähm. Wir haben so ein Spielchen auch vom TEAM.F, wo man Fragen stellt: was war dein (...) ähm Hoch oder waren deine Tiefen diese Woche? Was hat

---

[1] Das *aktive Zuhören* ist eine Kommunikationstechnik, bei der es darum geht das Gegenüber zu verstehen und sich in dessen Gedanken- und Gefühlswelt einzufühlen. Hierfür werden Paraphrasen und Verständnisfragen genutzt (Schulz von Thun, 2020).

dich gefr / Also, wo hast du dich richtig gefreut? Ähm. Wo habe ich dir Freude bereitet diese Woche? (...) Das ist wirklich interessant. #00:04:34-7#
Immanuel: Das sind so Fragen, die man / #00:04:36-1#
Irina: Sonst nicht stellt. #00:04:37-1#
Immanuel: Nicht stellt. Ja. (...) Man denkt, ja die sind doch in Ordnung. Ich sehe das ja hier an ihm, ne. Aber dass / gezielt diese Fragen zu stellen, einfach dem anderen zu zeigen: hey, ich interessiere mich dafür. Für mich ist es wichtig zu wissen, wie es dir geht, was dich beschäftigt, was sind deine Höhen, was sind deine Tiefen? Das ist sehr wichtig. [...]
(Interview Paar I, Pos. 23–26)

Irina beschreibt zuerst, dass sie und Immanuel sich bewusst Zeit nehmen, um die Beziehung durch Gespräche zu pflegen. Hier nutzen sie *aktives Zuhören* und kommunizieren analog miteinander. Insofern beschreibt sie das *kommunikative Setting*, welches für diese Strategie notwendig ist. Sie erklärt, dass sie ein Spiel eines christlichen Anbieters für Eheberatung zur Hilfe nehmen, welches verschiedene Fragen enthält. Sie gibt einige Beispiele für diese Fragen. Immanuel ergänzt, dass dort Fragen enthalten sind, welche er ohne das Spiel nicht stellen würde. Dazu führt er aus, dass man selbst denke, der andere Person gehe es gut, man könnte das sehen. Insofern macht er deutlich, dass er sich durch die Fragen nicht auf seine Annahme zu Irinas Befinden verlässt, sondern aktiv erfragt wie es ihr tatsächlich geht. Dies könnte so verstanden werden, dass die Kommunikationsimpulse helfen, bestehende Differenzen zwischen dem Fremdbild der anderen Person und dem tatsächlichen Befinden oder der tatsächlichen Meinung der Person aufzudecken und in der Kommunikation die Differenz wieder zu verringern, in dem ein gemeinsames Verständnis erzeugt wird. Das Verringern der Differenz stellt jedoch einen zweiten Schritt da, der nach dem Aufdecken der Differenz stattfinden und die Personen dabei erst einmal entscheiden müssen, wie sie mit den neuen Facetten des Bildes von der anderen Person umgehen. Hier zeigt sich ebenfalls ein gewisses Entwicklungsbedürfnis, weil das Paar Interesse daran zeigt, Neues über die andere Person zu erfahren. Überdies macht er deutlich, dass es für ihn nicht nur darum geht, selbst Informationen über Irina zu bekommen. Stattdessen möchte er durch das Fragen und Zuhören Irina sein Interesse an ihr und ihre Bedeutung für ihn zeigen. Im Vordergrund der Strategie steht die gemeinsame Kommunikation, auch wenn sie ggf. durch Handlungen, wie das Spielen des Spiels von TEAM.F, unterstützt werden kann. Das heißt, Paar I nutzt bewusst eine Strategie, um das eigene Fremdbild von der anderen Person herauszufordern und so ggf. etwas Neues über die andere Person zu erfahren. Sie machen deutlich, dass dieses Vorgehen eine stabilisierende Wirkung auf die Beziehung hat, weil durch das Nachfragen ein geteiltes Verständnis erzeugt wird, statt sich auf die eigenen Vorannahmen zu verlassen. Erfährt die fragende Person nichts Neues, so ist die Strategie trotzdem erfolgreich, weil der anderen Person Interesse gezeigt und Aufmerksamkeit gegeben wird.

In den Interviews gab es kein weiteres Beispiel dieser Strategie. Allerdings gibt es mannigfaltige Spiele, wie das beschriebene von TEAM.F, von verschiedenen Anbietern auf dem Markt. Daraus kann geschlossen werden, dass die stabilisierende Wirkung auf die Paarbeziehung dieser Strategie bekannt ist. Diese Spiele sind tendenziell so konzipiert, dass keine hohen und negativen Differenzerleben ausgelöst werden, weil ihr Ziel die Beziehungspflege und nicht deren Gefährdung ist.

Alles in allem wird die Strategieausprägung *Hinzuziehen von Kommunikationsimpulsen* genutzt, um a) das Fremdbild der anderen Person der Beziehung herauszufordern, b) etwas Neues über die andere Person zu lernen und c) die Beziehung zu stabilisieren und ggf. durch die Kommunikation zu neuen Aspekten zu vertiefen.

Zusammenfassung zur Strategie Erhöhung von Differenz

Zu den Strategien zur *Erhöhung der Differenz* wird zusammengefasst festgehalten, dass für jeden Differenzbereich – in dem Differenz positiv bewertet werden kann – eine Strategieausprägung besteht. Überdies sind die Strategien so angelegt, dass sie Dynamik in die Beziehung bringen und so eine Verschiebung aus der statischen Stabilität anstoßen. Zudem führt ihre gemeinsame Anwendung oftmals bereits zu ihrem Erfolg, selbst wenn die Differenz dadurch nicht erhöht wird. Insofern ist es nicht verwunderlich, dass sich diese Strategien bei Paaren finden lassen, die entwicklungsfreudig sind und eine ausgeprägte Paaridentität zeigen. Darüber hinaus scheint die intervenierende Bedingung eines *kommunikativen Settings*, bei dem sich Zeit genommen und die Paarkommunikation fokussiert wird, bedeutsam zu sein.

9.5.3   Strategie III – Verringern von Differenz

Eine Strategie, um das Differenzerleben auszubalancieren, ist das Verringern von Differenz. Diese Strategie wird dann angewendet, wenn die Differenz als sehr hoch erlebt und negativ bewertet wird. Insofern wird durch diese Strategie versucht, eine Bewegung auf der Achse *Höhe von Differenz* zu erzeugen, sodass das Differenzerleben nicht mehr in den Bereich der Destabilisierung der Beziehung fällt (siehe Abb. 9.4). In den Daten zeigen sich folgende Ausprägungen der Strategie.

- Überzeugungsversuch
- Kompromiss

Diese werden in diesem Abschnitt an Beispielen erläutert. Abschließend werden die zentralen Erkenntnisse zusammengefasst.

Überzeugungsversuch

Bei dem Interviewausschnitt von Paar C zu dem Vorfall in Würzburg beschreibt Constantin seine Meinung, Christophs Argumentation dagegen und dass er ihm schließlich Recht gibt. Hier zeigt sich, dass Christoph in der Situation Constantin scheinbar von seiner Meinung überzeugen konnte. Der Versuch, die andere Person zu überzeugen, ist jedoch nicht zwangsläufig von Erfolg gekrönt.

Insgesamt wurden Überzeugungsversuche in den Interviews beschrieben, wenn der Differenzbereich *eigener vs. fremder Weltbezug* betroffen war und die Differenz zwischen den Personen der Beziehung verortet wurde. Die Strategie wurde bewusst *Überzeugungsversuch* genannt und nicht *Überzeugen*, weil die Strategie darin besteht, dass die eine Person die andere überzeugen möchte. Ob die Strategie dann erfolgreich ist oder nicht, zeigt sich erst in der Reaktion der anderen Person.

Die Kombination vom Differenzbereich *eigener vs. fremder Weltbezug* und der Verortung zwischen den Personen des Paars zeigt sich in dem folgenden Interviewausschnitt. Die Erzählung folgte nach einer Frage, inwieweit ähnliche oder unterschiedliche Perspektiven auf die Filme hat, die sie abends zusammen schauen.

> **Irina:** [...] Früher konnten wir echt lange diskutieren, also dadurch hat sich zum Beispiel geändert. Und irgendwann haben wir 22 Uhr Regel ähm eingeführt. Nach 22 Uhr diskutieren wir nicht mehr, wir lassen es einfach so stehen (...) und morgens früh, wenn wir ähm trotzdem noch darüber sprechen möchten, dann finden wir irgendwie ganz schnell eine ähm gemeinsame ähm Lösung oder gute Meinung. Und das hat uns auch ähm sehr gut geholfen. Also manchmal saßen wir ganz lange und haben diskutiert. Wirklich, dass / Mal war bis zehn Uhr, bis eins Uhr nachts konnten wir / Das noch ohne Kinder. Wir saßen da: und aber guck mal, das sehe ich aber ganz anders, guck, das musst du genauso sehen wie ich. Und irgendwann haben wir verstanden, das ist okay so und das ist auch Liebe (...), dass man unterschiedliche Meinungen hat und ähm damit wir mit gut ähm trotzdem gut gelaunt schlafen gehen, dann 22 Uhr Regel, wir umarmen uns, wir beten zusammen und ähm morgens spreche wir dann einfach weiter. Ja. #00:36:52-9#
> [...] (Interview Paar I, Pos. 182–184)

Irina erzählt, dass sie früher bis spät in die Nacht diskutiert haben und versuchten die andere Person von der eigenen Sicht zu überzeugen. Hier wurde die medienbezogene Differenz zwischen ihren Weltbezügen als hoch erlebt und versucht, diese durch Überzeugungsversuche zu verringern. Dies wird in dem folgenden Satz deutlich: „aber guck mal, das sehe ich aber ganz anders, guck, das musst du genauso sehen wie ich". Diese Diskussionen fanden anscheinend nachts statt und mit dem

Bewusstsein, dass sie eigentlich schlafen gehen müssten. Dies kann als Beschreibung eines ungünstigen *kommunikativen Setting* verstanden werden. Zudem deutet Irina an, dass es erst durch die *22 Uhr Regel* möglich ist in einer Situation des Differenzerlebens gut gelaunt schlafen zu gehen. Die schlechte Laune ohne *22 Uhr Regel* lässt vermuten, dass diese Form des Differenzerlebens die Paarbeziehung destabilisiert hat. Überdies lässt sich aus der Schilderung der Situation schließen, dass Irina Immanuels Perspektive nicht als Chance zur Entwicklung sieht, sondern eher bedrohlich empfindet. Somit ist kein Entwicklungsbedürfnis von Irina hinsichtlich der Perspektive auf Filme zu erkennen. Inwieweit die Strategie des *Überzeugungsversuchs* jeweils erfolgreich war, wird in dem Interviewausschnitt nicht deutlich. Es wird nur ersichtlich, dass sie mittlerweile die *22 Uhr Regel* eingeführt haben, damit sie trotz Differenzerleben rechtzeitig schlafen gehen. Insofern kann vermutet werden, dass die Strategie des *Überzeugungsversuchs* in diesem kommunikativen Setting nicht langfristig die Paarbeziehung stabilisieren konnte. Durch die *22 Uhr Regel* verbunden mit ihrem (wahrscheinlich üblichen) zu-Bett-geh-Ritual, welches sie Nähe und Verbundenheit spüren lässt, wird ein *temporäres Ausblenden* von Differenz möglich. Nichtsdestotrotz wird in der Formulierung „eine ähm gemeinsame ähm Lösung oder gute Meinung" deutlich, dass das Ziel darin besteht, zu einer gemeinsamen Meinung zu gelangen und dass sie das Differenzerleben weniger gut aushalten können. Am nächsten Morgen haben sie entweder keinen Gesprächsbedarf zu dem Thema mehr oder finden schnell eine Lösung. Eine mögliche Lesart wäre, dass die eigene Meinung zu Gunsten der Stabilität der Paarbeziehung geopfert wird. Eine andere Lesart wäre, dass durch den zeitlichen Abstand zu dem Medieninhalt dieser im Laufe der Nacht anders verarbeitet und bewertet wird und sich so die eine Person überzeugen lässt. Die langfristige Auflösung dieser Differenzerfahrung scheint laut Irina darin zu bestehen, dass sie Differenz mittlerweile anders bewerten und sie dadurch stehen lassen können.

Beim Vergleich dieser Interviewausschnitte fällt erstens auf, dass das *kommunikative Setting* sich unterscheidet. Bei Paar I ist die Erzählung in dem Interviewausschnitt durch den Zeitdruck gerahmt. Bei Paar C wird nichts Derartiges beschrieben, welches vermuten lässt, dass das Setting unproblematisch war und deswegen nicht thematisiert wurde. Zweitens deutet Irinas Formulierung „das musst du genauso sehen wie ich" an, dass es mehr um ein ‚Überreden' ging, ohne die Position der anderen Person zu verstehen. Christoph hat Constantin anscheinend mit Argumenten überzeugt, die auf dessen Position eingehen. Insgesamt beruht diese Strategie somit auf der Kommunikation des Paares. Außerdem wirkt es bei Paar I so, als ob der Überzeugungsversuch die Differenz eher verfestigt oder sogar erhöht. Es zeigen sich bei den Beispielen also verschiedene *kommunikative Settings*, welche den unterschiedlichen Erfolg der Strategie erklären können. So wird die

Strategie der *Überzeugungsversuche* zwar angewendet, um Differenz zu verringern. In einem ungünstigen *kommunikativen Setting* verstetigt oder erhöht sich die Differenz jedoch, sodass andere Strategien notwendig werden. Überdies wird bei Paar I ersichtlich, dass weitere Strategien benötigt wurden und der Prozess des Ausbalancierens fortgeführt wird.

Insgesamt lässt sich zur Strategieausprägung der *Überzeugungsversuche* zusammenfassen, dass a) sie in Bezug auf den Differenzbereich *eigener vs. fremder Weltbezug* sowie einer Verortung der Differenz zwischen den Personen der Beziehung genutzt wird, b) ihr Erfolg von dem *kommunikativen Setting* abhängt, zu dem die verfügbare Zeit und das Maß der Perspektivenübernahme gehören und c) sie bei einem ungünstigen *kommunikativen Setting* die Differenz verfestigen oder sogar erhöhen kann, wodurch andere Strategien notwendig werden.

Kompromiss

Das Nutzen eines Kompromisses wurde im Fallbeispiel I zur *Sky-Konferenz* deutlich. Hier hat Bernd einen Kompromiss genutzt, um die erlebte Differenz zwischen sich und Birgit in Bezug zu seinem Erleben und seiner Wahrnehmung von Birgits Erleben zu verringern. Sein Kompromissvorschlag sieht vor, statt entweder ein einzelnes Spiel zu schauen, bei dem Birgit leidet, oder gar nicht Fußball zu schauen, die *Konferenz* auszuprobieren. Auf den eingegangenen Kompromiss folgt ein Differenzerleben innerhalb von Bernd, welches daraus resultiert, dass ihm die *Konferenz* wider Erwarten gefallen hat. Insofern war die Strategie erfolgreich und die Beziehung konnte stabilisiert werden. Hätte ihm die *Konferenz* nicht gefallen, wäre die Strategie gescheitert. Insgesamt wurde in den Interviews häufig von *Kompromissen* berichtet, wenn sich die Paare einzelner Aspekte bzgl. der Mediennutzung nicht einig waren. Ein möglicher Kompromiss bei einigen älteren Paaren, war, das nur eine Person über Kopfhörer oder Hörgeräte die Fernsehsendung hört, während die andere Person ihre Hörgeräte nicht mit dem Fernsehgerät verbindet. Die Paare beschrieben den Vorteil dieses Kompromisses darin, dass sie trotzdem im gleichen Raum sein können. Im folgenden Interviewausschnitt wird ein weiterer Kompromiss deutlich:

[...]
Felicia: Weil wir uns übrigens auch immer sehr schlecht einigen können, wenn wir abends irgendwas gucken wollen, WAS wir gucken sollen. Weil wir SEHR unterschiedlich sind was so Filme und Serien angeht. Und da war das eine WIRKLICHE Erleichterung, dass da Olympia kam. #00:29:35-2# [...] (Interview Paar F, Pos. 127–129)

Felicia deutet an, dass sie ein Differenzerleben im Bereich *eigenes Erleben vs. die Wahrnehmung des Erlebens der anderen Person* haben, wodurch es ihnen schwer fällt, sich für einen Film oder eine Serie zu entscheiden. An einer anderen Stelle wurde bereits deutlich, dass die beiden einen sehr unterschiedlichen Serien- und Filmgeschmack haben. Insofern ist das Ausmaß dieser Differenz relativ groß. Ein Kompromiss, der für Erleichterung sorgt, ist laut Felicia das Olympia-Schauen. In der starken Betonung dieser Erleichterung, zeigt sich die starke restabilisierende Wirkung dieser Strategie.

Beim Vergleich der Interviewausschnitte von Paar B und Paar F fällt erstens auf, dass es bei Paar F nicht um die konkrete Form der Mediennutzung eines bestimmten Inhalts geht, sondern der Medieninhalt an sich im Fokus steht. Insofern sind Felicia und Fabian von einem größeren Ausmaß an Differenz betroffen als Bernd und Birgit. Zweitens zeigt sich, dass ein Kompromiss unterschiedlich aussehen kann. Es kann ein Versuch sein den Bedürfnissen beider Personen der Beziehung gerecht zu werden oder eine Lösung zu finden, die von den Bedürfnissen beider Personen gleich weit weg ist, sodass ein Gefühl von Gerechtigkeit möglich ist. Diese könnten als *faire Kompromisse* beschrieben werden. Es wären jedoch auch *faule Kompromisse* denkbar, bei denen eine Person stärker von der eigenen Position abrückt als die andere. Drittens wird ersichtlich, dass in beiden Beispielen die Differenz im Bereich *eigenes Erleben vs. die Wahrnehmung des Erlebens der anderen Person* und zwischen den beiden Personen der Beziehung besteht. Dies wurde auch in anderen Interviews sichtbar. Insofern scheint für diese Konstellation ein *Kompromiss* eine besonders geeignete Strategie zu sein. Viertens wird deutlich, dass beide Kompromisse insofern erfolgreich sind, dass sie die Paarbeziehung restabilisieren. Entscheidend hierbei ist, dass beide Personen mit dem Kompromiss zufrieden sind. Allerdings ist zu erahnen, dass der Kompromiss von Felicia und Fabian nur temporär funktioniert, weil Olympia nur zu einer bestimmten Zeit im Fernsehen läuft. Das bedeutet, nach Olympia werden sie einen neuen Kompromiss finden müssen. Fünftens können Kompromisse, die beinhalten, etwas Neues auszuprobieren, weitere Differenzerleben anstoßen die es ggf. auszubalancieren gilt.

Insgesamt wurde deutlich, dass a) *Kompromisse* bei Differenzen im Bereich *eigenes Erleben vs. die Wahrnehmung des Erlebens der anderen Person* und einer Verortung zwischen den beiden Personen der Paarbeziehung genutzt werden, b) die Zufriedenheit beider Personen mit dem Kompromiss über den Erfolg der Strategie entscheidet und c) dieser Erfolg auch nur temporär sein kann.

Zusammenfassung

Zusammengefasst lässt sich zum *Verringern von Differenz* sagen, dass im Kontext des Differenzbereichs *eigenes Erleben vs. die Wahrnehmung des Erlebens der anderen Person Kompromisse* eine erfolgreiche Strategie sein können, wenn diese zur langfristigen Zufriedenheit aller beteiligten Personen gestaltet wurde. Im Übrigen wurde deutlich, dass der Erfolg von *Überzeugungsversuchen* von dem *kommunikativen Setting* abhängt.

9.5.4 Strategie IV – Entschärfen von Differenz

Eine weitere Strategie, um mit einer zu hohen und negativ bewerteten medienbezogenen Differenz umzugehen, ist das *Entschärfen dieser Differenz*. Durch diese Strategie wird eine Veränderung auf der Achse *Bewertung von Differenz* vorgenommen, sodass das Differenzerleben in den Bereich der Stabilisierung der Paarbeziehung rückt (siehe Abb. 9.4). Das heißt, es wird nicht die Höhe der Differenz verändert, sondern deren Bewertung. Zur Strategie *Entschärfen von Differenz* wurden die folgenden Ausprägungen in den Daten gefunden. Diese werden nachfolgend beschrieben.

- Auslagern von Differenz
- Akzeptieren von Differenz

Auslagern von Differenz
Für die Strategieausprägung des *Auslagerns von Differenz* werden nachfolgend zwei Beispiele aus Interviews gegeben. Der erste Interviewausschnitt ist von Marika. Sie beantwortet die Frage, inwiefern sich ihre und Meinhardts Meinungen in Bezug auf Themen aus den Nachrichten ähnlich sind.

> [...]
> **Marika:** (...) (lacht kurz) Diskussion ist schwierig. (…) Wenn was ähm (...), wenn man den Eindruck hat, (...) das ist nicht von vornherein so auf (...) einer Wellenlänge. (...) Das können wir besser, wenn wir nicht zu zweit sind, sondern wenn da vielleicht noch mehrere dabei sind. Ähm. Wo das Thema vielleicht für die anderen genauso interessant ist oder hier ähm wichtig ist, dass man dann so in den Austausch kommt, denn ähm sonst ähm wird das leicht so eine (...) Konfrontation. #01:26:23-1#
> [...] (Interview Paar M, Pos. 387)

Marika beschreibt in dem Ausschnitt, dass Diskussionen zur Konfrontation werden können, wenn vor der Diskussion bereits ein Differenzerleben zu erahnen ist. Paar M scheint zum einen für eine gelingende Diskussion das Wissen zu brauchen, dass sie zu dem Thema ähnliche Ansichten haben. Zum anderen sind Differenzen in diesem Bereich bei ihnen anscheinend negativ bewertet. Weiterhin erklärt Marika, dass sie

Themen mit Differenzpotenzial besser mit anderen Personen zusammen besprechen
können. Es ist anzunehmen, dass sich durch das Hinzukommen weiterer Personen
die Gesprächsdynamik verändert und eine ggf. aufkommende Differenz dann nicht
zwischen Marika und Meinhardt verortet wird, sondern zwischen Marika und einer
anderen Person. Dadurch ist das Destabilisierungspotenzial einer möglichen Differenzerfahrung gebannt. Paar H hat eine ähnliche Strategie geschildert. Diese bezieht
sich auf die bereits ausgeführten verschiedenen Perspektiven von Herbert und Hannah zu Nachrichten.

> **Hannah:** [...] Ja gut, aber dann habe ich meine Leute, ähm wenn es wirklich drauf
> ankommt, mit denen ich dann darüber spreche und ähm diskutiere. Und (...) ja, dafür
> ist er nicht unbedingt immer der Partner, (...) finde ich, der Ansprechpartner. [...]
> (Interview Paar H, Pos. 422)

Hannah macht hier deutlich, dass Herbert aufgrund der Perspektive mit starkem
Positionierungsbedürfnis vs. ihrer analytischen Perspektive für sie oftmals nicht
der Ansprechpartner ist, um Nachrichteninhalte zu diskutieren. Bei weniger wich-
tigen Themen kann sie mit ihm sprechen, doch „wenn es wirklich drauf ankommt"
redet sie mit anderen Personen. Hannah verlässt also die Paarebene und lagert die
Differenz aus, sodass durch die Diskussion keine Destabilisierung der Paarbeziehung geschehen kann. Gleichzeitig wird durch das Vermeiden der gemeinsamen
Gespräche die zwischen Hannah und Herbert bestehende Differenz ausgeblendet.
Diese Strategie wird im nächsten Abschnitt erläutert. Anhand Hannahs Praxis die
Diskussionen mit anderen Personen zu führen, zeigt sich ihr Entwicklungsbedürfnis.
Würde dieses nicht bestehen, dann würde es ihr ausreichen die Differenz zwischen
sich und Herbert nicht weiter zu thematisieren. Stattdessen diskutiert sie das Thema
mit anderen Personen, bei denen sie mögliche Differenzen anscheinend nicht negativ
erlebt.

Beim Vergleich dieser Interviewausschnitte zeigt sich erstens, dass die Differenz zu hoch und zu negativ ist, um sich dieser (alleine) mit der anderen Person
der Paarbeziehung auszusetzen. Zweitens ist in beiden Beispielen der Differenzbereich *eigener vs. fremder Weltbezug* betroffen, welcher durch die Differenzverortung zwischen den beiden Personen der Beziehung ein hohes negatives Destabilisierungspotenzial in sich trägt. Diesbezüglich ist es nachvollziehbar, dass Marika
und Hannah beide die Paarebene verlassen und die Differenz somit in ein Interaktionsgefüge außerhalb der Paarbeziehung verlagern. Hierdurch wird die Stabilität
der Paarbeziehung sichergestellt. Drittens zeigt sich, dass zumindest beide Frauen
in den Beispielen das Bedürfnis nach einer Diskussion haben. Es ist zu vermuten,
dass sie die ggf. daraus folgenden Differenzerfahrungen positiver bewerten, weil das

Verhältnis zu den jeweiligen anderen Personen dies zulässt. Es zeigt sich somit das Entwicklungsbedürfnis der beiden Frauen. Viertens erweckt es bei beiden Beispielen den Anschein, dass eine Differenz größeren Ausmaßes besteht, weil nicht nur ein bestimmtes Thema aus den Nachrichten miteinander nicht besprochen werden kann, sondern dies allgemeiner die Diskussion dazu betrifft.

Insgesamt bleibt zum *Auslagern von Differenz* festzuhalten, dass a) diese Strategie insbesondere beim Differenzbereich *eigener vs. fremder Weltbezug* hilfreich ist, b) es darum geht, die Paarebene zu verlassen und eine Neuverortung der Differenz zu ermöglichen und dadurch das Destabilisierungspotenzial für die Paarbeziehung zu verringern.

Es bleibt jedoch die Frage offen, wie die Paare mit dem Wissen umgehen, dass eine Differenz größeren Ausmaßes besteht, welche sie durch die Strategie nur punktuell zu bestimmten Themen entschärfen können.

Akzeptieren von Differenz

Bei dem Interviewausschnitt von Paar I zur *22 Uhr Regel* sagt Irina folgendes: „Und irgendwann haben wir verstanden, das ist okay so und das ist auch Liebe (...), dass man unterschiedliche Meinungen hat" (Interview Paar I, Pos. 182–184). Dies ist ein Beispiel für die Strategieausprägung durch Akzeptanz die Differenz zu entschärfen. Akzeptanz meint hier, dass eine Neubewertung der Differenz stattfindet. Irinas Aussage deutet an, dass es einen Zustand gab, wo unterschiedliche Meinungen nicht „okay" und nicht „Liebe" waren. Dies macht deutlich, dass Differenz in diesem Zustand negativ bewertet wurde. Weiter wird bei Irinas Aussage ersichtlich, dass eine Veränderung stattgefunden hat. Irina – und ihrer Wahrnehmung nach auch Immanuel – haben für sich verstanden, dass unterschiedliche Meinungen „okay" und „auch Liebe" sind. Durch dieses neue Verständnis ist die Bewertung von Differenzen positiver geworden. Wie diese Veränderung ausgelöst wurde ist jedoch nicht bekannt. Die vorherigen Strategien konnten, laut Irinas Erzählung, keine langfristige Stabilisierung der Paarbeziehung in diesem Bereich erzeugen. Das *Akzeptieren von Differenz* scheint jedoch eine langfristige Lösung für Paar I zu bieten.

Ein anderes Beispiel vom *Akzeptieren von Differenz* findet sich im Interview mit Paar K. Dort sagt Katharina kurz nach der Stelle zum *Wahl-O-Mat* folgendes:

Katharina: [...] Also, es ist selten, dass wir so konträr am Ende noch sind, dass wir sagen: so okay, sind wir uns einig, dass wir uneinig sind? [...]
(Interview Paar K, Pos. 223)

In dem Interviewausschnitt beschreiben sie, dass sie aufgrund eines Differenzerlebens im Bereich *Fremdbild vs. Selbstkundgabe der anderen Person* ihre Weltbezüge miteinander abgleichen und schließlich merken, dass sie doch ähnliche Weltbezüge haben. Weiterhin erklären sie an anderer Stelle im Interview, dass sie meistens die gleiche Meinung haben und Uneinigkeiten selten sind. Ist dies jedoch mal der Fall, dann ist die Frage: „sind wir uns einig, dass wir uneinig sind?" Diese Frage enthält zum einen die Feststellung einer unüberbrückbaren Uneinigkeit. Zum anderen betont sie die Einigkeit und das Miteinander, da sie diese Feststellung gemeinsam treffen. Anders wäre es, wenn Katharina sagen würde: „Ich stelle fest, wir werden uns in diesem Punkt nicht mehr einig." Dies würde den erstgenannten Aspekt der Frage beinhalten, wäre aber aufgrund der einseitigen Feststellung und dem Fokus auf die Uneinigkeit eine trennende Aussage. Insofern kann Katharinas Frage ebenfalls als Akzeptanz betrachtet werden, da die Differenz eine positivere Konnotation erhält. Allerdings macht Katharina deutlich, dass dies eine Notfallstrategie ist, wenn sich die Differenz nicht anderweitig auflösen lässt.

Es fällt beim Vergleich der Interviewausschnitte von Paar I und Paar K auf, dass erstens das *Akzeptieren von Differenz* eine langfristige Strategie und eine situative Notfallstrategie sein kann. Zweitens findet sie Anwendung im Bereich *eigener vs. fremder Weltbezug*, bei dem die Differenz zwischen den beiden Personen der Beziehung verortet wird. Drittens macht die Strategie den Anschein, erfolgreich zu sein. Vermutlich besteht die Schwierigkeit vielmehr darin, diese Strategie ins Repertoire der Balance-Strategien aufzunehmen. Hierbei kann die Strategie durch eine kommunikative Einigung erfolgen; der Kern bleibt jedoch, dass die Personen ihre eigene Wahrnehmung und somit Bewertung der Differenz verändern.

Insgesamt lässt sich zum *Akzeptieren von Differenz* zusammenfassen, dass es a) für den Differenzbereich *eigener vs. fremder Weltbezug* bei einer Differenzverortung zwischen den beiden Personen der Beziehung nützlich ist, b) relativ erfolgversprechend ist und c) als langfristige Lösung oder Notlösung genutzt werden kann.

Zusammenfassung zur Strategie Entschärfen von Differenz
Zur Strategie *Entschärfen von Differenz* lässt sich zusammenfassen, dass sowohl das *Auslagern* als auch das *Akzeptieren von Differenz* im Differenzbereich *eigener vs. fremder Weltbezug* erfolgreich sein können. Allerdings bleibt bzgl. des *Auslagerns von Differenz* offen, wie Paare mit dem Wissen um eine Differenz größeren Ausmaßes umgehen, die diese Strategie notwendig macht.

9.5.5   Strategie V – Ausblenden von Differenz

Wie der Name der Strategie *Ausblenden von Differenz* bereits verrät, wird nicht, wie bei den anderen Strategien, der Kontext in irgendeiner Weise verändert.

Stattdessen wird der Differenz keine Aufmerksamkeit geschenkt. Dieses kann in den zwei folgenden Strategieausprägungen geschehen:

- Langfristiges Ausblenden von Differenz
- Temporäres Ausblenden von Differenz

Langfristiges Ausblenden von Differenz

Das *langfristige Ausblenden von Differenz* wird in dem Interviewausschnitt von Paar H deutlich, in dem Hannah erklärt, dass sie mit anderen Personen als mit Herbert diskutiert. Die ursprüngliche Frage im Interview war, inwiefern sie über Nachrichteninhalte miteinander sprechen. Nach der Ausführung zu den verschiedenen Perspektiven, gibt Hannah letztlich die Antwort: „dafür ist er nicht unbedingt immer der Partner" (Interview Paar H, Pos. 422). Dies kann so interpretiert werden, dass die Differenz der verschiedenen Weltbezüge bekannt ist und meist gar nicht erst versucht wird, miteinander zu sprechen, sondern direkt die Diskussion extern gesucht wird. Es wird also vermieden, Aufmerksamkeit auf diese hohe Differenz zu lenken. Dies verhindert, dass die Differenz zwischen ihnen andauernd aktualisiert wird. Stattdessen leben Hannah und Herbert ihre gemeinsamen Interessen aus und aktualisieren so die verbindenden Elemente ihrer Beziehung.

Es zeigt sich, dass das *langfristige Ausblenden* eine Antwort auf die Frage sein kann, wie Paare mit dem Wissen um eine Differenz größeren Ausmaßes im Bereich *eigener vs. fremder Weltbezug* umgehen, die das *Auslagern von Differenz* notwendig macht. Weiterhin ist das *langfristige Ausblenden* eine typische Strategie eines *stabilisierenden Paars*, das einen weiteren Typus darstellt, der in Abschnitt 9.10 erläutert wird.

Temporäres Ausblenden von Differenz

Beim *temporären Ausblenden von Differenz* geht es darum, dass insbesondere aufgrund des ungünstigen *kommunikativen Settings* die Differenz ausgeblendet wird, um sie später mithilfe einer anderen Strategie auszubalancieren. Dies zeigte sich beispielsweise im Interviewausschnitt von Paar I zur *22 Uhr Regel*. Irina erklärt, dass sie aufgrund dieser Regel die Aushandlung der Differenz um 22 Uhr pausieren, um genügend Schlaf zu bekommen und diese ggf. am nächsten Tag weiterzuführen. Dies kann als ein *temporäres Ausblenden von Differenz* aufgefasst werden.

Das heißt zusammengefasst, dass das *temporäre Ausblenden von Differenz* a) meist anderen Strategien vorgelagert ist und somit nur einen Teil vom Prozess des Ausbalancierens abbildet und b) stark beeinflusst ist von der intervenierenden Bedingung des *kommunikativen Settings*.

Beidseitiges oder einseitiges Ausblenden

Ergänzend zu den zwei Ausprägungen von *Ausblenden von Differenz* kann die Strategie von beiden Personen der Beziehung oder nur von einer, ohne das Wissen der anderen, angewendet werden. Bei Paar H beispielsweise wird deutlich, dass miteinander eine Art unausgesprochene Vereinbarung besteht, Weltbezüge im Kontext von Nachrichten eher nicht zu diskutieren und so die Differenz in diesem Bereich auszublenden. Anders ist es im folgenden Interviewausschnitt von Paar M:

> **Meinhardt:** [...] Ich meine sie dann gut genug zu kennen, wenn sie dann irgendwas sagt, wo ich weiß: Genau, das ist Ihre Meinung und da kriege ich sie sowieso nicht runter beziehungsweise da muss ich mich anpassen. Ne. #01:26:49-3#
> **Marika:** Nee. #01:26:50-3#
> **Meinhardt:** Ja. #01:26:51-7#
> **Marika:** „Da muss ich mich anpassen" denkst du nicht. (lacht) #01:26:55-9#
> **Meinhardt:** Doch. #01:26:56-4#
> **Marika:** „Da muss ich sie gewähren lassen" denkst du. (lacht) #01:26:58-3#
> **Meinhardt:** Ich verkneife mir manchmal auch was. Also, ich sage dann da manchmal gar nichts zu. #01:27:01-6#
> [...] (Interview Paar M, Pos. 390–396)

Meinhardt beschreibt, dass, wenn Marika etwas sagt, er zu wissen glaubt, was ihre Meinung ist und dass diese nicht veränderbar ist. Er macht sein Vermögen dies einschätzen zu können daran fest, dass er sie „gut genug" kenne. Das Ergebnis für ihn ist die Einsicht, dass er sich anpassen muss, weil ihre Meinung eben nicht veränderbar ist. Auf diese Aussage widerspricht sie ihm, dass er sich nicht anpassen würde und sagt er würde sie gewähren lassen. Er versucht erst dagegen zu halten, formuliert aber schließlich seine Aussage nochmal neu. So erklärt Meinhardt, dass er sich manchmal Aussagen „verkneife" und dann nichts sagt. Durch diese Strategie unterbringt er praktisch den Prozess des Ausbalancierens der Differenz. Insgesamt wird in diesem Interviewausschnitt deutlich, dass Meinhardt eine Differenz zwischen seinem Weltbezug und dem bei Marika vermuteten Weltbezug erlebt. Er entscheidet sich, diese Differenz auszublenden statt sie kommunikativ zu validieren, weil er zum einen zu wissen glaubt, wie hoch die Differenz zwischen sich und Marika ist und zum anderen, weil er einen konstruktiven Umgang mit der Differenz nicht für möglich hält. Würde er sich jedoch äußern, würde Marika auch von der Differenz zwischen ihren Weltbezügen erfahren und das würde wahrscheinlich die Stabilität der Paarbeziehung aus dem Gleichgewicht bringen. Insofern tritt er nicht für seinen Weltbezug ein, um die Stabilität der Paarbeziehung nicht zu gefährden. Hier stellt sich die Frage, welche langfristigen Auswirkungen ein solches einseitiges Ausblenden auf die Beziehung hat.

Zusammenfassung zur Strategie Ausblenden von Differenz

Zusammengefasst kann zum *Ausblenden von Differenz* festgehalten werden, dass es sich langfristig eignet um das *Auslagern von Differenz* zu ergänzen und die Beziehung auch bei hohem und negativem Differenzerleben größeren Ausmaßes zu stabilisieren. Zudem hilft das *Ausblenden von Differenz* bei einem ungünstigen *kommunikativen Setting*, die Differenz temporär auszublenden und zu einem späteren Zeitpunkt und einem passenden Setting auszubalancieren. Darüber hinaus kann die Strategie von beiden oder nur von einer Person der Paarbeziehung angewendet werden.

Zusätzlich wäre es denkbar, dass *Ausblenden* eine Strategie sein kann, die in den anderen drei Differenzbereichen Anwendung findet, wenn die jeweiligen Strategien nicht erfolgreich sind. Dies lässt sich auf Grundlage der vorhandenen Daten nicht eindeutig sagen. Hierzu bräuchte es weitere Forschung.

9.5.6 Strategie VI – Negieren von Differenz

In Anbetracht der aufgeführten Strategien wird vermutet, dass das *Negieren von Differenz* als eine stärkere Form des Ausblendens eine Balance-Strategie sein kann. Hierbei würden die Personen der Paarbeziehung die Differenz verleugnen. Folglich ist davon auszugehen, dass eine solche Strategie in keinem Interview deutlich wurde, weil die jeweilige Differenz nicht benannt wurde. Obwohl sich die Strategie nicht in den Daten finden ließ, wurde die Strategie wegen ihrer Plausibilität in der Theorie ergänzt. Aufgrund des hypothetischen Charakters der Strategie ist sie in allen betreffenden Abbildungen blasser dargestellt. Zur Bestätigung des Vorhandenseins dieser Strategie müsste weitere Forschung betrieben werden, wobei unklar ist, wie eine Strategie erhoben werden kann, deren Sinn darin besteht, ihr Vorhandensein zu verleugnen.

9.5.7 Konsequenzen der Balance-Strategien

In den bisherigen Abschnitten wurde deutlich, dass das Ziel der Balance-Strategien die (Re-)Stabilisierung der Paarbeziehung darstellt. Im Kodierparadigma in Abbildung 9.1 auf Seite 194 ist jedoch auch die ‚Destabilisierung der Paarbeziehung' als Konsequenz der Balance-Strategien aufgeführt. Dies ist darin begründet, dass nicht alle Strategien dieses Ziel in jedem Fall erreichen. Wie die Aussichten auf eine (Re-)Stabilisierung der Beziehung durch die jeweiligen Strategien aussehen, wird nachfolgend beschrieben. Anschließend wird erläutert, wieso die De- oder

(Re-)Stabilisierung der Paarbeziehung die Konsequenz der Konsequenz eines Bildungsprozesses sein kann. Zum Abschluss des Abschnitts werden die Erkenntnisse aus diesem zusammengefasst.

(Re-)Stabilisierung oder Destabilisierung der Paarbeziehung
In Abbildung 9.5 sind die jeweiligen Strategien aufgeführt und dargestellt, ob ihnen tendenziell eine Re- oder Destabilisierung folgt. Außerdem wurde die intervenierende Bedingung des günstigen *kommunikativen Setting* eingezeichnet, sodass zu erkennen ist, bei welcher Strategie dies eine Rolle spielt. Nachfolgend werden die einzelnen Strategien und ihre Erfolgsaussichten beschrieben und damit die Abbildung erläutert.

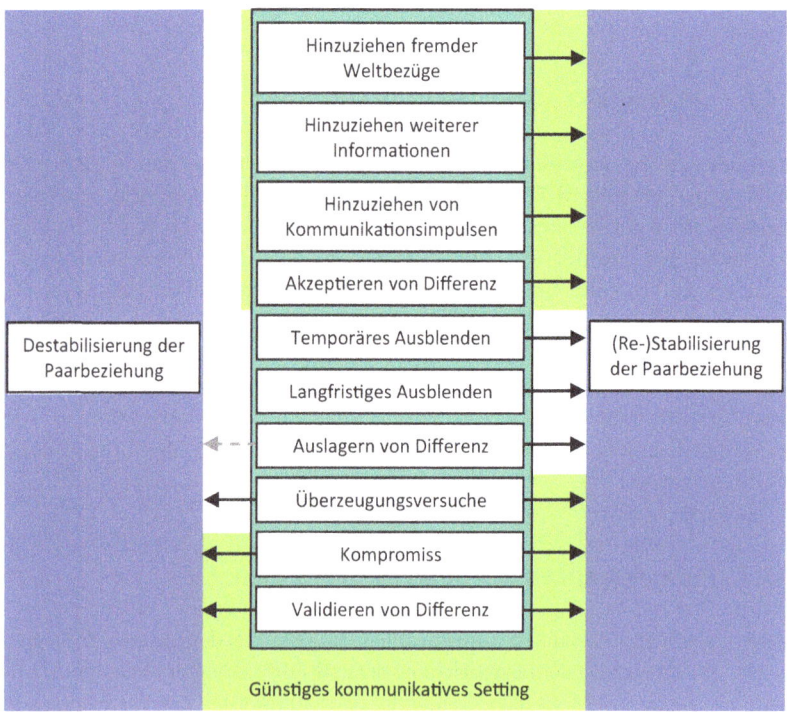

Abbildung 9.5 Darstellung der Balance-Strategien und ihrer Konsequenzen

Die Anwendung der Strategien zum *Erhöhen von Differenz* – das Hinzuziehen fremder Weltbezüge, weiterer Informationen und von Kommunikationsimpulsen – haben zumeist eine (Re-)Stabilisierung der Paarbeziehung zur Folge, auch wenn die Erhöhung der Differenz nicht erfolgreich sein sollte. Dies ist darin begründet, dass die gemeinsame Interaktion in Bezug zum Hinzuziehen fremder Weltbezüge bzw. weiterer Informationen durch die gemeinsame Wirklichkeitskonstruktion bereits verbindend wirken. Außerdem besteht bei beiden Strategien zum Hinzuziehen fremder Weltbezüge und weiterer Informationen kein Destabilisierungspotenzial, selbst wenn die Differenz erhöht wird, weil die Differenz außerhalb des Paars verortet ist. Beim Hinzuziehen von Kommunikationsimpulsen ist die Strategieanwendung bereits eine Form Beziehungspflege, die stabilisierend wirkt. Dennoch besteht hier nach Lenz die Gefahr, dass durch die intensive Kommunikation „unüberbrückbar erscheinende Gegensätze erkennbar werden" (Lenz, 2009, 194). Hierzu fand sich kein Beispiel in den Daten.

Besteht eine Destabilisierung und beide Personen lassen sich auf das *Akzeptieren von Differenz* ein, dann hat dies eine Stabilisierung der Paarbeziehung zur Konsequenz. Durch das Akzeptieren kommt es zu einer dauerhaften Veränderung der Bewertung der betreffenden Differenz, sodass eine langfristige Stabilisierung bzgl. dieses Differenzerlebens die Folge ist. Hierzu fällt auf, dass die Strategien zum *Erhöhen* und zum *Akzeptieren von Differenz* in einem günstigen *kommunikativen Setting* stattfinden. Ist dieses Setting nicht gegeben, dann wird zumindest temporär das *Ausblenden von Differenz* genutzt, um die Paarbeziehung solange zu stabilisieren, bis das passende Setting für ein weiteres Ausbalancieren des Differenzerlebens besteht. Die Strategie *Ausblenden von Differenz* kann kurz- oder langfristig Stabilität erzeugen und sowohl bei punktuellen Differenzen als auch bei Differenzen größeren Ausmaßes zum Erfolg führen. Dies ist darin begründet, dass den trennenden Aspekten keine Aufmerksamkeit geschenkt wird, sodass sie nicht regelmäßig aktualisiert werden. Stattdessen können gerade bei Differenzen größeren Ausmaßes verbindende Aspekte in der Beziehung fokussiert werden und so die Stabilität der Paarbeziehung stärken. Im Hinblick auf Paare, bei denen eine oder beide Personen ein hohes Entwicklungsbedürfnis aufweisen, dieses durch die zu hohe Differenz aber nicht miteinander ausleben können, hilft ergänzend ein *Auslagern von Differenz*. So kann dem Entwicklungsbedürfnis außerhalb der Paarbeziehung nachgegangen werden. Dies birgt jedoch theoretisch die Gefahr, dass eine Entfremdung durch eine geringe gemeinsame Wirklichkeitskonstruktion stattfinden kann. Im Hinblick auf die Strategie des *Überzeugens* wurde deutlich, dass hier das *kommunikative Setting* ausschlaggebend ist, ob eine (Re-)Stabilisierung erreicht werden kann oder die Destabilisierung gefestigt wird, sodass andere Strategien gefunden werden müssen oder ein anderes Setting ermöglicht werden muss. Hier ist insbesondere das Maß der Perspektivenübernahme des *kommunikativen Settings* relevant. Ähnlich ist es bei der Strategie einen *Kompromiss* zu finden. Hier entscheidet die Zufriedenheit beider Personen mit dem Kompromiss darüber, ob diese Strategie die Paarbeziehung wieder stabilisiert oder die Destabilisierung bestehen bleibt, sodass eine weitere Strategie gewählt werden muss. Ebenso ist die Erfolgsaussicht beim *Validieren von Differenz* unklar. Diese hängt davon ab, wie die Höhe und die Bewertung der medienbezogenen Differenz schließlich eingeschätzt werden. Stellt sie sich als Missverständnis oder als relativ gering heraus, dann kann die Konsequenz eine (Re-)Stabilisierung der Paarbeziehung sein. Wird trotz Validierung die Differenz als hoch erlebt, dann werden andere Strategien notwendig. Hierbei ist es von Vorteil, dass für das *Validieren von Differenz* bereits ein günstiges *kommunikatives Setting* geschaffen wurde, welches für ein weiteres Ausbalancieren des Differenzerlebens genutzt werden kann.

Die medienbezogenen Differenzerleben, welche die (Re-)Stabilisierung bzw. Destabilisierung der Beziehung zur Konsequenz haben und sich daraus die Anwendung der zuvor beschriebenen Strategien ergeben, wurde auf Grundlage eines Samples aus Paaren in funktionalen Beziehungen entwickelt. Nicht repräsentiert sind im Sample Paare, die wahrnehmbar eine dysfunktionale Beziehung führen. Bei solchen Paaren in dysfunktionalen Beziehungen ist anzunehmen, dass Differenzen größeren Ausmaßes bestehen und vielfältige Themenbereich umfassen, zu denen sie auftreten. Insofern könnte eine solche Beziehung hypothetischer Weise zum verstärkten Erleben von medienbezogenen Differenzen zwischen den Personen der Paarbeziehung beitragen. Zudem wäre es denkbar, dass andere als die beschriebenen Strategien eingesetzt werden oder die aufgeführten Strategien scheitern und es zu Streit kommt. Diese Überlegungen müssten jedoch in weiteren Studien mit einem entsprechenden Sample an Paaren überprüft werden.

Konsequenz von Lern- oder Bildungsprozessen

Im Kodierparadigma in Abbildung 9.1 aus Seite 194 wird deutlich, dass die De- oder (Re-)Stabilisierung der Paarbeziehung auch die Konsequenz der Konsequenz eines Bildungsprozesses sein kann, insbesondere von der Veränderung von Selbst-, Fremd- und Weltbezügen. Dies ist darin begründet, dass sich einerseits erst eine Destabilisierung der Paarbeziehung dadurch ergeben kann, dass eine Person ihren Selbst-, Fremd- oder Weltbezug verändert, sodass dieser nicht mehr zu der gemeinsamen Wirklichkeitskonstruktion passt. Andererseits kann es auch sein, dass eine

Person beispielsweise auf ein Differenzerleben im Bereich *eigener vs. fremder Weltbezug* hin, dieses reflektiert und seinen Weltbezug so ändert, dass er dem der anderen Person angepasst wird. In diesem Fall wäre die Veränderung des Weltbezugs ein wichtiger Schritt, um die Paarbeziehung zu stabilisieren und eine niedrigere Differenz in den Weltbezügen zu erleben. Ein Beispiel hierfür ist der Interviewausschnitt zu *Fabian als politischem Lefti*. Bei Fabian folgte die Veränderung des Selbst- und Weltbezugs auf sein Differenzerleben im Bereich *eigener vs. fremder Weltbezug*. Diese Differenz hatte eine gewisse Höhe, sodass er diese durch einen Überzeugungsversuch verringern wollte. Aufgrund des Plans diese Strategie anwenden zu wollen, ist anzunehmen, dass diese Differenz zwischen sich und Felicia an dieser Stelle destabilisierend für die Paarbeziehung war. Statt jedoch die notwendigen Informationen für einen Überzeugungsversuch zu finden, stellte er fest, dass seine Einschätzung der Welt einer Veränderung bedurfte. Insofern führte die Veränderung seines Selbst- und Weltbezugs schließlich zu der Stabilisierung der Paarbeziehung, weil so die Differenz zwischen ihm und Felicia verringert wurde.

Zusammenfassung zu den Konsequenzen der Balance-Strategien
Alles in allem wird deutlich, dass für die erfolgreiche Anwendung der Balance-Strategien – außer dem *Ausblenden* und dem *Auslagern von Differenz* – ein günstiges *kommunikatives Setting* notwendig ist. Überdies zeigt sich, dass es manchmal mehrere Strategien hintereinander oder in Kombination miteinander für eine (Re-)Stabilisierung braucht, weil zum einen die Strategien scheitern können und zum anderen durch die Anwendung der Strategien neue medienbezogene Differenzerleben angestoßen werden können. Also ist das Ausbalancieren von Differenz ein Prozess. Darüber hinaus kann eine De- oder (Re-)Stabilisierung nicht nur durch Balance-Strategien erfolgen, sondern auch durch die Veränderung von Selbst-, Fremd- oder Weltbezügen einer Person der Paarbeziehung.

9.5.8 Zwischenfazit

In den vorherigen Abschnitten wurde erläutert in welchen Differenzbereichen welche Strategien wozu angewendet werden und wie erfolgreich diese sind. In Abbildung 9.6 sind diese Erkenntnisse visualisiert. Nachfolgend wird für jeden Differenzbereich aufgeführt, welche Strategien im Bereich der Destabilisierung bzw. dem Bereich der statischen Stabilität der Paarbeziehung genutzt werden.

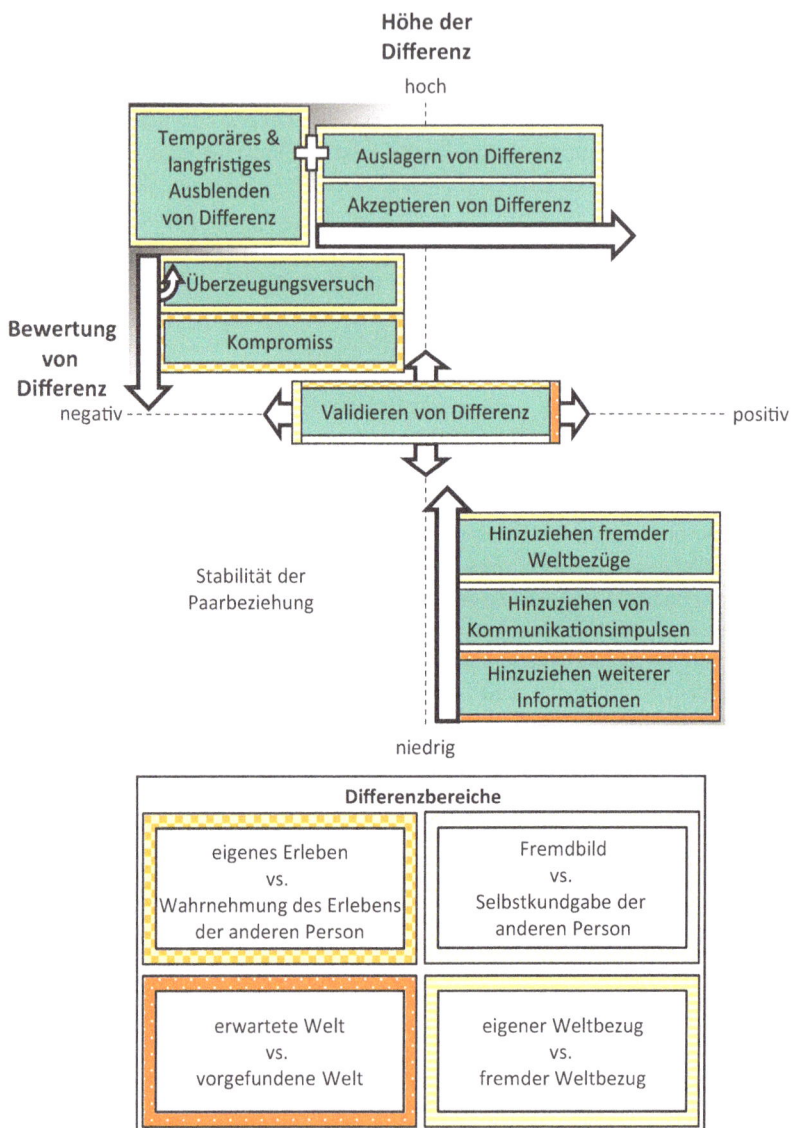

Abbildung 9.6 Balance-Strategien mit Kennzeichnung der Differenzbereiche

Die Strategie des *Validierens von Differenz* findet sich in jedem Differenzbereich und hilft zuerst festzustellen, ob eine Differenz oder ein Missverständnis besteht und falls eine Differenz besteht, wie hoch diese ist und wie sie bewertet wird.

Strategien im Bereich eigenes Erleben vs. Wahrnehmung des Erlebens der anderen Person

Für den Differenzbereich *eigenes Erleben vs. Wahrnehmung des Erlebens der anderen Person* kann ein *Kompromiss* helfen, die zu hohe und negativ bewertete Differenz zu verringern und so die Paarbeziehung zu (re-)stabilisieren. Der Kompromiss muss dafür zur Zufriedenheit aller Beteiligten gestaltet sein und möglichst langfristig funktionieren. Wird aufgrund des Kompromisses eine andere Mediennutzung ausprobiert, kann dies wiederum ein Differenzerleben im Bereich *erwartete vs. vorgefundene Welt* anstoßen. Da es in dem Differenzbereich tendenziell keine Destabilisierung der Beziehung durch eine zu niedrige und positiv bewertete Differenz gibt, bestehen diesbezüglich keine Strategien.

Strategien im Bereich erwartete vs. vorgefundene Welt

Im Abschnitt 9.4 wurde erläutert, dass der Differenzbereich *erwartete vs. vorgefundene Welt* ein niedriges Destabilisierungspotenzial für die Paarbeziehung hat. Insofern finden sich keine Strategien für den Umgang mit einer zu hohen und negativ bewerteten Differenz in diesem Bereich. Trotz des niedrigen Destabilisierungspotenzials dieses Differenzbereichs ist es trotzdem möglich, eine statische Stabilität zu erleben. Hat ein Paar das Bedürfnis nach einer höheren Differenz in diesem Bereich und damit auch nach Entwicklungspotenzial, kann es durch das *Hinzuziehen weiterer Informationen* Differenz erzeugen und so z. B. neue Informationen in ihre Weltsicht integrieren.

Strategien im Bereich Fremdbild vs. Selbstkundgabe der anderen Person

Insgesamt scheint es bei langjährigen Paaren eher selten vorzukommen, dass eine zu hohe und negativ bewertete Differenz im Bereich *Fremdbild vs. Selbstkundgabe der anderen Person* bei Paaren auftritt. Ist dies jedoch der Fall, dann ist es möglich, die Strategie *Validierung von Differenz* zu nutzen, um zu erfassen, wie hoch die Differenz ist. Zudem gibt es Paare, die bewusst das eigene Fremdbild der anderen Person herausfordern, um sich noch besser kennenzulernen und die Beziehung dadurch zu pflegen. Hier ist das Entwicklungsbedürfnis auf die Paarbeziehung gerichtet. Um die Differenz in diesem Bereich bewusst zu erhöhen kann das *Hinzuziehen von Kommunikationsimpulsen* genutzt werden. Diese finden sich auf dem Markt oft in Form von Paar-Spielen oder Fragensammlungen. Diese sind tendenziell so konzipiert, dass keine hohen und negativen Differenzen ausgelöst werden, um eine Beziehungspflege und nicht deren Gefährdung zu erreichen.

Strategien im Bereich eigener vs. fremder Weltbezug
Beim Differenzbereich *eigener vs. fremder Weltbezug* gibt es vielfältige Strategien, um mit einer negativen und zu hohen Differenz umzugehen. *Überzeugungsversuche* sind eine davon, allerdings ist ihr Erfolg vom *kommunikativen Setting* und dabei insbesondere von der gegenseitigen Perspektivenübernahme abhängig. Weiterhin ist das *Ausblenden von Differenz* möglich, welches in Kombination mit dem *Auslagern von Differenz* stattfinden kann. Hierdurch wird die Paarbeziehung gerade bei sehr hohen Differenzen und Differenzen größeren Ausmaßes stabilisiert und Personen mit Entwicklungsbedürfnis können dieses außerhalb der Paarbeziehung ausleben. Außerdem kann das *Ausblenden von Differenz* auch als temporäre Überbrückung dienen, um zu einem späteren Zeitpunkt eine andere Strategie anzuwenden. Zusätzlich gibt es die Strategie des *Akzeptierens von Differenz*, welches je nach Ausgestaltung eine langfristige Lösung bieten oder eine Notlösung sein kann. Auch zu diesem Bereich gibt es Paare, die hier die Differenz erhöhen, um dem gemeinsamen Entwicklungsbedürfnis nachzukommen. Hier wird die Strategie *Hinzuziehen fremder Weltbezüge* genutzt, wodurch die Differenz zwischen dem Paar und einer dritten Partei liegt und somit ein niedriges Destabilisierungspotenzial für die Beziehung mitbringt.

Die Anwendung der Balance-Strategien als Prozess
Abschließend soll hier der Prozess-Perspektive der Grounded Theory Methodologie Rechnung getragen werden, indem der Prozesscharakter der Balance-Strategien im Zusammenhang mit dem Phänomen erläutert wird. Im Interviewausschnitt von Paar I zur *22 Uhr Regel* wurde eindrücklich die Anwendung verschiedener Balance-Strategien deutlich. Laut Irinas Beschreibung waren Überzeugungsversuche die erste Strategie, welche anscheinend an dem ungünstigen *kommunikativen Setting* gescheitert sind. Als nächstes folgte die *22 Uhr Regel*, wodurch die Differenz zumindest temporär ausgeblendet und durch das zu-Bett-geh-Ritual die Gemeinsamkeit betont wurde. Am nächsten Morgen wurde entweder nicht mehr darüber gesprochen – also weiter ausgeblendet – oder schnell eine gemeinsame Meinung gefunden. Dies kann darauf hindeuten, dass das geänderte *kommunikative Setting* das *Überzeugen* doch noch zum Erfolg bringen konnte oder, dass sich das Differenzerleben durch das *temporäre Ausblenden* verändert hat. Es erweckt aber den Anschein, dass erst das *Akzeptieren der Differenz* Paar I langfristig geholfen hat, mit verschiedenen Ansichten zu Filmen umgehen zu können. An diesem Beispiel zeigt sich, dass es auch mal mehrerer Strategien zu verschiedenen Zeitpunkten bedarf, um den

Balanceakt des Differenzerlebens in Paarbeziehungen auszubalancieren. Zudem findet sich hier ein Entwicklungsprozess von Irina und Immanuel im Umgang mit Differenzerleben in ihrer Paarbeziehung sowie verschiedene Kompetenzen, die sie einsetzen, um die Beziehung immer wieder zu stabilisieren. Hier sei angemerkt, dass dies kein Problem für eine Paarbeziehung darstellt, sondern Teil von funktionalen Paarbeziehungen ist (Gottman & Gottman, 2017, 17).

Darüber hinaus ist in Bezug zu dem prozessualen Ablauf zu erwähnen, dass vorherige Anwendungen der Balance-Strategien die Auswahl in späteren Situationen beeinflussen. Beispielsweise eröffnen die Befragten eher einen Kompromissvorschlag, wenn sie schon öfter Kompromisse in dem Bereich gefunden haben. Ließen sich aber keine Kompromisse finden, so wird eher vom Ausblenden der Differenz berichtet.

Zusammenfassung

Es lassen sich die folgenden drei Aspekte mit Blick auf die entwickelte Grounded Theory der vorliegenden Arbeit zusammenfassen:

1. Für jeden Differenzbereich gibt es verschiedene Strategien, um mit den dort möglichen destabilisierenden Differenzen umzugehen.
2. Das *Entwicklungsbedürfnis* spielt eine wichtige Rolle bei der Auswahl der Balance-Strategien und das *kommunikative Setting* bei der Anwendung dieser. Insofern sind dies intervenierende Bedingungen, die in Bezug auf das Phänomen Beachtung finden müssen.
3. Das Ausbalancieren von medienbezogenen Differenzerleben in der Paarbeziehung ist ein Prozess in funktionalen Beziehungen.
4. Es bleibt offen, ob die Strategie des *Ausblendens* in allen Differenzbereichen oder nur bzgl. der Differenz zwischen eigenem und fremden Weltbezug angewendet wird.

9.6 Intervenierende Bedingungen für Kontext und Balance-Strategien

In diesem Kapitel werden die intervenierenden Bedingungen auf den Kontext und die Balance-Strategien beschrieben. Nach Strauss und Corbin (1990) sind intervenierende Bedingungen folgendermaßen definiert:

„The structural conditions bearing on action/interactional strategies that pertain to a phenomenon. They facilitate or constrain the strategies taken within a specific context." (Strauss & Corbin, 1990, 96)

Klassischerweise erleichtern oder erschweren intervenierende Bedingungen den Einsatz der Strategien. In der vorliegenden Arbeit gibt es zwei Gruppen von Strategien, daher gibt es für jede von diesen auch intervenierende Bedingungen. Zusätzlich zeigt sich in dem Datenmaterial eine intervenierende Bedingung für den Kontext. In Abbildung 9.7 sind die verschiedenen Positionen der intervenierenden Bedingungen hervorgehoben. Die intervenierenden Bedingungen des Kontexts (9.6.1) und der Balance-Strategien (9.6.2) werden nachfolgend erläutert. Abschließend wird ein Zwischenfazit formuliert (9.6.3). Die Darstellung der intervenierenden Bedingungen auf die Strategie *Reflexion* erfolgt in Abschnitt 9.7.

9.6.1 Entwicklungsbedürfnis

Wie bereits erwähnt, finden sich intervenierende Bedingungen klassischerweise in Bezug zu den Strategien. In der Auswertung des Datenmaterials wurde jedoch deutlich, dass das Entwicklungsbedürfnis der Paare maßgeblich die Bewertung der Differenz beeinflusst. Folglich ist es eine intervenierende Bedingung des Kontexts. Zum Entwicklungsbedürfnis wurden die folgenden Eigenschaften und Dimensionen im Datenmaterial deutlich:

- Bildungsbedürfnis
- Lernbedürfnis
- Ähnlichkeit der Entwicklungsbedürfnisse des Paars

Zum Differenzbereich *eigenes Erleben vs. Wahrnehmung des Erlebens der anderen Person* wurde bereits festgehalten, dass Differenz hier nicht positiv bewertet wird, sodass die intervenierende Bedingung hierauf keinen Einfluss hat.

Bildungsbedürfnis
Im Fallbeispiel II wurde das hohe *Entwicklungsbedürfnis* von Peter und Patricia daran deutlich, dass sie Diskussionen schätzen, die Differenz im Bereich *eigener vs. fremder Weltbezug* erhöhen und so ihren Weltbezug durch das Hinzuziehen fremder Weltbezüge absichtlich herausfordern. Eine ähnliche Beschreibung findet sich bei Kira und Katharina. Sie erhöhen die Differenz durch das Lesen eines gesellschaftskritischen Buchs, über das sie miteinander sprechen. Durch die Wahl des Buchs

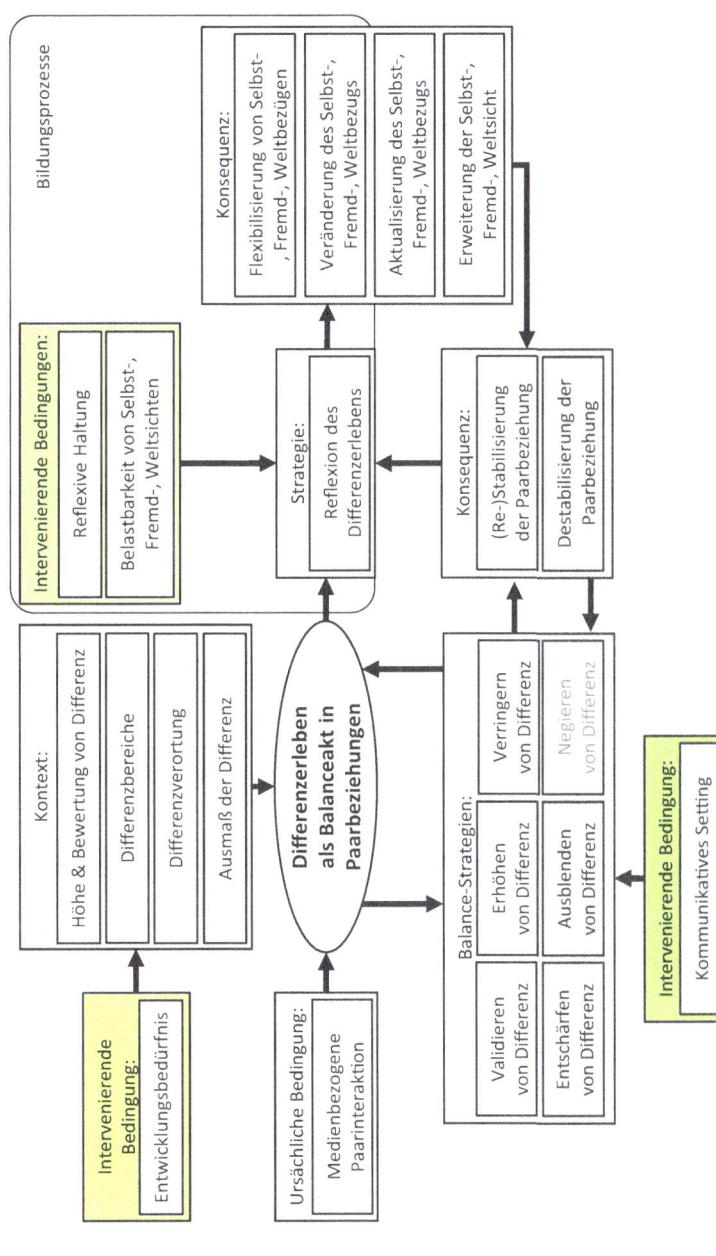

Abbildung 9.7 Visualisierung der intervenierenden Bedingungen im Kodierparadigma

und den Einsatz der Strategie lässt sich ebenfalls ein *Entwicklungsbedürfnis* der beiden ableiten. Im Kontext dieses Differenzbereichs haben Personen mit hohem *Entwicklungsbedürfnis* auch Bildungsprozesse beschrieben, wie z. B. bei Paar P, deren Weltbezug zur Klimakrise sich verändert hat. Bei Paar K wird nur angedeutet, dass ein tieferes Nachdenken stattfindet, aber nicht inwiefern es den Weltbezug beeinflusst hat. Das *Entwicklungsbedürfnis* in diesem Differenzbereich wird als *Bildungsbedürfnis* spezifiziert, weil sich das *Bildungsbedürfnis* durch das absichtliche Herausfordern des Weltbezug auszeichnet, wodurch die Möglichkeit des Zustandekommens eines Bildungsprozesses – also der Veränderung dieses Bezugs – erhöht wird. Dies ist typisch für *entwicklungsfreudige Paare*, wie sie in Abschnitt 9.10 beschrieben werden.

Lernbedürfnis

Zum Differenzbereich *erwartete vs. vorgefundene Weltsicht* lässt sich ebenfalls ein hohes *Entwicklungsbedürfnis* bei einigen Paaren feststellen. Ein Beispiel stellen Nora und Niklas dar. Dies wird im folgenden Interviewausschnitt deutlich. Niklas antwortet hier auf die Frage nach einem Beispiel für einen Austausch über Medieninhalte.

> [...]
> **Niklas:** Also, (lacht) wo mir das immer wieder auffällt ist beispielsweise, ähm bei (...) Instagram gibt es die Seite Quarks und Co. (Nora lacht) Das ist so, ja, wie sagt man, so laienhaftes Wissen im Prinzip zusam/ oder schon gut recherchiertes Wissen, aber ja für den Laien dargestellt. Und es ist nicht das erste Mal vorgekommen, dass wir abends dann zusammen festgestellt haben: „Heute habe ich übrigens raus gefunden, das und das." Oder ähm: „ich habe gehört, dass das und das passiert sein soll." Und dann: „ja, weiß ich schon, habe ich auch bei Quarks gelesen." (Nora lacht) [...] (Interview Paar N, Pos. 231)

Niklas leitet die Erzählung damit ein, dass er die folgende Beobachtung häufiger macht. Dies betont er noch ein zweites Mal in dem Ausschnitt. Anschließend erklärt er den betreffenden Medieninhalt genauer. Es geht um Instagram-Posts von *Quarks und Co*, die Wissen leicht verständlich darstellen. In Bezug zu diesen Posts kommt es anscheinend häufiger vor, dass Niklas und Nora diese im Laufe des Tages gelesen haben und sich abends gegenseitig davon berichten, um dann festzustellen, dass die andere Person diese Information schon kennt. Es wird zum einen das individuelle *Entwicklungsbedürfnis* bei beiden deutlich, da sie regelmäßig diese Posts lesen und Interesse dafür zeigen. Jede Person für sich fordert ihre Weltsicht damit heraus. Zum anderen zeigt sich in dem Interviewausschnitt ihr gemeinsam ausgelebtes *Entwicklungsbedürfnis*, da sie sich gegenseitig von dem Gelernten berichten, um der anderen Person auch ein Lernen zu ermöglichen. Paare mit einem *Entwicklungs-bedürfnis* in diesem Bereich beschreiben oft eine Erweiterung oder Aktualisierung ihrer Weltsicht. Im Rückbezug auf die *strukturale Bildungstheorie* nach Marotzki (1990) kann dieses Vorgehen als *Lernen* verstanden werden, weil die Rahmung der Weltsicht unverändert bleibt. Insofern kann in diesem Kontext von einem *Lernbedürfnis* der Personen gesprochen werden.

Im Bereich *Fremdbild vs. Selbstkundgabe der anderen Person* fordern Irina und Immanuel gemeinsam ihr Fremdbild der jeweils anderen Person durch ein Fragespiel für Paare heraus. Sie möchten etwas Neues über die andere Person erfahren und sich nicht nur auf die eigene Wahrnehmung und bisherigen Kenntnisse verlassen. Insofern ist hier ein hohes *Entwicklungsbedürfnis* in diesem Bereich von beiden zu erkennen. Es wird eher eine Erweiterung oder Aktualisierung des Fremdbildes als Folge beschrieben, als eine Veränderung des Fremdbezugs. Nach der *strukturalen Bildungstheorie* kann diesbezüglich ebenfalls von Lernen und damit von einem *Lernbedürfnis* gesprochen werden.

Personen mit einem *Lernbedürfnis* fordern ihre Weltsichten oder Fremdbilder heraus und erzeugen dadurch Gelegenheiten, diese zu aktualisieren oder zu erweitern, ohne den eigenen Bezug dazu zu hinterfragen. Ein solches geteiltes *Lernbedürfnis* ist ein typisches Merkmal von *lernbegierigen Paaren*, wie in Abschnitt 9.10 beschrieben.

Ähnlichkeit der Entwicklungsbedürfnisse des Paars
Bei den zuvor beschriebenen Paaren zeigte sich jeweils ein ähnlich hohes Bildungs- oder Lernbedürfnis. Beide Personen bewerten Differenz in bestimmten Bereichen und Situationen positiv. Folglich nutzen sie bei zu geringer Differenz Strategien zur Differenzerhöhung, um gemeinsam den Weltbezug, die Weltsicht oder das Fremdbild herauszufordern.

Weiterhin können die Personen einer Beziehung ein ähnlich niedriges Entwicklungsbedürfnis haben. Hierzu gehört Beispielsweise Paar L. Dies deutet sich auch in dem folgenden Interviewausschnitt an:

> **Laura:** [...] Ich bin aber dann eigentlich schon so kaputt, dass ich dann eigentlich schon so (...) entweder, ja, zwanzig oder spätestens einundzwanzig Uhr schlafe ich dann. (lacht) #00:50:22-3#
> **Lukas:** Ja, oder zumindest bist du dann schon im Schlafzimmer. #00:50:25-1#
> **Laura:** Ja. (...) Genau. Aber so abends bin ich echt dann so, dass ich nur noch irgendwie Fernseher reingucke, weil ich (...) brauche dann nur so irgendwie, so (...) lasse mich berieseln einfach. [...]
> [...] (Interview Paar L, Pos. 284–286)

Laura berichtet hier, dass sie relativ früh schlafen geht, weil sie sich abends erschöpft fühlt. Lukas korrigiert, dass sie dann nicht unbedingt schon schläft, aber sich zu der Zeit im Schlafzimmer aufhält. Sie beschreibt daraufhin, dass sie abends Fernsehen schaut und sie sich „berieseln" lässt. Lukas erklärt zu seinem Tagesablauf später, dass er währenddessen am Computer spielt und dies seine Form der abendlichen Entspannung darstellt. Insofern machen Laura und Lukas deutlich, dass sie aktuell aufgrund ihrer Familiensituation wenig Kapazitäten haben sich kognitiv mit Medieninhalten auseinanderzusetzen. Bei ihnen steht die individuelle Entspannung im Vordergrund. Insofern wird hier kein Bedürfnis nach Entwicklung sichtbar. Es ist allerdings unklar, wie das Entwicklungsbedürfnis bei Lukas und Laura aussehen wird, wenn ihre Tochter etwas älter ist und tendenziell kognitive und zeitliche Kapazitäten frei wären, um ihren Weltbezug, ihre Weltsicht oder ihr Fremdbild herauszufordern.

Es gibt jedoch auch Paare mit unterschiedlichen *Entwicklungsbedürfnissen* – also mit einer geringen Ähnlichkeit der *Entwicklungsbedürfnisse*. Dies trifft z. B. auf Paar H und Paar M in Bezug auf das *Bildungsbedürfnis* zu. Hannah macht deutlich, dass ihr ein Herausfordern des Weltbezugs wichtig ist. Sie erzählt, sie spreche über Nachrichten mit anderen Personen. Herbert hingegen zeigt vielmehr ein Positionierungsbedürfnis, als den Wunsch seinen Weltbezug herauszufordern. Ähnlich ist es bei Paar M, bei dem Marika sich Diskussionen wünscht, diese aber nicht mit Meinhardt führen kann. Daher nutzt auch sie die Strategie des *Auslagerns von Differenz* und bezieht weitere Personen in die Diskussionen mit ein, um dem eigenen *Bildungsbedürfnis* gerecht werden zu können. Bei Paaren, bei denen nur eine Person ein hohes *Entwicklungsbedürfnis* im Bereich *eigener vs. fremder Weltbezug* hat, wird das *Auslagern von Differenz* als Strategie zum *Ausblenden von Differenz* oftmals ergänzt. So kann dem eigenen Entwicklungsbedürfnis außerhalb der Beziehung nachgegangen werden und das Destabilisierungspotenzial aufgrund der einseitigen Bereitschaft den eigenen Weltbezug herauszufordern ist gebannt. Das heißt, die Ähnlichkeit der *Bildungsbedürfnisse* des Paars hat einen Einfluss darauf, ob sie gemeinsam mit dem Differenzerleben umgehen oder ob sie Strategien wählen, durch die sie die Paarebene verlassen.

Im Gegensatz zu den problematisierten Schilderungen von Unterschieden im *Bildungsbedürfnis* in den Interviews, wurden Unterschiede im *Lernbedürfnis* hinsichtlich der Weltsicht nicht problematisch dargestellt. Den Interviews nach berichtet die Person mit dem höheren *Lernbedürfnis* entweder trotzdem von dem Gelernten aus den Medien und die andere Person nimmt dies zur Kenntnis oder es wird dem Lernbedürfnis alleine nachgegangen. Es ist anzunehmen, dass durch das *Lernbedürfnis* tendenziell nur Erweiterungen oder Aktualisierungen der eigenen Weltsicht stattfinden, wodurch das Potenzial einer Störung des gemeinsam konstruierten Weltbezugs relativ gering ist. Zu Unterschieden der *Lernbedürfnisse* bzgl. des Fremdbilds der jeweils anderen Person können keine Aussagen getroffen werden, weil keine solchen Unterschieden in den Interviews deutlich wurden.

Zusammenfassung zur intervenierenden Bedingung Entwicklungsbedürfnis
Zum *Entwicklungsbedürfnis* lassen sich die folgenden Punkte zusammenfassen: Erstens beeinflusst das *Entwicklungsbedürfnis* der Personen die Bewertung der Differenz. Es lässt sich zweitens in ein *Bildungsbedürfnis* und ein *Lernbedürfnis* aufteilen. Drittens können Personen oder Paare ein *Bildungsbedürfnis* im Kontext des Differenzbereichs *eigener vs. fremder Weltbezug* zeigen. Ein *Lernbedürfnis* wird in den Differenzbereichen *erwartete vs. vorgefundene Welt* und *Fremdbild vs. Selbstkundgabe der anderen Person* ersichtlich. Viertens variiert das *Entwicklungsbedürfnis* von Personen über die Differenzbereiche. Fünftens setzen Paare mit einem ähnlich hohem *Entwicklungsbedürfnis* gemeinsam Strategien zur *Erhöhung von Differenz* ein. Paare mit einem ähnlich niedrigen *Entwicklungsbedürfnis* bewerten Differenz nicht so positiv, dass sie eine aktive Erhöhung anregen würden. Bei Paaren mit unterschiedlichen *Entwicklungsbedürfnissen* kann es sein, dass die Personen mit dem höheren *Bildungsbedürfnis* dies außerhalb der Beziehung ausleben. Hierzu werden Medien oder der Austausch mit anderen Personen genutzt.

9.6.2   Kommunikatives Setting

In Abschnitt 9.5 wurde an mehreren Stellen deutlich, dass das *kommunikative Setting* eine intervenierende Bedingung für die Balance-Strategien darstellt. Folgende Eigenschaften des *kommunikativen Settings* wurden in den Daten deutlich:

- Verfügbare Zeit
- Maß der Perspektivenübernahme
- Kommunikationsform

Verfügbare Zeit
Eine Eigenschaft des *kommunikativen Settings* ist die verfügbare Zeit. Zur *22 Uhr Regel* von Paar I wurde deutlich, dass durch die späte Stunde nicht genügend Zeit vorhanden war, um die Differenz klären zu können. Anders ist es bei Paar P in Fallbeispiel II, die zwar auch nachts diskutieren, sich aber dafür die Zeit aufgrund ihres Rentenstatus nehmen können. In dem Interview erklärte Peter dazu, dass sich ihre Diskussionskultur mit Renteneintritt verändert habe und explizierte folgendes:

„Indem wir halt zusammen beide zu Hause sind. [...] Viel Zeit gemeinsam verbringen und dann auch jede Aktualität sofort diskutieren und nicht erst ein paar
Tage später, weil keine Zeit war" (Interview Paar P, Pos. 227–229). Das heißt, dass
ihnen vor dem Renteneintritt die Zeit fehlte, um aktuelle Meldungen aus den Nachrichten zu diskutieren. Folglich ist viel zur Verfügung stehende Zeit günstig für die
Anwendung der Balance-Strategien, außer dem *Ausblenden* und *Auslagern von Differenz*. Im Umkehrschluss zeigt sich wenig Zeit als hinderlich für diese Strategien.
Ergänzend wurden mehrere Aspekte in den Interviews deutlich, durch die die verfügbare Zeit beeinflusst wird. Diese sind u. a. das Berufsleben, Haushaltspflichten,
Kinder, zu pflegende Angehörige, ehrenamtliche Tätigkeiten und die Freizeitgestaltung. So steht z. B. Lukas und Laura wenig Zeit miteinander zur Verfügung, weil
beide berufstätig sind und sie einen Säugling zu versorgen haben, wohingegen Irina
und Immanuel ihre Home-Office-Situation nutzen, um vormittags gemeinsame Kaf-
feepausen einzulegen und sich auszutauschen. Des Weiteren ist z. B. Felicia nach
der Arbeit bei einem Reitstall, sodass sie in der Woche nicht viel Zeit mit Fabian
verbringt. Bernd und Birgit hingegen spielen gemeinsam Golf, sodass sie aufgrund
ihrer Freizeitbetätigung viel Zeit miteinander verbringen.

Maß der Perspektivübernahme

Das Maß der Perspektivenübernahme stellt eine weitere Eigenschaft des *kommunikativen Settings* dar. Im Vergleich der Interviewausschnitte von Paar C zum Vorfall
in Würzburg und Paar I zur *22 Uhr Regel* fällt in Bezug zur Strategie des *Überzeugungsversuchs* auf, dass sich die Paare im Maß der Perspektivenübernahme unterscheiden. Irina sagt: „guck mal, da sehe ich aber ganz anders, guck, das musst
du genauso sehen wie ich" (Interview Paar I, Pos. 184). Hier wird nicht deutlich,
dass Irina versucht Immanuels Position zu verstehen. Stattdessen liegt ihr Fokus
auf ihrer Position. Wohingegen Christoph argumentativ auf Constantin eingeht und
erklärt „wir kennen uns ja, wir können uns ja auch einschätzen inzwischen" (Interview Paar C, Pos. 265). Diese Aussage weist darauf hin, dass Christoph mittlerweile
weiß, dass Constantin zuerst eher emotional und ggf. radikal reagiert und sich aber
auch wieder beruhigt. Insofern scheint ein *Überzeugungsversuch* bei einem hohen
Maß der Perspektivenübernahme erfolgreich sein zu können, während bei einem
geringen Maß vielmehr von einem *Überredungsversuch* gesprochen werden kann.
Dies kann dazu führen, dass die Differenz erhöht statt verringert wird. Der Einfluss
dieser Bedingung wird im Datenmaterial nur auf die Strategie des *Überzeugungsversuchs* deutlich. Allerdings ist anzunehmen, dass sie auch bei der Aushandlung
von *Kompromissen* und dem *Validieren von Differenz* eine Rolle spielt.

Kommunikationsformen

Zum *kommunikativen Setting* gehören zudem die genutzten Kommunikationsformen. Paar I betont, dass sie sich für das Fragenspiel Zeit nehmen und „einfach offline kommunizieren" (Interview Paar I, Pos. 23). Entsprechend findet sich bei Paar F ein Interviewausschnitt in dem Felicia eine Differenz im Bereich *eigenes Erleben vs. Wahrnehmung des Erlebens der anderen Person* erlebt und ein Verringern der Differenz erst gelingt, nachdem von der Messenger-App zu einem Gespräch gewechselt wurde. Es ist anzunehmen, dass sich die Kommunikationsformen auf einem Kontinuum zwischen hinderlichem und förderlichem *kommunikativen Setting* für die Balance-Strategien anordnen lassen. So wäre eine asynchrone, schriftliche Kommunikation tendenziell am hinderlichen Pol und ein Gespräch in Anwesenheit beider Personen beim förderlichen Pol. Dazwischen lassen sich z. B. synchrone Chats und (Video-)Telefonate anordnen. Allerdings weisen Wardecker et al. (2016) darauf hin, dass Personen mit vermeidendem Bildungsstil oder Personen, die in einem Konflikt schnell eine emotionale Überforderung erleben, Kommunikationsformen günstiger erleben, die eine gewisse Distanz und Mitteilbarkeit in die Kommunikation bringen. Das heißt, die Einordnung als günstige oder ungünstige Kommunikationsformen ist nicht pauschal festzulegen, sondern wird durch die beteiligten Individuen definiert. Ergänzend wird bei Kashian (2021) ersichtlich, dass die Beschränkung auf einen Kommunikationskanal zu einem günstigen *kommunikativen Setting* beträgt.

Durch das kommunikative Setting beeinflusste Balance-Strategien

Nicht alle Balance-Strategien sind gleichermaßen vom *kommunikativen Setting* beeinflusst, dies ist in Abbildung 9.5 visualisiert. Die Strategie des *Ausblendens von Differenz* kann bei jedem *kommunikativen Setting* funktionieren. Allerdings wird sie gerade dann genutzt, wenn die anderen Strategien aufgrund des *kommunikativen Settings* nicht funktionieren. Insofern fördert ein ungünstiges *kommunikatives Setting* das *Ausblenden von Differenz.* Von einem günstigen *kommunikativen Setting* sind insbesondere das *Validieren von Differenz*, die drei Strategien zum Erhöhen von Differenz und das Schließen von *Kompromissen* abhängig, da hierfür eine gelingende Kommunikation bedeutsam ist. Folglich ist das *kommunikative Setting* für das Ausbalancieren von Differenzen in jedem Differenzbereich relevant.

Zusammenfassung zur intervenierenden Bedingung kommunikatives Setting

Folgende Aspekte lassen sich zum *kommunikativen Setting* zusammenfassen. Erstens setzt sich das *kommunikativen Setting* aus der verfügbaren Zeit, dem Maß der Perspektivenübernahme und der Kommunikationsform zusammen. Zweitens fördert ein ungünstiges *kommunikatives Setting* das *Ausblenden von Differenz*. Wohingegen ein günstiges *kommunikatives Setting* das *Validieren von Differenz*, das *Erhöhen von Differenz* und den *Kompromiss* fördert. Drittens beeinflusst die Gestaltung des *kommunikativen Settings* die Erfolgschance der Strategie des *Überzeugungsversuchs*.

9.6.3 Zwischenfazit

In diesem Abschnitt wurde zum einen die intervenierende Bedingung für den Kontext und zum anderen die intervenierende Bedingung für die Balance-Strategien vorgestellt. Folgendes lässt sich im Hinblick auf den Umgang mit dem Phänomen zusammenfassen:

1. Das *Entwicklungsbedürfnis* der Personen beeinflusst die Bewertung der Differenz und ist hinsichtlich der Differenzbereiche variabel.
2. Das *Entwicklungsbedürfnis* lässt sich in ein *Bildungsbedürfnis* und ein *Lernbedürfnis* aufteilen. Das *Bildungsbedürfnis* ist im Kontext des Differenzbereichs *eigener vs. fremder Weltbezug* relevant. Während das *Lernbedürfnis* sich insbesondere in den Differenzbereichen *erwartete vs. vorgefundene Welt* und *Fremdbild vs. Selbstkundgabe der anderen Person* zeigt.
3. Paare mit einem ähnlich hohen *Entwicklungsbedürfnis* setzen gemeinsam Strategien zur *Erhöhung von Differenz* ein. Paare mit einem ähnlich niedrigen *Entwicklungsbedürfnis* bewerten Differenz nicht so positiv, dass sie eine aktive Erhöhung anregen würden. Bei Paaren mit Unterschieden in der Höhe des *Entwicklungsbedürfnisses* ist es möglich, dass die Personen mit höherem *Bildungsbedürfnis* dies außerhalb der Beziehung ausleben.
4. Das *kommunikative Setting* beeinflusst die Strategien. Bei einem ungünstigen *kommunikativen Setting* wird eher die Strategie *Ausblenden* gewählt. Teilweise ist dies nur eine Überbrückungsstrategie bis ein geeigneteres *kommunikatives Setting* besteht. Bei einem solchen werden das *Validieren von Differenz*, das *Erhöhen von Differenz* und der *Kompromiss* als Strategien genutzt. Zudem beeinflusst die Gestaltung des *kommunikativen Settings* die Erfolgschance der Strategie *Überzeugen*.
5. Das *kommunikativen Setting* setzt sich aus der verfügbaren Zeit, dem Maß der Perspektivenübernahme und der Kommunikationsform zusammen.

9.7 Bildungsprozesse

In diesem Kapitel wird zuerst die Strategie der *Reflexion* dargelegt und erläutert, unter welchen Kontextbedingungen Reflexionen in Bezug zu Differenzerleben in Paarbeziehungen stattfinden (9.7.1). Daraufhin werden vier mögliche Konsequenzen von Reflexionen beschrieben (9.7.2). Dabei zählen die Konsequenzen der *Flexibilisierung von Selbst-, Fremd, oder Weltbezügen* und der *Veränderung des Selbst-, Fremd, oder Weltbezugs* in Kombination mit der vorhergegangenen Reflexion als Bildungsprozesse im Sinne der *strukturalen Bildungstheorie* nach (Marotzki, 1990). Die *Aktualisierung des Selbst-, Fremd, oder Weltbezugs* und die *Erweiterung der Selbst-, Fremd-, oder Weltsicht* entsprechen nicht der Definition von Bildungsprozessen, stellen aber trotzdem relevante Konsequenzen dar. Dies trifft insbesondere auf die Erweiterung der Selbst-, Fremd-, oder Weltsicht zu, weil sie nach Marotzki (1990) dem Lernen zugeordnet werden kann. Anschließend werden die intervenierenden Bedingungen der Strategie beschrieben (9.7.3). Abschließend wird ein Zwischenfazit gezogen (9.7.4).

9.7.1 Strategie – Reflexion von Differenzerleben

Die Strategie der *Reflexion von Differenzerlebens* ist im Sinne der Grounded Theory Methodologie nach Strauss und Corbin (1990, 104) eine Strategie mit der auf das Phänomen reagiert wird. Folgende Eigenschaften der Strategie wurden in den Daten deutlich:

- Reflexionsformen
- Reflexionsniveau

Reflexionsformen
Eine Eigenschaft stellten die Reflexionsformen dar, welche u. a. in den Fallbeispielen deutlich wurden. Peter und Patricia haben in Fallbeispiel II ihren Weltbezug gemeinsam reflektiert, während Bernds Reflexion in Fallbeispiel I individuell vollzogen wurde. So ist es nicht verwunderlich, dass Patricia und Peter nach der Reflexion zu einem gemeinsamen veränderten Weltbezug gelangen, wohingegen Birgit in die Flexibilisierung von Bernds Weltbezug nicht involviert zu sein scheint. Es ist jedoch auch möglich, dass im Anschluss an eine gemeinsame Reflexion eine individuelle Reflexion folgt. Kira sagt beispielsweise: „Aber (...) manche Punkte, die du sagst, ähm da hätte ich jetzt so auf Anhieb, auf den ersten Blick halt nicht

darüber nachgedacht. Und dann so: Ja, das stimmt, da hast du vollkommen Recht. (...) Ähm. Da denke ich dann natürlich auch weiter darüber nach" (Interview Paar K, Pos. 153). Hier zeigt sich, dass erst ein Austausch stattfand und Kira anschließend für sich weiter darüber nachdenkt.

Das heißt, Reflexionen können individuell oder gemeinsam als Paar vollzogen werden. Ein Wechsel zwischen den Formen ist möglich. Zudem kann bei einer gemeinsamen Reflexion die Konsequenz in Form einer gemeinsamen Wirklichkeitskonstruktion erlebt werden.

Reflexionsniveau

Eine weitere Eigenschaft ist das Niveau der jeweiligen Reflexion. Hierzu werden nachfolgend Beispiele aus den Daten betrachtet und daran die Ableitung der Niveaus erläutert.

In der Erzählung zu den *surfenden Schnecken* von Paar A sagt Alexander folgendes: „Ich habe die vorher nicht für Karnivore gehalten" (Interview Paar A, Pos. 267). Hier wird deutlich, dass Alexander ein Differenzerleben im Bereich *erwartete vs. vorgefundene Welt* bei sich feststellt. Weiterhin weist das Wort „vorher" daraufhin, dass es ein ‚nachher' gibt, bei dem die Einschätzung von Schnecken anders aussieht. Der beschriebene Ablauf beginnt mit der Wahrnehmung des Differenzerlebens. Darauf folgt der Umgang mit der Differenz – hier wird die Weltsicht entsprechend korrigiert. Möglich wäre auch das Überprüfen oder Ablehnen der neuen Informationen.

Solche Abläufe finden sich nicht nur zum Differenzbereich *erwartete vs. vorgefundene Welt*, sondern auch zum Bereich *Fremdbild vs. Selbstkundgabe der anderen Person*. Reflexionen, die diesem Ablauf folgen, finden auf der Ebene der Fremd- und Weltsicht statt.

In Fallbeispiel II wird die gemeinsame Reflexion zur Klimakrise in der Diskussion von Patricia und Peter beschrieben. Bei ihren Diskussionen bezieht Paar P verschiedene Perspektiven ein und schafft dadurch einen Raum der Unbestimmtheit. Nachdem verschiedene Perspektiven in Betracht gezogen wurden, wurde die Bestimmtheit wieder hergestellt, als sie miteinander einen veränderten Weltbezug zu dem Thema Klimakrise konstruiert haben. Hier findet sich die Logik von Reflexionsprozessen wieder, die Marotzki unter Einbezug der *Strukturtheorie nach Gotthard Günther* in seine Bildungstheorie integrierte. Dabei meint *Reflexion* innerhalb eines Bildungsprozesses einen selbstreferentiellen Prozess, bei dem die Subjektivität in einem Raum von Unbestimmtheit thematisiert wird (Marotzki, 1990, 190 ff.). So kann sich die Welt „sowohl in ihrem Status quo als auch bezogen auf die Möglichkeiten ihres Andersseins vorgestellt werden" (Marotzki, 1990, 203). Ihre Reflexion stellt somit ein gemeinsames Nachdenken über verschiedene Perspektiven auf ein Thema dar und befindet sich somit auf der Ebene der Weltbezüge.

Ergänzend zum Fallbeispiel II zeigt der Interviewausschnitt von Niklas zum *Validieren von Differenz*, dass diese Strategie bereits eine Form der Reflexion darstellen kann. Niklas beschreibt in dem Interviewausschnitt, wie er Nora von Medieninhalten berichtet und dabei erst einmal ohne ihr Zutun eine kommunikative Reflexion vornimmt. Hierbei kommt er nicht mit einer feststehenden Meinung zu Nora, sondern breitet einen Raum der Unbestimmtheit aus und versucht im Erzählen seine Position zu dem Medieninhalt festzulegen. Insofern ist dies eine individuelle Reflexion, bei der Nora die Möglichkeit hat mitzumachen, sodass sie den Medieninhalt gemeinsam reflektieren. Die Konsequenz dieser Reflexion beschreibt er nicht. Da Niklas hier aber einen allgemeinen Vorgang und kein konkretes Beispiel beschreibt, variieren die Konsequenzen wahrscheinlich. Der Interviewausschnitt von Niklas zeigt, dass eine Reflexion gleichzeitig mit dem Validieren der Differenz stattfinden kann. Das heißt, die Höhe und Bewertung der Differenz muss nicht bestimmt sein, um einen Medieninhalt zu reflektieren. Darüber hinaus wird deutlich, dass trotz der individuellen Reflexion Noras Beisein für Niklas eine Hilfe darstellt.

Bernd sagt in Fallbeispiel I Folgendes: „Das ist so, [...] dass ich dann gesehen habe" (Interview Paar B, Pos. 82). Diese Formulierung deutet auf eine Form der Beobachtung hin. Bernd hat anscheinend die Situation von Differenzerleben in der Paarbeziehung, seine angewandte Strategie und das daraus folgende Differenzerleben bzgl. seiner Erwartung betrachtet. Sein Fazit, dass „eine andere Sicht auf die Dinge [...] ja auch ganz interessant sein [kann]" (Interview Paar B, Pos. 82), lässt auf ein Nachdenken über den Ablauf und dessen Bedeutung für ihn und sein zukünftiges Verhalten schließen. Seine Reflexion ist auf einer Metaebene zu verorten, die den Umgang mit Weltbezügen fokussiert.

Durch den Vergleich der in den Daten beschriebenen Reflexionen wurden drei Reflexionsniveaus herausgearbeitet. Diese zeigen sich auch in den gerade aufgeführten Beispielen: Die Reflexion von Alexander findet auf einem niedrigeren Niveau statt als die von Peter und Patricia bzw. Niklas und diese befindet sich wiederum auf einem niedrigeren Niveau als die von Bernd. Diese Abstufung stellt keine Bewertung der jeweiligen Reflexion dar, sondern eine Beschreibung. Außerdem wird ersichtlich, dass das Reflexionsniveau nicht mit der Reflexionsform zusammenhängt und diesbezüglich variieren kann. Die drei Reflexionsniveaus werden nachfolgend beschrieben:

1. **Niedriges Reflexionsniveau – Ebene der Selbst-, Fremd-, Weltsicht**
   Bei Reflexionen auf diesem Niveau geht es darum, das Differenzerleben erst einmal wahrzunehmen und sich zu entscheiden wie damit umgegangen wird, z. B. (teilweise) Integration in die eigene Sicht, Überprüfung oder Ablehnung des Neuen. Hier sind insbesondere die Differenzbereiche *erwartete vs.*

vorgefundene Welt und *Fremdbild vs. Selbstkundgabe der anderen Person* relevant. Weiterhin ist die Erweiterung von Selbst-, Fremd- und Weltsicht eine potenzielle Konsequenz einer Reflexion auf niedrigem Niveau.

2. **Mittleres Reflexionsniveau – Ebene des Selbst-, Fremd-, Weltbezugs**
   Beim mittleren Reflexionsniveau erfolgt ein Nachdenken über sich und das
   eigene Verhalten in einem Raum der Unbestimmtheit, sodass verschiedene Möglichkeiten des Selbst und Varianten des Verhaltens betrachtet werden können.
   Der Differenzbereich *eigener vs. Fremder Weltbezug* ist hier relevant. Potenzielle Konsequenzen einer Reflexion auf mittlerem Niveau sind die Veränderung
   oder die Aktualisierung des Selbst, Fremd-, Weltbezugs.

3. **Hohes Reflexionsniveau – Metaebene zu Selbst-, Fremd-, Weltbezügen**
   Bei Reflexionen auf hohem Niveau wird das Differenzerleben aus einer Metaperspektive betrachtet, wie auch der Umgang mit Selbst-, Fremd-, Weltsichten und
   Selbst-, Fremd-, Weltbezügen. Dieses Reflexionsniveau ist unabhängig von den
   erlebten Differenzbereichen. Als Konsequenz auf eine solche Reflexion kann
   die Flexibilisierung von Selbst-, Fremd- oder Weltbezügen folgen.

Zusammenfassung zur Strategie der Reflexion
Hinsichtlich der Strategie der Reflexion lassen sich folgende Punkte zusammenfassen:

1. Es bestehen zwei Reflexionsformen: Reflexionen können individuell oder
   gemeinsam als Paar vollzogen werden. Zwischen diesen Formen kann gewechselt werden.
2. Es wurden drei Reflexionsniveaus identifiziert: a) ein niedriges Reflexionsniveau auf Ebene der Selbst-, Fremd-, Weltsicht, b) ein mittleres Reflexionsniveau
   auf Ebene des Selbst-, Fremd-, Weltbezugs und c) ein hohes Reflexionsniveau,
   bei dem eine Metaebene eingenommen wird. Jedes Niveau hängt mit anderen
   potenziellen Konsequenzen der jeweiligen Reflexion zusammen.
3. Die Eigenschaften können in verschiedenen Kombinationen miteinander auftreten.
4. Das *Validieren von Differenz* kann bereits eine Reflexion beinhalten.

9.7.2   Konsequenzen der Reflexionsstrategie

Die folgenden Konsequenzen beziehen sich auf Selbst-, Fremd- und Weltsichten
bzw. Selbst-, Fremd- und Weltbezüge. Bei den Ansichten, geht es um die Wahrnehmung der drei Aspekte *Selbst*, *Fremd* und *Welt*. Bei der Betrachtung der Bezüge

wird zusätzlich die eigene Positionierung fokussiert. Also stellt sich beim ersten z. B. die Frage „Wie sehe ich die Welt?" und beim zweiten: „Wie sehe ich die Welt und in welchem Verhältnis stehe ich dazu?" Bei der Definition dieser drei Aspekte wird Fuchs (2014) gefolgt. Hierbei geht es bzgl. des *Selbstbezugs* um die Artikulation von Selbstwahrnehmungen, eigenen Stärken und Schwächen. Der *Fremdbezug* meint „Beziehungsnetze, Familienkonstellationen und Generationen-verhältnisse [sowie] Positionierungen gegenüber [...] Eltern, Lehrern, Vorbildern oder Freunden" (Fuchs, 2014, 376) und der *Weltbezug* umfasst „Institutionen und Lebensformen [...], Werte und Konventionen[,] gesellschaftliche[...] Zustände[...] und Entwicklungen" (Fuchs, 2014, 376). In den folgenden Abschnitten werden die vier identifizierten Konsequenzen der Reflexionsstrategien erläutert:

- Flexibilisierung von Selbst-, Fremd- und Weltbezügen
- Veränderung des Selbst-, Fremd- und Weltbezugs
- Aktualisierung des Selbst-, Fremd- und Weltbezugs
- Erweiterung der Selbst-, Fremd- und Weltsicht

Die Benennung der ersten beiden Konsequenzen wurde auf Grundlage von aus der Bildungstheorie *geborgten Kodes* vorgenommen. Die anderen beiden Konsequenzen haben ebenfalls Anleihen der Bildungstheorie.

Flexibilisierung von Selbst-, Fremd- und Weltbezügen
Im Hinblick auf die Konsequenz *Flexibilisierung von Selbst-, Fremd- und Weltbezügen* geht es um das, was bei (Marotzki, 1990) als *Bildung II* bezeichnet wurde, nämlich um die durch Selbstbeobachtung gewonnene Erkenntnis, dass die jeweilige Person ihre Welt selbst konstruiert und selbst in der Lage ist, den Modus der Weltaufordnung zu ändern. So führt *Bildung II* zur Kontextualisierung, Flexibilisierung und Pluralisierung der Selbst- und Weltsichten sowie zur Differenzierung und Steigerung des Selbstbezugs. Dies ist komplexer als die *Veränderung des Selbst-, Fremd- Weltbezugs*, sodass es nicht verwunderlich ist, dass in den Interviews nur ein Beispiel für eine solche Flexibilisierung gefunden wurde. Dieses ist, wie bereits beschrieben, Fallbeispiel I. Hier war die letzte Konsequenz die Flexibilisierung von Bernds Weltbezug. Nachdem er einen Kompromiss eingegangen war, um die Differenz im Bereich *eigenes Erleben vs. Wahrnehmung des Erlebens der anderen Person* zu verringern und die Stabilität der Paarbeziehung wieder herzustellen, erlebte er eine Differenz zwischen der erwarteten und der vorgefundenen Welt. Daraufhin reflektierte er das Geschehen. Bernds Fazit dazu ist, dass „eine andere Sicht auf die Dinge […] ja auch ganz interessant sein [kann]" (Interview Paar B, Pos. 82). Diese Formulierung ist allgemeiner Form und bezieht sich nicht spezifisch auf Fußball

oder Fernsehen. Insofern hat er eine allgemeingültige Erkenntnis gewonnen. Diese besteht darin, dass auch andere Sichtweisen interessant sein können. Er ist sich also bewusst geworden, dass es verschiedene Sichtweisen gibt und dass er bewusst eine Sichtweise wählen kann, was mit Bezug zur *strukturalen Bildungstheorie* als eine Form der Flexibilisierung des Weltbezugs verstanden werden kann.

Die Flexibilisierung des Selbst- oder Fremdbezugs wurde in keinem der Interviews beschrieben. Diese wurden jedoch zum Bereich der Konsequenz gezählt, weil es theoretisch plausibel ist, dass auch solche Flexibilisierungen Folge von Differenzerleben in Paarbeziehungen sein können. Hierzu bedürfte es weiterer Forschung.

Zusammengefasst lässt sich zur Konsequenz der *Flexibilisierung von Selbst-, Fremd- und Weltbezügen* sagen, dass diese von einer Reflexion des Differenzlebens an sich ausgeht. Außerdem bedarf es einer ausgeprägten *reflexiven Haltung*, sodass aus der Reflexion eine allgemeingültige Erkenntnis für den Umgang mit Welt gewonnen werden kann.

Veränderung des Selbst-, Fremd- und Weltbezugs
Nachfolgend werden drei Beispiele für Veränderungen von Selbst-, Fremd- oder Weltbezügen aufgeführt. Anschließend werden die daraus folgenden Erkenntnisse erläutert.

Das erste Beispiel ist Fallbeispiel II. Patricia berichtet davon, dass sich ihre – und ihrer Beschreibung nach auch Peters – Einschätzung zu der Entwicklung des Klimawandels inklusive der eigenen Positionierung verändert hat. Ausgangspunkt war in diesem Interviewausschnitt eine gemeinsame Ansicht zur Klimakrise. Durch das Hinzuziehen der Ansichten der Enkel haben sie eine Gegenposition einbezogen und konnten eine positiv bewertete Differenz erleben. So wie Paar P den Ablauf schildert, kann diese Veränderung des Weltbezugs als eine gemeinsame Wirklichkeitskonstruktion, wie von Lenz (2009, 187) und Berger und Kellner (1965, 222 ff.) beschrieben, verstanden werden.

Das zweite Beispiel ist der Interviewausschnitt zum *politischen Lefti-Sein* von Paar F. Hier findet sich eine Veränderung des Weltbezugs aber auch des Selbstbezugs. Fabian sagt: „Und dann ähm bekomme ich öfter mal so Aha-Momente, dass es meine einfachen ähm Lösungen für Probleme oder so halt [...] Nicht gibt. (...) Dass sie nicht so einfach sind" (Interview Paar F, Pos. 178–180). Er versteht also, dass die einfachen Lösungen für die politischen Probleme nicht ausreichen. Da er diese Lösungen als seine Lösungen bezeichnet und sie nicht anderen zuschreibt, erweckt es den Anschein, dass sich auch die Wahrnehmung verändert, inwiefern er in der Lage ist funktionierende Lösungen zu finden. Die Veränderungen des Selbst- und Weltbezugs sind für Fabian nicht die letzte Konsequenz. Zum Schluss steht die Stabilisierung der Paarbeziehung. Fabian beschreibt nach dem Gespräch mit Felicia eine mittlere bis hohe Differenz im Bereich *eigener vs. fremder Weltbezug* erlebt zu haben. Aus dem Plan die Differenz durch einen Überzeugungsversuch zu verringern, lässt sich ableiten, dass er diese Differenz als destabilisierend für die Paarbeziehung erlebt hat. Statt jedoch die notwendigen Informationen für einen Überzeugungsversuch zu finden, stellt er fest, dass seine Einschätzung der Welt einer Veränderung bedarf. Die Differenz ist also insofern geringer geworden, dass er sich mit seinem Weltbezug an Felicias annäherte. Das heißt, die Veränderungen seines Selbst- und Weltbezugs führten schließlich zu der Stabilisierung der Paarbeziehung.

Das dritte Beispiel für diese Konsequenz findet sich in dem Interviewausschnitt zum *Matineé-Besuch* von Constantin und Christoph. Hier erzählt Constantin davon, dass er sich nicht sicher war, inwiefern Christoph eine emotionale Seite hat. Er begründet dies mit entsprechenden Vorurteile gegenüber Personen aus Westfalen – zu denen auch Christoph gehört. Bei dem gemeinsamen Filmschauen durfte er jedoch Christophs emotionale Seite erleben, wodurch er eine Differenz zwischen dem Fremdbild und der Selbstkundgabe von Christoph erlebte. Darauf folgte eine Veränderung des Fremdbildes von Christoph vom einem Westfalen, der „es nicht so mit Emotionen [hat]" (Interview Paar C, Pos. 57) zum positiv bewerteten Bild eines Christophs, „der auch mal ein Tränchen verdrückt bei solchen Filmen" (Interview Paar C, Pos. 55). Die Einbettung von Constantins Erzählung zeigt, dass dieses Erlebnis eine besondere Bedeutung für ihn hat und dass sich nicht nur das Fremdbild verändert hat, sondern auch der Bezug zu Christoph.

Insgesamt zeigen die drei Beispiele, dass Veränderungen des Selbst-, Fremd- oder Weltbezugs einzeln oder in auch Kombinationen möglich sind. Weiterhin können diese Veränderungen individuell erlebt oder im Zuge der Paaridentitätsarbeit gemeinsam vollzogen werden. Im Hinblick auf die Differenzbereiche zeigt sich eine Passung zu den Bereichen der Veränderungen. So folgen auf Differenzerleben im Bereich *eigener vs. fremder Weltbezug* Veränderungen des Weltbezugs und auf Differenzerleben im Bereich *Fremdbild vs. Selbstkundgabe der anderen Person* eine Veränderung des Fremdbezugs. Anscheinend eignet sich die Auseinandersetzung mit politischen Themen und Themen des Weltgeschehens besonders für eine Veränderung von Weltbezügen. Diese Auseinandersetzung kann z. B. durch Fernsehnachrichten oder durch das Lesen von Foren-Diskussionen angestoßen werden. Darüber hinaus fällt auf, dass bei allen Beispielen eine mittlere bis hohe Differenz bestand. Dies ist insofern logisch, als dass es für eine Veränderung einer gewissen Differenz bedarf. Würde keine Differenz bestehen, dann würde sich nichts verändern können.

Aktualisierung des Selbst-, Fremd- und Weltbezugs

Im Gegensatz zur Veränderung und zur Flexibilisierung von Selbst-, Fremd- und Weltbezügen bleibt der Selbst-, Fremd- und Weltbezug bei der Aktualisierung bestehen. Allerdings findet eine aktive Aktualisierung in Form einer Bestätigung statt. Dies wird an den zwei folgenden Interviewausschnitten veranschaulicht. Der erste Interviewausschnitt stammt aus dem Interview mit Paar G und kann als ein kontrastierendes Beispiel zum *Matineé-Besuch* von Constantin und Christoph gesehen werden.

> **Gitta:** [...] Wir weinen auch beide gleichzeitig, fällt mir gerade ein, bei den gleichen Filmen. Bei „der Junge muss an die frische Luft" haben wir beide geheult. (...) Beide. Und dann nehmen wir uns in den Arm und dann ähm (...) dann, gerade DANN ist er für mich stark, wenn er weint. Dann denke ich: Boah ist das toll. #01:51:46-5#
> [...] (Interview Paar G Pos. 578)

In diesem Interviewausschnitt schildert Gitta, dass sie und Guido ähnlich emotional sind beim Filmschauen. Sie erklärt an einem Beispiel, dass sie beide bei dem Film „der Junge muss an die frische Luft" geweint haben. Anschließend haben sie sich in den Arm genommen. Weiterhin erläutert Gitta, dass sie Guidos Stärke gerade dann sieht, wenn er weint. Außerdem findet sie es toll, dass er diese Emotionen zulässt und sie diese gemeinsam teilen können. Das heißt, es findet eine medienbezogene Paarinteraktion statt, bei der keine Differenz erlebt wird, weil Gitta diese emotionale Seite von Guido bereits kennt. Nichtsdestotrotz nimmt sie seine Reaktion wahr und fühlt sich in ihrem Bild von ihm bestätigt. Ihre Bewertung zum Ende des Interviewausschnitt kann so interpretiert werden, dass diese Aktualisierung ihres Fremdbildes sie in der Auswahl des Mannes bestärkt und somit die Beziehung bekräftigt. Der entscheidende Unterschied zum *Matineé-Besuch* von Paar C besteht in Gittas Kenntnis von Guidos emotionaler Seite, weshalb sie das Fremdbild von Guido nicht verändern muss, sondern es aktualisiert.

Der nächste Interviewausschnitt zur *Aktualisierung von Selbst-, Fremd- und Weltbezügen* ist der Redebeitrag von Christoph nach Constantins Bericht vom Vorfall in Würzburg.

> [...]
> **Christoph:** Aber finde ich aber auch so. Also ich finde / Gibt dann manche Dinge die ich auch einfach gut finde, also ich finde es gut ne, ich finde unser Grundgesetz gut. Ich finde Regeln, die wir haben gut. Das ähm auch egal, welche Straftat ähm passiert, ähm jemand dann auch erst einmal hier ganz ordentlich vor Gericht gestellt werden muss, bevor irgendwelche anderen Sachen passieren. [...] Ich finde es gut, dass es KEINE Todesstrafe gibt in Deutschland. [...] Ähm. Habe ich als Jugendlicher auch schon mal

anders gesehen. Kann ich auch so sagen. (unv.) glaube ich auch manchmal anderer Meinung. Aber ähm, ich glaube, wir haben, also (...) Ich bin ja durchaus schon viel gereist. Und ich denke immer genau mit solchen Rahmenbedingungen geht es uns in Deutschland ganz gut, und das (...) schätze ich auch wert, würde ich sagen. Ähm. Also ich glaube, ich bin tatsächlich der ruhigere und rationalere ähm von uns beiden. Ähm. (...) Lasse mich auch, glaube ich, nicht so sehr aus, nicht so schnell aus der Ruhe (...) bringen eigentlich. #00:47:59-2#
[...] (Interview Paar C, Pos. 257-261)

Christoph erklärt, dass er die gesetzlichen und die juristischen Rahmenbedingungen in Deutschland gut findet. Er erwähnt, dass er als Jugendlicher bzgl. der Todesstrafe einer anderen Ansicht war. Möglicherweise erwähnt er dies, um deutlich zu machen, dass er die Rahmenbedingungen nicht einfach nur gut findet, sondern sich aktiv damit auseinandersetzt hat, um zu seiner Bewertung zu kommen. Dafür spricht ebenfalls die Erwähnung der Reisen in andere Länder, bei denen er die Rahmenbedingungen vergleichen konnte. Zuletzt bestätigt er Constantins Einschätzung zu seinem Charakter und indirekt auch zu Constantins Charakter. Er ist der ruhigere und rationalere und Constantin lasse sich schneller und stärker aus der Ruhe bringen. Es wird deutlich, dass sich Christoph aufgrund der Diskussion zum Vorfall in Würzburg und der für ihn vorhandenen Notwendigkeit seine Meinung vor Constantin zu verargumentieren mit dem Thema auseinandergesetzt hat. Dies bietet ihm die Möglichkeit sich seiner Meinung zu vergewissern, seine Denkmodelle zu reflektieren und seine Muster zu festigen. Obwohl Christoph also eine Differenz in dem eigenen Weltbezug zu Constantins Weltbezug sieht, findet bei ihm keine Veränderung statt. In Anbetracht der ausführlichen Erklärung, die er formuliert und der Erwähnung, dass er sich mit diesen Themen häufiger auseinandergesetzt hat, hat er diesbezüglich eine belastbare Weltsicht samt Positionierung.

Zur Konsequenz der *Aktualisierung des Selbst-, Fremd- und Weltbezugs* lässt sich zusammenfassen, dass diese zum einen folgen kann, wenn keine oder eine geringe Differenz zu einem subjektiv bedeutungsvollen Thema besteht. Zum anderen kann sie auftreten, wenn die betroffenen Selbst-, Fremd- und Weltsichten belastbar sind und die Person bei der Validierung der Differenz keine Differenz in sich erlebt. Die Belastbarkeit der Selbst-, Fremd- und Weltsichten stellt also eine intervenierende Bedingung hierzu dar.

Erweiterung der Selbst-, Fremd- und Weltsicht
Bei der *Erweiterung der Selbst-, Fremd- und Weltsicht* steht die Wahrnehmung dieser Aspekte im Vordergrund, ohne Einbezug der eigenen Positionierung. Zudem verweist der Ausdruck *Erweiterung* darauf, dass an vorhandene Ansichten angeschlossen wird und diese nicht in ihren Grundzügen verändert werden. Insofern

meint eine solche *Erweiterung der Selbst-, Fremd- und Weltsicht* im Rückbezug zu Marotzki (1990) ein Lernen - genauer ein informelles Lernen, weil hier ein „[b]eiläufiges Lernen durch Mediennutzung in der Freizeit [stattfindet]" (Pietraß, 2016, 128). In dem folgenden Interviewausschnitt wird eine Erweiterung der Weltsicht deutlich.

> [...]
> **Olivia:** Wir haben auch (...) im Lockdown, glaube ich, einen französischen Film (...) geguckt, über eine Fotoreise. Also, auch ein französischer Reporter oder Fotograf mit einer französischen, weiß ich gar nicht, Thea/ Schauspielerin, glaube ich, ne? #00:49:09-9#
> **Oscar:** Ähm. Ja. Eine Schauspielerin, Regisseurin und (...) ich glaube, der Mann ist ein Künstler. // So macht Skulpturen , Fotos / // #00:49:21-5#
> **Olivia:** // Und die sind halt zusammen durch // Frankreich gereist. Und es war halt komplette Reportage auf Französisch. Also, das ist sehr, sehr selten, aber / Ähm. Ja, dass wir Sachen auf Deutsch gucken. Ja, so deutsche Geschichte ist. Also 1983, 86, Ku'damm, (...) ähm Der Palast, solche Sachen, wo wir dann halt auch viel über deutsche Geschichte (...) lernen. #00:49:46-2#
> [...] (Interview Paar O, Pos. 130–132)

Olivia beschreibt zum Schluss des Interviewausschnitts, dass sie häufig Serien oder Filme schauen, durch die sie etwas über die deutsche Geschichte lernen. Hier macht sie deutlich, dass neues Wissen dazu kommt und so die Weltsicht erweitert wird. Der Anfangsteil des Interviewausschnitts weist zusätzlich darauf hin, dass sie sich zwar meistens auf deutsche Geschichte fokussieren, es aber auch vorkommt, dass sie etwas über Oscars Herkunftsland lernen. Im Hinblick auf das zentrale Phänomen dieser Arbeit fällt auf, dass genug Differenz zwischen der erwarteten und der vorgefundenen Welt für ein Lernen besteht. Außerdem deutet ihre Film- und Serienauswahl auf ein *Lernbedürfnis* von Olivia und Oscar hin. Diese Kombination von zwei Personen mit einem hohen *Lernbedürfnis* mit je spezifischen Fachexpertisen, die sich im Zuge ihrer medienbezogenen Paarinteraktionen an der jeweiligen Expertise teilhaben lassen, findet sich mehrfach im Sample. Olivia hat eine Expertise für Deutschland und Oscar für Frankreich.

Alles in allem folgt die Konsequenz *Erweiterung von Selbst-, Fremd- und Weltsicht* auf ein Differenzerleben im Bereich *erwartete vs. vorgefundene Welt*, wenn das neue Wissen in das bestehende Weltbild passt. Außerdem findet sich diese Konsequenz gerade bei Paaren mit hohem *Lernbedürfnis*, die diese durch das Hinzuziehen weiterer Informationen forcieren.

Zusammenfassung zu den Konsequenzen der Reflexionsstrategie

Zu den Konsequenzen der Reflexionsstrategie lässt sich folgendes zusammenfassen:

1. Die Konsequenz der *Veränderung* kann sowohl die individuellen als auch die auf Paarebene gemeinsam konstruierten Selbst-, Fremd- und Weltbezüge betreffen.
2. Im Kontext der Differenzbereiche *eigener vs. Fremder Weltbezug* und *Fremdbild vs. Selbstkundgabe der anderen Person* können nach Reflexionen eine Veränderung oder Aktualisierung des Selbst-, Fremd- und/oder Weltbezugs folgen. Ob eine Veränderung oder Aktualisierung stattfindet, hängt dabei von der Höhe der Differenz und der Belastbarkeit der Selbst-, Fremd- und Weltsicht ab.
3. Die Konsequenz *Flexibilisierung von Selbst-, Fremd- und Weltbezügen* kann insbesondere auf eine Reflexion des Differenzerlebens an sich folgen. Hierfür ist eine ausgeprägte reflexive Haltung nötig.
4. Die Konsequenz *Erweiterung der Selbst-, Fremd- und Weltsicht* findet im Kontext des Differenzbereichs *erwartete vs. vorgefundene Welt* statt, wenn das neue Wissen in das bestehende Weltbild passt. Gerade Paare mit einem hohen *Lernbedürfnis* forcieren diese Konsequenz durch das Hinzuziehen weiterer Informationen.

9.7.3 Intervenierende Bedingungen der Reflexionsstrategie

In diesem Abschnitt geht es um die intervenierenden Bedingungen für die Reflexion von Differenzerleben. Es werden die Bedingungen erläutert, die den Einsatz der Reflexionsstrategie erleichtern oder erschweren. Zusätzlich wird ihr Einfluss auf die Reflexionsstrategien und somit auch auf die folgenden Konsequenzen erklärt. Im Datenmaterial wurden die folgenden intervenierende Bedingungen identifiziert:

- Reflexive Haltung
- Belastbarkeit der Selbst-, Fremd- und Weltsichten

Reflexive Haltung

Aus dem Fallbeispiel I lässt sich ableiten, dass Bernd eine ausgeprägte reflexive Haltung hat, da er sonst das Differenzerleben nicht auf diesem Niveau reflektiert hätte und zu einer abstrakten Erkenntnis gekommen wäre. Die Bedeutsamkeit dieser Haltung wird durch den nachfolgenden Interviewausschnitt noch deutlicher. Der Ausschnitt stammt aus dem Interview mit Paar I und weist zu bestimmten Aspekten minimale und zu anderen Aspekten maximale Kontraste zu Fallbeispiel I auf.

[...]
Irina: Oder zum Beispiel Manu liest nicht so gerne. (...) Und ähm wenn ich was gelesen habe, so ein e-Buch oder Bibel-App, es gibt ja so viele ähm kurze Inputs. Und dann sage ich: „Oh, das hat mich so beschäftigt, das ist so gut." Und dann erzähle ich Manu. Dann hat Manu das Gefühl, er hat das auch gelesen. Also das machen wir so. Also am Anfang der Ehe, war das ein Problemchen für mich. Ich dachte: „ok, du musst das Buch unbedingt lesen. Das ist so gut, dass ist WIRKLICH so gut." Manu, hat es versucht und hat sich gequält und sagt: ich / also Audiobücher das geht, aber so lesen ähm / #00:27:09-6#
Immanuel: Fehlt mir die Geduld #00:27:10-9#
Irina: Genau fehlt einfach die Geduld. Und ich dachte: okay, da muss man irgendwie Weise handeln, damit das ähm / Und jetzt machen wir da so entweder lesen wir GEMEINSAM ein Buch. Das heißt wir nehmen Abende und lesen einfach gemeinsam (lacht) (...) Ähm. Ich lese vor oder Manu liest vor. Oder ich / #00:27:25-7# [...]
Irina: Ja, so am Anfang habe ich das nicht ganz verstanden. Ich dachte, okay, wir müssen wirklich / Ähm. Ich habe ein Buch gelesen und Manu muss auch das Buch unbedingt durchlesen. (...) Aber jetzt machen wir das anders und das wirkt super. #00:29:16-2#
[...] (Interview Paar I, Pos. 133–143)

Irina erklärt in dem Interviewausschnitt, dass Immanuel – mit Spitznamen *Manu* – nicht gerne liest. Sie hingegen scheint häufiger zu lesen und dabei Inhalte zu entdecken, die Immanuel auch wissen soll. Das heißt, sie erlebt eine Differenz im Bereich *eigenes Erleben vs. Wahrnehmung des Erlebens der anderen Person.* Hierzu macht sie mit der Formulierung „am Anfang der Ehe, war das ein Problemchen für mich" deutlich, dass das die Paarbeziehung aus ihrer Perspektive destabilisiert hat. Mittlerweile gibt es anscheinend drei Arten, wie sie ihm die Inhalte zugänglich macht: 1.) sie erzählt den Inhalt nach, 2.) Immanuel hört das Hörbuch zu dem Buch und 3.) sie lesen sich das Buch gegenseitig vor. So haben sie funktionierende Kompromisse gefunden. In dem Interviewausschnitt berichtet Irina jedoch vom Anfang ihrer Ehe, als sie der festen Ansicht war, dass Immanuel die Bücher auch lesen müsse. Es macht den Anschein, dass für sie erst einmal kein Kompromiss denkbar war. Ihr Mann hat dann versucht das Buch zu lesen, obwohl er nicht gerne liest. Da dies für ihn eine Qual war, konnte das die Differenz nicht verringern und auch nicht die Paarbeziehung stabilisieren. Zum Schluss erklärt sie, dass sie das jetzt anders machen und dies gut funktioniert. Dabei bezieht sie sich ausschließlich auf das Beispiel und nimmt keine Verallgemeinerung vor.

Insgesamt wird in diesem Interviewausschnitt also die Suche nach geeigneten Kompromissen geschildert. Denkbar wäre gewesen, aus dieser Erfahrung mitzunehmen, dass es sich lohnt außerhalb des üblichen Denkschemas nach Lösungen zu suchen. So hätte Irina hier ähnlich wie Bernd zu einem abstrakteren Fazit und somit zu einer Flexibilisierung des Weltbezugs kommen können. Allerdings nimmt sie keine Reflexion des Erlebnisses vor, um daraus etwas Allgemeineres für sich zu ziehen. Der Unterschied dieser beiden Beispiele ist vermutlich die reflexive Haltung. Diese wird benötigt, um überhaupt auf die Idee zu kommen, dass in einem solchen Erlebnis ein Mehrwert für zukünftige ähnliche Situationen stecken kann und daher das Erlebnis zu reflektieren.

Belastbarkeit der Selbst-, Fremd- und Weltsichten
Bei der *Belastbarkeit der Selbst-, Fremd- und Weltsichten* geht es darum, wie fest verankert die eigene Sicht ist und somit wie leicht eine Veränderung oder Erweiterung angestoßen werden kann. Dabei stellt das eine Extrem eine wenig belastbare Sicht dar, die direkt bei neuen – ggf. auch wenig fundierten – Informationen angepasst wird. Das andere Extrem wäre eine Sicht, die unumstößlich ist, sodass eher die vorgefundene bzw. präsentierte Welt auf ihre Glaubwürdigkeit hinterfragt wird, als die eigene Sicht.

In Fallbeispiel II wurde in der Interpretation erläutert, dass Peter und Patricia an die Grenzen der Belastbarkeit ihrer Weltsicht gelangt sind. Ihrer alten Weltsicht nach war der Klimawandel nicht dramatisch. In Auseinandersetzung mit Medienberichten und den hypothetischen Meinungen der Enkel wurde ihnen die Dramatik deutlich, sodass Patricia im Interview von der „Klimakrise" spricht. Die verschiedenen Stärken der *Belastbarkeit von Selbst-, Fremd- und Weltsichten* wurden bei Constantin und Christoph hinsichtlich des Vorfalls in Würzburg deutlich. Constantins radikalere Meinungsäußerung, in der seine Sicht der Welt zum Ausdruck kommt, fußt anscheinend auf den Emotionen, die er in der Auseinandersetzung spürt. Bei Christoph erweckt es hingegen den Anschein, dass er eine belastbare Weltsicht diesbezüglich hat, welche zum einen durch Erfahrungen konstruiert wurde und zum anderen durch argumentative Auseinandersetzungen aktualisiert wird. Entsprechend ist Constantin derjenige, der Christoph schließlich Recht gibt und feststellen muss, dass seine Weltsicht den Argumenten von Christoph nicht standhalten kann. Bei Christoph folgt auf diese erneute Auseinandersetzung mit der Thematik eine Aktualisierung seiner Weltsicht samt eigener Positionierung. Hierzu wird die Hypothese aufgestellt, dass die Aktualisierung von Selbst-, Fremd-, Weltbezügen einerseits durch belastbare Selbst-, Fremd-, Weltsichten gefördert wird. Andererseits begünstigen belastbare Selbst-, Fremd-, Weltsichten die Aktualisierung dieser. Dies ist insofern logisch, da die Aspekte der Weltsicht belastbarer werden, wenn sich Personen intensiv mit diesen Aspekten auseinandersetzen. Zum einen können so die Argumentationslinien gefestigt werden. Zum anderen liegen mehr Informationen zu diesem Aspekt und damit zusammenhängenden Themen vor, sodass es weniger wahrscheinlich ist, dass neue, überraschende Informationen hinzukommen können.

Im Hinblick auf die Belastbarkeit des Fremdbildes – genauer dem Bild von der jeweiligen anderen Person der Beziehung – wurde deutlich, dass die Belastbarkeit mit zunehmender Beziehungsdauer tendenziell steigt. Dies deckt sich mit den Ausführungen von Schnarch (2020, 99) und Felser (2003, 361 f.). So erlebte Constantin eine Differenz im Bereich *Fremdsicht vs. Selbstkundgabe der anderen Person* als Christoph beim Film „der Junge muss an die frische Luft" Emotionen zeigte, wohingegen Gitta beim gleichen Film in dem Bild von Guido als emotionalem Mann bestätigt wurde. Je länger sich Paare kennen, desto unwahrscheinlicher wird es, etwas ganz Neues an der anderen Person zu entdecken.

Zusammengefasst lässt sich sagen, dass die *Belastbarkeit von Selbst-, Fremd-, und Weltsichten* eine intervenierende Bedingung dafür darstellt, ob nach einer Reflexion eine Veränderung oder Aktualisierung der Selbst-, Fremd-, oder Weltsichten folgt. Außerdem nimmt die Belastbarkeit des Fremdbildes tendenziell im Laufe der Beziehung zu.

Zusammenfassung der intervenierenden Bedingungen der Reflexionsstrategie
In Anbetracht der intervenierenden Bedingungen der Reflexionsstrategie zeigt sich erstens, dass die *reflexive Haltung* einen Einfluss darauf hat, ob überhaupt eine Reflexion stattfindet. Zweitens wird deutlich, dass die *Belastbarkeit von Selbst-, Fremd-, und Weltsichten* den Ausgang dieser Reflexion beeinflusst. So folgt auf eine Reflexion bei einer hohen *Belastbarkeit von Selbst-, Fremd-, und Weltsichten* eher eine Aktualisierung dieser und bei eigener geringen Bestreitbarkeit eine Veränderung der Selbst-, Fremd-, oder Weltsichten. Ist die erlebte Differenz zu den eigenen Ansichten massiv, dann kann es bei einer hohen *Belastbarkeit von Selbst-, Fremd-, und Weltsichten* sein, dass die Quelle oder der Inhalt der Differenzverursachung in Frage gestellt wird, statt der eigenen Ansichten.

9.7.4 Zwischenfazit

Mit Blick auf die entwickelte Theorie lassen sich sechs Aspekte zusammenfassen. In Abbildung 9.8 sind überdies die Zusammenhänge der Kategorien visualisiert.

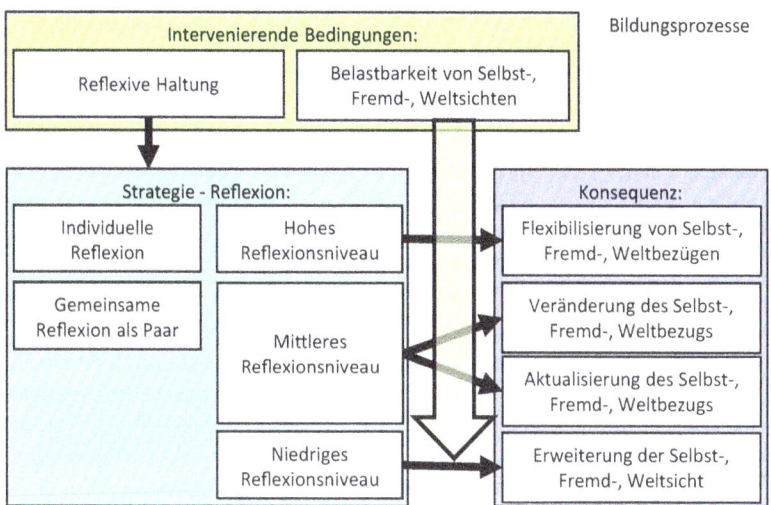

Abbildung 9.8 Zusammenhänge der Kategorien bzgl. Bildungs- und Lernprozessen

1. Im Kontext von Differenzerlebens neigen Personen mit einer ausgeprägten *reflexiven Haltung* diese zu reflektieren. Darauf kann eine *Flexibilisierung von Selbst-, Fremd- und Weltbezüge* oder eine *Veränderung* oder *Aktualisierung des Selbst-, Fremd- und Weltbezugs* oder eine *Erweiterung der Selbst-, Fremd- und Weltsichten* folgen. Reflektiert das Paar gemeinsam das Differenzerleben, kann die Konsequenz eine gemeinsame Konstruktion der Selbst-, Fremd- und Weltbezüge bzw. -sichten sein.

2. Im Kontext der Differenzbereiche *eigener Weltbezug vs. Fremder Weltbezug* und *Fremdbild vs. Selbstkundgabe der anderen Person* können nach Reflexionen des Inhalts des Differenzerlebens eine *Veränderung* oder *Aktualisierung des Selbst-, Fremd- und Weltbezugs* folgen. Ob eine *Veränderung* oder *Aktualisierung* stattfindet, hängt dabei von der Höhe der Differenz und der Belastbarkeit der Weltsicht ab. Mit zunehmender Höhe der Differenz wird eine *Veränderung* als Konsequenz wahrscheinlicher. Andersherum nimmt die Wahrscheinlichkeit für eine *Aktualisierung* mit zunehmender Differenzhöhe ab. Eine sehr starke *Belastbarkeit der Selbst-, Fremd-, und Weltsichten* vermindert jedoch diese Wahrscheinlichkeiten, sodass eine Aktualisierung bei höheren Differenzen wahrscheinlicher ist.

3. Die Konsequenz *Erweiterung der Selbst-, Fremd- und Weltsicht* findet im Kontext der Differenzbereiche *erwartete vs. vorgefundene Welt* und *Fremdbild vs. Selbstkundegabe der anderen Person* statt, wenn die neuen Informationen in das bestehende Bild passen. Paare mit einem hohen *Lernbedürfnis* forcieren diese Konsequenz durch das *Hinzuziehen weiterer Informationen*. Eine Erweiterung hinsichtlich des Fremdbilds der anderen Person der Beziehung zu erleben, wird mit steigender Beziehungsdauer eher unwahrscheinlicher, da die Belastbarkeit dieses Fremdbildes steigt.

4. Unabhängig von der Kontextausgestaltung – also der Höhe der Differenz und dem Differenzbereich – kann nach einer Reflexion des Differenzerlebens an sich eine *Flexibilisierung von Selbst-, Fremd- und Weltbezügen* folgen. Marotzkis (1990) Beschreibung von *Bildung II* bildet genau das ab, was hier mit *Flexibilisierung von Selbst-, Fremd- und Weltbezügen* bezeichnet wird. Da diese Flexibilisierung ihren Ursprung in medienbezogenen Paarinteraktionen hat, entspricht dies medienbezogenen Bildungsprozessen. Aufgrund der Relevanz für die Forschungsfrage werden nachfolgend die zentralen Erkenntnisse zu dieser Konsequenz aufgeführt:

- *Flexibilisierung von Selbst-, Fremd- und Weltbezügen* können unabhängig vom Kontext stattfinden.
- Sie folgen auf eine Reflexion von hohem Niveau, bei der eine Metaperspektive auf das Differenzerleben eingenommen wird.
- Eine ausgeprägte *reflexive Haltung* ist für diese Konsequenz bedeutsam.

5. Die *Veränderung des Selbst-, Fremd- und Weltbezugs* samt vorangegangener Reflexion entspricht Marotzkis (1990) Verständnis von *Bildung I*. Da die ursächlichen Bedingungen medienbezogene Paarinteraktionen sind, finden sich hier letztendlich auch medienbezogene Bildungsprozesse. Da diese für die Forschungsfrage dieser Arbeit besonders bedeutsam sind, folgen nun die zentralen Erkenntnisse dazu:

- *Veränderungen des Selbst-, Fremd- und Weltbezugs* finden in den Differenzbereichen *eigener Weltbezug vs. Fremder Weltbezug* und *Fremdbild vs. Selbstkundgabe der anderen Person* statt.
- Sie folgen auf eine Reflexion mittleren Niveaus, bei der die Ebene des Selbst-, Fremd- und Weltbezugs in den Blick genommen wird.
- Sie brauchen eine mittlere bis hohe Differenz, sodass überhaupt eine Veränderung von der einen Position in Annäherung zur anderen stattfinden kann.

- Je stärker die *Belastbarkeit von Selbst-, Fremd- und Weltsichten*, desto höher muss auch die Differenz sein, um eine Veränderung anstoßen zu können.
- Eine Veränderung des Fremdbezugs in Bezug zur anderen Person der Beziehung zu erleben, wird tendenziell mit steigender Beziehungsdauer unwahrscheinlicher, da die Belastbarkeit dieses Fremdbildes steigt.

6. In Anbetracht der aufgeführten möglichen medienbezogenen Bildungsprozesse im Zusammenhang mit Paarinteraktionen lassen sich zwei Varianten unterscheiden. Erstens die *Veränderungen des Selbst- und Weltbezugs*, welche bei Paaren mit einer reflexiven Haltung und insbesondere bei Paaren mit einem hohen Bildungsbedürfnis im kleineren Rahmen häufig beschrieben wurden. Diese sind zudem durch die Strategie *Hinzuziehen fremder Weltbezüge* forcierbar. Zweitens die *Veränderungen des Fremdbezugs* hinsichtlich der anderen Person der Beziehung und die *Flexibilisierung von Selbst-, Fremd- und Weltbezügen*. Diese sind zum einen aufgrund der zunehmenden Belastbarkeit des Fremdbilds in einer Beziehung und zum anderen durch das hohe Reflexionsniveau und die nötige ausgeprägte reflexive Haltung voraussetzungsvoll. Insofern kann hier von *voraussetzungsärmeren* und *voraussetzungsvolleren* medienbezogenen Bildungsprozessen im Zusammenhang mit Paarinteraktionen gesprochen werden.

9.8 Ursächliche Bedingung – Medienbezogene Paarinteraktionen

Nach Strauss und Corbin (1990) sind die ursächlichen Bedingungen des Phänomens folgendermaßen definiert:

> „Events, incidents, happenings that lead to the occurrence or development of a phenomenon." (Strauss & Corbin, 1990, 96)

Insofern fassen die ursächlichen Bedingungen die Bedingungen zusammen unter denen es zum Phänomen kommt. Im Fall der vorliegenden Arbeit geht es dabei um die Ereignisse, Vorfälle oder Geschehnisse, welche ein medienbezogenes Differenzerleben auslösen, dass es in Paarbeziehung zu balancieren gilt.

Abseits von medienbezogenen Paarinteraktionen zeigten sich in einigen Interviews die Lebensweise und Erfahrungen von vor der Beziehung sowie spirituelle Ansichten und die Aufteilung der Haushaltsaufgaben als Ursachen für Differenzerleben in Paarbeziehungen. Diese sind jedoch nicht für die Fragestellung relevant, weil bei ihnen die Medien fehlen. Außerdem sind – sofern vorhanden – Andeutungen zu nicht-medienbezogenen Bildungsprozessen in den Interviews aufgrund des Fokus des Leitfadens nicht weiter ausgeführt worden. Um ausführlichere Schilderungen zu nicht-medienbezogenen Bildungsprozessen als Kontrastfälle bzw. zur Erweiterung der Theorie um weitere Ursachen zu gewinnen, wäre weitere Forschung mit einem weiteren Fokus notwendig.

In Abschnitt 9.3 wurde bereits ersichtlich, dass *medienbezogene Paarinteraktionen* die ursächliche Bedingung darstellen. Diese stellt in der entwickelten Theorie einen Oberbegriff dar, welcher sich in drei Elemente unterteilen lässt: individuelle Mediennutzung, gemeinsame Mediennutzung und medieninduzierte Paarkommunikation. In Abbildung 9.9 ist die ursächliche Bedingung mit ihren Elementen visualisiert.

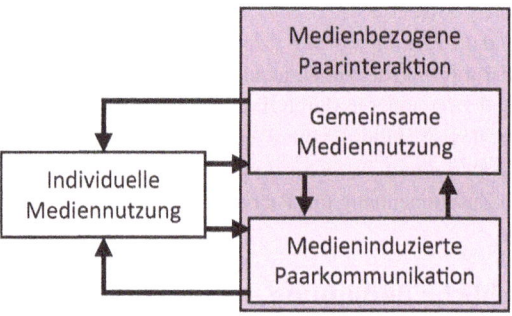

Abbildung 9.9 Visualisierung der ursächlichen Bedingung

Es ist zu sehen, dass sowohl eine *gemeinsame Mediennutzung* als auch eine *medieninduzierte Paarkommunikation* eine *medienbezogene Paarinteraktion* darstellen können. Weiterhin wird deutlich, dass eine *gemeinsame Mediennutzung* eine *medieninduzierte Paarkommunikation* anregen kann. Andersherum kann jedoch auch auf eine *medieninduzierte Paarkommunikation* eine *gemeinsame Mediennutzung* folgen. Beispielsweise recherchieren Paare Informationen miteinander oder beschließen, das Video, von dem eine der beiden Personen berichtet hat, noch einmal zusammen anzuschauen. Darüber hinaus können die *gemeinsame Mediennutzung* als auch die *medieninduzierte Paarkommunikation* eine *individuelle Mediennutzung* von einer oder beider Personen des Paars anregen.

In Anbetracht der drei Elemente der ursächlichen Bedingung ist zu erwähnen, dass diese nicht unverbunden für sich stehen, sondern sich in einem größeren Zusammenhang befinden. So beeinflussen sowohl individuelle und paarbezogene Aspekte als auch übergeordnete Aspekte, wie z. B. das Wetter oder das Weltgeschehen, die ursächlichen Bedingungen. Einige dieser Aspekte sind relativ unveränderbar, andere sind situativ verschieden. Dies wird in Abschnitt 9.9 ausführlich erläutert. Nachfolgend werden die für das Phänomen relevanten Eigenschaften und Dimensionen der *individuellen Mediennutzung* (9.8.1) und *gemeinsamen Mediennutzung* (9.8.2) beschrieben. Hierbei wird jeweils erläutert, wie es von diesen Mediennutzungen zur *medieninduzierten Paarkommunikation* kommen kann. Daraufhin wird die *medieninduzierte Paarkommunikation* dargelegt (9.8.3). Nachdem die einzelnen Elemente der ursächlichen Bedingung ausgeführt wurden, wird insgesamt betrachtet, welche Folgen *medienbezogene Paarinteraktionen* haben können und wie dafür die Elemente, Eigenschaften und Dimensionen zusammenspielen (9.8.4). Abschließend wird ein Zwischenfazit gezogen (9.8.5).

9.8.1   Individuelle Mediennutzung

Ergänzend zu den Formen der *medienbezogenen Paarinteraktion* ist es relevant die *individuelle Mediennutzung* der Paare zu betrachten. Aus dieser *individuelle Mediennutzung* kann sich wie erwähnt eine *medieninduzierte Paarkommunikation* oder auch eine *gemeinsame Mediennutzung* ergeben.

In Kapitel 8 wurde für jedes Paar u. a. die individuelle Mediennutzung beschrieben. Insgesamt spielen dabei audio-visuelle, auditive und rein visuelle Medien eine Rolle, wie z. B. Serien und Filme, Computerspiele, Podcasts, Romane und Zeitungen. Dabei wird auf die visuellen Medien sowohl analog als auch digital zugegriffen. Diese individuellen Mediennutzungsformen finden sich in Studien zur Mediennutzung in Deutschland wieder (Beisch, 2022; Rhody, 2022 und von Oehsen, 2022). Des Weiteren werden regelmäßig Kommunikationsmedien zum Chatten oder (Video-)Telefonieren eingesetzt. Ergänzt wird dies durch verschiedene soziale Medien, wie z. B. Instagram und Internet-Foren. Über Internetseiten oder Apps werden zusätzlich Dienste für die Alltagsorganisation genutzt, wie z. B. Online-Banking oder -Shopping. In Bezug zum Online-Banking wurde mehrfach eine Aufgabenteilung in den Interviews beschrieben.

Im Hinblick auf das Phänomen wurde in der Interviewauswertung deutlich, dass die Dimension der *Häufigkeit der individuellen Mediennutzung* einen Einfluss darauf hat, inwiefern medienbezogene Paarinteraktionen, welche von individueller Mediennutzung ausgehen, vorkommen können. Ergänzend lässt sich der Übergang von der individuellen Mediennutzung zur medienbezogenen Paarinteraktion durch eine *Mikro-Theorie* erklären. *Mikro-Theorie* meint, dass für den Übergang eine Art kleine Grounded Theory entwickelt wurde, welche jeweils Ursachen, Bedingungen,

Strategien und Konsequenzen umfasst. Diese Mikro-Theorie wird nachfolgend mit Fokus auf die relevanten Aspekte für das Phänomen erklärt. Zuletzt werden die Erkenntnisse des Abschnitts zusammengefasst.

Häufigkeit von individueller Mediennutzung
Die Häufigkeit der individuellen Mediennutzung hat einen Einfluss, wie oft medienbezogene Paarinteraktionen, welche von individueller Mediennutzung ausgehen, stattfinden können. Eine solche Häufigkeit kann zwischen *gar nicht* und *sehr häufig* eingeordnet werden. Die Häufigkeit der individuellen Mediennutzung wird nicht an einem Interviewausschnitt ersichtlich, sondern wird durch das gesamte Interview und insbesondere durch die Medientagebücher deutlich. Insofern wird hierzu der Gesamteindruck von dem Interviewpaar formuliert. Patricia und Peter nutzen z. B. Medien meist gemeinsam. Wenn sie individuell Medien nutzen, dann hauptsächlich im Zuge ihrer Ehrenämter. Von allen Paaren im Sample berichtet Paar P von der geringsten individuellen Mediennutzung. Paar F zeigt hingegen die häufigste individuelle Mediennutzung im Sample, weil sie aufgrund der verschiedenen Geschmäcker kaum Medien zusammen nutzen. Überdies nutzt Fabian häufig Medien, wenn Felicia im Reitstall ist. Bei Paar F findet daher eine medienbezogene Paarinteraktion meist bzgl. der individuell genutzten Medien statt.

Mikro-Theorie: Von individueller Mediennutzung zur medienbezogenen Paarinteraktion
Es wurde bereits ausgeführt, dass eine *individuelle Mediennutzung* für das Phänomen nur dann relevant ist, wenn es im Anschluss entweder zu einer *gemeinsamen Mediennutzung* oder zu einer *medieninduzierten Paarkommunikation* kommt. Insofern stellt sich die Frage, wann die Personen der Paarbeziehung einen individuell genutzten Medieninhalt mit der anderen Person teilen bzw. den Medieninhalt der anderen Person mitteilen. Zu dieser Frage finden sich in den Interviews zahlreiche Stellen, in denen die Personen die geteilten Medieninhalte mit Attributen versehen, wodurch sie das (Mit-)Teilen oder nicht (Mit-)Teilen begründen. Beispielsweise beschreibt Alexander im Interviewausschnitt zu den *surfenden Schnecken*, dass er den Inhalt interessant fand und daraus das Bedürfnis für ihn entstand, den Medieninhalt mit Antonia zu teilen. Hinzu kommt, dass er neue Informationen gewonnen hat, die er aufgrund des geteilten Lernbedürfnisses auch Antonia zukommen lassen wollte. Ergänzend zu den so entwickelten *Attributen der Teilungswürdigkeit* zeigt sich, dass das jeweilige *Teilungsbedürfnis* beider Personen der Paarbeziehung beeinflusst, inwiefern Medien(-inhalte) miteinander geteilt werden. Zudem wurden verschiedene *Teilungsstrategien* beschrieben, welche jeweils verschiedene Folgen haben können. Die erste Gruppe von Teilungsstrategien zieht

eine gemeinsame Mediennutzung, die zweite Gruppe eine medieninduzierte Paarkommunikation und die dritte Gruppe keine weitere Paarinteraktionen nach sich.
So wurde eine Mikro-Theorie innerhalb der eigentlichen Theorie entwickelt, um
diesen Ablauf zu beschreiben. Eine Visualisierung dieser Mikro-Theorie findet sich
in Abbildung 9.10.

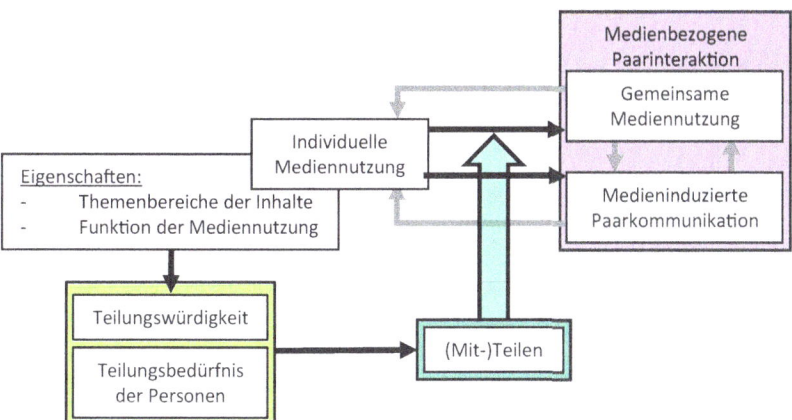

Abbildung 9.10 Visualisierung der Mikro-Theorie zum Übergang von individueller Mediennutzung zur medienbezogenen Paarinteraktion

Aus dieser Mikro-Theorie sind für das Phänomen die folgenden vier *Attribute
der Teilungswürdigkeit* und drei mögliche Folgen der individuellen Mediennutzung relevant. Individuell genutzte Medien(-inhalte) werden mit der anderen Person der Paarbeziehung geteilt, wenn a) eine kognitive Beschäftigung, b) eine emotionale Reaktion, c) ein Validierungs- bzw. Orientierungswunsch ausgelöst wurde
oder d) ein geteiltes Interesse an dem Medieninhalt oder dessen Form besteht. Das
Teilen der individuell genutzten Medien(-inhalte) kann z. B. ein Zeigen, ein darüber Sprechen oder ein Zuschicken bzw. Verlinken sein, sodass auf die individuelle
Mediennutzung a) ein erneuter gemeinsamer Konsum des Medieninhalts, b) eine
medieninduzierte Paarkommunikation oder c), der Kommunikation vorgelagert, ein
Nachholen des Medienkonsums durch die andere Person folgen kann. In Anbetracht
der bereits vorgestellten, vielfältigen Beispiele für medieninduzierte Paarkommunikationen, welche aus individueller Mediennutzung hervorgegangen sind, weisen die
folgenden Themenbereiche ein hohes Potenzial auf, die Attribute der Teilungswürdigkeit zu erfüllen: das aktuelle Weltgeschehen sowie wissenschaftliche, politische

und gesellschaftskritische Themen. Diese stehen insbesondere mit den Funktionen der Information und der Weiterbildung der Mediennutzung im Zusammenhang. Meinhardt hat Marika z. B. mitgeteilt, „dass Donald Trump jetzt verurteilt worden ist (...) zu täglich 10.000 Dollar Strafe, so lange, bis er seine ähm (...) Finanzunterlagen herausgibt" (Interview Paar M, Pos. 206) und Irina hat „ein Buch über Kindererziehung gelesen und Manu ganz viel natürlich erzählt" (Interview Paar I, Pos. 158).

Zusammenfassung zur individuellen Mediennutzung
Im Hinblick auf die individuelle Mediennutzung von Paaren wird ersichtlich, dass erstens deren Häufigkeit einen Einfluss hat, wie oft medienbezogene Paarinteraktionen stattfinden können, welche von individueller Mediennutzung ausgehen. Zweitens wurde deutlich, dass der Übergang von der individuellen Mediennutzung zur gemeinsamen oder zur medieninduzierten Paarkommunikation voraussetzungsvoll ist und sich dafür nicht alle Medien(-inhalte) eignen. Besonders geeignet scheinen Medieninhalte bzgl. des aktuellen Weltgeschehens sowie wissenschaftliche, politische und gesellschaftskritische Themen, welche der Information oder Weiterbildung dienen, zu sein.

9.8.2 Gemeinsame Mediennutzung

Bei der Betrachtung von *gemeinsamer Mediennutzung* im Hinblick auf *medienbezogene Paarinteraktionen* steht das aufeinander bezogene Handeln der Paare im Vordergrund. Dies kann z. B. Bernds Beobachtung von Birgits Reaktion auf das Fußballspiel sein. Es kann miteinander kommuniziert werden, jedoch ist dies mehr eine operative Form der Kommunikation, die sich auf die Interaktion bezieht und nicht im Fokus steht oder eine medienvermittelte Kommunikation deren Inhalt medienunabhängig ist.

Die jeweilige gemeinsame Mediennutzung der Interviewpaare wurde detailliert in Kapitel 8 *Fallportraits* dargelegt. Hierzu lässt sich zusammenfassen, dass vorrangig audio-visuelle Medien, wie z. B. Serien, Filme und YouTube Videos, sowie Medien zur beziehungsinternen Kommunikation Anwendung finden. Diese medienvermittelte Kommunikation kann, wenn es dabei auch inhaltlich um Medien (-inhalte) geht, gleichzeitig als medieninduzierte Paarkommunikation zählen. Die gemeinsame Nutzung rein visueller Medien wurde deutlich seltener beschrieben, wie z. B. das gemeinsame Lesen von Büchern oder Anschauen von Fotoalben. Ergänzend werden verschiedene Anwendungen zur Alltagsorganisation genutzt, wie z. B. geteilte Kalender. Diese spielen allerdings durch ihre eingeschränkten und zweckbestimmten Interaktionsmöglichkeiten und der starken Asynchronität für das Phänomen eine untergeordnete Rolle. Ebenfalls wenig relevant für das Phänomen sind auditive Medien, welche zur Hintergrundbeschallung parallel zu anderen Aktivitäten stattfinden, wie z. B. das Hören der gemeinsamen Spotify-Playlist beim Kochen, da der Fokus der anwesenden Person bei einer solchen Mediennutzung nicht auf den Medien(-inhalten) liegt, sondern auf den jeweiligen Tätigkeiten. Es sind also vielmehr die Medien interessant, die synchron miteinander genutzt werden oder Kommunikationsmedien, bei denen synchron oder asynchron eine direkte Interaktion zwischen den Personen zustande kommt.

Hinsichtlich dieser gemeinsamen Mediennutzung der Paare ist ebenfalls die Dimension der *Häufigkeit* bedeutsam für das Phänomen. Darüber hinaus wurde eine *Mikro-Theorie* entwickelt, um den Übergang von der gemeinsamen Mediennutzung zur medieninduzierten Paarkommunikation zu beschreiben. Diese wird im Anschluss an die Häufigkeit ausgeführt. Zuletzt wird eine Zusammenfassung der Erkenntnisse formuliert.

Häufigkeit von gemeinsamer Mediennutzung
Ähnlich wie bei der individuellen Mediennutzung ist die Häufigkeit der gemeinsamen Mediennutzung eine relevante Eigenschaft. Dabei beruht diese Relevanz jedoch auf dem direkten Einfluss auf das Zustandekommen des Phänomens, weil sich jede gemeinsame Mediennutzung im Kontext von Höhe und Bewertung der erlebten Differenz positionieren lässt. So beeinflusst die Häufigkeit der gemeinsamen Mediennutzung wie oft Differenzerleben mit Medienbezug in Paarbeziehungen erlebt werden können. Auch hier kann die Häufigkeit zwischen *gar nicht* und *sehr häufig* eingeordnet und durch den Gesamteindruck aus den Interviews und Medientagebüchern bestimmt werden. Von allen interviewten Paaren nutzt Paar A am häufigsten Medien(-inhalte) zusammen. Wenn Alexander und Antonia miteinander Zeit verbringen, dann sind Medien meist in irgendeiner Form involviert. Paar N stellt ein Gegenbeispiel dar, da sie eher selten Medien(-inhalte) zusammen nutzen. Die geringe gemeinsame Mediennutzung bei Paar N ist darin begründet, dass sie ihre gemeinsame Zeit oftmals ohne Medien gestalten. Das heißt, im Hinblick auf das Phänomen gibt es quantitativ betrachtet bei Paar A mehr potenzielle Anlässe für das Zustandekommen des Phänomens aufgrund gemeinsamer Mediennutzung als bei Paar N. Hierbei ist jedoch zu berücksichtigen, dass bei Paar N stattdessen eine ausgeprägte medieninduzierte Paarkommunikation aufgrund der individuellen Mediennutzung stattfindet, wodurch das Phänomen zustande kommt. Folglich ist bei den Paaren in Anbetracht des Phänomens die Kombination aus individueller und gemeinsamer Mediennutzung zu betrachten, um einschätzen zu können, inwiefern das Phänomen für sie eine Rolle spielt.

Mikro-Theorie: Von gemeinsamer Mediennutzung zu medieninduzierter Paarkommunikation

Die *gemeinsame Mediennutzung* von Paaren ist zwar an sich bereits relevant für das Phänomen, dennoch stellt sich die Frage unter welchen Bedingungen im Zusammenhang mit einer *gemeinsamen Mediennutzung* eine *medieninduzierte Paarkommunikation* erfolgt. Die Kommunikation kann während, unmittelbar oder verzögert nach der *gemeinsamen Mediennutzung* erfolgen. Zu dieser Frage finden sich in den Interviews verschiedene Gesprächsanlässe. Zwei davon werden im folgendem Interviewausschnitt deutlich:

> **Katharina:** [...] Wir haben jetzt kürzlich so eine Serie geguckt, eine Miniserie, wo es eigentlich um ähm POCs geht und wo ein schwarzer Junge quasi von ähm weißen Eltern großgezogen wird. Und ähm er beschreibt im Grunde, ja, wie ist es, als schwarzer Junge in der weißen Gesellschaft in Amerika groß zu werden und Alltagsrassismus und sehr gesellschaftskritisch und aber auch irgendwie, ja, eine unglaublich schöne Geschichte drumherum so. Und das hat dann, glaube ich, schon sehr zum Nachdenken angeregt. Und da haben wir dann, (...) danach quasi (...) ich weiß nicht, es beginnt eigentlich damit das einer dann irgendwie so sagt: „boah, krass kann man sich gar nicht vorstellen, wie privilegiert wir sind." Und dann geht es in so eine (...) politische Diskussion ist übertrieben, weil wir die gleiche Meinung haben, aber dann tauscht man sich dann einfach da so drüber aus, wie es sein muss, in einer anderen Haut zu stecken so. (...) So? Also / Genau. (...) So, von wegen: „schon krass, dass wir heute noch, dass das jetzt immer noch so ist." Oder wir versuchen, Beispiele zu finden, ähm warum das heute uns immer noch betrifft. Oder (...) ja. #00:29:34-6#
> [...] (Interview Paar K, Pos. 145)

Katharina beschreibt, dass sie mit Kira zusammen eine Miniserie über *People of Colour* gesehen hat. Dazu erklärt sie, dass sie die Serie aufgrund der Thematisierung von Alltagsrassismus in Kombination mit der schönen Geschichte zum Nachdenken angeregt hat. Weiter führt sie aus, dass das gemeinsame Gespräch mit „boah, krass" beginnt. Dies drückt eine gewisse emotionale Betroffenheit bzw. Reaktion auf den Medieninhalt aus, welche artikuliert wird. Der Gesprächsanlass ist somit zum einen das Auslösen einer kognitiven und zum anderen einer emotionalen Reaktion.

Insgesamt konnten vier Gesprächsanlässe in den Daten identifiziert werden. Im Zusammenhang mit einer gemeinsame Mediennutzung kann es zu einer medieninduzierten Paarkommunikation kommen, wenn a) eine kognitive Beschäftigung, b) eine emotionale Reaktion, c) ein Validierungs- bzw. Orientierungswunsch ausgelöst wurde oder d) eine Person eine Expertise zu den Medien(-inhalten) hat und weiterführende Informationen liefern kann. Darüber hinaus zeigt sich, dass die Eigenschaften der jeweiligen Medien(-inhalte) einen Einfluss darauf haben, inwiefern diese Medien(-inhalte) *Gesprächsanlässe* bieten. Hier kommt eine Kombination

aus der Funktion der Mediennutzung, dem Themenbereich und der subjektiv empfundenen Komplexität des Medieninhalts zusammen. So wurde zum Übergang von
einer gemeinsamen Mediennutzung zu einer medieninduzierten Paarkommunikation ebenfalls eine Mikro-Theorie formuliert, welche in Abbildung 9.11 dargestellt
ist. Aus der Mikro-Theorie wird Folgendes hinsichtlich des Phänomens ersichtlich:
Tendenziell werden häufiger Gespräche angestoßen, wenn die genutzten Medieninhalte die Funktionen der Information oder Weiterbildung erfüllen und Themenbereiche wie z. B. das aktuelle Weltgeschehen sowie wissenschaftliche, politische
und gesellschaftskritische Themen behandeln. Außerdem findet eher zu komplexen
Inhalten ein Gespräch statt, als zu leichten Inhalten, welche oftmals mit der Funktion von Unterhaltung und Entspannung verbunden werden. So stellt Niklas in dem
Interview z. B. Filme wie *Batman* und *Enigma* einander gegenüber und erklärt folgendes: „Wenn ich Batman gucke, dann kann ich vielleicht feststellen, dass der gut
war oder schlecht war. Aber der juckt mich inhaltlich halt einfach nicht. [....] Aber
wenn es irgendetwas ist, dass ein Thema anschneidet, wo ich (...) mich persönlich
für interessiere oder zumindest eine gewisse Affinität zu haben, dann mache ich das
auch mich darüber zu unterhalten" (Interview Paar N, Pos. 333–335).

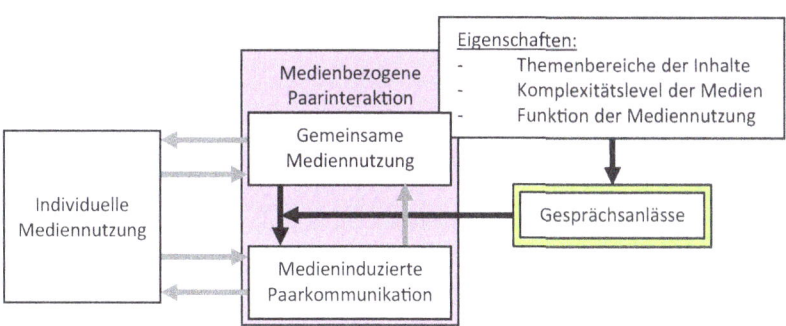

Abbildung 9.11 Visualisierung der Mikro-Theorie zum Übergang von gemeinsamer Mediennutzung zur medieninduzierten Paarkommunikation

Im Hinblick auf die gemeinsame Mediennutzung ist jedoch zu beachten, dass
nicht alle währenddessen stattfindenden Gespräche medieninduziert sind. So wird
bei Paar J in dem folgenden Interviewausschnitt deutlich, dass Themen mit konkreter
Alltagsrelevanz wichtiger sind als die Medieninhalte.

Jana: [...] Wir reden gar nicht so viel über die Serien, die wir gucken. (...) Wir warten
immer nur, dass es weitergeht. (...) Das ist manchmal etwas frustrierend, (...) weil das

alles so lange dauert wegen Corona. #00:49:28-7#
Jens: Und ansonsten ist halt während Serien sprechen wir (...) zwischendurch einfach
über alles andere, über Kinder, über (...) Kirche, über sonst was. #00:49:40-1#
[...] (Interview Paar J, Pos. 284–285)

Laut Jana unterhalten sie sich wenig über Serien. Jens ergänzt, dass sie während des
Serienschauens über Themen mit Alltagsbezug sprechen. Dies sind insbesondere
die Kinder und ihre ehrenamtlichen Tätigkeiten in der Kirche. Entsprechend kann
eine solche Form der gemeinsamen Mediennutzung nicht als ursächliche Bedingung
für das Phänomen und ggf. für medienbezogene Bildungsprozesse gesehen werden.
Zudem wird hier noch einmal der größere Zusammenhang deutlich in dem sich
das Phänomen abspielt, da hier die Kinder und ihre ehrenamtlichen Tätigkeiten die
Kommunikation beeinflussen.

Zusammenfassung zur gemeinsamen Mediennutzung
Hinsichtlich der gemeinsamen Mediennutzung von Paaren zeigt sich, dass erstens
die Häufigkeit beeinflusst, wie oft das Phänomen direkt oder mittelbar über medieninduzierte Paarkommunikationen zustande kommen kann. Zweitens wurde ersichtlich, dass der Übergang von der gemeinsamen Mediennutzung zur medieninduzierten Paarkommunikation voraussetzungsvoll ist und nicht alle Medien(-inhalte)
dafür geeignet sind.

9.8.3 Medieninduzierte Paarkommunikation

Bei der medieninduzierten Paarkommunikation liegt der Fokus auf der Kommunikation und nicht auf dem medialen Handeln. Hierbei findet entweder während
oder nach der Mediennutzung oder medienvermittelt eine Kommunikation des Paars
statt, die durch Medieninhalte angestoßen wurde. Den Ergebnissen nach kann dieser
Anstoß einerseits direkt sein, sodass sich z. B. über den Plot eines Films unterhalten
wird. Andererseits kann dies indirekt geschehen, sodass z. B. eine Person durch
einen konsumierten Medieninhalt zu einem Thema ins Nachdenken kommt und
später mit der jeweils anderen Person der Beziehung darüber spricht und ggf. den
Medieninhalt unerwähnt lässt.

Für jedes Paar wurde die medieninduzierte Paarkommunikation in Kapitel 8
ausgeführt. Diesbezüglich lassen sich verschiedene Formen dieser Kommunikation clustern, welche in diesem Abschnitt als *Formen der medieninduzierten
Paarkommunikation* erläutert werden. Zuerst wird die Dimension der *Häufigkeit*

medieninduzierter Paarkommunikation erläutert, da sie für das Zustandekommen des Phänomens relevant ist.

Häufigkeit der medieninduzierten Paarkommunikation
Wie auch bei der gemeinsamen Mediennutzung hat die Häufigkeit der medieninduzierten Paarkommunikation einen Einfluss darauf, inwiefern Differenzen mit Medienbezug in Paarbeziehungen erlebt werden können. Entsprechen kann die Häufigkeit ebenfalls zwischen *gar nicht* und *sehr häufig* eingestuft werden. In Anbetracht aller Interviewpaare haben Alexander und Antonia die häufigsten medieninduzierten Paarkommunikationen. Zum einen nutzen sie sehr häufig Medien zusammen und sprechen darüber in vielfältiger Weise miteinander. Zum anderen haben beide ein hohes Bedürfnis individuell genutzte Medieninhalte der anderen Person mitzuteilen. Bei Laura und Lukas geht hingegen aus den Interviews bei beiden ein relativ geringes Teilungsbedürfnis hervor. Sie nutzen zwar häufig individuell Medien, es wird aber nicht davon berichtet, dass die Medieninhalte mit anderen Personen geteilt werden, außer es betrifft ganz alltagspraktisch ihre Tochter. Zusätzlich nutzen sie kaum Medien gemeinsam, sodass es wenig Anlässe für medieninduzierte Paarkommunikation gibt. Aus diesem Grund findet sich auch kein Interviewausschnitt der beiden im bisherigen Ergebnisteil dieser Arbeit, weil ihre Ausgestaltung der Mediennutzung wenig relevant für die Darstellung des Phänomens ist. Die Fälle wurden jedoch in der Theorieentwicklung berücksichtigt und dahingehend analysiert, wieso das Paar kaum Situationen beschrieb, in denen das Phänomen auftauchte. Insofern lassen sich bei Paar A mehr potenzielle Anlässe für das Zustandekommen des Phänomens finden als bei Paar L.

Formen der medieninduzierten Paarkommunikation
Hinsichtlich der Formen der medieninduzierten Paarkommunikation können diese zwischen drei Arten unterschieden werden. Solche, die im Zusammenhang mit 1.) der individuellen Mediennutzung, 2.) der gemeinsamen Mediennutzung oder 3.) der Mediennutzung allgemein stehen. Nachfolgend werden zu diesen drei Arten die verschiedenen Formen der medieninduzierten Paarkommunikation aufgeführt. Hierbei ist zu berücksichtigen, dass diese Kommunikationsformen nicht zwangsläufig für sich stehen, sondern mehrere aufeinander folgen oder miteinander vermischt sein können. Wie diese verschiedenen Formen der medieninduzierten Paarkommunikation mit dem Phänomen und ggf. mit medienbezogenen Bildungsprozessen zusammenhängen wird im nachfolgenden Abschnitt erläutert.

Zu 1.) Nach einer individuellen Mediennutzung:

- Nacherzählen von Medieninhalten, z. B. Nora erzählt Niklas den Inhalt eines Instagram Posts.
- Abgleich des Informationsstandes zu Medieninhalten, z. B. stellen Nora und Niklas fest, dass sie beide den gleichen Post von *Quarks* gelesen haben.

Zu 2.) Im Zusammenhang mit gemeinsamer Mediennutzung:

- Einbringen der Expertise, z. B. Olvia: „ja, ist denn schon viel, dass uns wir im Nachhinein austauschen und ich ihm dann auch sage: ‚Meine Eltern haben mir das so und so erzählt. Und das war so und so. (...) Das ist das, was ich im Geschichtsunterricht dazu gelernt habe'" (Interview Paar O, Pos. 136).
- Spekulationen zum weiteren Verlauf der Story, z. B. Antonia: „Bei der Fanfic war es halt etwas Anderes. Da konnten wir halt zusammen spinnen. Okay, was passiert da wohl als nächstes? Was könnte da kommen?" (Interview Paar A, Pos. 187).
- Austausch über Machart von Medieninhalten, z. B. Antonia: „Oder auch was hätte der Fanfic-Autor besser machen können?" (Interview Paar A, Pos. 187).
- Bewertung des Medieninhalts, z. B. Lukas: „Also, es war dann früher schon so, dass wir dann gefragt haben, ne? Wie fandest du den? Fandest du den gut? War der gut? War der schlecht?" (Interview Paar L, Pos. 111).

Zu 3.) Im Zusammenhang mit Mediennutzung im Allgemeinen:

- Austausch über eigene Ansichten, z. B. tauschen Constantin und Christoph ihre Ansichten zum Vorfall in Würzburg aus.
- Austausch über Evokationen, z. B. äußert sich Katharina zur Miniserie über POCs.
- Herstellen eines Bezugs zum eigenen Leben, z. B. sprechen Katharina und Kira nach der Serie über POCs über ihre eigenen Privilegien.

Die gerade aufgeführten Kommunikationsformen fallen unter das Konzept der „eigenständigen Medienrekonstruktion" (Keppler, 1995, 234). Hierbei stehen das Rezipieren, Beschreiben, Interpretieren und Diskutieren eines Medieninhalts im Zentrum eines Gesprächs. Des Weiteren lässt sich durch die Arbeit von Keppler (1995) theoretisch herleiten, dass zusätzlich sogenannte *eingebaute Bezugnahmen* auf Medien(-inhalte) in Paarkommunikationen vorkommen können. Hier werden

in allgemeinen Gesprächen Informationen oder Ereignisse aus den Medien einge-
baut (Keppler, 1995, 220 ff.). Diese wurden wahrscheinlich nicht in den Interviews
beschrieben, weil der Medienanteil so gering ist, dass sie daher bei medienbezogenen Fragen nicht erinnert wurden.

Zusammenfassung zur medieninduzierten Paarkommunikation
Insgesamt wird zur medieninduzierten Paarkommunikation deutlich, dass erstens
auch hier die Häufigkeit dieser einen Einfluss darauf hat, inwiefern Differenzen mit
Medienbezug in Paarbeziehungen erlebt werden können. Zweitens wurde ersichtlich, dass medieninduzierte Paarkommunikationen verschiedene Formen annehmen
können, welche sich aufgrund der vorhergegangen Mediennutzung unterscheiden.

9.8.4   Folgen von medienbezogenen Paarinteraktionen

In diesem Abschnitt werden die verschiedenen Formen von medienbezogenen Paarinteraktionen dahingehend betrachtet, inwiefern sie zum Phänomen führen und welche Konsequenzen sie ermöglichen können.

Folgen von gemeinsamer Mediennutzung
Die gemeinsame Mediennutzung von Paaren führt immer zum Zustandekommen
des Phänomens, sodass ein Differenzerleben in den vier Differenzbereichen positioniert werden kann. Oftmals fällt dieses Differenzerleben in den Bereich der Stabilität
und wird daher kaum beachtet. Ein besonderes Destabilisierungspotenzial bietet die
gemeinsame Mediennutzung jedoch für den Bereich *eigenes Erleben vs. Wahrnehmung des Erlebens der anderen Person*. In diesem Kontext ist es potenziell denkbar,
dass es nach einem Ausbalancieren und einer Reflexion dessen zu einer Flexibilisierung des Weltbezugs kommen kann, wie z. B. in Fallbeispiel I von Bernd. Zudem ist
ein Differenzerleben im Bereich *Fremdbild vs. Selbstkundgabe der anderen Person*
möglich, welches eine Veränderung oder Aktualisierung des Fremdbilds der anderen Person nach sich ziehen kann. Dies zeigte sich z. B. bei den Paaren C und G in
Bezug zum Film „der Junge muss an die frische Luft".
     Ergänzend kann unabhängig von der Paarbeziehung eine Differenz in den Berei-
chen *eigener vs. fremder Weltbezug* und *erwartete vs. vorgefundene Welt* erlebt
werden. Dabei ist die Differenz zwischen einer der Personen und dem Medieninhalt
verortet. Auf diese können eine Veränderung des Selbst- und Weltbezugs oder eine
Erweiterung der Weltsicht folgen.

Folgen von Bewertungen der Medieninhalte
In den Interviews zeigte sich, dass Paare über die Bewertung von Medieninhalten nach der gemeinsamen Mediennutzung sprechen. Bei der medieninduzierten Paarkommunikationsform besteht ein Destabilisierungspotenzial, weil Differenzen im Bereich *eigenes Erleben vs. Wahrnehmung des Erlebens der anderen Person* entdeckt werden können, die bei der Interaktion des gemeinsamen Medienkonsums unentdeckt blieben. Weiterhin ist es möglich, dass die erwartete Bewertung der anderen Person von deren tatsächlicher Bewertung abweicht, sodass eine Erweiterung des Fremdbilds als Folge entstehen kann.

Folgen vom Nacherzählen von Medien und vom Abgleich des Informationsstandes
Das *Nacherzählen von Medieninhalten* und der *Abgleich des Informationsstandes* wurden in den Interviews als medieninduzierte Kommunikationsformen nach der individuellen Mediennutzung beschrieben. Beim Nacherzählen steht die individuelle Mediennutzung einer Person im Fokus, beim Informationsabgleich die beiden Personen des Paars. Zu diesen Kommunikationsformen zeigt sich in den Daten, dass sie an sich meist ohne Destabilisierung ablaufen. Allerdings kann eine Differenz im Bereich *erwartete vs. vorgefundene Welt* erlebt werden, wenn eine Person durch diese Kommunikation neue Informationen erhält. Entsprechend kann eine Erweiterung der Weltsicht folgen. Allerdings wurde in den Interviews ersichtlich, dass auf diese Kommunikationsformen meist ein *Austausch über die eigenen Ansichten* oder über *Evokationen* folgt.

Folgen vom Austausch über die eigenen Ansichten und über Evokationen
Die Paarkommunikationsformen *Austausch über die eigenen Ansichten* und über *Evokationen* können den Daten nach sowohl auf individuelle oder gemeinsame Mediennutzungen folgen. Sie zeigen in den Interviews das stärkste Destabilisierungs- und zugleich das höchste Bildungspotenzial. Auf der einen Seite wurden Balance-Strategien zum Ausbalancieren der Destabilisierung beschrieben, bei denen ein solcher Austausch mit der anderen Person der Beziehung vermieden und ggf. mit anderen Personen geführt wird. Auf der anderen Seite wurden Balance-Strategien zum Ausbalancieren der statischen Stabilität aufgeführt, um einen solchen Austausch überhaupt zu ermöglichen. Der adressierte Differenzbereich ist der *eigene vs. fremde Weltbezug* und ggf. in der Wahrnehmung der Äußerungen der anderen Person der Bereich *Fremdbild vs. Selbstkundgabe der anderen Person*. Zudem sind die in den Daten beschriebenen Veränderungen oder Aktualisierungen des Selbst-, Fremd- und Weltbezugs meist auf diese beiden Kommunikationsformen zurückzuführen.

Folgen vom Einbringen der Expertise

In den Interviews wurde das *Einbringen der Expertise* sowohl während als auch nach der gemeinsamen Mediennutzung beschrieben. Zudem zeigte es sich als Reaktion auf das *Nacherzählen von Medien*. Im Zusammenhang mit der medieninduzierten Paarkommunikationsform kann potenziell eine höhere Differenz im Bereich *erwartete vs. vorgefundene Welt* erlebt werden. In Folge dessen wurden in den Interviews mehrfach Erweiterungen der Weltsicht von der jeweils anderen Person beschrieben. Weiterhin ist das Destabilisierungspotenzial eher gering, weil diese Kommunikationsform der Ausprägung der Balance-Strategie zur Erhöhung von Differenz, dem *Hinzuziehen weiterer Informationen*, entspricht, welche Paare vielmehr aus der *statischen Stabilität* herausbringt.

Folge der Herstellung eines Bezugs zum eigenen Leben

Das *Herstellen eines Bezugs vom Medieninhalt zum eigenen Leben* wurde in den Interviews im Anschluss an gemeinsame Mediennutzungen beschrieben. Hierbei besteht wenig Destabilisierungspotenzial. Vielmehr kann diese Form der Kommunikation bereits als Art der *Reflexion* eingeordnet werden, sodass es möglich ist, dass der Selbstbezug danach aktualisiert oder verändert wurde.

Folgen von Spekulationen zum weiteren Verlauf der Story und vom Austausch über die Machart von Medieninhalten

Spekulationen zum weiteren Verlauf der Story und *Austausch über die Machart von Medieninhalten* sind medieninduzierte Kommunikationsformen die in den Interviews im Anschluss an die gemeinsame Mediennutzung geschildert wurden. In Bezug auf diese Formen der medieninduzierten Paarkommunikation sind Differenzerleben in allen Bereichen denkbar. Dies ist darin begründet, dass in diesen Kommunikationen die Personen jeweils ihre Wahrnehmung des Medieninhalts, ihre Weltsicht und ihren Weltbezug zum Ausdruck bringen, sodass diesbezüglich und hinsichtlich des Fremdbilds der anderen Person im Abgleich mit ihren Äußerungen zu diesen Bereichen Unstimmigkeiten spürbar werden können. Insofern sind alle Konsequenzen möglich, die nach einer Reflexion folgen können. Es zeigt sich allerdings in den Interviews, dass dies eher lockere Gespräche sind, bei denen die Aussagen der anderen Person weniger in der Bedeutung für die eigene Person reflektiert werden. Insofern finden sich in den Daten keine Beschreibungen von Bildungs- oder Lernprozessen.

Zusammenfassung zu den Folgen der medienbezogenen Paarinteraktionen

Für das Phänomen haben all diese medienbezogenen Paarinteraktionen Relevanz. Ein besonders hohes Destabilisierungspotenzial zeigt sich bei der *gemeinsamen*

Mediennutzung und dem *Austausch zu den eigenen Ansichten und Evokationen.* Zudem ist zum einen das *Einbringen der Expertise* gleichzeitig eine Balance-Strategie, um die Differenz zu erhöhen. Zum anderen ist das *Herstellen eines Bezugs zum eigenen Leben* zugleich eine gemeinsam durchgeführte Reflexion. Hier wird erneut die Prozesshaftigkeit der entwickelten Theorie deutlich, da die Anwendungen der Strategien immer wieder Auslöser des Phänomens mit verändertem Kontext sein können.

Mit Blick auf die Forschungsfrage dieser Arbeit wird hinsichtlich der Folgen der jeweiligen Formen der medienbezogenen Paarinteraktionen deutlich, dass die *gemeinsame Mediennutzung* unabhängig von einer ergänzenden Kommunikation den Ausgangspunkt für *voraussetzungsvolle Bildungsprozesse* darstellt, also für die Prozesse deren Konsequenzen die *Flexibilisierung von Selbst-, Fremd-, und Weltbezügen* oder die *Veränderung des Fremdbezugs* sind. Für *voraussetzungsärmere Bildungsprozesse* – bei denen am Ende eine *Veränderung des Selbst- und Weltbezugs* steht – sind die medieninduzierte Paarkommunikation über die eigenen Ansichten und über Evokationen sowie das *Herstellen eines Bezugs* zum eigenen Leben potenzielle Ausgangspunkte. Für diese Form der Bildungsprozesse reicht die reine medienbezogene Paarinteraktion anscheinend nicht aus, stattdessen ist eine Paarkommunikation notwendig. Für Lernprozesse ist das *Einbringen der Expertise* besonders aussichtsreich. Ergänzend können Lernprozesse nach dem *Nacherzählen von Medieninhalten,* dem *Abgleich des Informationsstandes* und der *Bewertung von Medieninhalten* erfolgen. *Spekulationen zum weiteren Verlauf der Story* und der *Austausch über die Machart von Medieninhalten* bieten zwar vielfältige Potenziale, doch aufgrund des lockeren kommunikativen Settings wird davon wenig Gebrauch gemacht.

9.8.5 Zwischenfazit

Für diesen Abschnitt lassen sich fünf Aspekte bzgl. des Phänomens zusammenfassen:

1. Medienbezogene Paarinteraktionen stellen die ursächliche Bedingung des Phänomens dar. Ohne Mediennutzung und ohne einen Übergang von der individuellen Mediennutzung zur medienbezogenen Paarinteraktion kommt es nicht zu medienbezogenen Differenzerleben.
2. Medienbezogene Paarinteraktionen können gemeinsame Mediennutzungen oder medieninduzierte Paarkommunikationen sein. Eine individuelle Mediennutzung kann zu einer medienbezogenen Paarinteraktion führen.

3. Die Häufigkeit der Mediennutzung hat insofern einen Einfluss auf das Zustandekommen des Phänomens, dass bei einer geringen (individuellen und gemeinsamen) Mediennutzung das Phänomen seltener anzutreffen ist. Ist jedoch die individuelle Mediennutzung hoch und die gemeinsame gering – oder andersherum –, dann ergeben sich daraus andere Formen des Zugangs zum Phänomen, welche je nach Zusammenspiel der kontextuellen und intervenierenden Bedingungen mit anderen Konsequenzen zusammenhängen.

4. Als Anlass für medieninduzierte Paarkommunikationen fungiert nach einer individuellen Mediennutzung ein *geteiltes Interesse an dem Medieninhalt oder dessen Form* und nach einer gemeinsamen Mediennutzung die *Expertise einer Person zu den Medien(-inhalten)*, sodass diese weiterführende Informationen liefern kann. Außerdem stellen eine *kognitive Beschäftigung*, eine *emotionale Reaktion* und ein *Validierungs- bzw. Orientierungswunsch* Gesprächsanlässe im Zusammenhang mit Mediennutzung allgemein dar.

5. Mit Blick auf die Forschungsfrage der Arbeit werden drei Punkte deutlich:

- Die gemeinsame Mediennutzung, unabhängig von einer ergänzenden Kommunikation, stellt den Ausgangspunkt für *voraussetzungsvollere Bildungsprozesse* und damit für die *Flexibilisierung von Selbst-, Fremd-, und Weltbezügen* oder die *Veränderung des Fremdbezugs* dar.
- Medieninduzierte Paarkommunikation über die eigenen Ansichten und über Evokationen sowie das Herstellen eines Bezugs zum eigenen Leben sind potenzielle Ausgangspunkte für *voraussetzungsärmere Bildungsprozesse* und somit für eine *Veränderung des Selbst- und Weltbezugs*.
- Dem Nacherzählen von Medieninhalten, dem Abgleich des Informationsstandes und der Bewertung von Medieninhalten können Lernprozesse folgen.

9.9 Die Bedingungsmatrix

In den vorherigen Kapiteln wurde ersichtlich, dass verschiedene ursächliche, kontextuelle und intervenierende Bedingungen das Phänomen beeinflussen. Wird das Phänomen in einem größeren Zusammenhang betrachtet, so fallen zusätzlich Bedingungen auf, die die aufgeführten Bedingungen beeinflussen. An vielen Stellen wurden diese Aspekte in den vorangegangenen Abschnitten bereits erwähnt. Nachfolgend soll noch einmal der Fokus auf die verschieden miteinander verbundenen Bedingungen gelegt werden. Hierzu werden die Ergebnisse in die sogenannte *Bedingungsmatrix* eingeordnet (Strauss & Corbin, 1990, 158 ff.), die in Abbildung 9.12 dargestellt ist, und ihre Verbindungen kurz erläutert. Ziel dieser Darstellung ist es aufzuzeigen, dass das Phänomen und die in der entwickelten Theorie beschriebenen Prozesse nicht in einem luftleeren Raum stattfinden, sondern in weitere Kontexte eingebettet sind. Dabei werden für jede Ebene die in den Daten identifizierten Bedingungen geschildert. Hierbei werden die Bedingungen der verschiedenen Ebenen nur aufgeführt, da sie in den vorangegangenen Kapiteln bereits aus den Daten herausgearbeitet und erläutert wurden. Zusätzlich werden Bedingungen erläutert, welche aus der Literatur abgeleitet wurden und daher als provisorisch gelten (Strauss & Corbin, 1990, 162).

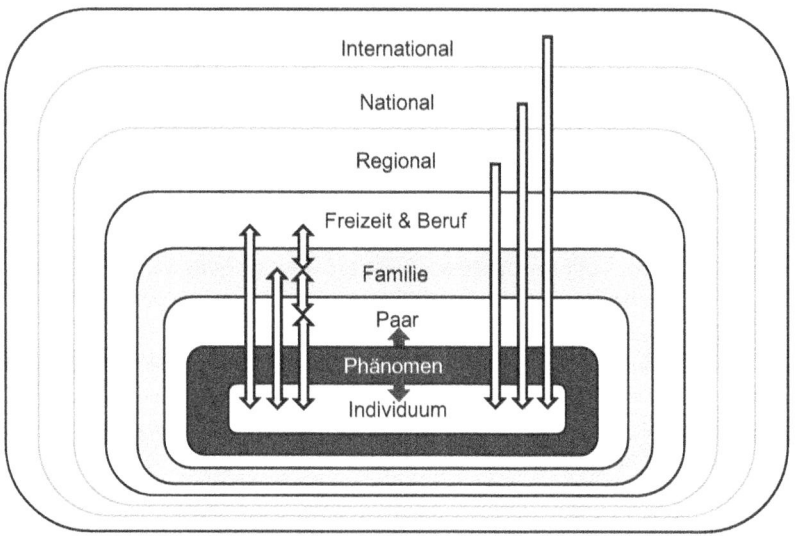

Abbildung 9.12 Bedingungsmatrix für die Ergebnisse dieser Arbeit

Im Kern der Bedingungsmatrix befindet sich sowohl die Individualebene als auch die Paarebene auf denen sich das Phänomen hauptsächlich abspielt.

Individualebene
Als Bedingungen auf Individualebene konnten mehrere Aspekte aus den Daten herausgearbeitet werden. Erstens beeinflussen die Präferenzen zur Mediennutzung, eigene Interessen, Einstellungen zu Medien, technische Kompetenzen und die Biographie der Personen die stattfindende Mediennutzung. Zweitens ist das medienbezogene Teilungsbedürfnis auf der Individualebene zu verorten, welche das Zustandekommen von medienbezogenen Paarkommunikationen beeinflusst.

Drittens beeinflusst die individuelle Ausgestaltung der Medienkompetenz der Personen zudem, welche Formen von medienbezogenen Kommunikationen geführt werden. Darüber hinaus formulierte Groeben (2002) verschiedene Dimensionen von Medienkompetenz zu denen u. a. die *Anschlusskommunikation* gehört. Diese umfasst die Fähigkeiten und Motivation, die ein Individuum für eine kommunikative Auseinandersetzung zu Medien(-inhalten) benötigt. Diese individuelle Kompetenz ist somit theoretisch relevant für das Zustandekommen einer medieninduzierten Paarkommunikation und damit auch für das Phänomen. Viertens wurden in den Daten teilweise medienbezogene Geschlechterunterschiede deutlich. Bei der Mediennutzung der älteren Paare im Sample ist die von Röser et al. (2019) beschriebene unterschiedliche Präferenz von Endgeräten zu beobachten. Bei den Paaren über 55 Jahren nutzen Frauen bevorzugt mobile Endgeräte und Männer präferieren den Desktop-PC. Mit Ausnahme von Paar B und D haben diese Paare nur einen Desktop-PC, welche die Frauen mitbenutzen. Bei den gemischtgeschlechtlichen Paaren unter 55 Jahren ist die Mediennutzung zwischen den Geschlechtern deutlich ausgeglichener. Im Umgang mit medienbezogenen Differenzerleben oder bei den intervenierenden Bedingungen zeigen sich zwischen den befragten Frauen und Männern keine deutlichen Unterschiede. Hier ist jedoch zu berücksichtigen, dass sich das Phänomen auf Paarinteraktionen bezieht, sodass individuelle Verhaltensweisen oder Merkmale in dem Zusammenspiel in den Hintergrund rücken. Zu non-binären Personen können keine Aussagen gemacht werden, weil davon keine im Sample vorhanden sind. Fünftens ergibt sich aus den Interessen der Personen, der beruflichen Branche und der Herkunft eine spezifische Expertise, die in medieninduzierte Paarkommunikationen eingebracht werden kann. Dies wurde insbesondere bei *lernbegierigen Paaren* ersichtlich. Folglich haben diese Aspekte einen Einfluss auf Differenzerleben, die Chancen für Lernprozesse darstellen. Sechstens bedingt das individuelle Entwicklungsbedürfnis die Bewertung von Differenzerleben. Siebtens beeinflussen die reflexive Haltung und die Belastbarkeit von Selbst-, Fremd- und Weltsichten inwiefern Lern- oder Bildungsprozesse erlebt werden können.

Weiterhin können aus der Literatur Aspekte abgeleitet werden, die Bedingungen auf der Individualebene hinsichtlich des Phänomens darstellen. So beschreiben Wardecker et al. (2016), dass der Bindungsstil und der Hang zur emotionalen Überforderung bei Konflikten die Wahl von Kommunikationsmedien bedingt. Zudem wird bei Wölfer (2003) ein Einfluss des Bildungsstils auf das Konfliktverhalten im Allgemeinen ersichtlich. Auch wenn es beim Phänomen um Differenzen und nicht um Konflikte geht, ist dennoch anzunehmen, dass diese Aspekte auch die medieninduzierte Kommunikation zu hohen, negativ bewerteten Differenzen beeinflussen. Ähnliches gilt für die Übertragung der intervenierenden Bedingungen der von Howell (2014) beschriebenen Konfliktstrategien. Howell beschreibt, dass in Bezug auf Konflikte die Individuen verschiedene Strategien wählen, je nachdem wie wichtig ihnen ihre eigene Agenda und die betroffene Beziehung ist. Entsprechend ist es denkbar, dass die Bedeutsamkeit der eigenen Sicht und die der Beziehung im Hinblick auf Differenzerleben, die zwischen den Personen der Paarbeziehung verortet sind, die Wahl der Strategien beeinflussen. Darüber hinaus ist zu erwarten, dass das individuelle Wohlbefinden die Mediennutzung, das Entwicklungsbedürfnis, das Teilungsbedürfnis und das kommunikative Setting beeinflussen und somit für das Phänomen relevant sind.

Paarebene

In den Daten zeigt sich, dass auf der Paarebene erstens ein Zusammenspiel einiger Aspekte der Individualebene stattfindet. Diese Aspekte sind zum einen die jeweiligen Präferenzen zur Mediennutzung, welche die gemeinsame Mediennutzung beeinflussen. So zeigt sich, dass tendenziell die Männer im Sample für das Einrichten von Technik und Lösen von technischen Problemen zuständig sind. Wohingegen die Frauen im Sample stärker kommunikative Aufgaben übernehmen. Diese Reproduktion von klassischen Geschlechterrollen wurde auch bei Röser et al. (2019) in Bezug zur Gerätewahl und bei Linke hinsichtlich der „arbeitsteiligen Mediennutzung und der arbeitsteiligen Medienkompetenz [deutlich]"(Linke, 2012). Zum anderen kommen die medienbezogenen Teilungsbedürfnisse und die Entwicklungsbedürfnisse der beiden Personen zusammen. Zweitens wurde in den Daten ersichtlich, dass die Paaridentität und die dazugehörige Kommunikationskultur, Beziehungsbiographie und gemeinsame Alltagsgestaltung Bedingungen dieser Ebene darstellen. Diese können als *kommunikatives Repertoire* nach Linke (2010) zusammengefasst werden. Diese Bedingungen beeinflussen das Zustandekommen von medienbezogenen Paarinteraktionen, das kommunikative Setting und Präferenzen für die Auswahl der Balance-Strategien. Drittens wurde deutlich, dass Vorerfahrungen mit dem Ausbalancieren von Differenzerleben auf das Phänomen Einfluss nehmen. Meinhardt berichtet z. B., dass er seine Meinung zurückhält, wenn er davon ausgeht, dass sie keine konstruktive Unterhaltung zu dem Thema führen können. Stattdessen blendet er die Differenz aus, weil bei vorherigen Differenzerleben keine Kompromisse zustande kamen.

Familiensebene

Die nächst höhere Ebene ist die der Familie, zu der in den Daten mehrere Aspekte gefunden wurden, die das Phänomen beeinflussen. Dort zugehörige Aspekte, wie Haushaltspflichten, Kinder, zu pflegende Angehörige u. Ä. beeinflussen sowohl das kommunikative Setting als auch die individuelle und gemeinsame Mediennutzung der Paare. Zudem stellen andere Familienmitglieder Referenzen für die

Auseinandersetzung mit Weltsichten dar, wie es z. B. bei Paar P im Fallbeispiel II die Enkel waren. Zugleich haben die Paarinteraktionen wiederum Einfluss auf die Familie. Gitta und Guido binden ihre Tochter z. B. gelegentlich in ihre vom geteilten Lernbedürfnis angetriebenen Recherchen mit ein, sodass dies nicht nur eine Beziehungsroutine, sondern eine Familienroutine darstellt.

Des Weiteren wird die Mediennutzung der Personen der Paarbeziehung durch die familiären Dynamiken zur Mediennutzung gerahmt, wie z. B. der gemeinsame Fernsehabend (Röser et al., 2019), die Anschaffung von Mobiltelefonen zur familiären Vernetzung (Feldhaus, 2004) oder das Revue Passieren lassen von Fernsehsendungen (Keppler, 1995).

Ebene von Freizeit und Beruf
Die nächste Ebene betrachtet die Freizeitgestaltung und den Beruf, wozu auch ehrenamtliche Aktivitäten gehören. Laut Daten beeinflussen diese erstens die zeitlichen und kognitiven Ressourcen, welche sich auf das Familienleben und das jeweilige kommunikative Setting für die Paarkommunikation auswirken. Zweitens können auf dieser Ebene Mediennutzungen stattfinden, die Gesprächsanlässe in der Paarbeziehung darstellen. Drittens bedingt diese Ebene insbesondere finanzielle Ressourcen, welche die Verfügbarkeit von Geräten und den Zugang zu Medieninhalten beeinflussen. Viertens wird deutlich, dass Personen, die Auseinandersetzungen mit Aspekten anderer Weltsichten aus der Beziehung auslagern, diese mit Personen der Ebene von Freizeit und Beruf führen und so ihrem Bildungsbedürfnis nachgehen, wenn dies in der Beziehung zu bestimmten Themen nicht möglich ist.

Regionale, nationale und globale Ebene
Hinsichtlich der regionalen, nationalen und globalen Ebene wurden mehrere Aspekte in den Daten ersichtlich, welche einen Einfluss auf das Phänomen haben. Die drei Ebenen werden hier zusammen beschrieben, weil die folgenden Aspekte auf jeder dieser Ebene bestehen und sich nur aufgrund ihrer Reichweite unterscheiden. Erstens sind hier die politische Lage und das Weltgeschehen zu nennen. Auf der einen Seite bietet die mediale Berichterstattung zu diesen Bereichen verschiedene Gesprächsanlässe, welche zu medieninduzierten Paarkommunikationen führen können. Auf der anderen Seite erklärten Birgit, Jana und Olivia, dass sie spezielle Medien aufgrund der Berichterstattung über die politische Lage und das Weltgeschehen meiden, da sie dies aktuell nicht ertragen können. Das heißt, hier wurde von einer Einschränkung der Mediennutzung aufgrund des aktuellen Weltgeschehens berichtet. Hieran wird noch einmal ersichtlich, dass die verschiedenen Ebenen miteinander verschränkt sind und in ihrer je spezifischen Konstellation das Zustandekommen des Phänomens fördern und verhindern. Zweitens ist der Aspekt der Herkunft auf

diesen Ebenen relevant, weil sich aufgrund der nationalen Ebene Unterschiede in der Medienwahl ergeben, wenn Personen mit Migrationshintergrund die politische Lage und das Geschehen in ihrem Heimatland oder dem Heimatland ihrer (Groß-)Eltern medial verfolgen. Dies konnte im Sample beobachtet werden. Eine Relevanz für das Zustandekommen und die Ausgestaltung des Phänomens auf regionaler Ebene zu diesem Aspekt lässt sich nicht aus den Daten, aber aus der Literatur ableiten. Auf der regionalen Ebene bestehen nach von Frey-Vor, Kessler und Mohr (2021) kleinere Unterschiede im Vergleich der Mediennutzung zwischen Ost- und Westdeutschland. So werden in Ostdeutschland weniger mobile Geräte genutzt, welches sich durch die Infrastruktur, das Alter und das Einkommen erklären lässt. Es zeigt sich also eine Verbindung der regionalen Ebene mit der Individualebene. Überdies ist in Westdeutschland die Mediennutzungsdauer im Durchschnitt geringer als in Ostdeutschland. Dies könnte einen Einfluss darauf haben, wie oft es bei Paaren zu medienbezogenen Differenzerleben kommt. Zusätzlich wird in Ostdeutschland eine größere Abweichung zwischen der eigenen Wahrnehmung und der öffentlichen Berichterstattung ausgemacht als in Westdeutschland. Es ist möglich das diese größere Abweichung das Phänomen beeinflusst, da so eine höhere Differenz zwischen dem eigenen Weltbezug und einem fremden, in den Medien dargestellten Weltbezug erlebt werden kann. Drittens spielen regional betrachtet das Wetter und national bzw. global gesehen das Klima und die Jahreszeiten eine Rolle für das Phänomen. Hierzu gehören Temperatur, Sonneneinstrahlung, Windstärke, Luftfeuchtigkeit und Luftdruck. In einigen Interviews wurde deutlich, dass die Paare im Winter häufiger fernsehen und im Sommer den Abend lieber draußen verbringen. Entsprechend beschreiben z. B. Martin, Wetzelhütter und Grüb (2021) einen Einfluss von Wetter auf die Social Media-Nutzung. Allerdings heißt das auch, dass bei bestimmtem Wetter mehr Zeit und Raum für Gespräche sein könnte, so wie sich z. B. Paar B gerne beim Spazieren gehen austauscht. Insofern beeinflusst dies auch das kommunikative Setting. Im Übrigen ist das Wetter auch für das individuelle Wohlbefinden der Personen relevant und somit auch mit der untersten Ebene der Bedingungsmatrix verbunden.

Weiterhin wurde bei Linke (2012) ersichtlich, dass verschiedene Aspekte der individuellen Medienpraxen und diesbezügliche Unterschiede innerhalb der Paare gesamtgesellschaftlich betrachtet mit struktureller Ungleichheit zusammenhängen, wie z. B. Einstellungen zu Medien, technische Kompetenzen, Medienkompetenzen, technische Ausstattung und infrastrukturelle Anbindung.

9.10   Typenbildung – Paare im Umgang mit medienbezogenen Differenzerleben

Im Hinblick auf das Phänomen und die Forschungsfrage zeigten sich bei der Auswertung die folgenden fünf Typen von Paaren, welche bestimmten Konstellationen von Differenzerleben ausgesetzt sind und diese auf eine für sich typische Weise ausbalancieren. Das Vorgehen bei der Typenbildung wurde in Abschnitt 7.4. erläutert.

- Das entwicklungsfreudige Paar (9.10.1)
- Das wertschätzend-kontroverse Paar (9.10.2)
- Das stabilisierende Paar (9.10.3)
- Das lernbegierige Paar (9.10.4)
- Das alltagsbezogene Paar (9.10.5)

Für die Typenbildung wurden dabei nur Differenzerleben einbezogen, die sich durch die medieninduzierte Paarkommunikation in den Bereichen *eigener vs. fremder Weltbezug* oder *erwartete vs. vorgefundene Welt* ergeben. Das heißt, es wurden hierbei nur die Umstände betrachtet unter denen *voraussetzungsärmere medienbezogene Bildungsprozesse* beschrieben wurden. Dies ist darin begründet, dass *voraussetzungsvollere medienbezogene Bildungsprozesse* – bei denen die anderen Bereiche von Differenzerleben relevant sind – nicht typisiert werden können, wegen der komplexeren notwendigen Voraussetzungen. Zudem liegen nicht genügend Beschreibungen dieser Bildungsprozesse vor, um anhand derer Typen bilden zu können. Folglich bieten die aufgeführten Typen einen Erklärungsgehalt unter welchen Voraussetzungen *voraussetzungsärmere medienbezogene Bildungsprozesse* typischerweise stattfinden oder ausbleiben.

Bei diesen Typen ist zu beachten, dass die Zugehörigkeit eines Paars zu einem Typ nicht bedeutet, dass sie immer entsprechend agieren. Stattdessen zeigt der Typ nur das typische Verhalten des Paars an, wie es sich in den jeweiligen Interviews darstellte. Hierbei können auch Paare zwei Typen zugeordnet werden, wie es z. B. bei Paar E der Fall ist. Weiterhin sind Typen nicht statisch, sondern von der Lebenssituation abhängig und können sich somit verändern. Insofern stellen die formulierten Typen eine Vereinfachung der real ablaufenden Prozesse dar.

Nachfolgend werden die fünf Typen beschrieben, deren Positionierungen im Kontext der Höhe und der Bewertung von Differenz in Abbildung 9.13 visualisiert sind. Zum Abschluss des Abschnitts folgt eine Zusammenfassung und Einordnung der Ergebnisse.

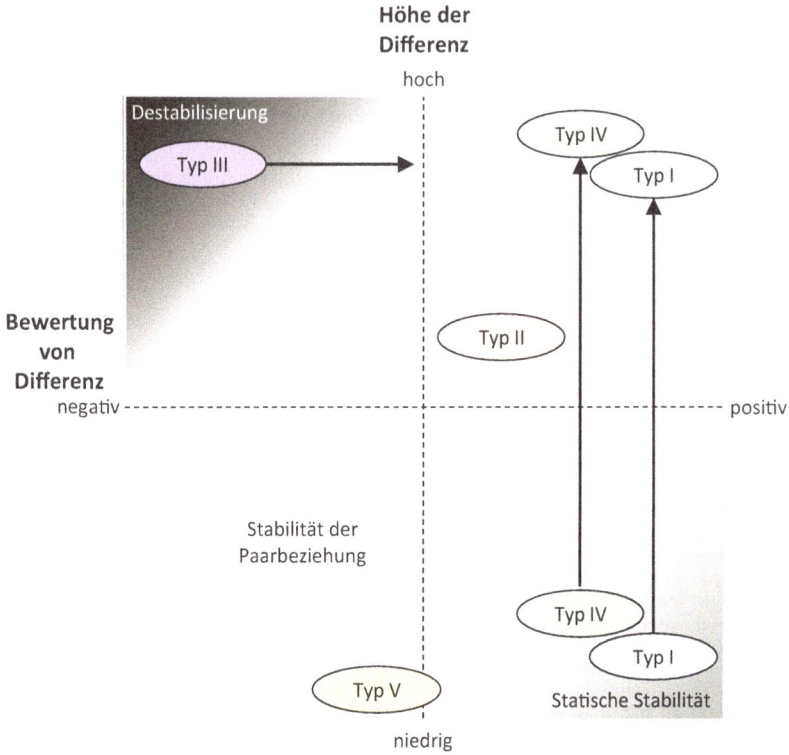

Abbildung 9.13 Typen positioniert im Kontext der Höhe und Bewertung von Differenz

9.10.1 Typ I – Das entwicklungsfreudige Paar

Bei dem *entwicklungsfreudigen Paar* besteht üblicherweise eine niedrige medienbezogenen Differenz zwischen den Personen der Paarbeziehung im Bereich *eigener
vs. fremder Weltbezug*. Beide Personen der Paarbeziehung zeichnen sich außerdem durch ein hohes *Bildungsbedürfnis* aus, sodass sie Differenz positiv bewerten und als Ressource betrachten. Insofern erleben sie eine statische Stabilität,
welche sie aufgrund ihres hohen Bildungsbedürfnisses als destabilisierend für die
Paarbeziehung wahrnehmen. Dem begegnen sie durch die *Erhöhung der Differenz*, insbesondere durch das *Hinzuziehen fremder Weltbezüge*. Hierbei gestalten
sie das *kommunikative Setting* so, dass es günstig für einen Austausch ist. Diese

medieninduzierte Paarkommunikation beginnt nach einer individuellen oder gemeinsamen Mediennutzung typischerweise mit einem *Austausch über die eigenen Ansichten und über Evokationen* sowie das *Herstellen eines Bezugs zum eigenen Leben.* Bei der jeweiligen Mediennutzung stehen das aktuelle Weltgeschehen sowie politische und gesellschaftliche Themen im Vordergrund. Die erhöhte Differenz bearbeiten sie durch eine gemeinsame, kommunikative Reflexion. Darauf folgt, wenn die betroffene Weltsicht nicht zu belastbar ist, eine Veränderung des Weltbezugs. Diese findet oftmals in Form eines gemeinsam konstruierten Weltbezugs statt und stabilisiert zusätzlich die Beziehung. Insgesamt wurde in den Daten deutlich, dass dieses für sie typische Vorgehen den Paaren Freude bereitet und an sich eine beziehungsstärkende Funktion entfaltet.

An und für sich hätte dieser Typ als *bildungsfreudiges Paar* bezeichnet werden können, weil das hohe *Bildungsbedürfnis* ein zentrales Merkmal darstellt. Da es diesen Paaren in ihrer Selbstwahrnehmung jedoch vielmehr um Entwicklung, als um Bildung geht, wurde die Bezeichnung *entwicklungsfreudiges Paar* gewählt.

Dieser Typ wurde in Fallbeispiel II deutlich. Zwar macht Patricia ihr Vorgehen an dem Beispiel der Klimakrise fest, trotzdem zeigen Peters Formulierungen, dass es sich um ein typisches Vorgehen bei ihnen handelt. Überdies wird auch bei Paar K dieser Typ deutlich, wenn Kira beschreibt, dass sie extra ein Buch liest mit einer anderen Meinung, um diese dann mit Katharina diskutieren zu können. Außerdem lassen sich Birgit und Bernd als *entwicklungsfreudiges Paar* einordnen, da sie beim gemeinsamen Spazierengehen regelmäßig ihre Perspektiven zu Medieninhalten miteinander austauschen. Bernd sagt dazu: „Ich finde das auch sehr GUT eine andere Meinung zu einem Thema hören. Das bringt mich insgesamt weiter" (Interview Paar B, Pos. 70). Hier macht er deutlich, das es ihm um ein ‚weitergebracht werden' geht, welches als Entwicklung verstanden werden kann. Paar E gehört teilweise auch zu diesem und zum nächsten Typ. Dies wird im nächsten Abschnitt erläutert.

9.10.2 Typ II – Das wertschätzend-kontroverse Paar

Das *wertschätzend-kontroverse Paar* unterscheidet sich im Kontext vom *entwicklungsfreudigen Paar* insbesondere durch die Höhe der erlebten medienbezogenen Differenz zwischen den Personen der Paarbeziehung. Hier ist die Differenz im Bereich *eigener vs. fremder Weltbezug* mittel bis hoch und wird ebenfalls eher positiv bewertet. Das Differenzerleben befindet sich somit im Bereich der Stabilität der Paarbeziehung. Die Ursache der Differenzerleben hat die gleichen Eigenschaften, wie die bei den *entwicklungsfreudigen Paaren*: Der Übergang von einer

individuellen oder gemeinsamen Mediennutzung zu einer medieninduzierten Paarkommunikation erfolgt typischerweise durch einen *Austausch über die eigenen
Ansichten und über Evokationen* sowie das *Herstellen eines Bezugs zum eigenen
Leben*. Im Vordergrund der Mediennutzung stehen dabei das aktuelle Weltgeschehen sowie politische und gesellschaftliche Themen. Trotz Positionierung im Bereich
der Stabilität setzen sich *wertschätzend-kontroverse Paare* mit den Themen auseinander. Diese Auseinandersetzung kann als gemeinschaftliche kommunikative
Reflexion der kontroversen Perspektiven der beiden Personen verstanden werden.
Diese findet in einem geeigneten kommunikativen Setting mit einem hohen Maß
an Perspektivenübernahme statt, welches durch die gegenseitige Wertschätzung der
anderen Person und deren Unterschiedlichkeit ergänzt wird. Als Konsequenz können eine Veränderung und/oder eine Aktualisierung des Weltbezugs folgen. Hier
ist es möglich, dass eine Person eine Aktualisierung und die andere Person eine
Veränderung erlebt.

Bei der Erzählung zum Vorfall in Würzburg von Constantin und Christoph konnten die verschiedenen Merkmale eines *wertschätzend kontroversen Paars* gefunden
werden. So besteht eine Differenz mit der sie konstruktiv zurechtkommen. Dabei
kennen sie ihre verschiedenen Charaktere und wissen damit umzugehen. Auch Paar
F gehört zu diesem Typ, da sie verschiedene politische Ansichten vertreten und trotzdem die Fragen und Einwürfe der anderen Person ernst nehmen. Darüber hinaus
lässt sich auch Paar E diesem Typ zuordnen. Dies variiert je nachdem, ob Eleonora
und Eckhard die gleiche Meinung oder unterschiedliche Meinung bzgl. Themen aus
den Nachrichten vertreten.

9.10.3 Typ III – Das stabilisierende Paar

Der Unterschied vom *stabilisierenden Paar* zu den ersten beiden Typen besteht
in der negativen Bewertung der Differenz und dem ungeeigneten kommunikativen
Setting mit einem geringen Maß an Perspektivenübernahme. So erlebt ein *stabilisierendes Paar* eine mittlere bis hohe Differenz im Bereich *eigener vs. fremder
Weltbezug* und gelangt in den Bereich der Destabilisierung. Für den Umgang mit
diesem medienbezogenen Differenzerleben wird das langfristige *Ausblenden der
Differenz* und die Fokussierung auf Gemeinsamkeiten genutzt, um die Paarbeziehung zu restabilisieren. Die jeweilige medienbezogene Differenz ist bei stabili-
renden Paaren von einem größeren Ausmaß, sodass diese Paare fortwährend im
Kontext ihrer Mediennutzung die Strategie des *Ausblendens* einsetzen und somit
fortwährend an der Stabilisierung ihrer Beziehung arbeiten. Aus diesem Grund
wurde der Typ *das stabilisierende Paar* genannt. Zum einen werden daher aus der

individuellen oder gemeinsamen Mediennutzung resultierende Gedanken und Evokationen zum aktuellen Weltgeschehen sowie zu politischen und gesellschaftliche Themen nicht miteinander geteilt. Zum anderen werden bei der gemeinsamen Mediennutzung keine gesellschaftlichen Inhalte gewählt.

Wenn eine oder beide Personen ein hohes Bildungsbedürfnis haben, dann wird zusätzlich das *Auslagern von Differenz* genutzt und so möglicherweise Weltbezug-verändernde Diskussionen außerhalb der Paarbeziehung geführt. Alles in allem liegt der Fokus dieser Paare auf der Stabilisierung der Paarbeziehung und nicht auf der gemeinsamen, produktiven Auseinandersetzung mit Medieninhalten.

Dieser Typ ließ sich von den Paaren H und M ableiten. Diese Paare haben zwar unterschiedliche Gründe, wieso das *kommunikative Setting* ungeeignet und das Maß an Perspektivenübernahme gering ist, der Umgang mit der medienbezogenen Differenz ist aber sehr ähnlich. Bei Paar H sind es die verschiedenen Perspektiven und bei Paar M das Antizipieren eines Konflikts bevor ein Gespräch angefangen wurde. Die Beziehung wird durch ein langfristiges Ausblenden stabilisiert und Hannah und Marika suchen sich andere Personen zum Diskutieren. Da die Differenz bei beiden Paaren ein größeres Ausmaß hat, wird dieser Typ in den beiden Interviews mehrfach deutlich.

9.10.4 Typ IV – Das lernbegierige Paar

Beim *lernbegierigem Paar* kommen zwei Personen mit einem hohen Lernbedürfnis zusammen, die jeweils spezifische Expertisen aufweisen. Das medienbezogene Differenzerleben bei diesem Typ findet im Bereich *erwartete vs. vorgefundene Welt* statt. Entweder lassen sich die Personen im Zuge ihrer gemeinsamen Mediennutzung an der jeweiligen Expertise teilhaben, sodass eine mittlere bis hohe Differenz von einer Person erlebt wird, oder sie ziehen durch Medieninhalte weitere Informationen hinzu und erleben gemeinsam die mittlere bis hohe Differenz zur erwarteten Welt. Das *Hinzuziehen weiterer Informationen* kann durch gemeinsame Recherchen oder die bewusste Auswahl der Medieninhalte erfolgen. Hier werden besonders wissenschaftliche Themen bevorzugt, wie z. B. Medizin, Biologie, Physik oder auch Psychologie. Weiterhin teilen die Personen eines *lernbegierigen Paares* Medieninhalte häufig miteinander, an denen ein gemeinsames Interesse besteht. Insofern ist die Mediennutzung dieser Paare vielfach von der Strategie der Differenzerhöhung bestimmt, sodass die Ursache des Phänomens und die Balance-Strategie miteinander verschwimmen. Als Konsequenz steht eine individuelle oder gemeinsame Erweiterung der Weltsicht. Da beide Personen ein hohes Lernbedürfnis haben, beschreiben sie dieses Vorgehen als bereichernd. Ergänzend wird in den Daten deutlich, dass

dieses Vorgehen den Paaren Freude bereitet und sie eine Stabilisierung der Paarbeziehung erleben.

Dieser Typ wurde bei den Paaren A, D, G, I, N und O ersichtlich. Bei Paar A
hat er eine naturwissenschaftliche Expertise und sie hat ein umfangreiches Wis-
sen zu Fantasy- und Anime-Serien. Dorothe bringt aufgrund ihrer Herkunft eine
Niederlande-Expertise in die Beziehung mit ein, während Dietrich der Experte für
Technik und Mechanik ist. Bei Paar O sind die jeweiligen Expertisen ebenfalls an der
Herkunft festgemacht, sodass Oscar zu Frankreich und Olivia zu Deutschland die
Expertise in der Beziehung hat. Bei Gitta und Guido ist sie Expertin für Politik und
er für Ingenieurswissenschaften. Irina hat das Fachgebiet Medizin und Immanuel
Technik. Die jeweiligen Expertisen werden nicht nur einfach so in den Paaralltag
integriert, sondern auch durch medienbezogene Paarinteraktionen unterstützt. Dies
können das gemeinsame Schauen von Videos oder Reportagen zur Expertise einer
Person sein, bei der beide noch etwas lernen, oder auch die inhaltliche Ergänzung
und Erklärung von Medieninhalten durch die Person mit der betreffenden Expertise. Bei diesen Paaren wurde deutlich, dass das starke Interesse an der Expertise
der anderen Person mit einer Identifikation mit dieser Expertise zusammenhängt
und eine starke Paaridentität präsentiert wurde.

9.10.5 Typ V – Das alltagsbezogene Paar

Bei dem *alltagsbezogenem Paar* bestehen zwei Varianten. Bei beiden liegt der Fokus
der Personen jedoch auf der Alltagsbewältigung und es wird kaum ein Entwicklungsbedürfnis deutlich. Bei der ersten Variante finden aufgrund des Alltags kaum
gemeinsame Mediennutzungen und medieninduzierte Paarkommunikationen statt.
Eine Ausnahme stellen dabei Mediennutzungen und Paarkommunikationen dar,
welche der Alltagsorganisation dienen. Insofern kommt es bei diesen Paaren zu
keinen medienbezogenen Differenzerleben, wodurch das Phänomen insgesamt für
sie irrelevant ist. Bei der zweiten Variante können intensive gemeinsame Mediennutzungen stattfinden und auch medieninduzierte Paarkommunikationen, die die
Personen jedoch keine oder nur eine niedrige medienbezogene Differenz erleben
lassen. Anders als bei *entwicklungsfreudigen* oder *lernbegierigen Paaren* wird die
Differenz nicht absichtlich erhöht. Der Grund hierfür kann zum einen sein, dass
die Personen dieses Typs allgemein ein geringes *Entwicklungsbedürfnis* aufweisen
oder dass sie durch ihre starke Einbindung in den Alltag wenig Kapazität haben
ihr *Entwicklungsbedürfnis* auszuleben. Insgesamt ist das Phänomen für diese Paare
ebenfalls wenig relevant.

In den Daten zeigt sich dieser Typ bei Paaren, die mit wenig fremder Unterstützung Kleinkinder zu versorgen haben, wie z. B. Paar J und Paar L. Bei Paar L wurde im Hinblick auf die Mediennutzung aufgezeigt, dass dort wenig Gemeinsames stattfindet, weil beide Arbeiten und einen Säugling zu versorgen haben. In Bezug zu Paar J wird deutlich, dass sie die gemeinsame Mediennutzung für den alltagsbezogenen Austausch gebrauchen und so nur selten medienbezogene Differenzerleben zustande kommen, die Anlass für medienbezogene Bildungsprozesse bieten. Aus diesem Grund waren diese Paare als Kontrastfälle bei Theorieentwicklung beteiligt, um die Bedingungen für das Fehlen von Schilderungen zur Auseinandersetzung mit der Selbst-, Fremd- und Weltsicht bzw. dem jeweiligen Bezug herauszuarbeiten. Daher finden sich die beiden Paare kaum in den vorherigen Abschnitten wieder.

9.10.6 Zwischenfazit

Im Hinblick auf die gebildeten Typen sind das *entwicklungsfreudige Paar* und das *wertschätzend-kontroverse Paar* besonders bedeutsam für die Bearbeitung der Forschungsfrage, weil sie entweder miteinander oder aneinander aktiv ihren Weltbezug herausfordern und so Bildungsprozesse wahrscheinlich machen. Insofern fassen diese beiden Typen die Bedingungen zusammen, unter denen Veränderungen des Selbst- und Weltbezugs üblicherweise zu finden sind. Ergänzt werden diese Typen durch das *lernbegierige Paar*, da *Lernen* zur *strukturalen Bildungstheorie* dazugehört. Obwohl *Lernen* eine Stufe unter *Bildung* in der Bildungstheorie steht, komplettiert dieser Typ im Sinne der Theorie das Modell. Die Typen des *stabilisierenden Paars* und des *alltagsbezogenen Paars* sind insofern nicht relevant für die Forschungsfrage, da sich bei einem entsprechenden typischen Verhalten wenig Anlässe mit Bildungspotenzial innerhalb der Beziehung ergeben. Nichtsdestotrotz zeigt sich bei ihnen, welche Bedingungen hinderlich für das Zustandekommen von Bildung- oder Lernprozessen sind: das mehrheitliche Ausblenden oder Auslagern von Differenz sowie selten stattfindende medieninduzierte Paarkommunikationen. Hierbei ist zu erwähnen, dass kein Typ besser oder schlechter ist. Jeder von ihnen sorgt auf seine eigene Weise für eine funktionale, stabile Beziehung. Der Unterschied besteht in dem Vorliegen oder nicht-Vorliegen der Voraussetzungen für die sogenannten *voraussetzungsärmere Bildungsprozesse*. Nichtsdestotrotz sind bei allen Typen *voraussetzungsvollere medienbezogene Bildungsprozesse* möglich. Bei diesen können entweder Flexibilisierungen von Selbst-, Fremd- und Weltbezügen vollzogen werden, solange eine ausgeprägte reflexive Haltung besteht oder Veränderungen des Fremdbezugs möglich sein aufgrund eines Differenzerlebens im Bereich *Fremdbild vs. Selbstkundgabe der anderen Person*. Darüber hinaus ist zu beachten, dass Paare nicht fest einem dieser Typen zugeordnet werden können. Stattdessen können die Typen zum einen je nach Lebensumständen variieren, sodass das *alltagsbezogene Paar* ein Typus ist, der sich gerade bei Paaren mit sehr jungen Kindern finden ließ. Zum anderen können Paare zu mehreren Typen gehören, sodass es auf die Situation ankommt, welcher Typ dominant ist. Dies wird z. B. bei Paar E deutlich. Eleonora und Eckhardt haben in vielen Aspekten ähnliche Ansichten und erhöhen deshalb wegen ihres hohen Entwicklungsbedürfnisses die Differenz, dort entsprechen sie eher Typ I. Bei den Aspekten, wo ihre Ansichten unterschiedlich sind, finden wertschätzende, aber kontroverse Diskussionen statt, sodass sie sich Typ II zuordnen lassen.

Diskussion der Ergebnisse 10

Nachfolgend werden die vorgestellten Ergebnisse diskutiert. In Abschnitt 10.1 findet hierzu eine inhaltliche und in Abschnitt 10.2 eine forschungsmethodische Diskussion statt.

10.1 Inhaltliche Diskussion der Ergebnisse

Nun werden die Ergebnisse dieser Arbeit inhaltlich diskutiert. Hierbei werden Anschlüsse an Theorien und den Forschungsstand hergestellt, Hypothesen und offene Fragen formuliert sowie die Übertragbarkeit der entwickelten Theorie erörtert. Dabei werden die, in dieser Arbeit bearbeiteten, Themenbereiche jeweils zu den Ergebnissen in Beziehung gesetzt. Zuerst erfolgt eine Einordnung der Ergebnisse in die strukturale (Medien-)Bildung (10.1.1). Daraufhin wird die Relevanz von Paarbeziehungen für medienbezogene Bildungsprozesse bestimmt (10.1.2). Daran schließt die Einordnung der Ergebnisse in Bezug zu Paarbeziehungen und Aspekten der Paarforschung an (10.1.3). Darauf folgt die Auseinandersetzung zur Relevanz von Medien in den Ergebnissen (10.1.4) und die Verknüpfung der Ergebnisse mit dem Forschungsstand zur alltäglichen Mediennutzung von Paaren (10.1.5). Zuletzt werden alle Themenbereiche zusammengenommen auf ihren Antwortgehalt für die Forschungsfrage betrachtet (10.1.6).

10.1.1 Einordnung der Ergebnisse in die strukturale (Medien-)Bildung

In der empirischen Auseinandersetzung mit der strukturalen (Medien-) Bildungstheorie von Marotzki (1990) und Marotzki und Jörissen (2010) wurden

© Der/die Autor(en) 2025
S. Schlachter, *Differenzerleben als Balanceakt*,
https://doi.org/10.1007/978-3-658-46014-3_10

erweiternde Elemente identifiziert sowie neue Perspektiven gewonnen. Darüber hinaus wird betrachtet inwiefern diese Arbeit auch dem zentralen Kritikpunkt von Nohl et al. (2015) an der *strukturalen Bildungstheorie* unterliegt.

Aktualisierung von Selbst-, Fremd-, Weltbezug als Erweiterung der Bildungstheorie

Hinsichtlich der Aktualisierung des Selbst-, Fremd- und Weltbezugs ist anzumerken, dass diese in dieser Arbeit als Konsequenz einer reflexiven Auseinandersetzung mit Medieninhalten identifiziert wurde. Nach Marotzki zählt dieses Vorgehen nicht als Bildungsprozess, weil keine Veränderung stattfindet. Nichtsdestotrotz stellt die Aktualisierung des Selbst-, Fremd- und Weltbezugs eine sinnvolle Erweiterung der strukturalen Bildungstheorie dar, um diese produktive Auseinandersetzung mit dem Selbst-, Fremd- und Weltbezug zu würdigen. Zudem wurde in dieser Arbeit die Hypothese aufgestellt, dass diese Aktualisierungsprozesse die Belastbarkeit des Selbst-, Fremd- und Weltbezugs steigern und damit Veränderungen erschweren. Dies müsste jedoch in weiteren Studien überprüft werden.

Neue Perspektiven auf Bildungspotenziale von Medieninhalten

In Abschnitt 2.2 wurde an der *strukturalen Medienbildung* nach Marotzki und Jörissen die zu starke Fokussierung der Bildungspotenziale von Medieninhalten kritisiert (Bettinger, 2018, 87). Durch die Ergebnisse dieser Arbeit werden zu den Bildungspotenzialen von Medien(-inhalten) drei Aspekte ersichtlich: Erstens zeigt sich, dass die von Marotzki und Jörissen (2010) formulierten medienbezogenen Bildungspotenziale nur hinsichtlich Veränderungen des Selbst- oder Weltbezugs angenommen werden können. Ob Medien(-inhalte) das Potenzial haben eine Flexibilisierung von Selbst-, Fremd- und Weltbezügen anzustoßen lässt sich nicht vorweg mutmaßen. Dies wurde in der vorliegenden Arbeit deutlich, da für die sogenannte *Bildung II* die Gesamtsituation entscheidender ist als nur die Form oder der Inhalt des genutzten Mediums. Zweitens wird unter der Perspektive der Ergebnisse dieser Arbeit deutlich, dass bei der Analyse des Bildungspotenzials von Medien(-inhalten) nur das Potenzial der Erzeugung einer Differenz zum Selbst- oder Weltbezug der nutzenden Person oder zum Anstoß eines Differenzerleben innerhalb der Person ermittelt wird. Außen vor bleiben dabei die für Interaktionsgefüge spezifischen Differenzbereiche des *eigenen Erlebens vs. der Wahrnehmung des Erlebens der anderen Person* und der *Fremdsicht vs. der Selbstkundgabe der anderen Person*. Drittens genügt es der entwickelten Theorie nach nicht nur die Medien(-inhalte) zu betrachten und deren Bildungspotenziale zu formulieren. Stattdessen zeigten sich die reflexive Haltung der jeweiligen Person und ihr Bildungsbedürfnis als intervenierende Bedingungen. Folglich lässt sich die Hypothese formulieren, dass Bildungspotenziale ähnlichen intervenierenden Bedingungen unterliegen wie die Bildungsprozesse im Paarinteraktionsgefüge. So wäre es denkbar, dass Personen mit einer ausgeprägten reflexiven Haltung und einem hohen Bildungsbedürfnis auch bei Medien(-inhalten), welche zunächst wenig Potenzial dafür zu haben scheinen, einen Bildungsprozess erleben können. Andersherum mag das Bildungspotenzial eines Medieninhalts hoch eingeschätzt worden sein, doch aufgrund eines geringen Bildungsbedürfnisses und/oder einer geringen reflexiven Haltung für Personen nicht nutzbar sein. Inwiefern sich die Ergebnisse zu den intervenierenden Bedingungen für Bildungsprozesse auf Bildungsprozesse von Einzelpersonen übertragen lassen, müsste im Rahmen weiterer Forschung untersucht werden.

Berücksichtigung von Bildung und Lernen
Nohl et al. (2015) kritisieren an der *strukturalen Medienbildung* die zu starke Fokussierung auf Bildungsprozesse und die Vernachlässigung von Lernprozessen in zugehörigen empirischen Arbeiten. Bei der vorliegenden Arbeit wurden zwar Bildungsprozesse aufgrund der Forschungsfrage fokussiert, dennoch wurde in der Analyse deutlich, dass sich unter veränderten Bedingungen Lernprozesse ergeben können. Diese wurden gleichwertig in die entwickelte Theorie aufgenommen. Dies wurde nicht von Vornherein so angestrebt, sondern ergab sich aufgrund des Interviewmaterials.

10.1.2 Relevanzbestimmung von Paarbeziehungen für medienbezogene Bildungsprozesse

In diesem Abschnitt wird zuerst diskutiert, welche Aspekte einer Paarbeziehung förderlich sind für das Zustandekommen von medienbezogenen Bildungsprozessen und inwiefern hier Unterschiede zu medienbezogenen Bildungsprozessen bei Einzelpersonen bestehen. Anschließend wird erläutert, inwiefern Paare sich von anderen möglichen Interaktionsgefügen in Bezug auf medienbezogene Bildungsprozesse abgrenzen lassen.

Förderliche Aspekte von Paarbeziehungen für medienbezogene Bildungsprozesse
Bei der entwickelten Theorie zeigt sich, dass Paarbeziehungen mehrere für medienbezogene Bildungsprozesse förderliche Aspekte bieten. Dazu gehört erstens, dass die andere Person eine zusätzliche Perspektive auf Welt bietet, welche ein medienbezogenes Differenzerleben auslösen und zu einer Reflexion des eigenen Weltbezugs führen kann. Zweitens ist es von Vorteil, dass sich die jeweils andere Person ggf.

nicht in derselben medialen Filterblase bewegt und dadurch andere Informationen zu einem Thema dazu kommen oder eine kritischere Haltung besteht. Hierdurch können insbesondere bei *wertschätzend-kontroversen Paaren* konstruktive Diskussionen angestoßen werden. Drittens ist das gemeinsame Diskutieren und Reflektieren von Medieninhalten eine Praxis, die insbesondere *entwicklungsfreudigen Paaren* Freude bereitet und eine beziehungsstärkende Funktion hat. Das fördert die Ausübung dieser Praxis. Entsprechend beschreibt Höflich (2016), dass im Zusammenhang mit medieninduzierter Kommunikation soziale Bedürfnisse relevant sind. Ergänzend bietet die Paarbeziehung für medienbezogene Lernprozesse den Vorteil, dass durch die jeweils andere Person auch Themen herangetragen werden, mit denen sich die Personen ggf. sonst nicht so beschäftigen würden. Dies ist insbesondere bei *lernbegierigen Paaren* zu sehen, bei denen verschiedene Expertisen zusammenkommen. So sammeln beide Personen der Beziehung im Laufe der Beziehung viel Wissen zu den Interessensgebieten der anderen Person an.

Darüber hinaus sind Paarbeziehungen tendenziell nicht hinderlich für individuelle medienbezogene Bildungsprozesse, sofern die individuelle Mediennutzung nicht aufgrund der Beziehung stark eingeschränkt wird. Dies ist insbesondere für die Betrachtung von Paarbeziehungen relevant, bei denen nicht die Bedingungen für medienbezogene Lern- und Bildungsprozesse vorliegen, wie bei *stabilisierenden* oder *alltagsbezogenen Paaren*.

Im Vergleich zu einer reflexiven Auseinandersetzung mit Medieninhalten als Einzelperson bestehen in der Paarinteraktion also mehr Chancen für Differenzerleben, die reflektiert werden können und Veränderungen des Selbst- oder Weltbezugs anstoßen. Ebenso bestehen mehr Chancen für Lernprozesse durch die zusätzliche Expertise. Außerdem bietet die Praxis an sich einen Mehrwert durch die soziale Interaktion.

Medienbezogene Bildungsprozesse in Paarbeziehungen oder anderen persönlichen Beziehungen

Zu den Ausführungen zu (medienbezogenen) Bildungsprozessen in Interaktionsgefügen stellt sich die Frage, inwiefern Paarbeziehungen ein Alleinstellungsmerkmal aufweisen oder ob die entwickelte Theorie sich allgemein auf (medienbezogene) Bildungsprozesse in persönlichen Beziehungen übertragen lässt. Hierzu sind zwei Aspekte zu beachten: Erstens stellt die Paaridentität das zentrale Merkmal dar, welches Paarbeziehungen von anderen persönlichen Beziehungen unterscheidet (Maier, 2008). Zum einen geraten durch die Paaridentität der Paar-Selbstbezug und der gemeinsame konstruierte Weltbezug bei Bildungsprozessen in den Blick (Lenz, 2009, 187 und Berger & Kellner, 1965, 222 ff.), welche bei anderen persönlichen Beziehungen so nicht bestehen. Zum anderen zeigen die Ergebnisse dieser

Arbeit, dass die Beschäftigung mit dem gemeinsam konstruierten Weltbezug den Fokus auch auf den individuellen Weltbezug lenkt, welcher ggf. mit verändert wird. Darüber hinaus kann, wie bereits erwähnt, die Reflexion des gemeinsam konstruierten Weltbezugs durch die beziehungsstärkende Funktion dieser Praxis gefördert werden. Im Hinblick auf Veränderungen von Fremdbezügen ist jedoch denkbar, dass sich die Ergebnisse dieser Arbeit auf andere persönliche Beziehungen übertragen lassen. Veränderungen des Fremdbilds oder -bezugs der jeweils anderen Person der Beziehung wurden in dieser Arbeit als voraussetzungsvollere Bildungsprozesse identifiziert. Entsprechend lässt sich die Hypothese aufstellen, dass auch in anderen persönlichen Beziehungen medienbezogene Bildungsprozesse hinsichtlich des Fremdbildes vorausetzungsvoller sind, weil dessen Belastbarkeit mit der Beziehungsdauer zunimmt. Dies müsste jedoch in weiteren Forschungsarbeiten untersucht werden.

Zweitens sind im Hinblick auf medienbezogene Bildungsprozesse die teils ritualisierte gemeinsame Mediennutzung sowie die medieninduzierte Paarkommunikation als ursächliche Bedingungen der entwickelten Theorie zu beachten. Insofern bieten Paarbeziehungen tendenziell in Bezug zu Medien vielfältige Anlässe, bei denen Differenzen erlebt und Bildungsprozesse vollzogen werden können. Gerade bei Paaren mit ähnlichen hohen Entwicklungsbedürfnissen – wie z. B. *entwicklunsgfreudigen, lernbegrierigen* oder *wertschätzend-kontroversen Paaren* – sind diese Anlässe in der Paarbeziehung voraussichtlich höher als in anderen persönlichen Beziehungen, weil hier Differenzen erhöht werden oder eine bildungsförderliche Differenzhöhe samt günstigem kommunikativem Setting bereits bestehen. Bei *stabilisierenden Paaren* hingegen ist insbesondere wegen der Strategie des *Auslagerns von Differenz* zu vermuten, dass Anlässe für medienbezogene Differenzerleben und gerade für Bildungsprozesse in anderen persönlichen Beziehungen häufiger auftreten als in der Paarbeziehung. Bei *alltagsbezogenen Paaren* wäre es möglich, dass die Anlässe für Bildungsprozesse in allen Lebensbereichen ähnlich gering ausfallen oder dass einzelne persönliche Beziehungen den Freiraum für solche Anlässe bieten, sodass diese dort vermehrt auftreten können. Dies könnte in weiteren Studien untersucht werden.

Insgesamt zeigt sich in der Paaridentität das Alleinstellungsmerkmal gegenüber anderen persönlichen Beziehungen hinsichtlich Veränderungen des Paar-Selbstbezugs, des gemeinsam konstruierten Weltbezugs und der individuellen Weltbezüge. Ob jedoch die Paarbeziehung oder andere persönliche Beziehungen mehr Anlässe für medienbezogene Bildungsprozesse bieten, hängt von der Ähnlichkeit der Entwicklungsbedürfnisse der Personen einer Paarbeziehung ab.

10.1.3 Einordnung der Ergebnisse in die Paarforschung

Bei der Diskussion der Ergebnisse dieser Arbeit im Hinblick auf Paarbeziehungen wird zuerst diskutiert, inwiefern sich gleich- und gemischtgeschlechtliche Paare voneinander unterscheiden. Außerdem stellt sich die Frage, inwiefern das Phänomen an sich ein nützliches Modell sein kann, um Differenzerleben von Paaren im Kontext von Selbst-, Fremd- oder Weltsichten zu verstehen und Anschlüsse zu bestehenden Konzepten herzustellen. Hierzu werden zwei Forschungen zu verwandten Themen kurz vorgestellt und die Anschlussfähigkeit der entwickelten Theorie erläutert.

Phänomen-spezifische Unterschiede: gleich- und gemischtgeschlechtliche Paare
Bei der Betrachtung der Ergebnisse mit Fokus auf die Form der Paarbeziehungen wird kein Unterschied zwischen den gleich- und gemischtgeschlechtlichen Paaren hinsichtlich des Phänomens ersichtlich. Allerdings fällt auf, dass die zwei gleichgeschlechtlichen Paare einen starken gesellschaftskritischen Fokus haben und diesen aktiv diskutieren. Dies kann zum einen daran liegen, dass gleichgeschlechtliche Paare durch die eigene Betroffenheit von Diskriminierung ggf. eine gesellschaftskritischere Perspektive einnehmen und auch einen Blick für andere marginalisierte Gruppen haben. Zum anderen kann dieser Fokus bei den Paaren C und K mit dem akademischen Hintergrund von Christoph und Katharina zusammenhängen. Dies ist aufgrund der geringen Anzahl und Varianz von gleichgeschlechtlichen Paaren im Sample nicht zu beantworten. In Abschnitt 2.3.3 wird deutlich, dass keine grundlegenden Unterschiede hinsichtlich des Phänomens zu erwarten sind. Der Literatur nach liegen keine strukturellen Unterschiede zwischen gleich- und gemischtgeschlechtlichen Paaren in Bezug auf die für das Phänomen relevanten Eigenschaften vor. Die Konstellation der Paarbeziehung könnte Vorbedingungen beeinflussen, die sich nur mittelbar auf das Phänomen auswirken. Um das zu bestimmen, ist weitere Forschung notwendig.

Übertragbarkeit der entwickelten Theorie auf Differenzerleben von Paaren
Es stellt sich die Frage, inwiefern das Phänomen ein nützliches Modell sein kann, um Differenzerleben von Paaren im Kontext von Selbst-, Fremd- oder Weltsichten zu verstehen, bestehende Konzepte anders einzuordnen und ggf. Implikationen abzuleiten.
     Im Hinblick auf die Arbeit von Hess (2011) zu dem Umgang von Paaren mit kulturellen Unterschieden zeigt sich zu dieser Frage beispielsweise, dass die

Ergebnisse der vorliegenden Arbeit eine erweiterte Interpretation der Ergebnisse von Hess ermöglichen. Bei Hess wird deutlich, dass die kulturellen Differenzen der Paare sowohl positiv als auch negativ bewertet werden können. Als Umgang mit den Differenzen wurde eine einseitige oder beidseitige Anpassung und ein Tolerieren bei den Paaren beobachtet (Hess, 2011, 87 ff.). Weiterhin wird ersichtlich, dass die Aushandlungsprozesse entweder in einer ein- oder beidseitigen Perspektivöffnung oder einem Festhalten an der eigenen Perspektive münden können (Hess, 2011, 91 ff.). In den Ausführungen von Hess finden sich verschiedene Elemente der in dieser Arbeit entwickelten Theorie wieder: 1.) Die einseitige oder beidseitige Anpassung von Hess passt zu den Strategien *Überzeugungsversuch* bzw. *Kompromiss*. 2.) Das Tolerieren von Hess hat in der Strategie des *Akzeptierens von Differenz* dieser Arbeit ein Pendant. 3.) Die bei Hess beschriebenen Aushandlungsprozesse beginnen mit der Perspektive dieser Arbeit oftmals mit einem *Validieren der Differenz*. 4.) Die von Hess beschriebenen Prozesse der Perspektivöffnung können als Bildungsprozesse nach Marotzki (1990) interpretiert werden. Insofern stellte die Arbeit von Hess einen ersten Hinweis dafür dar, dass sich die vorliegende Arbeit auch auf Differenzerleben ohne Medienbezug übertragen lässt. Es wäre weiterhin zu untersuchen, inwiefern sich die anderen Balance-Strategien und das Motiv der (Re-)Stabilisierung der Paarbeziehung bei den Interviews von Hess finden lassen.

Weiterhin lässt sich die vorliegende Arbeit mit dem von Howell (2014) zusammengefassten und empirisch unterlegten *Kraybill Conflict Style Inventory* verbinden. In diesem Modell zu Konfliktmanagement werden fünf Konfliktstrategien beschrieben: 1.) Competing/Directing, 2.) Collaborating, 3.) Compromising, 4.) Avoiding und 5.) Harmonizing. Diese unterscheiden sich insbesondere hinsichtlich des Stellenwerts der eigenen Bedürfnisse und der Bedeutung der betroffenen Beziehung (Howell, 2014, 15 ff.). Werden die in dieser Arbeit herausgearbeiteten Balance-Strategien mit den Konfliktstrategien abgeglichen, so fällt auf, dass die Konfliktstrategien nur zu den Balance-Strategien passen, welche eine hohe, negativ bewertete Differenz auszubalancieren versuchen. Dies macht zum einen nochmal deutlich, dass Differenzerleben eben nicht mit Konflikten gleichzusetzen sind und daher weitere Balance-Strategien bestehen. Die weiteren Balance-Strategien dieser Arbeit stellen einen Mehrwert bei der Betrachtung von Paarinteraktionen zu Differenzen dar. Zum anderen zeigt die Überschneidung zwischen Balance-Strategien und Konfliktstrategien, dass die entdeckten Strategien den üblichen Umgang von Personen mit hohen, negativ bewerteten Differenzen abdecken. Dies kann als Güte der erstellten Theorie gewertet werden. Weiterhin wird durch das *Kraybill Conflict Style Inventory* deutlich, dass in Bezug auf Konflikte die Individuen verschiedene

Strategien wählen, je nachdem wie wichtig ihnen ihre eigenen Bedürfnisse und die betroffene Beziehung sind (Howell, 2014, 15 ff.). Zwar geht es in dieser Arbeit um Differenzerleben, welche nicht mit Konflikten gleichzusetzen sind, dennoch ist es denkbar, dass die Bedeutsamkeit der eigenen Sicht und die der Beziehung im Hinblick auf Differenzerleben, die zwischen den Personen der Paarbeziehung verortet sind, die Wahl der Strategien beeinflussen. Entsprechend wurden diese Aspekte in Abschnitt 9.9 als provisorische Bedingungen auf der Individualebene aufgeführt, die in weiterer Forschung überprüft werden müssen.

Insgesamt wurde in diesem Absatz erstens deutlich, dass sich die entwickelte Theorie anscheinend auf Differenzerleben ohne Medienbezug übertragen lassen kann. Zweitens konnte in der Verbindung mit dem *Kraybill Conflict Style Inventory* die Validität der entwickelten Theorie verdeutlicht werden. Offen bleibt jedoch, an welche weiteren bestehenden Arbeiten und Konzepte die vorliegende Arbeit anschlussfähig ist, um diese anders einzuordnen und Implikationen für eine pädagogische oder therapeutische Praxis abzuleiten. Da diese Frage komplexe Vorgänge in Paarbeziehungen berührt, wären weitere theoretische oder empirische Arbeiten notwendig, um sie angemessen zu beantworten.

10.1.4 Relevanzbestimmung von Medien in der entwickelten Theorie

Da im vorherigen Abschnitt in Bezug auf Hess (2011) Hinweise deutlich wurden, dass sich die entwickelte Theorie auch auf Differenzerleben ohne Medienbezug übertragen lässt, wird nachfolgend der Stellenwert von Medien für diese Theorie diskutiert. Zuerst wird erläutert, inwiefern Medien für die entwickelte Theorie relevant sind. Anschließend erfolgt ein Abgleich mit der Arbeit von Keppler (1995), welche den Stellenwert von Medien für die Auseinandersetzung mit dem familiären Weltbild diskutiert.

Medien in der entwickelten Theorie
Nachfolgend wird betrachtet, wo Medien direkt in der entwickelten Theorie auftauchen und welche Bedeutung sie in diesen Kategorien besitzen. In Abbildung 10.1 wurde im Kodierparadigma hervorgehoben, an welchen Stellen Medien zu finden sind (schwarze Färbung) und wo sie zu finden sein können (graue Färbung).

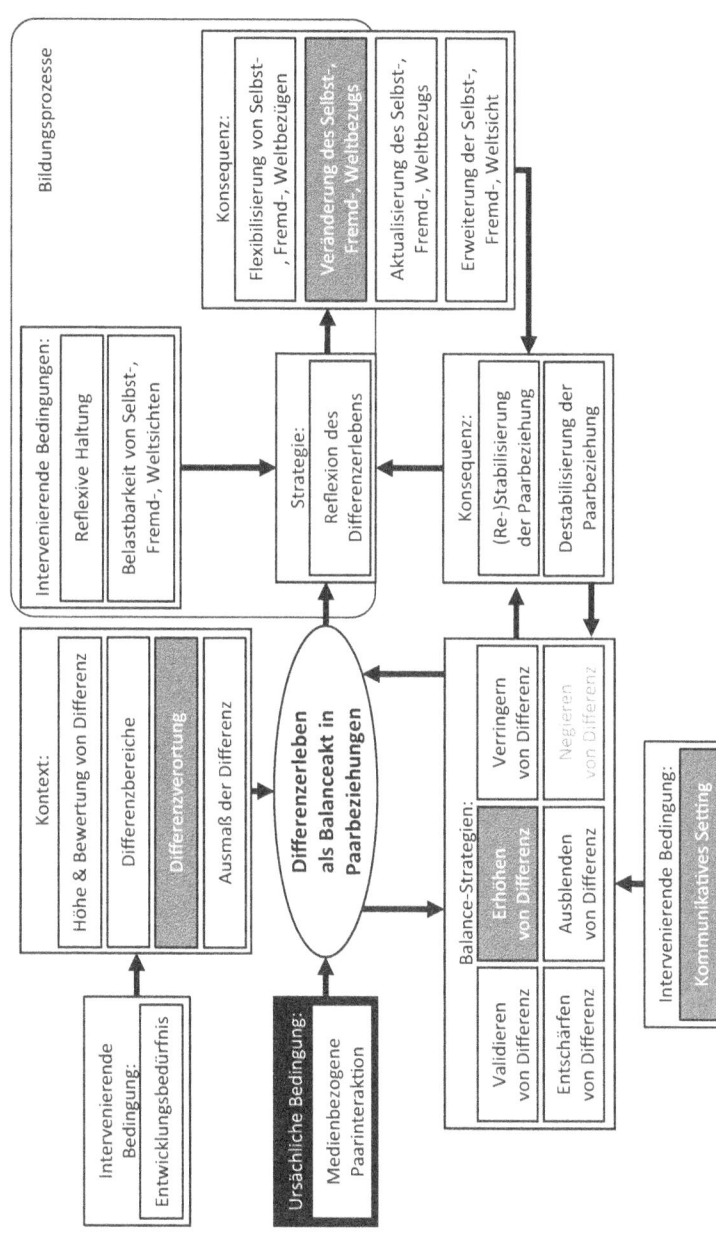

Abbildung 10.1 Visualisierung von Medien im Kodierparadigma

Zuerst wird ersichtlich, dass Medien in der entwickelten Theorie zentral für die ursächliche Bedingung sind, sodass medienbezogene Paarinteraktionen die auszubalancierenden Differenzerleben auslösen. Diese Positionierung lässt sich jedoch mehr auf den Fokus der Arbeit zurückführen, als darauf, dass nicht auch andere Ursachen für Differenzerleben in Paarbeziehungen bestehen. Die Interviews gaben erste Hinweise, dass Differenzerleben genauso durch Paarinteraktionen ohne Medienbezug ausgelöst werden können, wie z. B. die Lebensweise und Erfahrungen von vor der Beziehung sowie spirituelle Ansichten und die Aufteilung der Haushaltsaufgaben. Dem kann in zukünftigen Forschungsarbeiten weiter nachgegangen werden, um zu überprüfen, inwiefern die entwickelte Theorie allgemeingültig für Paarbeziehungen sein kann.

Weiterhin können Medien an vier weiteren Stellen im Kodierparadigma gefunden werden. Erstens können Medien als Kommunikationsform gewählt werden und so die intervenierende Bedingung des kommunikativen Settings beeinflussen. Zweitens können Medieninhalte in Anbetracht des Kontexts die *dritte Partei* darstellen, zu der das Paar gemeinsam eine Differenz verortet. Dieser Fall kann nur eintreten, wenn das Phänomen durch medienbezogene Paarinteraktionen angestoßen wurde, weil dann Medien Gegenstand des Differenzerlebens sind. Drittens werden Medien bei allen drei Strategieausprägungen zur *Erhöhung der Differenz* verwendet – bei dem Hinzuziehen von Informationen, von fremden Weltbezügen oder Kommunikationsimpulsen. Hier bestehen wenig Möglichkeiten ohne Medienbezug die Differenz zu erhöhen, außer der direkte Kontakt zu anderen Personen oder wie in Fallbeispiel II das Hinzuziehen hypothetischer Weltbezüge der Enkel. Viertens können Medien, hier insbesondere die Medialität, hinsichtlich der Konsequenzen Gegenstand des veränderten Weltbezugs sein. So ist es denkbar, dass durch einen Bildungsprozess Medien eine andere Bedeutung zugewiesen wird, sodass beispielsweise Filme nicht mehr nur Unterhaltung bieten, sondern auf ihre Bedeutung für das eigene Leben betrachtet werden. Diese Konsequenz ist ebenfalls nur denkbar, wenn das Phänomen durch medienbezogene Paarinteraktionen angestoßen oder Medien zur Erhöhung der Differenz genutzt werden.

Hinsichtlich des kommunikativen Settings und der Strategie zur Erhöhung der Differenz fällt auf, dass selbst wenn Medien nicht die Ursache eines Differenzerlebens darstellen, sie trotzdem in der entwickelten Theorie präsent sind. Insofern zeigt sich hier wiederum die Mediatisierung von Paarbeziehungen und die Bedeutung von Medien für Bildungs- und Lernprozesse im Zusammenhang mit Paarinteraktionen.

Einordnung der Ergebnisse in die Medienforschung von Keppler
Wie in Abschnitt 2.2.3 erwähnt, sagt Keppler (1995), dass Medien einen geringen Stellenwert für die Auseinandersetzung mit dem familiären Weltbild haben, da bei

der medieninduzierten Kommunikation in Familien kaum Anlässe für kontroverse Auseinandersetzungen zum Weltbild bestehen. Sie begründet dies durch die Form, wie in Familien über Medien gesprochen wird und den Abstand der Medien zur eigenen Lebenswelt. Die Ergebnisse der vorliegenden Arbeit sind gegenteilig zu diesen Aussagen. Dies hängt erstens damit zusammen, dass Keppler (1995) Massenmedien fokussierte und es zum Zeitpunkt ihrer Studie weniger interaktive Medien gab, bei denen Nutzer*innen gleichzeitig auch Produzent*innen sind. Insofern beschreibt sie einen Abstand von Medien und dem eigenen Zuhause, welchen es heutzutage, insbesondere durch Social Media, so nicht mehr gibt. Entsprechend sind die Themen aus den Medien für die interviewten Paare oftmals mittelbar und für ihre Leben bedeutungsvoll. Zweitens untersuchte Keppler Familien, welche sich von Paarbeziehungen unterscheiden, z. B. durch generationsbezogene Machtdifferenzen. Wie bereits ausgeführt ist ein Aushandeln und Konstruieren des gemeinsamen Weltbildes für die Paaridentität zentral, sodass auch Medien(-inhalte) in der Paarkommunikation Gegenstand dieser Aushandlung und Konstruktion sind. Insgesamt wird im Vergleich zu Keppler deutlich, dass Paare sich in ihrer Dynamik von Familien unterscheiden und die vorliegende Arbeit zur Kommunikation über Medien durch den Einbezug der aktuellen Medienvielfalt Erkenntnisse liefert.

10.1.5 Einordnung der Ergebnisse zur Mediennutzung von Paaren

Die Ergebnisse dieser Arbeit können sich zu drei Aspekten aus dem im Abschnitt 3.3 vorgestellten Forschungsstand zur alltäglichen Mediennutzung von Paaren in Bezug setzen lassen: 1.) Zum Teilen von Medieninhalten miteinander, 2.) zur medieninduzierten Kommunikation 3.) zur Bedeutung von Medien für die Konstruktion von Paaridentität. Dies wird nachfolgend diskutiert.

Das (Mit-)Teilen von Medieninhalten in Paarbeziehungen
Hinsichtlich der in dieser Arbeit entwickelten Mikro-Theorie zum Übergang von einer individuellen Mediennutzung zu einer medienbezogenen Paarinteraktion zeigt sich, dass sich Aspekte aus den Ergebnissen von Venema und Lobinger (2020) wiederfinden. Dies ist zum einen ein medienvermitteltes oder in Präsenz stattfindendes (Mit-)Teilen von Medieninhalten in Paarbeziehungen. Zum anderen ein (Mit-)Teilen, auf das eine medieninduzierte Paarkommunikationen folgen kann. Die vorliegende Arbeit bietet diesbezüglich erste Erklärungen, wann es zu einer anschließenden Kommunikation kommt. Hier spielt das allgemeine Teilungsbedürfnis der Personen hinein sowie die Teilungswürdigkeit des Medieninhalts, welche wiederum

mit den enthaltenen Themenbereichen und der Funktion der Mediennutzung zusammenhängt. Die Arbeit von Venema und Lobinger (2020) hingegen hebt den Wert des (Mit-)Teilens für die Paarbeziehung hervor – das Herstellen von Nähe und Verbundenheit.

Das Zustandekommen von medieninduzierter Kommunikation
Die in dieser Arbeit entwickelte Mikro-Theorie zum Übergang von einer gemeinsamen Mediennutzung zu einer medieninduzierten Paarkommunikation lässt sich auf ähnliche Weise wie im Absatz zuvor mit den Ergebnissen von Linke (2010) in Verbindung setzen. So bietet diese Arbeit durch die Betrachtung der Themenbereiche, des Komplexitätslevels und der Funktion der gemeinsam genutzten Medien Anhaltspunkte, wann medieninduzierte Paarkommunikationen stattfinden. Bei Linke (2010) wird hingegen die Bedeutsamkeit dieser Kommunikation und den Alltag von Paaren ersichtlich.

Die Bedeutung von Medien für die Konstruktion von Paaridentität
Die Ergebnisse dieser Arbeit weisen auf eine weitere Form hin, wie Medien an der Konstruktion der Paaridentität beteiligt sind. Linke (2010) beschreibt, dass Medien eine Rolle bei der kommunikativen Konstruktion der Paaridentität spielen, aufgrund ihrer Allgegenwart, ihrem Anteil am kommunikativen Repertoire von Paaren und der Erweiterung der Kommunikationsmöglichkeiten. Ergänzend seien sie in diesem Kontext durch medienbezogene *Beziehungsrituale und -routinen* bedeutsam. Diese Arbeit zeigt ergänzend, dass Medien an der Konstruktion der Paaridentität beteiligt sein können, wenn medienbezogene Bildungsprozesse hinsichtlich des Paar-Selbstbezugs oder des gemeineren Weltbezugs durch die medienbezogene Paarinteraktion angestoßen werden.

10.1.6 Diskussion der Ergebnisse mit Fokus auf die Forschungsfrage

Mit Blick auf die Forschungsfrage dieser Arbeit, inwieweit Paare medienbezogene Bildungsprozesse im Zusammenhang mit den Interaktionen ihrer Beziehung wahrnehmen, und auf das Ziel eine Theorie zur Beschreibung des Zustandekommens medienbezogener Bildungsprozesse im Zusammenhang mit Paarinteraktionen zu entwickeln, scheint es vielleicht so, als sei der Großteil der entwickelten Theorie nicht auf die Beantwortung der Forschungsfrage ausgelegt, weil Bildungsprozesse nur eine von mehreren Konsequenzen darstellen. Dieser Aufbau ist jedoch wesentlich für die Beantwortung der Fragestellung und das Verständnis der

Voraussetzungen unter denen sich medienbezogene Bildungsprozesse in Paarbeziehungen vollziehen oder nicht vollziehen. Das Phänomen samt Kontext, intervenierenden Bedingungen und Strategien bildet die medienbezogenen Interaktionsprozesse in Paarbeziehungen ab, welche den Bildungsprozessen vorgelagert sind. Insofern erfüllt die entwickelte Theorie das beabsichtigte Ziel und erklärt, wie medienbezogene Bildungsprozesse im Zusammenhang mit Paarinteraktionen zustande kommen können. Das heißt, Paare können medienbezogene Bildungsprozesse im Kontext von medienbezogenen Differenzerleben in den Interaktionen ihrer Beziehungen wahrnehmen, sofern sie eine reflexive Haltung einnehmen und die passenden Voraussetzungen hinsichtlich des Differenzerlebens vorliegen. Diese sind in Bezug auf Veränderung des Selbst- und Weltbezugs a) das Vorliegen einer mittleren bis hohen, positiv bewerteten Differenz oder aber ein geteiltes Bildungsbedürfnis, sodass bei niedriger Differenz diese aktiv erhöht wird, b) ein geeignetes kommunikatives Setting und c) eine geringe Belastbarkeit des betroffenen Selbst- oder Weltbildes. Für eine Veränderung des Fremdbezugs oder eine Flexibilisierung der Selbst-, Fremd- und Weltbezüge bedarf es a) das Vorliegen von entweder einer mittleren bis hohen Differenz im Bereich *Fremdbezug vs. Selbstkundgabe der anderen Person*, die in der Lage ist, den Fremdbezug zu verändern, ohne der Paarbeziehung zu schaden, oder ein Differenzerleben, das selbst einen Reflexionsgegenstand darstellt und b) eine geringe Belastbarkeit des betroffenen Fremdbildes oder eine Metaperspektive auf die Beschaffenheit von Weltbezügen.

Insofern steht nach medienbezogenen Bildungsprozessen im Zusammenhang mit Paarinteraktionen entweder a) ein veränderter Selbst- und Weltbezug hinsichtlich aktueller Weltgeschehen sowie politischer und gesellschaftlicher Themen, b) ein veränderter Fremdbezug oder c) flexibilisierte und pluralisierte Selbst-, Fremd- und Weltbezüge. Aufgrund der nicht-normativen Gestalt der *strukturalen Bildungstheorie* sind diese nicht in ihrer Qualität bewertbar (Marotzki, 1990).

10.2 Forschungsmethodische Diskussion

Es folgt die forschungsmethodische Diskussion der vorliegenden Arbeit. Hierzu wird zuerst die Zusammenstellung des Samples diskutiert (10.2.1). Anschließend werden die gewählten Methoden hinsichtlich ihrer Grenzen für diese Arbeit betrachtet (10.2.2). Darauf folgt die Diskussion der Ergebnisse dieser Arbeit vor dem Hintergrund sicherheitsrelevanter Forschung (10.2.3). Abschließend wird beschrieben, inwiefern die Gütekriterien der GTM und der qualitativen Forschung berücksichtigt wurden (10.2.4).

10.2.1 Forschungsmethodische Diskussion des Samples

Wie bereits beschrieben stehen bei der Samplebildung im Sinne der GTM inhaltliche, für das Phänomen relevante Eigenschaften und Dimensionen im Vordergrund. Insofern ist die Verallgemeinerbarkeit bzw. Übertragbarkeit der entwickelten Theorie nach Strauss und Corbin (1990, 251) desto größer, je systematischer und vielfältiger das Sample gefasst ist und je mehr Variationen des Phänomens in die Theorieentwicklung einbezogen wurden. In Abschnittl 7.1.3 wurde ersichtlich, dass ein systematisches Auswählen der Paare nach relevanten Eigenschaften nur begrenzt möglich war, weil zum einen vorab nur wenige Informationen über die Paare bekannt waren. Zum anderen wurden die Paare ins Sample eingeschlossen, welche sich meldeten, weil sich aufgrund des Aufwands der Medientagebücher und des persönlichen Themas nicht besonders viele Paare meldeten. Insofern hätte die Samplebildung theoretisch systematischer verlaufen können. Nach Strauss und Corbin (1990, 185 f.) stellt dies jedoch kein Problem dar, sofern vielfältige Variationen des Phänomens bei der Theorieentwicklung berücksichtigt werden. Entsprechend ist bei der Bewertung der Güte des Samples zu beachten inwiefern Variationen bzgl. Eigenschaften vorliegen, die für das Phänomen relevant sind. In der vorliegenden Arbeit sind das 1.) Eigenschaften der Einzelpersonen, 2.) Eigenschaften der Paarbeziehungen, 3.) Eigenschaften der gemeinsamen und individuellen Mediennutzung, 4.) Eigenschaften mit Bezug zu Bildung und Lernen. Nachfolgend werden die aufgeführten Punkte hinsichtlich ihrer betreffenden Eigenschaften und der im Sample vorliegenden Variationen diskutiert.

Eigenschaften der Einzelpersonen
In Abschnitt 7.2 wurden Variationen deutlich, die die Eigenschaften der befragten Einzelpersonen betreffen. Des Weiteren sind gleich viele Frauen wie Männer im Sample enthalten. Non-binäre Personen gehören nicht dazu. Zu dieser Personengruppe wäre weitere Forschung mit einem angepassten Sample notwendig, um eine Aussage dazu treffen zu können, inwiefern sich die entwickelte Theorie auf Paare mit einer oder zwei non-binären Personen übertragen lässt. Zudem zeigt sich in Kapitel 8, dass die Befragten in verschiedenen beruflichen Branchen tätig sind. Hierbei reicht die berufliche Mediennutzung von einem sehr geringen Anteil der Arbeitszeit bis hin zur gesamten Arbeitszeit mit verschiedenen Niveaus und Bereichen der notwendigen gestalterischen, technischen und anwendungsorientierten Kompetenzen. Eine weitere Eigenschaft von Einzelpersonen ist ihre Herkunft. Im Sample befinden sich drei Personen, die nicht in Deutschland aufgewachsen sind. Weitere Informationen zum Migrationshintergrund der Befragten liegen nicht vor, da sie aus Datensparsamkeit nicht erhoben und in den Interviews von den Personen nicht thematisiert

wurden. Für die Generalisierung der Theorie wäre zu diesem Aspekt ebenfalls eine größere Variation wichtig – gerade auch in Bezug auf außer-europäische familiäre Migrationshintergründe. Darüber hinaus wohnen zwei Personen des Samples in den neuen Bundesländern und eine ist dort teilweise zur Zeit der DDR aufgewachsen. Letztere bringt ihre dadurch vorhandene Expertise in die Paarbeziehung ein, z. B. bei Gesprächen über Serien wie *Der Palast* oder *Deutschland 83*. Die Variation des Samples hierzu ist jedoch nicht allzu groß. Ergänzend wurde der mögliche Einfluss der innerdeutschen Herkunft auf das Phänomen auf Grundlage von Literatur in Abschnitt 9.9 einbezogen. Insofern findet dieser Aspekt Berücksichtigung in dieser Arbeit, stellt aber trotzdem eine Grenze des Samples dar. Bezüglich der Personen aus Ostdeutschland wären mehr Variationen hinsichtlich der fürs Phänomen relevanten Eigenschaften wünschenswert, um beurteilen zu können, inwiefern sich die Gestalt des Phänomens hierzu unterscheidet.

Eigenschaften der Paarbeziehungen
Hinsichtlich der Paarbeziehung wurde in Abschnitt 7.2 die Variation der Paare bzgl. der Konstellationen des Altersunterschieds, der Beziehungsdauer, der Dauer der Kennlernphase vor der Beziehung, der Zugehörigkeit von Kindern und der Zusammensetzung der Paare hinsichtlich der Geschlechtsidentität deutlich. Ergänzend wurde in Kapitel 8 beschrieben, dass auch hinsichtlich des Alters beim Kennenlernen, der Beziehungsthemen und Dynamik der Paare Variationen vorliegen. Zusätzlich lässt sich im Hinblick auf die Idealtypen der Paaridentitäten nach Maier (2008) sagen, soweit dies anhand der vorliegenden Interviews möglich ist, dass sich von den 16 Paaren die Mehrheit zum ersten Typ – Paarsein als biografische Selbstverständlichkeit – zuordnen lässt. Die restlichen vier Idealtypen sind zumindest ein bis zwei Mal im Sample zu finden, sodass ihre spezielle Paardynamik in die Entwicklung der Theorie eingeflossen ist. Des Weiteren finden sich im Sample verschiedene Alltagsgestaltungen der Paare. So gehören zum Sample Paare, deren gemeinsame Zeit knapp bemessen ist, und Paare, die viel Zeit beieinander verbringen. Hierbei gibt es zudem Variationen, wie sie diese Zeit gestalten. Beispielsweise verbringt Paar N viel Freizeit beim Sport miteinander und Paar A spielt zusammen Computer- und Konsolenspiele, wohingegen Peter und Patricia auch regelmäßig nebeneinander ihren individuellen Hobbys nachgehen und Felicia im Reitstall ist, während Fabian in Internet-Foren unterwegs ist und kocht. Folglich sind diese Abläufe in der Theorieentwicklung berücksichtigt.

Allerdings ergibt sich eine methodische Grenze aufgrund der Eingrenzung des Forschungsgegenstandes auf zusammenlebende Paare, die sich aus zwei Personen zusammensetzen. So bleibt vorerst offen, inwiefern sich die entwickelte Theorie auf Abläufe bei polyamoren Paaren und Paaren, die nicht zusammenleben, übertragen lässt und welche Ergänzungen ggf. notwendig wären, um die entwickelte Theorie auf Paarbeziehungen im Allgemeinen auszuweiten. Überdies stellt das Sample aus funktionalen Beziehungen eine methodische Begrenzung dar. Somit können zu dysfunktionalen Beziehungen nur Hypothesen zum medienbezogenen Differenzerleben sowie der Nutzung und dem Erfolg von Strategien aufgestellt werden. Diese müssten jedoch in weiteren Studien mit einem entsprechenden Sample an Paaren überprüft werden.

Eigenschaften der gemeinsamen und individuellen Mediennutzung
In Kapitel 8 und 9.8 wird die Vielfalt des Samples hinsichtlich der Häufigkeit, Funktionen und Themen der gemeinsamen sowie individuellen Mediennutzung und deren Kombinationen miteinander deutlich. So befinden sich Paare im Sample mit einer insgesamt seltenen oder aber sehr häufigen Mediennutzung sowie Paare, bei denen häufig individuell Medien genutzt werden aber weniger gemeinsam, oder auch andersherum. Zudem sind verschiedene Funktionen und Themen der genutzten Medien beschrieben worden, wie z. B. das aktuelle Weltgeschehen sowie wissenschaftliche, politische und gesellschaftskritische Themen, welche mit den Funktionen des Informierens und der Weiterbildung zusammenhängen oder aber Humor und Belletristik, welche zur Unterhaltung oder Entspannung genutzt werden. Somit ist eine Bandbreite an produktiven und unproduktiven Mediennutzungen in den Interviews beschrieben worden. Bei einem Abgleich der individuellen Mediennutzungsformen aus dem Sample mit aktuellen, empirischen Studien aus Deutschland, finden sich diese wieder. Beisch (2022) nennt als die drei am häufigsten genutzten Bereiche des Internets Bewegtbilder, Audio und Text. Ergänzend führt Rhody (2022) aus, dass ca. 64 Prozent der deutschen Bevölkerung mindestens wöchentlich Streamingdienste nutzen und von Oehsen (2022) erklärt, dass 67 Prozent mindestens wöchentlich Audioangebote im Internet nutzen. Außerdem zeigen sich bei von Oehsen (2022), Koch (2022), Winkler, Schmidtke und König (2022), Gleich (2022) und Röser et al. (2019) ebenfalls die in der vorliegenden Arbeit identifizierten Funktionen der Mediennutzung. Das heißt, die erhobenen Mediennutzungsformen entsprechen in etwa dem was in quantitativen Studien für die Gesamtbevölkerung in Deutschland herausgefunden wurde. Insofern wird zu diesem Aspekt die Güte des Samples deutlich. Überdies zeigt sich im Abgleich des Samples mit dem Forschungsstand zur alltäglichen Mediennutzung von Paaren, dass zum einen typische Medienpraxen von Paaren im Sample zu finden sind, wie z. B. gemeinsame Fernsehabende (Röser et al., 2019), Gespräche über Medieninhalte (Linke, 2010) und das Teilen von Bildern (Venema & Lobinger, 2020). Zum anderen sind die von Röser et al. (2019) beschriebenen typische Konstellationen von älteren Nutzenden und jüngeren sogenannten Online-Avantgardist*innen bei den Paaren

wiederzuerkennen. Weiterhin befindet sich mit Meinhardt ein *Nicht-Nutzer* von Smartphones im Sample, bei dem die von Kirchner (2019) beschriebenen Dynamiken des Kommunikations-Arrangements und der Nutzungsabwertung zu sehen sind. Insofern wurde auch dieses Phänomen bei der Theorieentwicklung berücksichtigt.

Im Hinblick auf die Technik- und Medienaffinität – welche zumeist mit *neuen* bzw. *digitalen Medien* verknüpft sind – wird bzgl. des Phänomens deutlich, dass diese nicht ausschlaggebend ist für die Theorieentwicklung ist. Der Medienbegriff dieser Arbeit ist so gewählt, dass auch die Nutzung von Fernsehen, Zeitungen und Büchern relevant ist, sodass sich Personen in der Theorie wiederfinden, auch wenn sie nicht mit sogenannten *neuen* bzw. *digitalen Medien* umgehen können. Sofern es Paare gibt, die tatsächlich gar keine Medien nutzen, wären diese für die Fragestellung dieser Arbeit nur insofern von Interesse, um herauszuarbeiten was außer der Ursache spezifisch ist für medienbezogene Bildungsprozesse im Zusammenhang mit Paarbeziehungen. Sollten dies nur Einzelpersonen sein, die sich jedoch in einer Beziehung mit einer mediennutzenden Person befinden, wird durch deren Nutzung die Theorie relevant, wie bei Kirchner (2019) zu sehen ist.

Eigenschaften mit Bezug zu Bildung und Lernen
In Abschnitt 7.2 wurde bereits beschrieben, dass sich nur vier von 16 Paaren aus Personen zusammensetzen, die beide keinen (Fach-)Hochschulabschluss haben. Somit fehlen Personen mit geringerem formalem Bildungsniveau im Sample. Allerdings wurde in der Auswertung deutlich, dass vom formalen Bildungsniveau weder auf die *reflexive Haltung* noch auf die *Bildungs-* oder *Lernbedürfnisse* der jeweiligen Personen geschlossen werden konnte. Beispielsweise zeigt Hannah mit einem Realschulabschluss ein höheres *Bildungsbedürfnis* als Herbert, der eine Hochschulreife hat. Auch bei Paar A und P wird dies ersichtlich. Antonia und Alexander, beide mit Masterabschluss, zeigen ein hohes *Lernbedürfnis* aber ein eher geringes *Bildungsbedürfnis*, während sich bei Paar P ein hohes *Bildungsbedürfnis* abzeichnet, obwohl ihr höchster Bildungsabschluss der Realschulabschluss ist. Bei allen drei Kategorien werden durch das Sample verschiedene Ausprägungen von Eigenschaften und die ganze Breite der Dimensionen abgedeckt. Insofern sind trotz des geringen Anteils an Nicht-Akademiker*innen die bildungsbezogenen Kategorien der entwickelten Theorie gesättigt. Folglich würden weitere Daten von Personen ohne Schulabschluss oder mit Hauptschulabschluss die Theorie nicht grundlegend verändern, sondern höchstens verfeinern.

Zwischenfazit
Insgesamt wird durch die Ausführung in diesem Abschnitt deutlich, dass hinsichtlich der für das Phänomen relevanten Eigenschaften und Dimensionen vielfältige

Variationen vorliegen, welche zur theoretischen Sättigung der entwickelten Kategorien und damit zur *konzeptuellen Repräsentativität* beitragen. Dennoch ist empirisch zu überprüfen, inwieweit sich die entwickelte Theorie auf weitere Personengruppen und Paarkonstellationen übertragen lässt oder welche Präzisierungen der Theorie sich daraus ergeben.

10.2.2 Methodische Grenzen

Im Hinblick auf die Forschungsmethoden dieser Arbeit sind neun Grenzen zu benennen, die sich durch deren Auswahl ergeben haben. Diese werden nachfolgend erläutert sowie der Umgang mit ihnen im Forschungsprozess und ihre Auswirkungen darauf diskutiert.

Begrenzungen durch das Sample
Erstens zeigen sich – wie im vorherigen Abschnitt ausgeführt – mehrere Grenzen hinsichtlich des Samples dieser Arbeit. Da eine entwickelte Theorie nur die Aspekte repräsentiert, die sich in den zugrundeliegenden Daten wiederfinden lassen, ist es möglich, dass sich die entwickelte Theorie durch weitere Daten verfeinern ließe. Mit einer grundlegenden Veränderung der Theorie durch weitere Daten ist jedoch nicht zur rechnen, weil die zentralen Kategorien, Eigenschaften und Dimensionen identifiziert wurden und durch die vorliegenden Daten gesättigt sind. Die Reichweite der entwickelten Theorie ist daher beschränkt auf funktionale Paarbeziehungen, die sich aus zwei Personen mit den folgenden Eigenschaften zusammensetzen:

- männlichen und/oder weiblichen Personen,
- Personen ohne außer-europäischen familiären Migrationshintergrund,
- zusammenlebende Personen, d) Personen, die irgendeine Form von Medien nutzen und
- Personen mit einem höheren formalen Bildungsniveau.

Das Paar ist sichtbarer als die Einzelpersonen
Zweitens sorgt die Wahl der Paarinterviews dafür, dass das Paar im Interview vor den Einzelpersonen in den Vordergrund rückt. Dies geschieht u. a. durch Wir-Formulierungen, bei denen nicht klar wird, inwiefern die nicht-sprechende Person zustimmt. Bei solchen Interviewstellen wurde die Beteiligung der nicht-sprechenden Person in Frage gestellt, wie z. B. bei Paar P. In Fallbeispiel II beschreibt Patricia einen gemeinsamen Weltbezug. In der Interpretation wurde zum einen in

Frage gestellt, inwiefern Peter dies auch so sieht. Zum anderen wurde jedoch Patricias Konstruktion eines gemeinsamen Weltbezugs anerkannt, weil dieser im Sinne des *Symbolischen Interaktionismus* für ihre folgenden Interaktionen mit Peter von Bedeutung ist. Außerdem berichteten die Personen oftmals übereinander und attestierten der anderen Person einen Lern- oder Bildungsprozess. In der Auswertung wurden jedoch nur Stellen für die Theorieentwicklung genutzt, bei der eine Person ihren eigenen Lern- oder Bildungsprozess beschrieb.

Die Perspektive stillerer Personen kommt im Paarinterview weniger zur Geltung
Drittens besteht eine weitere methodische Grenze dieser Arbeit darin, dass bei einigen Paaren eine Person das Interview dominierte und daher wenig über die andere in Erfahrung gebracht werden konnte. Hier wurde zwar versucht, mit gezielter Ansprache die andere Person ins Sprechen zu bekommen, dies gelang aber nur mäßig. Die Gründe für diese Paardynamik sind vielfältig. So kann es sein, dass sich die Personen hinsichtlich ihrer Extraversion oder Redegewandtheit unterscheiden, sodass im Paargespräch ohne fremde Person eher eine Ausgewogenheit besteht. Es wäre aber auch möglich, dass eine Person generell dominanter ist und dies auch in den Paaralltag einfließt, welches dann im Hinblick auf die Wahl der Balance-Strategien interessant wäre. Allerdings ist nicht zu erwarten, dass völlig neue Balance-Strategien durch Informationen der stillen Personen entdeckt würden. Stattdessen könnte diese Dynamik als Teil des *kommunikativen Settings* als intervenierende Bedingung für die Strategieauswahl relevant sein.

Paarerinnerungen sind weniger anschlussfähig für Dritte
Viertens bestand eine weitere Herausforderung darin, dass die Paare in den Interviews an einigen Stellen Bezug auf gemeinsame Erinnerungen nahmen. An solchen Stellen fehlte der Interviewerin der Anschluss, um die Bedeutung der Aussagen verstehen zu können. In Einzelinterviews wird dieser Anschluss meist von der interviewten Person hergestellt, weil ihr bewusst ist, dass die interviewende Person diesen nicht herstellen kann. In den Paarinterviews wurde dieser Anschluss oftmals erst auf eine Nachfrage hin hergestellt. Dies ist darin begründet, dass gerade bei Aussagen, die an die andere Person der Paarbeziehung gerichtet waren, ein gemeinsames Verstehen erwartet wurde.

Nur erinnerte Mediennutzungen können berichtet werden
Fünftens bringt die Datenerhebungsform Grenzen mit sich. So wurden nur Aspekte in den Interviews besprochen, welche in den Tagebüchern notiert worden waren oder in der Interviewsituation erinnert wurden. Gespräche in denen eine sogenannte

eingebaute Bezugnahme auf Medien(-inhalte) stattgefunden hat (Keppler, 1995, 220 ff.), wurden nicht berichtet. Dies meint, dass nicht berichtet wurde, wenn in einer Paarkommunikation ohne Medienbezug nur ein Satz oder ein Verweis auf Medieninhalte gemacht wurde. Stattdessen wurde von Paarkommunikationen berichtet, bei denen die Medien(-inhalte) im Fokus standen. Dies ist wahrscheinlich darin begründet, dass der Medienanteil der Kommunikation so gering war, dass sich bei medienbezogenen Fragen nicht daran erinnert wurde. Entsprechend wurden solche Kommunikationen nicht bei der Theorieentwicklung berücksichtigt und es bleibt unklar, ob sie medienbezogene Differenzerleben anstoßen und ggf. Lern- oder Bildungsprozesse zur Folge haben können.

Nicht Berücksichtigung von Bindungsstilen
Sechstens besteht zu den intervenierenden Bedingungen insofern eine Grenze, dass die Bindungsstile der Personen nicht einbezogen wurden. In vielen Arbeiten zu Paarbeziehungen wird auf die Bindungsstile eingegangen (z. B. McDaniel & Drouin, 2015; Marshall et al., 2013 und von Sydow & Ullmeyer, 2001). Dieser Aspekt wurde in der vorliegenden Arbeit nicht näher erläutert und bei der Datenerhebung nicht berücksichtigt, weil der Bindungsstil einer Person eine sehr persönliche Information ist, die nicht erhoben werden sollte, wenn es nicht unbedingt notwendig ist (*Prinzip der Datensparsamkeit*). Außerdem wäre hierfür ein ergänzender Fragebogen notwendig gewesen, welcher den Aufwand für die Paare weiter erhöht hätte. Da der Bindungsstil nach Wölfer (2003) einen Einfluss auf das Konfliktverhalten hat, ist es jedoch möglich, dass er auch die Wahl der Balance-Strategien beeinflusst. Außerdem beschreiben Wardecker et al. (2016), dass der Bindungsstil und der Hang zur emotionalen Überforderung bei Konflikten die Wahl von Kommunikationsmedien bedingt. Diese theoretischen Überlegungen wurde in Abschnitt 9.9 berücksichtigt. Zur Überprüfung, inwiefern der Bindungsstil einen Einfluss auf das Phänomen hat, wäre weitere Forschung mit einem anderen Design notwendig.

Steigerung der sozialen Erwünschtheit
Siebtens stellt die Steigerung der sozialen Erwünschtheit eine methodische Grenze der Paarinterviews dar, wodurch nach Wimbauer und Motakef (2017, 32) Konflikte und Spannungsfelder in der Beziehung tendenziell weniger offen und seltener thematisiert werden, als z. B. in Einzelinterviews. Die Erfahrung der Interviews zeigt jedoch, dass kritische Aspekte angesprochen wurden und es kleine Auseinandersetzungen der Paare in den Interviews gab. Es mag sein, dass hierzu noch mehr in Einzelinterviews erzählt worden wäre. Allerdings sind, der entwickelten Theorie nach, bei hitzigen Beziehungskonflikten die Bedingungen ungünstig für Lern- oder Bildungsprozesse, sodass dies ohnehin nicht relevant für den Fokus dieser Arbeit

wäre. Zur Steigerung der sozialen Erwünschtheit zählt auch, dass in den Interviews kaum über Sexualität und gar nicht über Pornografie gesprochen wurde, obwohl diese dem Forschungsstand nach eine relevante Mediennutzungsform in Paarbeziehungen darstellt. Insofern wurde Pornografie nicht bei der Theorieentwicklung berücksichtigt. Hier wäre aber durchaus denkbar, dass in Aushandlungsprozessen dazu Differenzen in allen Bereichen erlebt werden könnten oder, dass der individuelle Pornokonsum in der Paarkommunikation nicht thematisiert wird.

Begrenzung durch Forschungsfokus
Achtens folgt aus der Fragestellung dieser Arbeit und der damit verbundenen Fokussierung auf Medien eine Grenze hinsichtlich der möglichen zu identifizierenden Ursachen für das Phänomen. Da sowohl Gottman und Gottman (2017, 17) als auch Schnarch und Regas (2012, 641) beschrieben, dass Differenzen Teil von Paarbeziehungen sind, ist anzunehmen, dass es nicht nur medienbezogene Differenzerleben in Paarbeziehungen gibt. Aufgrund der Fragestellung wurden zum einen bei der Interviewführung Medien in den Fokus gestellt und zum anderen medienbezogene Situationen für die vertiefte Analyse ausgewählt. Überdies bieten die wenigen Schilderungen von nicht-medienbezogenen Differenzerleben in der Paarbeziehung aus den Interviews wenig Vergleichspunkte, da diese Schilderungen sehr knapp gehalten sind. Entsprechend kann in der vorliegenden Arbeit keine Aussage dazu getroffen werden, welche anderen Ursachen es für Differenzerleben in Paarbeziehungen gibt und ob diese auf ähnliche Weise ausbalanciert werden.

Reduktion der entwickelten Theorie um Darstellung zu ermöglichen
Neuntens ergibt sich durch die Darstellung der entwickelten Theorie in Form dieser Arbeit eine Grenze. So ist die entwickelte Theorie ausdifferenzierter, als sie hier beschrieben wurde. Dies wurde z. B. in Abschnitt 9.8 deutlich. Dort wurden zwei Mikro-Theorien nur kurz skizziert, obwohl diese ausdifferenziert vorliegen. Eine ausführliche Erläuterung würde jedoch den Rahmen dieser Arbeit übersteigen. So gibt es zur Theorie weitere Aspekte, die hier nicht vorgestellt wurden, weil sie zur Beantwortung der Fragestellung keinen Mehrwert bieten. Diese befinden sich insbesondere im Bereich der Bedingungen der Bedingungen, die hier nur kurz in Abschnitt 9.9 erwähnt wurden. Insofern ist die Komplexität der vorgestellten Theorie für die Darstellbarkeit und Nachvollziehbarkeit eingegrenzt worden.

Die methodischen Grenzen wurden bei der Interpretation der Daten und der Darstellung der Ergebnisse berücksichtigt. Trotz der methodischen Grenzen wird deutlich, dass das gewählte Vorgehen zur Bearbeitung der Fragestellung und der Entwicklung einer sogenannten *substantiven Theorie* ausgereicht hat. Das heißt, dass die entwickelte Theorie für einen bestimmten Bereich gültig ist. Dies ist darin begründet, dass für die Verallgemeinerbarkeit bzw. Übertragbarkeit im Sinne der Grounded Theory Methodologie nach Strauss und Corbin (1990, 251) ausschlaggebend ist, dass vielfältige Variationen des Phänomens in die Theorieentwicklung einbezogen wurden. So kann durch eine gute Samplebildung und eine tiefgreifende konzeptuelle Analyse mit wenigen Fällen eine sogenannte *konzeptuelle Repräsentativität* erreicht werden (Strübing, 2021, 35). Hier zählen nicht die Quantität und die Abbildung der Gesamtbevölkerung anhand von soziodemografischen Merkmalen, weil es nicht um „eine Quantifizierung der [sic!] faktischen Vorhandenseins oder der Auftretenswahrscheinlichkeiten [geht]" (Strübing, 2021, 35), sondern um das Verstehen eines Phänomens und seiner Entstehungsvoraussetzungen. Hinsichtlich der für das Phänomen relevanten Eigenschaften und Dimensionen liegen vielfältige Variationen des Phänomens durch das Sample dieser Arbeit vor, wie im vorherigen Abschnitt beschrieben. Außerdem ist auch die Wahl der Erhebungsmethoden als geeignet zu bewerten, weil zum einen Berichte über wahrgenommene Lern- und Bildungsprozesse erhoben und zum anderen Interaktionen und Aushandlungsprozesse zwischen den Personen beobachtet werden konnten, welche für die Beantwortung der Fragestellung zentral waren. Die entwickelte Theorie ließe sich jedoch durch angepasste Erhebungsmethoden weiter präzisieren und generalisieren.

10.2.3 Sicherheitsrelevante Forschung

In ihren *Empfehlungen zum Umgang mit sicherheitsrelevanter Forschung* macht der gemeinsame Ausschuss der Deutschen Forschungsgemeinschaft und Leopoldina deutlich, dass Forschung Risiken birgt. So bestehe die Gefahr, dass „Ergebnisse durch andere Personen zu schädlichen Zwecken missbraucht werden könnten" (Nationale Akademie der Wissenschaften Leopoldina und Deutsche Forschungsgemeinschaft, 2022). Folglich sollen Forschende ihre Ergebnisse vor diesem Hintergrund betrachten und ggf. Maßnahmen zur Risikominimierung vornehmen. Hinsichtlich der Ergebnisse dieser Arbeit besteht kein Risikopotenzial. Ein mögliches Szenario wäre, dass Personen die Ergebnisse für die bewusste Manipulation des Selbst-, Fremd-, oder Weltbezugs zu benutzen versuchen. Allerdings ist bei Bildungsprozessen nach Marotzki (1990) die Richtung der Veränderung nicht beeinflussbar, sodass die Ergebnisse solcher Manipulationsversuche nicht kontrollierbar wären. Zudem bedarf es für die (medienbezogenen) Bildungsprozesse der entwickelten Theorie nach einer *reflexiven Haltung*, welche jedoch eine schlechte Rahmenbedingung für Manipulationen darstellt.

10.2.4 Berücksichtigung der Gütekriterien

Nachfolgend wird das Vorgehen dieser Arbeit dahingehend betrachtet inwiefern die in Abschnitt 6.4 vorgestellten Gütekriterien berücksichtigt wurden. Zuerst werden die als Fragen formulierten Kriterien für die Grounded Theory Methodologie nach Strauss und Corbin (1990, 254 ff.) beantwortet. Dies sind zum einen Kriterien zum Forschungsprozess (Criterion 1a–7a) und zum anderen zur Empirischen Verankerung der Theorieentwicklung (Criterion 1b–7b). Anschließend wird erläutert inwieweit die Gütekriterien der qualitativen Forschung nach Strübing et al. (2018) beachtet wurden.

Hinsichtlich des Samples haben Strauss und Corbin (1990) drei Kriterien formuliert, welche die Samplebildung und dessen Güte hinsichtlich der Vielfalt an Variationen betreffen. Zur Samplebildung wurden, wie bereits beschrieben, drei Rekrutierungsstrategien angewendet, um darüber unterschiedliche Paare zu erreichen. Darüber hinaus war ein systematisches Auswählen der Paare nach relevanten Eigenschaften nur begrenzt möglich, weil vorab kaum Informationen über die Paare bekannt waren und sich lediglich eine begrenzte Anzahl an Paaren für die Studie meldete (Criterion 1a). Aufgrund der Schwierigkeiten beim *open, relational* und *variational Sampling* lag der Schwerpunkt dieser Arbeit beim theoretischen Sampling auf dem *discriminate Sampling*. Das heißt, die entwickelten Kategorien wurden anhand der bereits analysierten Fälle auf ihre Gültigkeit überprüft. Außerdem wurden am Ende der Auswertungsphase zur Validierung der entwickelten Theorie alle Fälle noch einmal betrachtet, inwiefern sie von der Theorie abgebildet werden. Hierbei fanden sich die Hauptkategorien in ihren verschiedenen Ausprägungen in den meisten Fällen wieder. War dies nicht der Fall, so lang dies daran, dass die Kategorien aufgrund vorheriger nicht erfüllter Bedingungen nicht relevant für den Fall waren (Criterion 4a). Insgesamt war das Sample ausreichend, um eine gültige Theorie zu entwickeln, weil hinsichtlich der für das Phänomen relevanten Eigenschaften und Dimensionen eine Vielfalt an Variationen vorliegt – wie in Abschnitt 10.2.1 ausführlich beschrieben (Criterion 4b).

Mit Blick auf die Kategoriebildung haben Strauss und Corbin (1990) sechs Kriterien aufgestellt, welche die Kategoriebildung und deren konzeptuelle Verbindungen fokussieren. In dieser Arbeit wurden mehrere Hauptkategorien mit Unterkategorien, Eigenschaften und Dimensionen auf Grundlage der Paarinterviews entwickelt. Diese wurden in Kapitel 9 erläutert sowie die vielfältigen Beziehungen und Einflüsse der Hauptkategorien, Unterkategorien, Eigenschaften und Dimensionen untereinander ausgeführt (Criterion 1b, 2a, 2b & 3b). In Abschnitt 9.1 wurde exemplarisch anhand der Interpretation und des Vergleichs der zwei Fallbeispiele aufgezeigt, welche Ereignisse und Handlungen auf die jeweiligen Hauptkategorien verwiesen haben und wie diese bei der Auswertung aus dem Material gewonnen wurden. Insofern wurde die Kategoriebildung nachvollziehbar dargelegt (Criterion 3a). Bei der Benennung der Kategorien wurden keine In-vivo-Kodes verwendet, da insbesondere bei der Benennung der Balance-Strategien ein einheitliches Namensschema gewählt wurde. So ist z. B. der In-vivo-Kode *Sind wir uns einig, dass wir uneinig sind?* in der Strategie des *Akzeptierens von Differenz* aufgegangen. Zum Prozess des Findens der Kernkategorie lässt sich sagen, dass sich dieser eher schwierig gestaltete. Die Hauptkategorien waren größtenteils entwickelt und auch ihre Zusammenhänge zueinander waren klar. Dennoch gab es in dem Kodierparadigma eine Lücke, in der das Phänomen fehlte. Schließlich entstand die Idee, die Differenzerleben in das Zentrum der Theorie zu setzen. Der Fokus auf die Bildungsprozesse aufgrund der Forschungsfrage und die Dynamik der Balance-Strategien rund um die Differenzerleben hatte dies eine Zeit lang blockiert. Nachdem die Differenzerleben im Zentrum der Theorie standen, wurden die Fälle mit der sich ergebenden Theorie abgeglichen. Dabei wurde die Erklärkraft der entwickelten Theorie für die Fälle deutlich. Aus diesem Grund wurden die Differenzerleben zur Kernkategorie und durch die Benennung als *Differenzerleben als Balanceakt in Paarbeziehungen* konnte die Dynamik dieser Kategorie verdeutlicht werden (Criterion 7a).

In Bezug auf die Validierung der entwickelten Theorie haben Strauss und Corbin (1990, 254 ff.) zwei Kriterien zur Hypothesenbildung und -prüfung verfasst. In der Datenanalyse wurden immer wieder Hypothesen zu Verbindungen der Kategorien untereinander aufgestellt. Beispielsweise entstand bei der Interpretation der Erzählung von Paar I zur *22 Uhr Regel* die Hypothese, dass je nachdem Beschaffenheit des *kommunikativen Settings* eine andere Balance-Strategie gewählt wird. Hierzu wurden andere Interviewausschnitte angesehen, wie z. B. der Ausschnitt in dem Niklas davon berichtet, dass er beim Gespräch mit Nora seine Ansichten zu den Medieninhalten kommunikativ validiert oder der Interviewausschnitt von Paar C zum Vorfall in Würzburg. Dabei wurden die Ausprägungen des *Kommunikativen Settings* wie die verfügbare Zeit und das Maß an Perspektivenübernahme herausgearbeitet (Criterion 5a). Hinsichtlich der Verbindungen der finalen Kategorien wurden keine Hypothesen verworfen. Allerdings wurden anfänglich Kodes mit zugehörigen Hypothesen gebildet, welche sich später als nicht relevant herausstellten und daher komplett verworfen oder in andere Kategorien integriert wurden. Ein Beispiel hierfür sind die Kodes zur Ähnlichkeit der Mediennutzung innerhalb eines Paars und die Ähnlichkeit ihrer Medien-Biographien. Hierzu bestand die

Hypothese, dass die Ähnlichkeit der Mediennutzung damit zusammenhängt, wie ähnlich die persönlichen Medien-Biographien sind (Criterion 6a).

Ergänzend haben Strauss und Corbin (1990) drei Kriterien formuliert, die für sie eine besonders gute Grounded Theory ausmachen. Erstens fragen Strauss und Corbin nach Einbezug von mittelbaren Bedingungen. In der Ergebnisdarstellung sind zu den jeweiligen Kategorien verschieden nahe und vom Phänomen entfernte Bedingungen samt ihren Einflüssen beschrieben worden. Zusätzlich wurden in Abschnitt 9.9 vielfältige gefundene und theoretisch herleitbare Bedingungen in ihren Verbindungen zueinander und zum Phänomen erläutert (Criterion 5b). Zweitens stellen Strauss und Corbin die Frage danach, ob der Prozesscharakter bei der entwickelten Theorie berücksichtigt wurde. Dies wird in der vorliegenden Arbeit zum einen durch die zirkuläre Verbindung der Balance-Strategien und der Konsequenzen zum Phänomen hin angedeutet. Zum anderen wurde in der Beschreibung der Theorie die Prozesshaftigkeit verdeutlicht, wie z. B. bei dem Interviewausschnitt zu der *22 Uhr Regel* von Paar I, das verschiedene Strategien ausprobiert, wodurch sich jeweils die Kontextbedingungen verändern (Criterion 6b). Drittens fragen sie nach der Signifikanz und Reichweite der Ergebnisse. Dieses wurde in Abschnitt 10.1 ausführlich diskutiert. Die Ergebnisse dieser Arbeit helfen das Zustandekommen von medienbezogenen Bildungsprozessen in Paarbeziehungen verstehen zu können. Infolgedessen können mediengestützte Paarinterventionen mit diesem erweiterten Verständnis angepasst werden. Weiterhin bietet die entwickelte Theorie mehrere Aspekte zur Weiterentwicklung der *strukturalen (Medien-)Bildungstheorie* sowie Informationen zur Mediennutzung von Paaren (Criterion 7b).

Nachfolgend werden die von Strübing et al. (2018) formulierten Gütekriterien der qualitativen Forschung auf ihre Berücksichtigung in dieser Arbeit hin betrachtet. Das Kriterium der *empirische Sättigung* wurde in der vorliegenden Arbeit erfüllt, indem erst Kategorien samt Eigenschaften und deren Beziehungen untereinander anhand eines Interviewausschnitts entwickelt und anschließend an anderen Ausschnitten überprüft und verfeinert wurden. Dem Kriterium *theoretische Durchdringung* wurde genüge getan, in dem zum einen Theoriebezüge für die Erstellung des Forschungsdesigns genutzt wurden. Zum anderen wurden bei der Darstellung der Ergebnisse vorgenommene Bezugnahmen von Theorien in der Empirie gekennzeichnet und erläutert. Das Kriterium der *Gegenstandsangemessenheit*, welches sich aus den beiden vorangegangenen ergibt, wurde ebenfalls beachtet. Es wurde von Beginn dieser Arbeit an die Passung für den Forschungsgegenstand bei der Auswahl der Fragestellung sowie der genutzten Theorien, Methoden und Daten mitgedacht. Zudem wurden im Forschungsprozess, wenn nötigt Anpassungen vorgenommen, um dem Forschungsgegenstand angemessen zu agieren. Für das Kriterium *textuelle Performanz* wurde auf eine möglichst transparente Darlegung des Forschungsprozesses und der Forschungsergebnisse geachtet. Dem Kriterium der *Originalität* wurde insbesondere in Abschnitt 10.1 genüge getan, da dort die Forschungsergebnisse zum Stand der Forschung und zum fachlichen Diskurs in Bezug gesetzt wurden und der Neuheitswert dieser Arbeit herausgearbeitet wurde.

Fazit

Zum Abschluss der vorliegenden Arbeit erfolgt zunächst in Abschnitt 11.1 eine Gesamtzusammenfassung von dem theoretischen Bezugsrahmen und dem Forschungsstand über die wissenschaftstheoretische Perspektive und den methodischen Bezugsrahmen bis hin zu den Ergebnissen dieser Arbeit. Im Anschluss wird die Forschungsfrage in Abschnitt 11.2 beantwortet. Anschließend werden in Abschnitt 11.3 die Beiträge dieser Arbeit zur Theorieentwicklung und in Abschnitt 11.4 die Beiträge zum Forschungsstand dargelegt. Daraus abgeleitet folgt die Formulierung von Implikationen für die Praxis in Abschnitt 11.5. Darauf folgt in Abschnitt 11.6 die Aufführung der bereits diskutierten Grenzen dieser Arbeit. Zuletzt werden in Abschnitt 11.7 offengebliebene oder neu aufgeworfenen Fragen benannt und ein Ausblick auf zukünftige Forschungen gegeben.

11.1 Zusammenfassung

Es folgt nun eine kurze Zusammenfassung der gesamten Arbeit. Zuerst werden die Ergebnisse aus der Beschäftigung mit den für die Arbeit relevanten Begriffen und Theorien aufgeführt. Diese sind für das inhaltliche Verständnis dieser Arbeit zentral. Anschließend wird die Ableitung der Forschungslücke und der damit einhergehenden Forschungsfrage dieser Arbeit aus dem Forschungsstand skizziert. Daraufhin wird der wissenschaftstheoretische, methodologische und methodische Bezugsrahmen der Arbeit umrissen, gefolgt von dem Forschungsdesign und dem Sample. Im

Ergänzende Information Die elektronische Version dieses Kapitels enthält Zusatzmaterial, auf das über folgenden Link zugegriffen werden kann https://doi.org/10.1007/978-3-658-46014-3_11.

Anschluss werden die empirischen Ergebnisse dieser Arbeit in Form des gefundenen Phänomens, der entwickelten Theorie und des gebildeten Typen umrissen.

Theoretischer Bezugsrahmen
In dieser Arbeit wurde in Abschnitt 2.1 zuerst das Verständnis von *Bildungsprozessen* geklärt, worin Marotzki (1990) und seiner *strukturalen Bildungstheorie* gefolgt wird. Entsprechend sind *Bildungsprozesse* zum einen durch Selbstreflexion angestoßene Veränderungen des Selbst- und Weltbezugs. Zum anderen umfassen sie Prozesse, bei denen durch Selbstreflexion eine Flexibilisierung und Pluralisierung der Selbst- und Weltbezüge vollzogen wird. Diese werden als *Bildung I* und *Bildung II* bezeichnet. Auf Grundlage einer kritischen Diskussion dieses Bildungsverständnisses wurden die sogenannten *Selbst- und Weltbezüge* in Anlehnung an Fuchs (2014) erweitert und ausdifferenziert. Infolgedessen wird zwischen Selbst-, Fremd- und Weltbezügen differenziert und es werden Positionierungen gegenüber anderen Personen und Aspekte der Gesellschaft bei der Betrachtung von Selbst-, Fremd- und Weltbezügen berücksichtigt. Im Anschluss wurde sich in Abschnitt 2.2 mit den Begriffen *Medien* und *Medienbildung* auseinandergesetzt. Als Ergebnis werden Medien in dieser Arbeit als Informations- und Kommunikationsmedien definiert, durch die mit Menschen, Medieninhalten oder intelligenten Programmen „manchmal rezeptiv, manchmal wechselseitig, manchmal nur mitteilend"(Krotz, 2003, 28) kommuniziert wird. Ergänzend wurde die Verwobenheit der *Medien* miteinander, mit Kultur und Gesellschaft herausgearbeitet. Zum anderen wurde das Konzept der *Medialität* aufgezeigt, welches den Symbolcharakter von Medien(-inhalten) berücksichtigt. In der Kombination des Medien- und des Bildungsverständnisses wurde der Begriff *Medienbildung* erörtert. Nach Marotzki und Jörissen (2008) geht es bei *Medienbildung* um die Prozesse der *strukturalen Bildungstheorie*, die sich in und durch Medien bzw. der (reflexiven) Auseinandersetzung mit dem medial Ausgedrückten vollziehen. Bei der Abgrenzung von anderen medienpädagogischen Begriffen wurde festgestellt, dass *Medienbildung* oftmals in empirischen Arbeiten im Sinne von *Medienkompetenz(-förderung)* genutzt wird, sodass sich zur Vermeidung von Missverständnissen für den Ausdruck *medienbezogene Bildungsprozesse* entschieden wurde. Nachdem somit *medienbezogene Bildungsprozesse* theoretisch und inhaltlich erläutert worden waren, wurden *Paarbeziehungen* in Abschnitt 2.3 betrachtet. Hier wurde die Definition von Lenz (2009) erweitert, sodass in dieser Arbeit das Zusammensein von mindestens zwei Personen, Exklusivität, die Möglichkeit oder sogar Praxis sexueller Interaktion, wechselseitige Solidarität bzw. ausgeprägte Interdependenz, relative Dauerhaftigkeit und die Ausbildung einer Paaridentität als Merkmale von Paarbeziehungen gelten (Lenz, 2009, Schneider, 2009 und Maier, 2008). Ergänzend wurde erläutert, dass zur Ausbildung einer Paaridentität die Konstruktion einer gemeinsamen Wirklichkeit und weitere Ausdrucksformen

gehören, um dem Paar und Außenstehenden den Paar-Status anzuzeigen sowie diesen zu bekräftigen. Hierzu wurde deutlich, dass Selbst-, Fremd- und Weltbezüge auf individueller und auf Paarebene betrachtet werden können.

Forschungsstand, Forschungslücke und Fragestellung
Nach der Beschreibung des theoretischen Bezugsrahmens wurde in Kapitel 3 der Forschungsstand zu *medienbezogenen Bildungsprozessen in Paarbeziehungen* und zur *alltäglichen Mediennutzung von Paaren* im Allgemeinen betrachtet. Im Hinblick auf *medienbezogene Bildungsprozesse in Paarbeziehungen* zeigte sich eine Forschungslücke. Die zwei, bei einer systematischen Literaturanalyse, gefundenen Arbeiten von Dunham und Dermer (2020) und Rogge et al. (2013) weisen darauf hin, dass medienbezogene Paarinteraktionen im Zuge von Paartherapie und -beratung nutzbar gemacht werden können, um Veränderungen des Selbst- und Weltbezugs hinsichtlich der Paarbeziehungen anzustoßen. Bei Rogge et al. (2013) zeigt sich, dass solche Veränderungen auch ohne das Zutun von Therapeut*innen möglich sind. Bei beiden Arbeiten bleibt allerdings offen, was zwischen medienbezogenen Paarinteraktionen und den Veränderungen des Selbst- und Weltbezugs im Interaktionsgefüge der Paarbeziehung steht. Insofern fehlt das Verständnis dafür, inwiefern bei mediengestützten Paarinterventionen medienbezogene Bildungsprozesse zustandekommen können. Zusätzlich wurde deutlich, dass sich der Diskurs um die mediengestützten Therapieformen *Cinematherapy* und *Bibliotherapy* insbesondere auf Filme und Bücher sowie bei selteneren Abwandlungen auf Comics oder Musik fokussiert (Dunham & Dermer, 2020; McNicol, 2018; Eğeci & Gençöz 2017; Kuriansky et al., 2010; Dermer & Hutchings, 2000 und Newton, 1995). Das heißt, es bleibt ungeklärt, inwiefern in Folge auf andere Medieninhalte oder auch Mediennutzungspraxen an sich Bildungsprozesse im Zusammenhang mit Paarinteraktionen wahrgenommen werden können. Ergänzend zu den im Forschungsstand identifizierten Forschungslücken wies der theoretische Bezugsrahmen darauf hin, dass offen ist, wie (medienbezogene) Bildungsprozesse in einem Interaktionsgefüge wie einer Paarbeziehung zustandekommen (Bettinger, 2018; Nohl et al., 2015; Nohl, 2006; Koller, 1999 und Marotzki, 1990). Stattdessen wird der Diskurs um Medienbildung vorrangig auf theoretischer Basis geführt (siehe z. B. Pietraß, 2011; Spanhel, 2011, 6 und Tulodziecki, 2011) und Bildungspotenziale einzelner Medien analysiert (Könitz, 2016; Fromme & Könitz, 2014 und Marotzki & Jörissen, 2010, 29 f.). Insgesamt wurde ersichtlich, dass sowohl fraglich ist, wie medienbezogene Bildungsprozesse in Paarbeziehungen zustandekommen, als auch wie Bildungsprozesse im Allgemeinen in Interaktionsgefügen angestoßen werden.

Überdies wurde bei der Literaturanalyse zur *alltäglichen Mediennutzung von Paaren* ersichtlich, dass nur wenige Studien vorliegen, die relativ offen die

Mediennutzung von Paaren erhoben haben (siehe z. B. Röser et al., 2019; Höflich
& Linke, 2017 und Linke, 2010). So wurde deutlich, dass die vorliegende Arbeit
über *medienbezogene Bildungsprozesse* hinaus einen Beitrag leistet medienbezogene Paarinteraktionen zu verstehen. Anschließend wurde in Kapitel 4 die folgende
Forschungsfrage formuliert:

> *Inwieweit nehmen Paare medienbezogene Bildungsprozesse im Zusammenhang mit
> den Interaktionen ihrer Beziehung wahr?*

**Wissenschaftstheoretischer, methodologischer und methodischer Bezugsrah-
men**
Die Darstellung der zur Bearbeitung der Forschungsfrage eingenommene wissenschaftstheoretische Perspektive erfolgte in Kapitel 5. Bei der gewählten Perspektive
des *Symbolischen Interaktionismus* geht es darum, dass ‚Dinge‘ und Handlungen
einen Symbolcharakter erhalten, indem Menschen (z. B. Gruppen von Personen oder
Paare) ihnen in Interaktionen Bedeutungen geben. Dieser Symbolcharakter wirkt
sich wiederum auf Interaktionen aus und bedarf immer der Interpretation (Blumer,
1969, 2). Diese Perspektive wurde erstens gewählt, um dem Forschungsgegenstand
entsprechend subjektive Bedeutungen und deren Veränderungsprozesse in den Paarinteraktionen erfassen zu können. Zweitens hilft diese wissenschaftstheoretische
Perspektive im Forschungsprozess die Konzepte *Medialität* und *Paaridentität* zu
berücksichtigen. Darüber hinaus wurde deutlich, dass mithilfe der Grounded Theory
Methodologie den Ansprüchen des *Symbolischen Interaktionismus* hinsichtlich des
methodischen Fokus gerecht werden kann.

Forschungsdesign und Sample
Der wissenschaftstheoretischen Perspektive und dem Forschungsgegenstand entsprechend wurde Grounded Theory Methodologie als methodologischer Bezugsrahmen für diese Arbeit gewählt und in Kapitel 6 ausgeführt. Das konkrete Forschungsdesign samt Sample wurde in Kapitel 7 erläutert. Für diese Arbeit wurden
16 Paare mittels leitfadengestützten Paarinterviews befragt. Diese Interviews wurden durch Medientagebücher vorbereitet und mit der Grounded Theory Methodologie ausgewertet. Eine ausführliche Vorstellung dieser 16 Paare und ihrer Mediennutzungspraxen erfolgte in Kapitel 8.

Empirische Ergebnisse – Das Phänomen
Als ein Teil der empirischen Ergebnisse wurde das Phänomen dieser Arbeit in
Abschnitt 9.2 vorgestellt. Das Phänomen sind medienbezogene *Differenzerle-
ben als Balanceakt in Paarbeziehungen*. *Differenz* beschreibt dabei wertfrei den

Unterschied zwischen zwei ‚Dingen'. Im Hinblick auf die vorliegende Arbeit können Differenzen in den folgenden Bereichen vorliegen: a) *eigenes Erleben vs. die Wahrnehmung des Erlebens der anderen Person*, b) *erwartete vs. vorgefundene Welt*, dc) *eigener vs. fremder Weltbezug* und d) *Fremdbild vs. Selbstkundgabe der anderen Person*. Je nach Bereich kann die Differenz dabei innerhalb einer Person, zwischen den beiden Personen der Beziehung oder zwischen dem Paar und einer dritten Partei bestehen. *Differenz* ist hier nicht gleichzusetzen mit einem Streit oder einer Beziehungskrise. Die Bewertung der Differenz erfolgt durch die Personen, die diese Differenz erleben. Es handelt sich also um ein subjektives Erleben, welches nicht objektiv bestimmt werden kann – daher *Differenzerleben*. Das *Differenzerleben* als *Balanceakt* meint weiterhin den Zustand eines labilen Gleichgewichts der Paarbeziehung bei dem ein Ausbalancieren aufgrund von Differenzerleben immer wieder notwendig wird. Hierzu sei erwähnt, dass dieser Balanceakt und das dazugehörige Ausbalancieren einen alltäglichen Prozess in funktionalen Paarbeziehungen darstellt und nicht als Warnsignal missverstanden werden darf. Die medienbezogenen *Differenzerleben als Balanceakt in Paarbeziehungen* wurden als Phänomen dieser Arbeit bestimmt, weil in den Daten deutlich wurde, dass ein Differenzerleben in Folge von medienbezogenen Paarinteraktionen Bildungsprozessen vorausgeht. Insofern braucht es zum Verstehen des Zustandekommens von medienbezogenen Bildungsprozessen die Betrachtung der Differenzerleben und den Umgang der Paare mit diesem Balanceakt.

Empirische Ergebnisse – Die entwickelte Grounded Theory
Als Auswertungsergebnis wurde in Kapitel 9 die entwickelte Theorie zum Phänomen *Differenzerleben als Balanceakt in Paarbeziehungen* vorgestellt und ihre einzelnen Elemente ausführlich erläutert. Nachfolgend wird die entwickelte Theorie in Kurzform ausgeführt. In Anhang 4 im elektronischen Zusatzmaterial ist eine Zusammenfassung der entwickelten Theorie dargestellt.

Bei der Datenanalyse wurde ersichtlich, dass die Personen der Paarbeziehungen durch medienbezogene Paarinteraktionen Differenzen erleben. Zum einen können diese Differenzen in ihrer erlebten Höhe und Bewertung variieren. Zum anderen können sie in verschiedenen Bereichen und Verortungen auftreten, wie beispielsweise im Bereich *eigener vs. Fremder Weltbezug* wobei die Differenz zwischen den Personen der Beziehung oder dem Paar und einer dritten Partei verortet sein kann. Hier beeinflusst insbesondere das Entwicklungsbedürfnis der Personen das Erleben der Differenzen. Personen mit hohem Entwicklungsbedürfnis beurteilen Differenzen im Zusammenhang mit ihren medienbezogenen Paarinteraktionen positiver als Personen mit geringem Entwicklungsbedürfnis. Je nachdem, wie dieser Kontext beschaffen ist, bleibt die Stabilität der Paarbeziehung unberührt oder gerät aus dem

Gleichgewicht. So wird eine hohe, negativ erlebte Differenz als Destabilisierung wahrgenommen, und eine hohe, positiv erlebte Differenz oder auch eine geringe, negativ erlebte Differenz berührt die Stabilität der Beziehung nicht. Eine geringe, positiv erlebte Differenz schafft jedoch eine sogenannte statische Stabilität, welche ebenfalls die Paarbeziehung destabilisiert. Zum Umgang mit diesem, durch das medienbezogene Differenzerleben hervorgerufenen, Balanceakt werden Strategien zum Ausbalancieren genutzt. Diese können das Verringern, Entschärfen oder Ausblenden der Differenz sein oder aber auch das Erhöhen oder Validieren von Differenz. Die Wahl der jeweiligen Strategie hängt zum einen von der Beschaffenheit des Differenzerlebens ab. Zum anderen beeinflusst das kommunikative Setting die Auswahl. Das kommunikative Setting setzt sich aus der verfügbaren Zeit, dem Maß der Perspektivenübernahme und der Kommunikationsform zusammen. Bei einem ungünstigen kommunikativen Setting wird eher die Strategie des Ausblendens gewählt. Teilweise ist dies eine Überbrückungsstrategie bis ein geeigneteres kommunikatives Setting besteht. Bei einem günstigen kommunikativen Setting werden hingegen die Strategien Validieren und Erhöhen von Differenz genutzt und zum Teil auch das Entschärfen von Differenz. Beim Verringern hängen die Erfolgsaussichten dieser Strategie mit der Beschaffenheit des kommunikativen Settings zusammen. In Folge der Differenzerleben – sofern diese nicht ausgeblendet werden – können Lern- oder Bildungsprozesse vollzogen werden. Hierbei sind insbesondere die Strategien des Validierens und des Erhöhens von Differenz förderlich. Ob sich diese Konsequenzen ergeben, hängt jedoch von der reflexiven Haltung der Person ab und wie belastbar ihr betroffenes Selbst-, Fremd-, oder Weltbild ist. Welche Konsequenz sich ergeben kann – Lernen, Bildung I, Bildung II oder einfach nur eine Aktualisierung des Selbst-, Fremd-, oder Weltbezugs –, ist durch den betroffenen Differenzbereich festgelegt. Insgesamt stellt das *Differenzerleben als Balanceakt in Paarbeziehungen* einen komplexen Prozess dar, bei dem die Strategien und ihre Konsequenzen neue Differenzerleben anstoßen können.

Empirische Ergebnisse – Die gebildeten Typen
Auf Grundlage der Grounded Theory wurden in Abschnitt 9.10 fünf Typen von Paaren identifiziert, deren Umgang mit medienbezogenen Differenzerleben variiert. Diese werden nachfolgend kurz vorgestellt:

1.) Das entwicklungsfreudige Paar: Das *entwicklungsfreudige Paar* bewertet Differenzen üblicherweise positiv, wobei es tendenziell zwischen einander nur niedrige Differenzen erlebt. Zur Überwindung der dadurch entstehenden statischen Stabilität, erhöhen diese Paare die Differenz im Bereich des *eignen vs. fremden Weltbezugs*. Die erhöhte Differenz bearbeiten sie durch eine gemeinsame kommunikative Reflexion. Darauf folgt, wenn die betroffene Weltsicht nicht zu belastbar ist, eine Veränderung des Weltbezugs – es findet also ein medienbezogener Bildungsprozess statt.

2.) **Das wertschätzend-kontroverse Paar:** Das *wertschätzend-kontroverse Paar* unterscheidet sich im Kontext vom *entwicklungsfreudigen Paar* insbesondere durch die Höhe der erlebten Differenz zwischen den Personen der Paarbeziehung. Hier ist die Differenz im Bereich *eigener vs. fremder Weltbezug* mittel bis hoch. Aufgrund der gegenseitigen Wertschätzung sind diese Paare in der Lage, die erlebten medienbezogenen Differenzen miteinander zu diskutieren und zu reflektieren. Als Konsequenz können eine Veränderung und/oder eine Aktualisierung des Weltbezugs folgen – es sind also medienbezogene Bildungsprozesse möglich.

3.) **Das stabilisierende Paar:** Der Unterschied vom *stabilisierenden Paar* zu den ersten beiden Typen besteht in der negativen Bewertung der Differenz und dem ungeeigneten kommunikativen Setting. So erlebt ein *stabilisierendes Paar* eine mittlere bis hohe Differenz im Bereich *eigener vs. fremder Weltbezug* und gelangt in den Bereich der Destabilisierung. Als Strategie wählen sie üblicherweise das *Ausblenden der Differenz* und die Fokussierung auf Gemeinsamkeiten, um die Paarbeziehung zu restabilisieren. Alles in allem liegt der Fokus dieser Paare auf der Stabilisierung der Paarbeziehung und nicht auf der gemeinsamen, produktiven Auseinandersetzung mit Medieninhalten.

Hat eine Person ein stärkeres Entwicklungsbedürfnis als die andere, wird weiterhin die Differenz durch ein Auslagern aus der Beziehung entschärft. Diese Personen diskutieren und reflektieren ihre Differenzerleben dann mit anderen Personen ihres sozialen Umfelds – hier können sich Bildungsprozesse vollziehen, welche jedoch außerhalb der Paarbeziehung stattfinden.

4.) **Das lernbegierige Paar:** Beim *lernbegierigen Paar* kommen zwei Personen mit einem hohen Lernbedürfnis zusammen, die jeweils spezifische Expertisen aufweisen. Das Differenzerleben bei diesem Typ findet im Bereich *erwartete vs. vorgefundene Welt* statt. Entweder lassen sich die Personen im Zuge ihrer gemeinsamen Mediennutzung an der jeweiligen Expertise teilhaben, sodass eine mittlere bis hohe Differenz von einer Person erlebt wird, oder sie erhöhen die Differenz durch das Hinzuziehen weitere Informationen aus den Medien. Als Konsequenz steht ein individuelles oder gemeinsames Lernen – es finden keine medienbezogenen Bildungsprozesse, aber medienbezogene Lernprozesse statt.

5.) **Das alltagsbezogene Paar:** Bei dem *alltagsbezogenen Paar* liegt der Fokus der Personen auf der Alltagsbewältigung und es wird kaum ein Entwicklungsbedürfnis deutlich. Der starke Alltagsbezug kann sich in einer geringen individuellen wie auch gemeinsamen Mediennutzung oder in einem ungünstigen kommunikativen Setting für medieninduzierte Paarkommunikationen dokumentieren – hier finden keine medienbezogenen Bildungsprozesse statt.

11.2 Beantwortung der Forschungsfrage

Es erfolgt die Beantwortung der nachfolgend aufgeführten Forschungsfrage: Inwieweit nehmen Paare medienbezogene Bildungsprozesse im Zusammenhang mit den Interaktionen ihrer Beziehung wahr?

Mit Blick auf die Forschungsfrage kann festgehalten werden, dass Paare medienbezogene Bildungsprozesse im Zusammenhang mit den Interaktionen ihrer Beziehung wahrnehmen. Diese medienbezogenen Bildungsprozesse im Zusammenhang mit den Interaktionen ihrer Beziehung nehmen Paare insofern wahr, dass sie als Folge von individuell oder gemeinsam reflektierten medienbezogenen Differenzerleben beschrieben werden. Das bedeutet, dass das Phänomen samt Kontext, intervenierenden Bedingungen und Strategien die medienbezogenen Interaktionsprozesse in Paarbeziehungen abbildet, welche den medienbezogenen Bildungsprozessen vorgelagert sind. Hinsichtlich dieser medienbezogenen Bildungsprozesse wurden zwei Varianten identifiziert, die sich in ihren Voraussetzungen unterscheiden:

1.) **Voraussetzungsärmere Bildungsprozesse:** Hier nehmen Paare Veränderungen von Selbst- und Weltbezügen im Kontext des Differenzbereichs *eigener vs. fremder Weltbezug* in ihrer medieninduzierten Paarkommunikation wahr. Als klare und teils selbst beeinflussbare Voraussetzungen bestehen hier a) das Vorliegen einer mittleren bis hohen, positiv bewerteten Differenz oder aber ein geteiltes Bildungsbedürfnis, sodass bei niedriger Differenz diese aktiv erhöht wird, b) ein geeignetes kommunikatives Setting, c) eine reflexive Haltung und d) eine geringe Belastbarkeit des betroffenen Selbst- oder Weltbildes. *Entwicklungsfreudige Paare* versuchen diese Bildungsprozesse selbst anzustoßen und *wertschätzend-kontroverse Paare* ermöglichen diese durch ihre typische Paardynamik.

2.) **Voraussetzungsvollere Bildungsprozesse:** Hier nehmen Paare zum einen Veränderungen des Fremdbezugs im Kontext eines Differenzerlebens in ihren medienbezogenen Paarinteraktionen wahr. Zum anderen nehmen Paare die Flexibilisierung von Weltbezügen im Kontext eines Differenzerlebens ihrer medienbezogenen Paarinteraktionen wahr. Als eher diffuse und unbeeinflussbare Voraussetzungen bestehen hier a) das Vorliegen von entweder einer mittleren bis hohen Differenz im Bereich *Fremdbezug vs. Selbstkundgabe der anderen Person*, die in der Lage ist den Fremdbezug zu verändern, ohne der Paarbeziehung zu schaden, oder ein Differenzerleben, dass das selbst einen Reflexionsgegenstand darstellt, b) eine ausgeprägte reflexive Haltung und c) eine geringe Belastbarkeit des betroffenen Fremdbildes oder eine Metaperspektive auf die Beschaffenheit von Weltbezügen.

Das heißt, Paare können medienbezogene Bildungsprozesse im Kontext von medienbezogenen Differenzerleben in den Interaktionen ihrer Beziehungen wahrnehmen, sofern sie eine reflexive Haltung einnehmen und die passenden Voraussetzungen hinsichtlich des Differenzerlebens vorliegen. Dabei sind Differenzerleben nicht statisch, sondern stellen einen Balanceakt in Paarbeziehungen dar, welcher zum einen von dem Paar ausbalanciert wird und sich zum anderen durch die Paarinterkationen kontinuierlich verändert.

11.3 Beitrag zur Theorieentwicklung

Nachfolgend werden fünf Beiträge dieser Arbeit zur *strukturalen Bildungstheorie* und zum Konzept der *Paaridentität* im Zusammenhang mit Medien aufgeführt. Erstens ergänzt diese Arbeit im Hinblick auf die *strukturale Bildungstheorie* nach Marotzki (1990) ein Verständnis dafür, wie medienbezogene Lern- und Bildungsprozesse (*Bildung I* und *Bildung II*) in dem Interaktionsgefüge einer Paarbeziehung zustandekommen können und welche Voraussetzungen dafür wichtig sind. Zweitens wurde in dieser Arbeit die Aktualisierung des Selbst-, Fremd- und Weltbezugs als Konsequenz einer reflexiven Auseinandersetzung mit Medieninhalten identifiziert, welche eine Erweiterung der *strukturalen Bildungstheorie* darstellt. Nach Marotzki stellt dies zwar keinen Bildungsprozess dar, nichtsdestotrotz stellt die Aktualisierung des Selbst-, Fremd- und Weltbezugs eine sinnvolle Erweiterung der strukturalen Bildungstheorie dar, weil diese Aktualisierungsprozesse vermutlich die Belastbarkeit des Selbst-, Fremd- und Weltbezugs steigern und damit Veränderungen erschweren. Außerdem sorgt diese Ergänzung für einen Bedeutungsgewinn von Prozessen der Aktualisierung und Selbstvergewisserung, welcher die reflexive Auseinandersetzung mit dem eigenen Selbst-, Fremd- und Weltbezugs würdigt, auch wenn keine Veränderung als Konsequenz folgt. Drittens wird in dieser Arbeit deutlich, dass die von Marotzki und Jörissen (2010) untersuchten Bildungspotenziale von einzelnen Medien(-inhalten) nur Bedeutung für die Veränderung des Selbst- und Weltbezugs haben. Ob Medien(-inhalte) das Potenzial haben, eine Flexibilisierung von Selbst-, Fremd- und Weltbezügen anzustoßen lässt sich nicht bestimmten, weil die Gesamtsituation entscheidender ist als nur die Form oder der Inhalt des genutzten Mediums. Viertens fällt beim Vergleich von reflexiven Auseinandersetzungen mit Medieninhalten von Einzelpersonen und Paaren auf, dass in Paarbeziehungen zum einen mehr Chancen für Differenzerleben bestehen, welche reflektiert werden und Veränderungen des Selbst- oder Weltbezugs anstoßen können. Zum anderen bietet die Praxis an sich einen Mehrwert durch die soziale Interaktion, wodurch die Praxis wiederum gefördert wird. Dabei stellt die *Paaridentität* das Alleinstellungsmerkmal gegenüber anderen persönlichen Beziehungen dar, welches sich in dem Potenzial für Veränderungen des Paar-Selbstbezugs und des gemeinsam konstruierten Weltbezugs niederschlägt. Fünftens weisen die Ergebnisse dieser Arbeit in Bezug auf Paare darauf hin, dass Medien auch durch medienbezogene Bildungsprozesse an der Konstruktion der Paaridentität beteiligt sein können. Dieser Befund ergänzt bestehende Arbeiten, die eine Beteiligung von Medien an der Konstruktion der Paaridentität untersuchten.

11.4   Beitrag zum aktuellen Forschungsstand

Hinsichtlich des Forschungsstandes zu medienbezogenen Bildungsprozessen in Paarbeziehungen bleibt in den Artikeln von Dunham und Dermer (2020) und Rogge et al. (2013) offen, was zwischen der medienbezogenen Paarinteraktion und den Veränderungen des Selbst- und Weltbezugs steht. Die vorliegende Arbeit leistet in zweierlei Weise einen Beitrag hierzu: 1.) In dieser Arbeit wird deutlich, dass sich zwischen medienbezogenen Paarinteraktion und den gewünschten Veränderungen des Selbst- und Weltbezugs Differenzerleben und deren Reflexion befinden. 2.) Die vorliegende Arbeit beschreibt die Abläufe rund um die medienbezogenen Paarinteraktionen, die Differenzerleben und Reflexionen sowie die für Bildungsprozesse notwendigen Voraussetzungen.

Des Weiteren wird hinsichtlich des Forschungsstandes zur *alltäglichen Mediennutzung von Paaren* folgendes deutlich. Die vorliegende Arbeit bietet erstens Erklärungsansätze unter welchen Bedingungen es zum einen nach einer individuellen und zum anderen nach einer gemeinsamen Mediennutzung zu einer anschließenden Paarkommunikation kommt. Zweitens zeigt diese Arbeit, dass Medien insofern an der Konstruktion der Paaridentität beteiligt sein können, dass medienbezogene Bildungsprozesse hinsichtlich des Paar-Selbstbezugs oder des gemeineren Weltbezugs durch die medienbezogene Paarinteraktion angestoßen werden. Zusätzlich wird im Vergleich zur Arbeit von Keppler (1995) deutlich, dass sich medieninduzierte Paarkommunikationen von solchen in Familien unterscheiden. Ferner liefert die vorliegende Arbeit neue Erkenntnisse zur Kommunikation über Medien durch den Einbezug der aktuellen Medienvielfalt. Hierzu gehört unter anderem, dass in medieninduzierten Paarkommunikationen sehr wohl Weltbezüge diskutiert werden.

11.5 Implikationen

Mit dem neu gewonnen Wissen über die Abläufe zwischen medienbezogenen Paarinteraktionen und Veränderungen des Selbst- und Weltbezugs lassen sich drei Implikationen für die Formulierung von Fragen zur Auseinandersetzung mit den Medieninhalten im Rahmen von mediengestützten Paarinterventionen formulieren. Ersten
sollten die formulierten Fragen zum Abgleich des eigenen Selbst- und Weltbezugs
mit den medial dargestellten Weltbezügen einladen. Zweitens sollten die Fragen
bei strittigen Paaren möglichst so gewählt sein, dass dabei die Differenz zwischen
dem Paar und einer dritten Partei verortet wird. Diese dritte Partei können Personen aus den in der Intervention konsumierten Medien oder hypothetische Personen
darstellen. So kann das Destabilisierungspotenzial der Fragen für die Paarbeziehungen gering gehalten werden und sich ggf. sogar eine beziehungsstärkende Wirkung
durch den Austausch über den geteilten Weltbezugs entfalten. Bei sehr harmoni-
schen, miteinander verschmolzenen Paaren könnten jedoch Fragen hilfreich sein, die
eine Differenz zwischen den Personen der Beziehung hervorrufen würden. Drittens
bedarf es Fragen, welche eine Reflexion des Differenzerlebens anstoßen und sich
für Personen mit geringer reflexiver Haltung eignen. Ergänzend wäre abschließend
zur Reflexion zu fragen, was die Personen aus dem Austausch zum Medieninhalt
über sich, ihre Beziehung oder die Welt gelernt haben.

Darüber hinaus wäre es denkbar das Schauen eines Films als mediengestützte
Paarintervention durch ein dazugehöriges *Reaction Video* zu ergänzen. *Reaction
Videos* sind häufige Formate auf YouTube, in denen Content-Creator*innen auf
Filme, Shows, andere YouTube Videos etc. reagieren und mehr oder weniger ihre
eigene Perspektive einbringen (Kohout, 2021). Mittlerweile finden sich vielfältige
Reaction Videos von Paarberater*innen und -therapeut*innen, die Filme oder Shows
aus ihrer Fachperspektive betrachten. Dies würde dem Paar eine deutliche dritte Perspektive geben, zu der sie in Differenz treten können. Da somit die *dritte Partei* eine
reale Person ist, mag dieses Vorgehen Personen mit geringerer reflexiver Haltung
helfen, ihre Perspektive einer anderen gegenüberzustellen. Ergänzend ist zu erwähnen, dass diese mediengestützten Paarinterventionen nicht nur mit Filmen o. Ä.
durchgeführt werden können. Auf Grundlage dieser Arbeit wird deutlich, dass sich
hierzu auch andere Medien eignen über die Paare im Rahmen einer Intervention
angeleitet diskutieren können, wie z. B. Instagram-Posts.

Da diese Arbeit insgesamt vielmehr als Grundlagenforschung angelegt ist statt
als Praxisforschung, ist es schwierig über die genannten Aspekte hinaus unmit-
telbare Implikationen für die Praxis zu formulieren. Dennoch kann diese Arbeit
neue Perspektiven auf bereits behandelte Themen eröffnen. Beispielsweise kann das
Verständnis von medienbezogenen Differenzerleben und dem Umgang von Paaren
damit eine erweiterte Perspektive auf medienbezogenen Veränderungsprozessen bei

Kindern im familiären Kontext eröffnen, wie z. B. Medienbildungsprozesse, informelles Lernen durch Medien oder Mediensozialisation. Im Hinblick auf den Einfluss von Eltern auf ihre Kinder im Bereich der Mediensozialisation (Nelissen et al., 2019) stellen sich aus der Perspektive dieser Arbeit u. a. Fragen nach 1.) dem Zusammenhang der Entwicklungsbedürfnisse von Eltern und Kindern, 2.) der Weitergabe von präferierten Balance-Strategien von Eltern an Kinder und 3.) dem Einbezug von Kindern in das elterliche Aushandeln von medienbezogenen Differenzerleben. Überdies wäre es denkbar, dass ähnliche Konzepte wie bei mediengestützten Paarinterventionen in der Erwachsenenbildung Anwendung finden können. Zwar fehlt bei Teilnehmenden dort die gemeinsame Paaridentität, welche zusätzliche Möglichkeiten zur Auseinandersetzung mit dem eigenen Weltbezug schafft, nichtsdestotrotz wären medienbezogene Lern- und Bildungsprozesse denkbar. Hierbei ist jedoch zu beachten, dass Bildungsprozesse nach Marotzki (1990) nicht normativ gedacht sind, sodass die Richtung der sich vollziehenden Bildungsprozesse nicht steuerbar ist. Insofern wäre eine weitere Übertragung in die Praxis nur in solchen pädagogischen Settings denkbar, in denen kein inhaltliches Ziel besteht oder die Richtung einer möglichen Veränderung von Selbst-, Fremd- und Weltbezug nicht festgeschrieben ist.

11.6   Grenzen der Arbeit

Die Grenzen dieser Arbeit wurden bereits in Kapitel 10 diskutiert, sodass sie hier nur aufgeführt werden:

Die Reichweite der entwickelten Theorie ist beschränkt auf funktionale Paarbeziehungen, die sich aus zwei Personen mit den folgenden Eigenschaften zusammensetzen:

- männlichen und/oder weiblichen Personen,
- Personen ohne außer-europäischen familiären Migrationshintergrund,
- zusammenlebende Personen,
- Personen, die irgendeine Form von Medien nutzen und
- Personen mit einem höheren formalen Bildungsniveau.

Methodische Grenzen hinsichtlich der Erhebungsmethoden bestehen darin, dass

- die Perspektive der Einzelpersonen teilweise hinter die des Paars trat,
- stillere Personen im Vergleich zu ihren dominanteren Partner*innen weniger zu Wort kamen,

- das Verständnis für Erzählungen zum Weltbezug des Paars nur eingeschränkt möglich war,
- nur erinnerte Erlebnisse in die Theorieentwicklung einbezogen werden konnten,
- die Bindungsstile der befragten Personen nicht erhoben wurden, welche möglicherweise als intervenierende Bedingungen fungieren,
- in der Paarsituation eine gesteigerte soziale Erwünschtheit erzeugt wurde zu Themen wie Konflikten und Sexualität,
- aufgrund des Forschungsfokus nur medienbezogene Aktionen als Ursachen für Differenzerleben betrachtet wurden, wodurch eine Präzisierung der Theorie durch nicht-medienbezogene Differenzerleben nicht möglich war,
- durch die Darstellung der entwickelten Theorie in dieser Arbeit, die Theorie auf das Wesentliche reduziert wurde.

Insgesamt hat das gewählte Vorgehen zur Bearbeitung der Fragestellung und der Entwicklung einer gültigen, substantiven Theorie trotz der vorhandenen Beschränkungen ausgereicht. Dies ist darin begründet, dass zum einen hinsichtlich der für das Phänomen relevanten Eigenschaften und Dimensionen vielfältige Variationen des Phänomens durch das Sample dieser Arbeit vorliegen. In Kapitel 10 sind diese Variationen des Samples bzgl. der folgenden Bereiche ausführlich dargelegt worden: 1.) Eigenschaften der Paarbeziehungen, 2.) Eigenschaften der Einzelpersonen, 3.) Eigenschaften der gemeinsamen und individuellen Mediennutzung, 4.) Eigenschaften mit Bezug zu Bildung und Lernen. Die entwickelte Theorie ließe sich jedoch durch ein angepasstes Sample und angepasste Erhebungsmethoden weiter generalisieren und präzisieren.

11.7 Offene Fragen und Ausblick

Abschließend werden die Fragen aufgeführt, die entweder offengeblieben sind oder durch diese Arbeit aufgeworfen wurden. Hierzu wird jeweils verdeutlicht, was durch deren Beantwortung erreicht werden könnte. Zuletzt wird ein Ausblick auf mögliche folgende Veröffentlichungen gegeben und dieser Abschnitt noch einmal zusammengefasst.

Spezifische Fragen zu den Balance-Strategien

In dieser Arbeit sind zwei spezifische Fragen zu den Balance-Strategien offengeblieben. Zur Strategie des *Ausblendens von Differenz* wurde die Vermutung aufgestellt, dass sie für alle Differenzbereiche eine hilfreiche Strategie darstellen kann. Allerdings wurde sie nur in Bezug zum Differenzbereich *eigener vs. fremder Weltbezug* in den Daten gefunden. Insofern bedarf es weiterer Forschung, um diese Strategie auf ihre Anwendung in den anderen Differenzbereichen zu untersuchen. Außerdem wurde die Strategie des *Negierens von Differenz* nur theoretisch hergeleitet. Um empirische Belege für diese Strategie zu finden, wäre ein anderes Forschungsdesign notwendig. Hier könnten womöglich ergänzende Einzelinterviews aufschlussreich sein.

Generelle Fragen zur Übertragbarkeit bzw. Erweiterung der entwickelten Theorie
Weiterhin bleibt die generelle Frage offen, inwiefern sich die Grounded Theory auf Abläufe bei a) Paaren in dysfunktionalen Beziehungen, b) Paaren, die nicht zusammen leben oder eine Distanzbeziehung führen, c) Paaren, zu denen non-binären Personen gehören, d) Personen mit einem nicht-europäischen familiären Migrationshintergrund, e) nicht in (West-)Deutschland lebende Personen, f) polyamoren Paaren, g) Paaren, bei denen beide keine Medien nutzen und h) Paaren, aus Personen mit geringem formalen Bildungsniveau, übertragen lässt und welche Ergänzungen ggf. notwendig wären, um die Grounded Theory auf das Zustandekommen von *medienbezogenen Bildungsprozessen* in Paarbeziehungen im Allgemeinen auszuweiten. Eine weitere generelle Frage, die sich stellt, ist, inwiefern das Phänomen ein nützliches Modell sein kann, um Differenzerleben von Paaren im Kontext von Selbst-, Fremd- oder Weltsichten zu verstehen. Hierzu könnten anhand von theoretischen oder empirischen Arbeiten bestehende Konzepte noch einmal anders eingeordnet und Implikationen für Paarberatungen oder -therapien abgeleitet werden. Außerdem wurde zum einen die Hypothese aufgestellt, dass auch in anderen persönlichen Beziehungen *medienbezogene Bildungsprozesse* hinsichtlich des Fremdbildes vorausetzungsvoller sind, weil dessen Belastbarkeit mit der Beziehungsdauer zunimmt. Zum anderen wurde die Hypothese aufgestellt, dass die Aktualisierung des Selbst-, Fremd- und Weltbezugs die Belastbarkeit des Selbst-, Fremd- und Weltbezugs steigert und damit Veränderungen erschwert. Die Überprüfung dieser Hypothesen könnte weitere Erkenntnisse zu Bildungsprozessen im Allgemeinen erzeugen. Ähnlich ist es bei der Hypothese, dass das Zustandekommen medienbezogener Bildungsprozesse von Einzelpersonen ebenfalls von den intervenierenden Bedingungen der *reflexiven Haltung* und des *Bildungsbedürfnisses* beeinflusst wird. Zur Überprüfung dieser Hypothese wäre weiterer Forschung notwendig. Zudem lädt die entwickelte Theorie zur Nachforschung ein, inwiefern das Phänomen ohne Medienbezug zustande kommen kann. Ergebnisse hierzu könnten Erkenntnisse zu den stabilisierenden Strategien in funktionalen Beziehungen erzeugen. Die Bearbeitung dieser Themen könnten dabei helfen, die Reichweite der entwickelten Theorie zu vergrößern.

Ausblick auf weitere Forschungsarbeiten

Darüber hinaus wurden in den beiden Mikro-Theorien in Abschnitt 9.8 zum Übergang von individueller Mediennutzung zur medienbezogenen Paarinteraktion bzw. gemeinsamer Mediennutzung zu medieninduzierter Paarkommunikation die Prozesse nur skizziert. Diese können in nachfolgenden Veröffentlichungen, deren Fokus nicht auf Bildungsprozessen liegt, im Detail dargelegt werden. Ergänzend bietet das Datenmaterial vielfältige Hinweise auf Mediensozialisationsprozesse in Paarbeziehungen, welchen Aufgrund der Fragestellung nicht nachgegangen wurden. Diese ließen sich in nachfolgenden Veröffentlichungen ausarbeiten.

Zusammenfassung zu den offenen Fragen und zum Ausblick

Insgesamt sind zwei spezifische Fragen zu den Balance-Strategien offengeblieben sowie mehrere generelle Fragen zur Übertragbarkeit bzw. Erweiterung der entwickelten Theorie auf weitere Formen von Paarbeziehungen, Paarbeziehungen im Allgemeinen, andere Interaktionsgefüge, medienbezogene Bildungsprozesse von Einzelpersonen und Bildungsprozesse ohne Medienbezug. Zudem besteht der Ausblick auf weitere Veröffentlichungen in denen die Übergänge von individueller Mediennutzung zur medienbezogenen Paarinteraktion bzw. gemeinsamer Mediennutzung zu medieninduzierter Paarkommunikation detailliert dargelegt werden.

Literaturverzeichnis

Abela, A. (2020). The significance of the couple relationship in the twenty-first century. In A. Abela, S. Vella & S. Piscopo (Hrsg.), *Couple relationships in a global context: Understanding love and intimacy across cultures* (S. 19–37). Cham: Springer International Publishing. https://doi.org/10.1007/978-3-030-37712-0_2

Ang, I. (1996). *Watching dallas. soap opera and the melodramatic imagination*. London u. a.: Routledge.

Arikewuyo, A. O., Eluwole, K. K. & Özad, B. (2021). Influence of lack of trust on romantic relationship problems: The mediating role of partner cell phone snooping. *Psychological Reports, 124* (1), 1–10. https://doi.org/10.1177/0033294119989990

Arikewuyo, A. O., Lasisi, T. T., Abdulbaqi, S. S., Omoloso, A. I. & Arikewuyo, H. O. (2022). Evaluating the use of social media in escalating conflicts in romantic relationships. *Journal of Public Affairs, 22* (1), 1–10 https://doi.org/10.1002/pa.2331

Arikewuyo, A. O., Özad, B., Dambo, T. H., Abdulbaqi, S. S. & Arikewuyo, H. O. (2020). An examination of how multiple use of social media platforms influence romantic relationships. *Journal of Public Affairs, 21* (3), 1–12. https://doi.org/10.1002/pa.2240

Arikewuyo, A. O., Özad, B. & Lasisi, T. (2019). Erotic use of social media pornography in gratifying romantic relationship desires. *The Spanish Journal of Psychology, 22* (e61), 1–10 https://doi.org/10.1017/sjp.2019.60

Aufenanger, S. (2006). Medienpädagogik. In H.-H. Krüger & C. Grunert (Hrsg.), *Wörterbuch Erziehungswissenschaft* (2. durchgesehene Aufl., S. 298–303). Opladen u. a.: Budrich.

Aufenanger, S. (2008). Mediensozialisation. In U. Sander, F. v. Gross & K. Hugger (Hrsg.), *Handbuch Medienpädagogik* (S. 87–92). Wiesbaden: VS Verlag für Sozialwissenschaften. doi: https://doi.org/10.1007/978-3-531-91158-8

Baacke, D. (1973). *Kommunikation und Kompetenz. Grundlegung einer Didaktik der Kommunikation und ihrer Medien*. München: Juventa-Verlag.

Baacke, D. (1999a). Medienkompetenz als zentrales Operationsfeld von Projekten. In D. Baacke, S. Kornblum & J. Lauffer (Hrsg.), *Handbuch Medien: Medienkompetenz. Modelle und Projekte* (S. 31–35). Bonn: Bundeszentrale für politische Bildung.

Baacke, D. (1999b). Medienkompetenz – theoretisch erschließend und praktisch folgenreich. *Medien und Erziehung* (43), 7–12.

Baacke, D. (2007). *Medienpädagogik. Grundlagen der Medienkommunikation* (Bd. 1). Berlin: De Gruyter.

Baetge, C. (2018). Kreative medienbiografische Forschung. *Forschungswerkstatt Medienpädagogik. Projekt – Theorie – Methode* 2, 601–639. https://doi.org/10.25526/fw-mp.8

Banse, R. (2003). Partnerschaftsdiagnostik. In I. Grau & H.-W. Bierhoff (Hrsg.), *Sozialpsychologie der Partnerschaft* (S. 13–42). Berlin, Heidelberg: Springer-Verlag.

Bateson, G. (1981). *Die logischen Kategorien von Lernen und Kommunikation.* Frankfurt am Main: Suhrkamp.

Beisch, W., N. und Koch. (2022). Aktuelle Aspekte der Internetnutzung in Deutschland ARD/ZDF-Onlinestudie: Vier von fünf Personen in Deutschland nutzen täglich das Internet. *Media Perspektiven, 10,* 460–470.

Berger, P. L. & Kellner, H. (1965). Die Ehe und die Konstruktion der Wirklichkeit: Eine Abhandlung zur Mikrosoziologie des Wissens. *Soziale Welt, 16* (3), 220–235.

Bettinger, P. (2018). *Praxeologische Medienbildung: Theoretische und empirische Perspektiven auf sozio-mediale Habitustransformationen* (1. Aufl.). Wiesbaden: Springer Fachmedien. https://doi.org/10.1007/978-3-658-21849-2_1

Bevan, J. L. (2017). Romantic jealousy in face-to-face and technologically-mediated interactions: A communicative interdependence perspective. *Western Journal of Communication,* 81 (4), 466–482. https://doi.org/10.1080/10570314.2017.1283048

Blumer, H. (1969). *Symbolic interactionism. perpective and method.* Englewood Cliffs, New Jersey: Prentice-Hall, Inc.

BMBF (Hrsg.). (2010). *Kompetenzen in einer digital geprägten Kultur. Medienbildung für die Persönlichkeitsentwicklung, für die gesellschaftliche Teilhabe und für die Entwicklung von Ausbildungs- und Erwerbsfähigkeit.* Bielefeld: Bertelsmann Verlag.

Bouffard, S., Giglio, D. & Zheng, Z. (2022). Social media and romantic relationship: Excessive social media use leads to relationship conflicts, negative outcomes, and addiction via mediated pathways. *Social Science Computer Review,* 40 (6), 1523–1541. https://doi.org/10.1177/08944393211013566

Bowers, B. J. & Schatzman, L. (2021). Dimensional analysis. In J. M. Morse et al. (Hrsg.), *Developing grounded theory: The second generation revisited* (2. Aufl., S. 111–129). New York: Routledge. https://doi.org/10.4324/9781315169170

Brüggemann, M. (2013). *Digitale Medien im Schulalltag. Eine qualitativ rekonstruktive Studie zum Medienhandeln und berufsbezogenen Orientierungen von Lehrkräften.* München: kopaed.

Brun del Re, U., Hilpert, P., Spahni, S. & Bodenmann, G. (2021). Pornographiekonsum in der Partnerschaft. *Zeitschrift für Klinische Psychologie und Psychotherapie,* 50 (1), 10–20. https://doi.org/10.1026/1616-3443/a000611

Büchner, P. (1995). Generation und Generationsverhältnis. In H.-H. Krüger & W. Helsper (Hrsg.), *Einführung in Grundbegriffe und Grandfragen der Erziehungswissenschaft* (S. 237–245). Opladen: Leske + Budrich.

Bundesinstitut für Bau-, Stadt- und Raumforschung. (2022). *Städte und Gemeinden. Entwicklungen im Städtesystem der Bundesrepublik.* Zugriff am 2022-08-29 auf https://www.bbsr.bund.de/BBSR/DE/forschung/raumbeobachtung/Komponenten/VergleichendeStadtbeobachtung/staedte-gemeinden/staedte-gemeinden.html

Burkart, G. (1997). *Lebensphasen – Liebesphasen. Vom Paar zur Ehe, zum Single und zurück?* Opladen: Lseke + Budrich.

Burkart, G. (2018). *Soziologie der Paarbeziehung. Eine Einfüührung (Studientexte zur Soziologie).* Wiesbaden: Springer Fachmedien. https://doi.org/10.1007/978-3-658-19405-5

Charmaz, K. C. (2011). Den Standpunkt verändern: Methoden der konstruktivistischen Grounded Theory. In G. Mey & K. Mruck (Hrsg.), *Grounded Theory Reader* (2. aktualisierte und erweiterte Aufl., S. 181–206). Wiesbaden: VS Verlag.

Charmaz, K. C. (2021). The genesis, grounds, and growth of constructivist grounded theory. In J. M. Morse et al. (Hrsg.), *Developing grounded theory: The second generation revisited* (2. Aufl., S. 154–187). New York: Routledge. https://doi.org/10.4324/9781315169170

Charon, J. M. (2004). *Symbolic interactionism. an introduction, an interpretation, an integration* (8. Aufl.). Upper Saddle River, New Jersey: Pearson Prentice Hall.

Chomsky, N. (1969). *Aspekte der Syntax-Theorie*. Frakfurt am Main: Suhrkamp Verlag.

Chung, S. K. (2007). Media literacy art education: Deconstructing lesbian and gay stereotypes in the media. *International Journal of Art & Design Education*, 26 (1), 98–107. https://doi.org/10.1111/j.1476-8070.2007.00514.x

Cisneros-Puebla, C. A. (2004). "To learn to think conceptually." Juliet Corbin in conversation with Cesar A. Cisneros-Puebla. *Forum Qualitative Sozialforschung*, 5 (3). https://doi.org/10.17169/fqs-5.3.550

Clarke, A. E. (2021). From grounded theory to situational analysis. what's new? why? how? In J. M. Morse et al. (Hrsg.), *Developing grounded theory: The second generation revisited* (2. Aufl., S. 223–226). New York: Routledge. https://doi.org/10.4324/9781315169170

Corbin, J. (2021). Strauss's grounded theory. In J. M. Morse et al. (Hrsg.), *Developing grounded theory: The second generation revisited* (2. Aufl., S. 25–44). New York: Routledge. https://doi.org/10.4324/9781315169170

Corbin, J. & Strauss, A. (Hrsg.). (2015). *Basics of qualitative research: Grounded theory procedures and techniques* (4. Aufl.). Los Angeles u. a.: SAGE.

Couldry, N. & Hepp, A. (2017). *The mediated construction of reality*. Cambridge: Polity.

Coyne, S., Busby, D., Bushman, B. J., Gentile, D. A., Ridge, R. & Stockdale, L. (2012). Gaming in the game of love: Effects of video games on conflict in couples. *Family Relations. Interdisciplinary Journal of Applied Family Studies*, 61, 388–396. https://doi.org/10.1111/j.1741-3729.2012.00712.x

Coyne, S., McDaniel, B. T. & Stockdale, L. A. (2016). „do you dare to compare?" associations between maternal social comparisons on social networking sites and parenting, mental health, and romantic relationship outcomes." *Computers in Human Behavior*, 70, 335–340. https://doi.org/10.1016/j.chb.2016.12.081

Coyne, S., Stockdale, L., Busby, D., Iverson, B. & Grant, D. M. (2011). "I luv u :)!": A descriptive study of the media use of individuals in romantic relationships. *Family Relations. Interdisciplinary Journal of Applied Family Studies*, 60, 150–162. https://doi.org/10.1111/j.1741-3729.2010.00639.x

Dainton, M. & Stokes, A. (2015). College students' romantic relationships on facebook: Linking the gratification for maintenance to facebook maintenance activity and the experience of jealousy. *Communication Quarterly*, 63 (4), 365–383. https://doi.org/10.1080/01463373.2015.1058283

de Lenne, O., Wittevronghel, L., Vandenbosch, L. & Eggermont, S. (2019). Romantic relationship commitment and the threat of alternatives on social media. *Personal Relationships*, 26 (4), 680–693. https://doi.org/10.1111/pere.12299

Denzin, N. K. (2017). Symbolischer Interaktionismus. In U. Flick, E. von Kardorff & I. Steinke (Hrsg.), *Qualitative Forschung. Eine Handbuch* (12. Aufl., S. 136–150). Reinbek bei Hamburg: Rowohlt Taschenbuch-Verlag.

Dermer, S. B. & Hutchings, J. B. (2000). Utilizing movies in family therapy. *The American journal of family therapy, 28* (2), 163–180. https://doi.org/10.1080/019261800261734

Deutsche Welle. (2021, Juli). *Angreifer sticht in Würzburg Passanten nieder.* Zugriff am 2023-07-30 auf https://www.dw.com/de/angreifer-sticht-in-w%C3%BCrzburg-passanten-nieder/a-58052290

Döring, N. (2003). Internet-Liebe: Zur technischen Mediatisierung intimer Kommunikation. In J. R. Höflich & J. Gebhardt (Hrsg.), *Vermittlungskulturen im Wandel. Brief, E-mail, SMS* (S. 233–263). Frankfurt am Main, Berlin u.a.: Peter Lang.

Döring, N. & Dietmar, C. (2003). Mediatisierte Paarkommunikation: Ansätze zur theoretischen Modellierung und erste qualitative Befunde. *Forum Qualitative Sozialforschung, 4* (3). https://doi.org/10.17169/fqs-4.3.676

Dresing, T. & Pehl, T. (2018). *Praxisbuch Interview, Transkription & Analyse. Anleitungen und Regelsysteme für qualitativ Forschende* (8. Aufl.). Marburg: Eigenverlag. Zugriff am 2021-08-20 auf www.audiotranskription.de/praxisbuch

Dresing, T. & Pehl, T. (2020). Transkription. Implikationen, Auswahlkriterien und Systeme für psychologische Studien. In G. Mey & K. Mruck (Hrsg.), *Handbuch Qualitative Forschung in der Psychologie* (2., erweiterte und überarbeitete Aufl., S. 835–854). Wiesbaden: Springer Fachmedien. https://doi.org/10.1007/978-3-658-26887-9_56

Dunham, S. M. & Dermer, S. B. (2020). Cinematherapy with african american couples. *Journal of Clinical Psychology, 76* (8), 1472–1482. https://doi.org/10.1002/jclp.22999

Eğeci, I. S. & Gençöz, F. (2017). Use of cinematherapy in dealing with relationship problems. *The Arts in Psychotherapy, 53*, 64–71. https://doi.org/10.1016/j.aip.2017.02.004

Ehrenspeck-Kolasa, Y. (2018). *Philosophische bildungsforschung: Bildungstheorie* (4. überarbeitete und aktualisierte Aufl.; R. Tippelt & B. Schmidt-Hertha, Hrsg.). Wiesbaden: Springer Fachmedien.

Eickelmann, B., Aufenanger, S. & Herzig, B. (2014). *Medienbildung entlang der Bildungskette. Ein Rahmenkonzept für eine subjektorientierte Förderung von Medienkompetenz im Bildungsverlauf von Kindern und Jugendlichen.* Bonn: Deutsche Telekom Stiftung.

Elphinston, R. A. & Noller, P. (2011). Time to face it! facebook intrusion and the implications for romantic jealousy and relationship satisfaction. *Cyberpsychology, Behavior, and Social Networking, 14* (11), 631–635. https://doi.org/10.1089/cyber.2010.0318

Feldhaus, M. (2004). *Mobile Kommunikation im Familiensystem. Zu den Chancen und Risiken mobiler Kommunikation für das familiale Zusammenleben.* Würzburg: Ergon-Verlag.

Feldhaus, M. & Schlegel, M. (2015). Living apart together and living together apart. impacts of partnership-related and job-related circular mobility on partnership quality. In C. M. Aybek, J. Huinink & R. Muttarak (Hrsg.), *Spatial mobility, migration and living arrangements* (S. 115–139). Cham u.a.: Springer. https://doi.org/10.1007/978-3-319-10021-0

Felser, G. (2003). Wahrnehmung und Kognition in Partnerschaften. In I. Grau & H.-W. Bierhoff (Hrsg.), *Sozialpsychologie der Partnerschaft* (S. 343–376). Berlin, Heidelberg: Springer-Verlag.

Flick, U. (2009). *Sozialforschung. Methoden und Anwendungen. Ein Überblick für BA-Studiengänge.* Reinbek bei Hamburg: Rowohlt Taschenbuch-Verlag.

Flick, U. (2016). *Qualitative Sozialforschung. Eine Einführung* (7. Aufl.). Reinbek bei Hamburg: Rowohlt Taschenbuch-Verlag.

Flick, U. (2017). Konstruktivismus. In U. Flick, E. von Kardorff & I. Steinke (Hrsg.), *Qualitative Forschung. Eine Handbuch* (12. Aufl., S. 150–164). Reinbek bei Hamburg: Rowohlt Taschenbuch-Verlag.

Fox, J., Osborn, J. L. & Warber, K. M. (2014). Relational dialectics and social networking sites: The role of facebook in romantic relationship escalation, maintenance, conflict, and dissolution. *Computers in Human Behavior, 35*, 527–534. https://doi.org/10.1016/j.chb. 2014.02.031

Fox, J. & Warber, K. M. (2013). Romantic relationship development in the age of facebook: an exploratory study of emerging adults' perceptions, motives, and behaviors. *Cyberpsychology, Behavior, and Social Networking, 16* (1), 3–7. https://doi.org/10.1089/cyber.2012. 0288

Fox, J., Warber, K. M. & Makstaller, D. (2013). The role of facebook in romantic relationship development. *Journal of Social and Personal Relationships, 30* (6), 771–794. https://doi. org/10.1177/0265407512468370

Frampton, J. R. & Fox, J. (2018). Social media's role in romantic partners' retroactive jealousy: Social comparison, uncertainty, and information seeking. *Social Media + Society, 4* (3), 631–635. https://doi.org/10.1177/2056305118800317

Fromme, J. & Jörissen, B. (2010). Medienbildung und Medienkompetenz. Berühungspunkte und Differenzen nicht ineinander überführbarer Konzepte. *merz. Medien + Erziehung. Zeitschrift für Medienpädagogik, 54* (5), 46–54.

Fromme, J. & Könitz, C. (2014). Bildungspotenziale von Computerspielen. Überlegungen zur Analyse und bildungstheoretischen Einschätzung eines hybriden Medienphänomens. In W. Marotzki & N. Meder (Hrsg.), *Perspektiven der Medienbildung. Medienbildung und Gesellschaft* (S. 235–286). Wiesbaden: Springer Fachmedien. https://doi.org/10.1007/978-3-658-03529-7_9

Fuchs, T. (2014). *Bildung und Biographie: Eine Reformulierung der Bildungstheoretisch orientierten Biographieforschung*. Berlin: De Gruyter.

Fuhs, B. (2014). Medientagebuch – chronografische Methode. In A. Tillmann, S. Fleischer & K.-U. Hugger (Hrsg.), *Handbuch Kinder und Medien. Digitale Kultur und Kommunikation 1* (S. 259–270). Wiesbaden: Springer Fachmedien. https://doi.org/10.1007/978-3-531-18997-0_20

Gehraus, V. (2008). Rezeptionsforschung. In U. Sander, F. v. Gross & K. Hugger (Hrsg.), *Handbuch Medienpädagogik* (S. 341–345). Wiesbaden: VS Verlag für Sozialwissenschaften. https://doi.org/10.1007/978-3-531-91158-8

Glaser, B. & Holton, J. (2004). Remodeling grounded theory. *Forum QualitativeSozialforschung, 5* (2). https://doi.org/10.17169/fqs-5.2.607

Glaser, B. & Strauss, A. (1967). *The discovery of grounded theory. strategies for qualitative research* (1. Aufl.). New York: Aldine.

Gleich, U. (2022). Unterhaltung in den Medien – eine wertvolle Erfahrung. *Media Perspektiven, 11*, 548–554.

Gomillion, S., Gabriel, S., Kawakami, K. & Young, A. F. (2017). Let's stay home and watch TV: The benefits of shared media use for close relationships. *Journal of Social and Personal Relationships, 34* (6), 855–874. https://doi.org/10.1177/0265407516660388

Gottman, J. & Gottman, J. (2017). The Natural Principles of Love. *Journal of Family Theory & Review, 9* (1), 7–26. https://doi.org/10.1111/jftr.12182

Gough, D., Oliver, S. & Thomas, J. (2013). *Reviews for informing policy decisions. a quick guide.* London: A paper for the Alliance for Useful Evidence. Zugriff am 2020-20-09 auf https://apo.org.au/sites/default/files/resource-files/2013-12/apo-nid71119.pdf

Groeben, N. (2002). Dimensionen der Medienkompetenz: Deskriptive und normative Aspekte. In N. Groeben & B. Hurrelmann (Hrsg.), *Medienkompetenz: Voraussetzungen, Dimensionen, Funktionen.* Weinheim u.a.: Juventa-Verlag.

Grov, C., Gillespie, B. J., Royce, T. & Lever, J. (2011). Perceived consequences of casual online sexual activities on heterosexual relationships: A U.S. Online survey. *Archives of Sexual Behavior, 40* (2), 429–439. https://doi.org/10.1007/s10508-010-9598-z

Gudehus, C. & Wessels, S. (2018). Symbolischer Interaktionismus. In O. Decker (Hrsg.), *Sozialpsychologie und Sozialtheorie. Band 1: Zugänge* (S. 93–106). Wiesbaden: VS Verlag für Sozialwissenschaften. https://doi.org/10.1007/978-3-531-19564-3_7

Gull, H., Iqbal, S. z., Al Qahtani, S. H., Alassaf, R. A. & Kamaleldin, M. M. (2019). Impact of social media usage on married couple behavior a pilot study in middle east. *International Journal of Applied Engineering Research, 14* (6), 1368–1378.

Habermas, J. (1971). Vorbereitende Bemerkungen zu einer Theorie der kommunikativen Kompetenz. In J. Habermas & N. Luhmann (Hrsg.), *Theorie der Gesellschaft oder Sozialtechnologie* (S. 101–141). Frankfurt am Main: Suhrkamp Verlag.

Halpern, D. & Katz, J. (2017). Texting's consequences for romantic relationships. a cross-lagged analysis highlights its risks. *Computers in Human Behavior*, 71, 386–394. https://doi.org/10.1016/j.chb.2017.01.051

Helfferich, C. (2011). *Die Qualität qualitativer Daten: Manual fuür die Durchfuührung qualitativer Interviews* (4. Aufl.). Wiesbaden: VS Verlag für Sozialwissenschaften. https://doi.org/10.1007/978-3-531-92076-4

Helsper, E. J. & Whitty, M. T. (2010). Netiquette within married couples: Agreement about acceptable online behavior and surveillance between partners. *Computers in Human Behavior, 26,* 916–926. https://doi.org/10.1016/j.chb.2010.02.006

Hepp, A. (2011a). Monothematische und multithematische mediatisierte Vergemeinschaftungshorizonte: Grundmuster kommunikativer Vernetzung und medienvermittelter Vergemeinschaftung. *SCM Studies in Communication and Media* (2), 295–332. https://doi.org/10.5771/2192-4007-2011-2-295

Hepp, A. (2011b). Netzwerke, Kultur und Medientechnologie: Möglichkeiten einer kontextualisierten Netzkulturforschung. *SCM Studies in Communication and Media,* 53–74. https://doi.org/10.1007/978-3-531-93275-0

Hepp, A. (2012). Mediatization and the ‚molding force' of the media. *Communications,* 37, 1–28. Zugriff am 2021-07-20 auf http://www.andreas-hepp.name/wp-content/uploads/2017/10/hepp_2012.pdf

Hermida, M. (2014). Familie, Peergroup und Schule als Vermittler von Medienkompetenz. Wo Heranwachsende die sichere Nutzung des Internets lernen. *Media-Perspektiven* (12), 608–614. Zugriff am 2021-07-20 auf http://www.ard-werbung.de/fileadmin/user_upload/media-perspektiven/pdf/2014/12-2014_Hermida.pdf

Hess, J. (2011). „Also fremd kam uns vieles vor ..." Fremdheits- und Differenzerfahrungen in interkulturellen Paarbeziehungen. In K. F. Bohler & M. Corsten (Hrsg.), *Begegnungen von Kulturen* (S. 73–104). Wiesbaden: VS Verlag für Sozialwissenschaften. https://doi.org/10.1007/978-3-531-92554-7_3

Hewitt, S., Mills, J., Hoare, K. & Sheridan, N. (2022). Grounded theory method and symbolic interactionism. freedom of conceptualization and the importance of context in research. *Forum QualitativeSozialforschung, 23* (3). https://doi.org/10.17169/fqs-23.3.3807.

Höflich, J. R. (2016). *Der Mensch und seine Medien. Mediatisierte interpersonale Kommunikation. Eine Einführung.* Wiesbaden: Springer VS. https://doi.org/10.1007/978-3-531-18683-2

Höflich, J. R. & Linke, C. (2017). Mobile communication in intimate relationships. relationship development and the multiple dialectics of couples' media usage and communication. In R. S. Ling & S. W. Campbell (Hrsg.), *Mobile communication. bringing us together and tearing us apart* (2. Aufl., S. 107–126). New York: Routledge. https://doi.org/10.4324/9781315124636

Hopf, C. (2017). Qualitative Interviews – ein Überblick. In U. Flick, E. von Kardorff & I. Steinke (Hrsg.), *Qualitative Forschung. Eine Handbuch* (12. Aufl., S. 349–368). Reinbek bei Hamburg: Rowohlt Taschenbuch-Verlag.

Howell, S. E. (2014). Conflict management. A literature review and study. *Radiology Management, 36* (5), 14–20.

Hudson, M. B., Nicolas, S. C., Howser, M. E., Lipsett, K. E., Robinson, I. W., Pope, L. J., ... Friedman, D. R. (2015). Examining how gender and emoticons influence facebook jealousy. *Cyberpsychology, Behavior, and Social Networking, 18* (2), 87–92. https://doi.org/10.1089/cyber.2014.0129

Hugger, K.-U. (2008). Medienkompetenz. In U. Sander, F. v. Gross & K. Hugger (Hrsg.), *Handbuch Medienpädagogik* (S. 93–99). Wiesbaden: VS Verlag für Sozialwissenschaften. https://doi.org/10.1007/978-3-531-91158-8

Hurrelmann, K. & Bauer, U. (2018). *Einführung in die Sozialisationstheorie. Das Modell der produktiven Realitätsverarbeitung.* Weinheim Basel: Beltz Verlagsgruppe.

Iske, S. (2012). Medienerziehung. In U. Sandfuchs, W. Melzer, B. Dühlmeier & A. Rausch (Hrsg.), *Handbuch Erziehung* (S. 682–686). Bad Heilbrunn: Klinkhard.

Iske, S. (2015). Medienbildung. In F. von Gross, D. M. Meister & U. Sander (Hrsg.), *Medienpädagogik – ein Überblick* (S. 247–272). Weinheim u.a.: Beltz Juventa.

Jörissen, B. (2011). Medienbildung. Begriffsverständnisse und -reichweiten. *MedienPädagogik. Zeitschrift für Theorie und Praxis der Medienbildung* (20), 211–235. https://doi.org/10.21240/mpaed/20/2011.09.20.X.

Jörissen, B. (2014a). Digitale Medialität. In C. Wulf & J. Zirfas (Hrsg.), *Handbuch Pädagogische Anthropologie* (S. 503–513). Wiesbaden: Springer Fachmedien. https://doi.org/10.1007/978-3-531-18970-3_46

Jörissen, B. (2014b). *Medialität und Subjektivation. Strukturale Medienbildung unter besonderer Berücksichtigung einer Historischen Anthropologie des Subjekts* (Habilitation). Otto-von-Guericke-Universität Magdeburg.

Jörissen, B. & Marotzki, W. (2009). *Medienbildung – eine Einführung. Theorie – Methoden – Analysen.* Bad Heilbrunn: UTB. Klinkhardt.

Kahne, J., Lee, N.-J. & Feezell, J. T. (2012). Digital Media Literacy Education and Online Civic and Political Participation. *International Journal of Communication* (6), 1–24.

Kallmeyer, W. & Schütze, F. (2016). Konversationsanalyse. In F. Schütze (Hrsg.), *Sozialwissenschaftliche Prozessanalyse. Grundlagen der qualitativen Sozialforschung* (S. 117–149). Opladen, Berlin, Toronto: Verlag Barbara Budrich.

Kashian, N. (2019). The influence of channel, flooding, and repair on effective couple conflict communication. *International Journal of Communication, 13*, 5986–6005.

Kashian, N. (2021). The impact of media use on the spillover and crossover effect of couple conflict. *New Media & Society*, 1–19. https://doi.org/10.1177/14614448211014841

Kelle, U. (1997). *Empirisch Begruündete Theoriebildung. Zur Logik und Methodologie interpretativer Sozialforschung* (2. Aufl.). Weinheim: Deutscher Studien Verlag.

Kenaw, S. (2012). Cultural translation of mobile telephones: Mediation of strained communication among ethiopian married couples. *The Journal of Modern African Studie, 50* (1), 131–155. https://doi.org/10.1017/S0022278X11000632

Keppler, A. (1995). *Tischgespräche. Über Formen kommunikativer Vergemeinschaftung am Beispiel der Konversation in Familien*. Frakfurt am Main: Suhrkamp Verlag.

Kirchner, J. (2019). Von nun an ausgeschlossen? Nicht(mehr)nutzung von Social Network Sites im mediatisierten Alltag. In C. Linke & I. Schlote (Hrsg.), *Soziales Medienhandeln* (S. 117–129). Wiesbaden: Springer Nature. https://doi.org/10.1007/978-3-658-27902-8_10

Koch, W. (2022). Ergebnisse der ARD/ZDF-Onlinestudie 2022 Reichweiten von Social-Media-Plattformen und Messengern. *Media Perspektiven, 10*, 471–478.

Kohout, A. (2021). Reaction-videos. *POP, 10* (1), 47–53. https://doi.org/10.14361/pop-2021-100107

Koller, H.-C. (1999). *Bildung und Widerstreit. Zur Struktur biographischer Bildungsprozesse in der (Post-)Moderne*. München: Fink.

Könitz, C. (2016). Zum Verhältnis von Bildungspotenzialen und Dispositiven. In J. Fromme, F. Kiefer & J. Holze (Hrsg.), *Mediale Diskurse, Kampagnen, Öffentlichkeiten, Medienbildung und Gesellschaft* (S. 55–70). Wiesbaden: Springer Fachmedien. https://doi.org/10.1007/978-3-658-10526-6_4

Krotz, F. (2003). Kommunikation im Zeitalter des Internet. In J. R. Höflich & J. Gebhardt (Hrsg.), *Vermittlungskulturen im Wandel: Brief, E-mail, SMS* (S. 21–37). Frankfurt am Main: Peter Lang GmbH Europäischer Verlag der Wissenschaften.

Krotz, F. (2007). *Mediatisierung: Fallstudien zum Wandel von Kommunikation*. Wiesbaden: VS Verlag für Sozialwissenschaften. https://doi.org/10.1007/978-3-531-90414-6

Kuriansky, J., Vallarelli, A., DelBuono, J. & Ortman, J. (2010). Cinematherapy: Using movie metaphors to explore real relationships in counseling and coaching. In M. B. Gregerson (Hrsg.), *The cinematic mirror for psychology and life coaching* (S. 89–122). New York u. a.: Springer Science + Business Media. https://doi.org/10.1007/978-1-4419-1114-8_6

Lamnek, S. (2005). *Qualitative Sozialforschung* (4. vollständig überarbeitete Aufl.). Weinheim: Beltz Psychologie Verlags Union.

Ledbetter, A. M. (2014). Online communication attitude similarity in romantic dyads: Predicting couples' frequency of e-mail, instant messaging, and social networking site communication. *Communication Quarterly, 62* (2), 233–252. https://doi.org/10.1080/01463373.2014.890120

Lenz, K. (2009). *Soziologie der Zweierbeziehung. Eine Einführung* (4. Aufl.). Wiesbaden: VS Verlag für Sozialwissenschaften/GWV Fachverlage GmbH.

Leonhardt, N. D., Spencer, T. J., Butler, M. H. & Theobald, A. C. (2019). An organizational framework for sexual media's influence on short-term versus long-term sexual quality. *Archives of Sexual Behavior, 48*, 2233–2249. https://doi.org/10.1007/s10508-018-1209-4

Levy, K. & Schneider, B. (2020). Privacy threats in intimate relationships. *Journal of Cybersecurity, 6* (1) 1–13. https://doi.org/10.1093/cybsec/tyaa006

Li, X. (2021). Mobile-mediated communication in romantic relationships: The effects of communication indicators and love attitude on relationship quality. *Cyberpsychology, Behavior, and Social Networking, 24* (7), 480–487. https://doi.org/10.1089/cyber.2020.0675

Linke, C. (2010). *Medien im Alltag von Paaren.* Wiesbaden: VS Verlag für Sozialwissenschaften.

Linke, C. (2011). Being a couple in a media world: The mediatization of everyday communication in couple relationships. *The European Journal of Communication Research, 36* (1), 91–111. https://doi.org/10.1515/comm.2011.005

Linke, C. (2012). Medienhandeln in Generations- und Geschlechterbeziehungen: Zwischen identitätsstiftender Idiosynkratie und Reproduktion sozialer Ungleichheit. In C. Stegbauer (Hrsg.), *Ungleichheit. Medien- und kommunikationssoziologische Perspektiven* (S. 243–259). Wiesbaden: VS Verlag für Sozialwissenschaften. https://doi.org/10.1007/978-3-531-94213-1_12

Linke, C. (2019). Zwischen Intimität und Isolation. In C. Linke & I. Schlote (Hrsg.), *Soziales Medienhandeln* (S. 83–99). Wiesbaden: Springer VS. https://doi.org/10.1007/978-3-658-27902-8_8

Linke, C. & Schlote, I. (2014). Bewegter Alltag. Eine kontextsensitive Betrachtung von Mobilität und Medienkommunikation. In J. Wimmer & M. Hartmann (Hrsg.), *Medienkommunikation in Bewegung. Medien – Kultur – Kommunikation* (S. 189–205). Wiesbaden: Springer VS. https://doi.org/10.1007/978-3-531-19375-5_11

Loosen, W. (2016). Das Leitfadeninterview – eine unterschätzte Methode. In Averbeck-Lietz, Stefanie and Meyen, Michael (Hrsg.), *Handbuch nicht standardisierte Methoden in der Kommunikationswissenschaft* (S. 139–155). Wiesbaden: Springer Fachmedien. https://doi.org/10.1007/978-3-658-01656-2_9

Lösel, F. & Bender, D. (2003). Theorien und Modelle der Paarbeziehung. In I. Grau & H.-W. Bierhoff (Hrsg.), *Sozialpsychologie der Partnerschaft*Sozialpsychologie der Partnerschaft (S. 43–75). Berlin, Heidelberg: Springer-Verlag.

Ludewig, Y., Knaus, T. & Döring, N. (2013). Die Wirksamkeit von Medienbildungsinitiativen: Erfolge, Probleme und Lösungsansätze. Eine Einschätzung der Schulleitungen und Lehrkräfte allgemeinbildender Schulen der Stadt Frankfurt am Main. *MedienPädagogik. Zeitschrift für Theorie und Praxis der Medienbildung*, 1–19. https://doi.org/10.21240/mpaed/00/2013.09.06.X

Maier, M. (2008). *Paaridentitäten. Biografische Rekonstruktionen homosexueller und heterosexueller Paarbeziehungen im Vergleich.* Weinheim und München: Juventa-Verlag.

Maier, M. (2009). Homosexuelle Paare. In K. Lenz & F. Nestmann (Hrsg.), *Handbuch Persönliche Beziehungen* (S. 259–276). Weinheim u.a.: Juventa-Verlag.

Maier, M. (2010). Gleich und/oder doch verschieden? Narrative Paaridentität als Fokus einer vergleichenden Studie zu homo- und heterosexuellen Paarbeziehungen. *Zeitschrift für Familienforschung. Sonderheft 7*, 167–184.

Marotzki, W. (1990). *Entwurf einer strukturalen Bildungstheorie. Biographietheoretische Auslegung von Bildungsprozessen in hochkomplexen Gesselschaften.* Weinheim: Deutscher Studien Verlag.

Marotzki, W. & Jörissen, B. (2008). Medienbildung. In U. Sander, F. v. Gross & K. Hugger (Hrsg.), *Handbuch Medienkompetenz*Handbuch Medienkompetenz (1. Aufl., S. 100–

109). Wiesbaden: VS Verlag für Sozialwissenschaften. https://doi.org/10.1007/978-3-531-91158-8

Marotzki, W. & Jörissen, B. (2010). Dimensionen strukturaler Medienbildung. In B. Herzig, D. Meister, H. Moser & H. Niesyto (Hrsg.), *Jahrbuch Medienpädagogik 8. Medienkompetenz und Web 2.0* (S. 19–40). Wiesbaden: VS Verlag für Sozialwissenschaften.

Marshall, T. C., Bejanyan, K., Di Castro, G. & Lee, R. A. (2013). Attachment styles as predictors of facebook-related jealousy and surveillance in romantic relationships. *Personal Relationships, 22* (1), 1–22. https://doi.org/10.1111/j.1475-6811.2011.01393.x

Martin, S., Wetzelhütter, D. & Grüb, B. (2021). Do you like me when the sun is shining? The influence of weather and point-in-time on the stakeholder-Dialogue in facebooka. *International Journal of Energy Sector Management, 15* (3), 578–599. https://doi.org/10.1108/IJESM-03-2020-0017

McDaniel, B. T. & Drouin, M. (2015). Sexting among married couples: Who is doing it, and are they more satisfied? *Cyberpsychology, Behavior, and Social Networking, 18* (11), 628–634. https://doi.org/10.1089/cyber.2015.0334

McDaniel, B. T., Drouin, M. & Cravens, J. (2017). Do you have anything to hide? infidelity-related behaviors on social media sites and marital satisfaction. *Computers in Human Behavior, 66,* 88–95. https://doi.org/10.1016/j.chb.2016.09.031

McDaniel, B. T., Galovan, A. M. & Drouin, M. (2020). Daily technoference, technology use during couple leisure time, and relationship quality. *Media Psychology, 24* (5), 637–665. https://doi.org/10.1080/15213269.2020.1783561

McGee, M. J. (2014). Is texting ruining intimacy? exploring perceptions among sexuality students in higher education. *American Journal of Sexuality Education, 9* (4), 404–427. https://doi.org/10.1080/15546128.2014.976353

McNicol, S. (2018). Theories of bibliotherapy. In S. McNicol & L. Brewster (Hrsg.), *Bibliotherapy* (S. 23–40). London: Facet. https://doi.org/10.29085/9781783303434.003

Mead, G. H. (Hrsg.). (1968). *Geist, Identität und Gesellschaft aus Sicht des Sozialbehaviorismus.* Frankfurt am Main: Suhrkamp Verlag.

Melchior, V., Timmermann, K., Peter, T., Preetz, R., Selischew, A., Buhr, P. & Huinink, J. (2018). *Partnerschaftsverläufe, Kinderwunsch und Fertilitätstrends in Deutschland. Ergebnisse aus dem deutschen Beziehungs- und Familienpanel pairfam* (Bericht). Universität Bremen. Zugriff am 2021-07-30 auf https://www.pairfam.de/fileadmin/user_upload/redakteur/sonst/Partnerschaft_Kinder_und_Fertilitaet_in_Deutschland_2018.pdf

Mey, G. & Mruck, K. (2009). Methodologie und Methodik der Grounded Theory. In W. Kempf & M. Kiefer (Hrsg.), *Forschungsmethoden der Psychologie. Zwischen naturwissenschaftlichem Experiment und sozialwissenschaftlicher Hermeneutik* (Bd. 3, S. 100–152). Berlin: Verlag Irena Regener.

Mey, G. & Mruck, K. (2011). Grounded-Theory-Methodologie. Entwicklung, Stand, Perspektiven. In G. Mey & K. Mruck (Hrsg.), *Grounded Theory Reader* (2. aktualisierte und erweiterte Aufl., S. 11–48). Wiesbaden: VS Verlag.

Mey, G. & Mruck, K. (2020). Grounded-Theory-Methodologie. In G. Mey & K. Mruck (Hrsg.), *Handbuch Qualitative Forschung in der Psychologie. Band 2: Designs und Verfahren* (2., erweiterte und überarbeitete Aufl., S. 513–535). Wiesbaden: Springer Fachmedien. https://doi.org/10.1007/978-3-658-26887-9_46

Mey, G. & Ruppel, S. (2016). Narrativität in der Grounded Theory. In C. Equit & C. Hohage (Hrsg.), *Handbuch Grounded Theory* (S. 273–289). Weinheim Basel: Beltz Verlagsgruppe.

Mod, G. B. B. A. (2010). Reading romance: the impact facebook rituals can have on a romantic relationship. *Journal of Comparative Research in Anthropology and Sociology, 1* (2), 61–77.

Monz, A. (2018). *Mobile Arbeit, mobile Eltern. Körperliche und virtuelle Kopräsenz in der Paarbeziehung berufsmobiler Eltern.* Wiesbaden: Springer Fachmedien. https://doi.org/10.1007/978-3-658-20614-7

Morgan, P., Hubler, D. S., Payne, P. B., Pomeroy, C., Gregg, D. & Homer, M. (2017). My partner's media use: a qualitative study exploring perceptions of problems with a partner's media use. *Marriage & Family Review, 53* (7), 683–695. https://doi.org/10.1080/01494929.2016.1263589

Moser, H. (2003). Von der Medienkompetenz zur Medienbildung. Diskurstheoretische Überlegungen. *Medienwissenschaft Schweiz, 2,* 26–34.

Moser, H., Grell, P. & Niesyto, H. (Hrsg.). (2011). *Medienbildung und Medienkompetenz. Beiträge zu Schlüsselbegriffen der Medienpädagogik.* München: kopaed.

Muise, A., Christofides, E. & Desmarais, S. (2014). „Creeping" or just information seeking? Gender differences in partner monitoring in response to jealousy on facebook. *Personal Relationships, 21* (1), 35–50. https://doi.org/10.1111/pere.12014

Müller, T. & Skeide, A. (2018). Grounded Theory und Biographieforschung. In H. Lutz, M. Schiebel & E. Tuider (Hrsg.), *Handbuch Biographieforschung* (S. 49–61). Wiesbaden: Springer Fachmedien. https://doi.org/10.1007/978-3-658-21831-7_5

Nationale Akademie der Wissenschaften Leopoldina und Deutsche Forschungsgemeinschaft. (2022). *Wissenschaftsfreiheit und Wissenschaftsverantwortung – Empfehlungen zum Umgang mit sicherheitsrelevanter Forschung* (2. aktualisierte Aufl.). Halle: Gemeinsamer Ausschuss zum Umgang mit sicherheitsrelevanter Forschung von DFG und Leopoldina. Zugriff am 2023-03-11 auf https://www.dfg.de/download/pdf/foerderung/grundlagen_dfg_foerderung/sicherheitsrelevante_forschung/empfehlungen_de_en.pdf

Nave-Herz, R. (2008). Ehe und Familie. In H. Willems (Hrsg.), *Lehr(er)buch Soziologie. Für die pädagogischen und soziologischen Sudiengänge. Band 2* (S. 703–720). Wiesbaden: VS Verlag für Sozialwissenschaften.

Nelissen, S., Kuczynski, L., Coenen, L. & Van den Bulck, J. (2019). Bidirectional socialization: An actor-partner interdependence model of internet self-efficacy and digital media influence between parents and children. *Communication Research, 46* (8), 1145–1170. https://doi.org/10.1177/0093650219852857

Newton, A. K. (1995). Silver screens and silver linings: Using theater to explore feelings and issues., 18 (2), 14–43. https://doi.org/10.1177/107621759501800206

Neyer, F. J. (2003). Persönlichkeit und Partnerschaft. In I. Grau & H.-W. Bierhoff (Hrsg.), *Sozialpsychologie der Partnerschaft* (S. 165–189). Berlin, Heidelberg: Springer-Verlag.

Niederbacher, A. & Zimmermann, P. (2011). *Grundwissen sozialisation: Einführung zur sozialisation im kindes- und jugendalter* (4., überarbeitete und aktualisierte Aufl.). Wiesbaden: VS Verlag für Sozialwissenschaften.

Nohl, A.-M. (2006). *Bildung und Spontaneität. Phasen biographischer Wandlungsprozesse in drei Lebensaltern – Empirische Rekonstruktionen und pragmatische Reflexionen.* Opladen: Verlag Barbara Budrich.

Nohl, A.-M., von Rosenberg, F. & Thomsen, S. (2015). *Bildung und Lernen im biographischen Kontext: Empirische Typisierungen und praxeologische Reflexionen.* Wiesbaden: Springer Fachmedien. https://doi.org/10.1007/978-3-658-06602-4

Nongpong, S. & Charoensukmongkol, P. (2016). I don't care much as long as i am also on facebook: impacts of social media use of both partners on romantic relationship problems. *The Family Journal, 24* (4), 351–358. https://doi.org/10.1177/1066480716663199

Peuckert, R. (Hrsg.). (2012). *Familienformen im Sozialen Wandel* (8. Aufl.). Wiesbaden: Springer VS.

Pickens, J. C. & Whiting, J. B. (2020). Tech talk: Analyzing the negotiations and rules around technology use in intimate relationships. *Contemporary Family Therapy, 42* (2), 175–189. https://doi.org/10.1007/s10591-019-09522-9

Pietraß, M. (2010). Medienbildung. In R. Tippelt & B. Schmidt (Hrsg.), *Handbuch Bildungsforschung* (3. durchgesehene Aufl., S. 499–512). Wiesbaden: VS Verlag für Sozialwissenschaften. https://doi.org/10.1007/978-3-531-92015-3

Pietraß, M. (2011). Medienkompetenz oder Medienbildung? Zwei unterschiedliche theoretische Positionen und ihre Deutungskraft. *MedienPädagogik. Zeitschrift für Theorie und Praxis der Medienbildung, 20,* 121–135. https://doi.org/10.21240/mpaed/20/2011.09.16.X

Pietraß, M. (2016). Informelles Lernen in der Medienpädagogik. In M. Rohs (Hrsg.), *Handbuch Informelles Lernen* (S. 124–142). Wiesbaden: Springer Fachmedien. https://doi.org/10.1007/978-3-658-05953-8

Pietraß, M. (2018). Medienbildung. In R. Tippelt & B. Schmidt-Hertha (Hrsg.), *Handbuch Bildungsforschung* (4. überarbeitete und aktualisierte Aufl., S. 607–624). Wiesbaden: Springer Fachmedien. https://doi.org/10.1007/978-3-531-19981-8_25

Pietraß, M., Schmidt, B. & Tippelt, R. (2005). Informelles Lernen und Medienbildung. Zur Bedeutung sozio-kultureller Voraussetzungen. *Zeitschrift für Erziehungswissenschaft, 3,* 412–426. https://doi.org/10.1007/s11618-005-0148-8

Przyborski, A. & Wohlrab-Sahr, M. (Hrsg.). (2021). *Qualitative Sozialforschung. Ein Arbeitsbuch* (5. überarbeitete und erweiterte Aufl.). Berlin: De Gruyter Oldenbourg Verlag. https://doi.org/10.1515/9783110710663

Quiroz, S. I. & Mickelson, K. D. (2021). Are online behaviors damaging our in-person connections? passive versus active social media use on romantic relationships. *Cyberpsychology: Journal of Psychosocial Research on Cyberspace, 15* (1). https://doi.org/10.5817/CP2021-1-1

Rahman, H. M. (2015). Romantic relationship length and its perceived quality: Mediating role of facebook-related conflict. *Europe's Journal of Psychology, 11* (3), 395–405. https://doi.org/10.5964/ejop.v11i3.932

Reinhartz, P. (2001). *Vom alten und neuen Zauber der Bildung.* Bad Heilbrunn/Obb.: Klinkhardt.

Reizer, A. & Hetsroni, A. (2014). Media exposure and romantic relationship quality: A slippery slope? *Psychological Reports*1141231–249. https://doi.org/10.2466/21.07.PR0.114k11w6

Rhody, A. (2022). rgebnisse der ARD/ZDF-Onlinestudie 2022 Bewegtbild im Internet erreicht immer mehr Menschen. *Media Perspektiven, 10,* 487–492.

Ridgway, J. L. & Clayton, R. B. (2016). Instagram unfiltered: Exploring associations of body image satisfaction, instagram #selfie posting, and negative romantic relationship outcomes. *Cyberpsychology, Behavior, and Social Networking, 19* (1), 1–7. https://doi.org/10.1089/cyber.2015.0433

Rodrigues, D., Lopes, D., Prada, M., Thompson, D. & Garrido, M. V. (2017). A frown emoji can be worth a thousand words: Perceptions of emoji use in text messages exchanged between romantic partners. *Telematics and Informatics, 34* (8), 1532–1543. https://doi.org/10.1016/j.tele.2017.07.001

Rogge, R. D., Cobb, R. J., Lawrence, E., Johnson, M. D. & Bradbury, T. N. (2013). Is skills training necessary for the primary prevention of marital distress and dissolution? a 3-year experimental study of three interventions. *Journal of Consulting and Clinical Psychology, 81* (6), 949–961. https://doi.org/10.1037/a0034209

Röser, J., Müller, K. F., Niemand, S. & Roth, U. (2019). *Das mediatisierte Zuhause im Wandel.* Wiesbaden: Springer VS. https://doi.org/10.1007/978-3-658-26073-6

Röser, J. & Peil, C. (2014). *Internetnutzung im häuslichen Alltag.* Wiesbaden: Springer VS. https://doi.org/10.1007/978-3-658-04730-6

Ruge, W. B. (2014). Pädagogik * Medien. Eine Suchanfrage. In W. Marotzki & N. Meder (Hrsg.), *Perspektiven der Medienbildung* (S. 187–208). Wiesbaden: Springer Fachmedien. https://doi.org/10.1007/978-3-658-03529-7_9

Ruiner, C. (2010). *Paare im Wandel. Eine qualitative Paneluntersuchung zur Dynamik des Verlaufs von Paarbeziehungen.* Wiesbaden: VS Verlag für Sozialwissenschaften. https://doi.org/10.1007/978-3-531-92422-9

Rupp, M. & Bergold, P. (2009). *Die Lebenssituation von Kindern in gleichgeschlechtlichen Lebenspartnerschaften.* Köln: Bundesanzeiger Verlag. Zugriff am 2022-12-20 auf https://www.bmj.de/SharedDocs/Archiv/Downloads/Forschungsbericht_Die_Lebenssituation_von_Kindern_in_gleichgeschlechtlichen_Lebenspartnerschaften.pdf?__blob=publicationFile&v=3

Saldaña, J. (Hrsg.). (2013). *The coding manual for qualitative researchers* (2. Aufl.). Los Angeles u.a.: SAGE.

Salmons, J. (2014). *Qualitative online interviews. strategies, design, and skills* (2. Aufl.). Los Angeles: Sage.

Schade, L. C., Sandberg, J., Bean, R., Busby, D. & Coyne, S. (2013). Using technology to connect in romantic relationships: Effects on attachment, relationship satisfaction, and stability in emerging adults. *Journal of Couple & Relationship Therapy, 12* (14), 314–338. https://doi.org/10.1080/15332691.2013.836051

Schnarch, D. (2020). *Brain Talk. Wie wir das Gehirn nutzen, um uns selbst und andere besser zu verstehen* (1. Aufl.). München: Kösel-Verlag.

Schnarch, D. & Regas, S. (2012). The crucible differentiation scale. assessing differentiation in human relationships. *Journal of Marital and Family Therapy, 38* (4), 639–652. https://doi.org/10.1111/j.1752-0606.2011.00259.x

Schneider, N. (2009). Distanzbeziehungen. In K. Lenz & F. Nestmann (Hrsg.), *Handbuch Persönliche Beziehungen* (S. 677–693). Weinheim u. a.: Juventa-Verlag.

Schorb, B. (2009). Gebildet und kompetent. Medienbildung statt Medienkompetenz? *merz. Medien + Erziehung. Zeitschrift für Medienpädagogik, 53* (5), 50–56.

Schröttle, M. (2019). Gewalt: zentrale Studien und Befunde der geschlechterkritischen Gewaltforschung. In B. Kortendiek, B. Riegraf & K. Sabisch (Hrsg.), *Handbuch Interdisziplinäre Geschlechterforschung. Geschlecht und Gesellschaft* (S. 833–844). Wiesbaden: Springer VS. https://doi.org/10.1007/978-3-658-12496-0_72

Schulz von Thun, F. (2020). *Miteinander reden: 1 – Störungen und Klärungen* (57. Aufl.). Reinbeck bei Hamburg: Rowohlt Taschenbuch Verlag.

Schütze, F. (2016a). Biography analysis on the empirical base of autobiographical narratives. how to analyse autobiographical narrative interviews. In F. Schütze (Hrsg.), *Sozialwissenschaftliche Prozessanalyse. Grundlagen der qualitativen Sozialforschung* (S. 75–115). Opladen, Berlin, Toronto: Verlag Barbara Budrich.

Schütze, F. (2016b). Eine sehr persönlich generalisierte Sicht auf qualitative Sozialforschung. In F. Schütze (Hrsg.), *Sozialwissenschaftliche Prozessanalyse. Grundlagen der qualitativen Sozialforschung* (S. 21–53). Opladen, Berlin, Toronto: Verlag Barbara Budrich.

Schütze, F. (2016c). Nachtrag zu meinem Aufsatz von 1983 "Biographieforschung und narratives Interview". In F. Schütze (Hrsg.), *Sozialwissenschaftliche Prozessanalyse. Grundlagen der qualitativen Sozialforschung* (S. 66–73). Opladen, Berlin, Toronto: Verlag Barbara Budrich.

Seel, M. (1998). Medien der Realität und Realität der Medien. In S. Krämer (Hrsg.), *Medien – Computer – Realität: Wirklichkeitsvorstellungen und Neue Medien* (S. 244–268). Frankfurt: Suhrkamp. Zugriff am 2021-07-20 auf https://www.uboeschenstein.ch/texte/kraemer-medien244-seel.html

Seidman, G., Langlais, M. & Havens, A. (2019). Romantic relationship-oriented facebook activities and the satisfaction of belonging needs. *Psychology of Popular Media Culture, 8* (1), 52–62. https://doi.org/10.1037/ppm0000165

Seitz, S. (2016). Pixilated partnerships, overcoming obstacles in qualitative interviews via Skype. a research note. *Qualitative Research, 16* (2), 229–235. https://doi.org/10.1177/1468794115577011

Sesink, W. (2008). Neue Medien. In U. Sander, F. von Gross & K.-U. Hugger (Hrsg.), *Handbuch Medienpädagogik* (S. 407–414). Wiesbaden: VS Verlag für Sozialwissenschaften.

Seufert, S. & Scheffler, N. (2017). Medienkompetenzen in der Berufsschule: Neue Medienkurse für Lehrpersonen oder neue Ansätze der Lehrerbildung? In K. Mayrberger, J. Fromme, P. Grell & T. Hug (Hrsg.), *Jahrbuch Medienpädagogik 13. Vernetzt und entgrenzt – Gestaltung von Lernumgebungen mit digitalen Medien* (S. 97–116). Wiesbaden: VS Verlag für Sozialwissenschaften. https://doi.org/10.1007/978-3-658-16432-4

Sherrell, R. & Lambie, G. (2016). A qualitative investigation of college students' facebook usage and romantic relationships: Implications for college counselors. *Journal of College Counseling, 19* (2), 138–153. https://doi.org/10.1002/jocc.12037

Siems, D. (2011, 21. September). Die Deutschen sind so glücklich wie lange nicht. *Die Welt* (221).

Silverman, D. (2006). *Interpreting qualitative data. methods for analyzing talk, text and interaction.* London u.a.: Sage.

Simmel, G. (1958). *Soziologie. Untersuchungen über die Formen der Vergesellschaftung* (4. Aufl.). Berlin: Duncker & Humblot.

Simmel, G. (1985). Fragment über die Liebe. In H.-J. Dahme & K. C. Köhnke (Hrsg.), *Philosophie und Soziologie der Geschlechter* (S. 224–280). Frankfurt am Main: Suhrkamp Verlag.

Spanhel, D. (2002). Medienkompetenz als Schlüsselbegriff der Medienpädagogik? *mediaculture online*, 48–53. Zugriff am 2021-07-20 auf http://lmz-productive. pluspunkthosting.de/fileadmin/user_upload/Medienbildung_MCO/fileadmin/bibliothek/ spanhel_medienkompetenz/spanhel_medienkompetenz.pdf

Spanhel, D. (2006). *Handbuch Medienpädagogik Band 3. Medienerziehung: Erziehungs- und Bildungsaufgaben in der Mediengesellschaft.* Stuttgart: Klett-Cotta.

Spanhel, D. (2010). Medienbildung statt Medienkompetenz? Zum Beitrag von Bern Schorb (merz 5/09). *merz. Medien + Erziehung. Zeitschrift für Medienpädagogik, 54* (1), 49–54.

Spanhel, D. (2011). Medienbildung als Grundbegriff der Medienpädagogik. Begriffliche Grundlagen für eine Theorie der Medienpädagogik. *MedienPädagogik. Zeitschrift für Theorie und Praxis der Medienbildung*, 20, 95–120. https://doi.org/10.21240/mpaed/20/2011.09.15.X.

Spencer, T. A., Burr, B. K. & Hubler, D. S. (2019). Problematic bed time media-use and couple sexual satisfaction. *Contemporary Family Therapy, 41* (4), 327–334. https://doi.org/10.1007/s10591-019-09498-6

Spencer, T. A., Lambertsen, A., Hubler, D. S. & Burr, B. K. (2017). Assessing the mediating effect of relationship dynamics between perceptions of problematic media use and relationship satisfaction. *Contemporary Family Therapy, 39* (2), 80–86. https://doi.org/10.1037/ppm0000344

Spura, A. (2014). *Biographie und Paarbeziehung. Zur Struktur triadischer Wechselwirkungen bei Doppelkarriere-Paaren* (W. Fiedler et al., Hrsg.). Opladen u. a.: Verlag Barbara Budrich.

Steinke, I. (2017). Gütekriterien qualitativer Forschung. In U. Flick, E. von Kardorff & I. Steinke (Hrsg.), *Qualitative Forschung. Eine Handbuch* (12. Aufl., S. 319–331). Reinbek bei Hamburg: Rowohlt Taschenbuch-Verlag.

Stewart, D. N. & Szymanski, D. M. (2012). Young adult women's reports of their male romantic partner's pornography use as a correlate of their self-esteem, relationship quality, and sexual satisfaction. *Sex Roles: A Journal of Research, 67* (5–6), 257–271. https://doi.org/10.1007/s11199-012-0164-0

Stewart, V. T. & Clayton, R. B. (2022). Achieving the ideal-self while harming my relationship: Examining associations between self-discrepancy, instagram photo manipulation, and romantic relationship outcomes. *Psychology of Popular Media*, 1–9. https://doi.org/10.1037/ppm0000344

Storey, J. & McDonald, K. (2014). Love's best habit: The uses of media in romantic relationships. *International Journal of Cultural Studies, 17* (2), 113–125. https://doi.org/10.1177/1367877912467274

Strauss, A. & Corbin, J. (Hrsg.). (1990). *Basics of qualitative research: Grounded theory procedures and techniques* (1. Aufl.). Newbury Park u. a.: SAGE.

Strauss, A. & Corbin, J. (1994). Grounded theory methodology. An overview. In N. K. Denzin & Y. S. Lincoln (Hrsg.), *Handbook of qualitative research* (S. 273–285). Thousand Oaks: Sage Publications.

Strübing, J. (2021). *Grounded Theory. Zur sozialtheoretischen und epistemologischen Fundierung eines pragmatistischen Forschungsstils* (4. vollständig überarbeitete und erweiterte Aufl.). Wiesbaden: VS Verlag für Sozialwissenschaften. https://doi.org/10.1007/978-3-658-24425-5

Strübing, J., Hirschauer, S., Ayaß, R., Krähnke, U. & Scheffer, T. (2018). Gütekriterien qualitativer Sozialforschung. Ein Diskussionsanstoß. *Zeitschrift für Soziologie, 47* (2), 83–100. https://doi.org/10.1515/zfsoz-2018-1006

Stryker, S. (1976). Die Theorie des Symbolischen Interaktionismus. In M. Auwärter, E. Kirsch & K. Schröter (Hrsg.), *Seminar: Kommunikation, Interaktion, Identitaät* (S. 257–274). Frankfurt am Main: Suhrkamp Verlag.

Su, H. (2016). Constant connection as the media condition of love: where bonds become bondage. *Media, Culture & Society, 38* (2), 232–247. https://doi.org/10.1177/0163443715594037

Süss, D., Lampert, C. & Wijnen, C. W. (2013). *Medienpädagogik. Ein Studienbuch zur Einführung* (2. Aufl.). Wiesbaden: Springer Fachmedien. https://doi.org/10.1007/978-3-531-19045-7_5

Sutter, T. (2014). Selbstsozialisation durch Medienbildung. In W. Marotzki & N. Meder (Hrsg.), *Perspektiven der Medienbildung* (S. 71–90). Wiesbaden: Springer Fachmedien. https://doi.org/10.1007/978-3-658-03529-7_9

Szymanski, D. M. & Stewart-Richardson, D. N. (2014). Psychological, relational, and sexual correlates of pornography use on young adult heterosexual men in romantic relationships. *The Journal of Men's Studies, 22* (1), 64–82. https://doi.org/10.3149/jms.2201.64

Thomas, W. I. & Thomas, D. S. (1928). *The child in america: Behavior problems and programs*. New York: Knopf.

Tiefel, S. (2005). Kodierung nach der Grounded Theory lern- und bildungstheoretisch modifiziert: Kodierleitlinien für die Analyse biographischen Lernens. *ZBBS. Zeitschrift für qualitative Bildungs-, Beratungs- und Sozialforschung, 6* (1), 65–84.

Tiefel, S. (2012). Grounded Theory. In K.-P. Horn, C. Adick, W. Marotzki & U. Sandfuchs (Hrsg.), *Klinkhardt-Lexikon Erziehungswissenschaft* (S. 499–501). Bad Heilbrunn: UTB. Klinkhardt.

Tietge, A.-M. (2019). *Make Love, Don't Gender!? Heteronormativitätskritik und Männlichkeit in heterosexuell definierten Paarbeziehungen*. Wiesbaden: Springer VS. https://doi.org/10.1007/978-3-658-26304-1

Toma, C. L. & Choi, M. (2016). Mobile media matters: media use and relationship satisfaction among geographically close dating couples. In *Proceedings of the 19th acm conference on computer-supported cooperative work & social computing* (S. 394–404). New York, NY, USA: Association for Computing Machinery. https://doi.org/10.1145/2818048.2835204

Truschkat, I., Kaiser-Belz, M. & Volkmann, V. (2011). Theoretisches Sampling in Qualifikationsarbeiten. Die Grounded-Theory-Methodologie zwischen Programmatik und Forschungspraxis. In G. Mey & K. Mruck (Hrsg.), *Grounded Theory Reader* (2. aktualisierte und erweiterte Aufl., S. 353–379). Wiesbaden: VS Verlag.

Tulodziecki, G. (2010). Medienkompetenz und/oder Medienbildung? Ein Disskusionsbeitrag. *merz. Medien + Erziehung. Zeitschrift für Medienpädagogik, 54* (3), 49–53.

Tulodziecki, G. (2011). Zur Entstehung und Entwicklung zentraler Begriffe bei der pädagogischen Auseinandersetzung mit Medien. *MedienPädagogik. Zeitschrift für Theorie und Praxis der Medienbildung*, 20, 11–39. https://doi.org/10.21240/mpaed/20/2011.09.11.X.

Tulodziecki, G., Herzig, B. & Grafe, S. (2019). *Medienerziehung in Schule und Unterricht* (2. vollständig überarbeitete und aktualisierte Aufl.). Bad Heilbrunn: UTB GmbH Klinkhardt.

Tulodziecki, G., Herzig, B. & Grafe, S. (2021). *Medienbildung in Schule und Unterricht: Grundlagen und Beispiele* (3. durchgesehene und aktualisierte Aufl.). Bad Heilbrunn: Verlag Julias Klinkhardt.

Uusiautti, S. & Määttä, K. (2017). Will social media strengthen or threaten romantic love? *Journal of Social Sciences, 6* (4), 709–725. https://doi.org/10.25255/jss.2017.6.4.709.725

Venema, R. & Lobinger, K. (2020). Visual bonding and intimacy: A repertoire-oriented study of photo-sharing in close personal relationships. In C. Thurlow, C. Dürscheid & F. Diémoz (Hrsg.), *Visualizing digital discourse: Interactional, institutional and ideolo-*

gical perspectives (S. 171–186). Berlin, Boston: De Gruyter Mouton. https://doi.org/10. 1515/9781501510113-009

von Frey-Vor, G., Kessler, B. & Mohr, I. (2021). Ergebnisse der ARD/ZDF-Massenkommunikation Langzeitstudie Mediennutzung im Ost/West-Vergleich – 30 Jahre deutsche Einheit. *Media Perspektiven*, 1, 45–70.

von Oehsen, D. (2022). Ergebnisse der ARD/ZDF-Onlinestudie 2022 Lineare und non-lineare Audionutzung im Internet nehmen weiter zu. *Media Perspektiven*, 10, 479–486.

von Sydow, K. & Ullmeyer, M. (2001). Paarbeziehung und Bindung. Eine Meta-Inhaltsanalyse von 63 Studien, publiziert zwischen 1987 und 1997. *Psychotherapie – Psychosomatik – Medizinische Psychologie (PPmP), 51* (3), T1–T15. https://doi.org/10.1055/s-2001-12384

Wade, T. D., Wilksch, S. M., Paxton, S. J., Byrne, S. M. & Austin, S. B. (2017). Do universal media literacy programs have an effect on weight and shape concern by influencing media internalization?. *International Journal of Eating Disorders, 50* (7), 731–738. https://doi. org/10.1002/eat.22689

Wang, I., Qiu, J., Yan, S. & Liu, W. (2021, 7). *Does mobile social media undermine our romantic relationships? the influence of fear of missing out (fomo) on young people' romantic relationship.* (Preprint on Research Square) https://doi.org/10.21203/rs.3.rs-636141/v1

Wardecker, B. M., Chopik, W. J., Boyer, M. P. & Edelstein, R. S. (2016). Individual differences in attachment are associated with usage and perceived intimacy of different communication media. *Computers in Human Behavior*, 59, 18–27. https://doi.org/10.1016/j.chb.2016.01. 029

Wimbauer, C. (Hrsg.). (2003). *Geld und Liebe. Zur symbolischen Bedeutung von Geld und Paarbeziehungen.* Frankfurt/New York: Campus Verlag.

Wimbauer, C. & Motakef, M. (Hrsg.). (2017). *Das Paarinterview. Methodologie – Methode – Methodenpraxis.* Wiesbaden: Springer Fachmedien. https://doi.org/10.1007/978-3-658-17977-9

Wimbauer, C. & Motakef, M. (2019). Paarbeziehungen: Paare und Ungleichheiten als Gegenstand der Geschlechterforschung. In B. Kortendiek, B. Riegraf & K. Sabisch (Hrsg.), *Handbuch Interdisziplinäre Geschlechterforschung. Geschlecht und Gesellschaft* (S. 1103–1110). Wiesbaden: VS Verlag für Sozialwissenschaften. https://doi.org/10.1007/978-3-658-12496-0_62

Winkler, V., Schmidtke, A. & König, S. (2022). Ergebnisse der ARD-Podcaststudie mit einem Ausblick auf das Jahr 2023 Podcastnutzung 2021. *Media Perspektiven*, 11, 569–573.

Witzel, A. (1985). Das problemzentrierte Interview. In G. Jüttemann (Hrsg.), *Qualitative Forschung in der Psychologie. Grundfragen, Verfahrensweisen, Anwendungsfelder* (S. 227–255). Weinheim: Beltz.

Witzel, A. (2000). Das problemzentrierte Interview. *Forum QualitativeSozialforschung, 1* (1), 1–13.

Witzel, A. & Reiter, H. (2021). Das problemzentrierte Interview. SocArXiv Papers. https://doi.org/10.31235/osf.io/uetq8

Wolf, K. D., Rummler, K. & Duwe, W. (2011). Medienbildung als Prozess der Unsgestaltung zwischen formaler Medienerziehung und informeller Medienaneignung. *MedienPädagogik: Zeitschrift für Theorie und Praxis der Medienbildung*, 20, 137–158. https://doi.org/10. 21240/mpaed/20/2011.09.17.X

Wölfer, C. (2003). *Wenn Paare sich streiten – Bindungsqualität und Verhalten im Konflikt* (Dissertation). Universität Heidelberg.

Yacoub, C., Spoede, J., Cutting, R. & Hawley, D. (2018). The Impact of Social Media on Romantic Relationships. *Journal of Education and Social Development*, 2 (2), 53–58. https://doi.org/10.5281/zenodo.1490763

Yurtaeva, Y. (2017). Medientagebücher. In L. Mikos & C. Wegener (Hrsg.), *Qualitative Medienforschung. Ein Handbuch* (2. vollständig überarbeitete Aufl., S. 369–380). Konstanz: UVK Verlagsgesellschaft mbH: UVK Luciu.

Zandbergen, D. L. & Brown, S. G. (2015). Culture and gender differences in romantic jealousy. *Personality and Individual Differences*, 72, 122–127. https://doi.org/10.1016/j.paid.2014.08.035

ZeMKI. (2017, April). *Forschungs-App MedTag. Softwaresystem zur Analyse von Medientagebüchern*. Zugriff am 2020-05-13 auf http://www.zemki.uni-bremen.de/de/forschungssoftware/forschungs-app-medtag.html

Zhao, X., Schwanda Sosik, V. & Cosley, D. (2012). It's complicated: How romantic partners use facebook. In *Proceedings of the sigchi conference on human factors in computing systems* (S. 771–780). New York, NY, USA: Association for Computing Machinery. https://doi.org/10.1145/2207676.2207788

The manufacturer's authorised representative in the EU is Springer
Nature Customer Service Centre GmbH, Europaplatz 3, 69115 Heidelberg,
Germany. If you have any concerns regarding our products, please
contact ProductSafety@springernature.com

Printed and bound by CPI Group (UK) Ltd, Croydon, CR0 4YY
28/04/2026
02098516-0005